Handeln „ultra vires"
der Europäischen Gemeinschaft

Europäische Hochschulschriften
Publications Universitaires Européennes
European University Studies

Reihe II
Rechtswissenschaft

Série II Series II
Droit
Law

Bd./Vol. 3257

PETER LANG
Frankfurt am Main · Berlin · Bern · Bruxelles · New York · Oxford · Wien

Jens Uwe Flick

Handeln „ultra vires" der Europäischen Gemeinschaft

Eine Darstellung der Rechtsfolgen aus der Sicht des Völkerrechts, des Europäischen Unionsrechts und des deutschen Verfassungsrechts unter besonderer Berücksichtigung der bundesverfassungsgerichtlichen Rechtsschutzmöglichkeiten

PETER LANG
Europäischer Verlag der Wissenschaften

Die Deutsche Bibliothek - CIP-Einheitsaufnahme

Flick, Jens Uwe:

Handeln „ultra vires“ der Europäischen Gemeinschaft : eine Darstellung der Rechtsfolgen aus der Sicht des Völkerrechts, des Europäischen Unionsrechts und des deutschen Verfassungsrechts unter besonderer Berücksichtigung der bundesverfassungsgerichtlichen Rechtsschutzmöglichkeiten / Jens Uwe Flick. - Frankfurt am Main ; Berlin ; Bern ; Bruxelles ; New York ; Oxford ; Wien : Lang, 2001

(Europäische Hochschulschriften : Reihe 2, Rechtswissenschaft ; Bd. 3257)

Zugl.: Hamburg, Univ., Diss., 2000

ISBN 3-631-38342-8

D 18

ISSN 0531-7312

ISBN 3-631-38342-8

www.peterlang.de

Im Gedenken an

Johann Carstensen

VORWORT

Die vorliegende Arbeit ist im Sommersemester 2000 vom Fachbereich Rechtswissenschaft der Universität Hamburg als Dissertation angenommen worden. Die danach ergangene Entscheidung des Bundesverfassungsgerichts zur EU-Bananenmarktordnung vom 07.06.2000 sowie das Urteil des Europäischen Gerichtshofs vom 05.10.2000 zur EU-Tabakwerberichtlinie konnten für die Drucklegung nur noch zum Teil berücksichtigt werden.

Herr Prof. Dr. Meinhard Hilf hat diese Arbeit angeregt und betreut. Ihm gilt mein aufrichtiger Dank für seine große Geduld und Unterstützung bei der Ausarbeitung und Vollendung der Arbeit. Herrn Prof. Dr. Thomas Bruha möchte ich für die zügige Erstellung des Zweitgutachtens danken.

Ein besonderer Dank gebührt meinen Eltern Manfred und Wiebke Flick, deren fortwährende Unterstützung mein Studium und diese Arbeit erst ermöglicht hat. Ganz herzlich möchte ich mich schließlich bei meiner Ehefrau Bettina Flick bedanken, die in den vergangenen Jahren immer wieder zurückstecken mußte und mir gleichwohl klaglos die Freiräume gewährt hat, ohne die die Vollendung der Arbeit nicht möglich gewesen wäre.

Bielefeld, im Mai 2001

Jens Uwe Flick

INHALTSVERZEICHNIS

LITERATURVERZEICHNIS

Ahlt, Michael — Europarecht: Examenskurs für Rechtsreferendare, 2. Auflage, München 1996 (*Zitiert*: Ahlt, Europarecht)

Allkemper, Ludwig — Der Rechtsschutz des einzelnen nach dem EG-Vertrag, Baden-Baden 1995 (*Zitiert*: Allkemper, Der Rechtsschutz)

Amerasinghe, Chittharanjan F. — Principles of the institutional law of international organizations, Cambridge 1996 (*Zitiert*: Amerasinghe, Principles of the institutional law)

- *ders.* — Liability to Third Parties of Member States of International Organizations: Practice, Principle and Judicial Precedent, in: AJIL Bd. 85 (1991), S. 259 ff.

Annacker, Claudia — Die Inexistenz als Angriffs- und Verteidigungsmittel vor dem EuGH und EuG, in: EuZW 1995, S. 755 ff.

Arnold, Rainer — Der Abschluß gemischter Verträge durch die Europäischen Gemeinschaften, in: AVR Bd. 19 (1980/81), S. 419 ff.

Balekjian, Wahé H. — Mixed Agreements: Complementary and Concurrent Competences ?, in: O'Keeffe/Schermers (Hrsg.), Mixed Agreements, Deventer 1983, S. 141 ff. (*Zitiert*: Balekjian, in: O'Keeffe/Schermers, Mixed Agreements)

- *ders.* — Die "gemischten" Verträge der Europäischen Wirtschaftsgemeinschaft, in: Schreuer (Hrsg.), Autorität und internationale Ordnung, Berlin 1979, S. 155 ff. (*Zitiert*: Balekjian, in: Schreuer, Autorität und internationale Ordnung)

Bebr, Gerhard — Gemeinschaftsabkommen und ihre mögliche unmittelbare Wirksamkeit, in: EuR 1983, S. 128 ff.

Becker-Çelik, Astrid — Ist die Ablehnung der unmittelbaren Anwendbarkeit der GATT-Vorschriften durch den EuGH heute noch gerechtfertigt?, in: EWS 1997, S. 12 ff.

Benda, Ernst/ Klein, Eckart — Lehrbuch des Verfassungsprozeßrechts, Heidelberg 1991 (*Zitiert*: Benda/Klein, Verfassungsprozeßrecht)

Beneyto, José Maria — The EU and the WTO, Direct Effect of the New Dispute Settlement System?, in: EuZW 1996, S. 295 ff

Berber, Friedrich — Lehrbuch des Völkerrechts, Band 1: Allgemeines Friedensrecht, 2. Auflage München 1975 (*Zitiert*: Berber, Völkerrecht Bd. 1)

Bergerès, Marice-Christian — La théorie de l'inexistence en droit communitaire, in: Rtde Bd. 25 (1989), S. 393 ff.

Bernhardt, Rudolf/ Geck, Wilhelm Karl/ Jaenicke, Günther/ Steinberger, Helmut (Hrsg.) — Völkerrecht als Rechtsordnung - Internationale Gerichtsbarkeit - Menschenrechte, Festschrift für Hermann Mosler, Berlin u.a.1983 (*Zitiert*: Autor, in: Bernhardt u.a., Völkerrecht als Rechtsordnung, Festschrift Mosler)

- *ders.* (Hrsg.) — Encyclopedia of Public International Law, Bd. 2: East African Community to Italy-United States air transport arbitration, 2. Auflage, Amsterdam u.a. 1995 (*Zitiert*: Autor, in: Bernhardt (Hrsg.), EPIL, Bd. 2)

- *ders.* — Der Abschluß völkerrechtlicher Verträge im Bundesstaat: Eine Untersuchung zum deutschen und ausländischen Bundesstaatsrecht, Köln 1957 (*Zitiert*: Bernhardt, Abschluß völkerrechtlicher Verträge)

- *ders.* — Die Europäische Gemeinschaft als neuer Rechtsträger im Geflecht der traditionellen zwischenstaatlichen Rechtsbeziehungen, in: EuR 1983, S. 199 ff.

- *ders.* — Das Recht der Europäischen Gemeinschaft zwischen Völkerrecht und staatlichem Recht, in: Dietz u.a. (Hrsg.), Festschrift für Rudolf Bindschedler, Bern 1980, S. 229 ff. (*Zitiert*: Bernhardt, in: Festschrift Bindschedler)

- *ders.* — Ultra Vires Activities of International Organizations, in: Makarczyk, Jerzy (Hrsg.), Theory of International Law at the threshold of the 21st Century - Essays in honour of Krzysztof Skubiszewski, The Hague u.a., 1998 , S. 599 ff. (*Zitiert*: Bernhardt, in: FS Skubiszewski)

Besse, Dirk — Die Bananenmarktordnung im Lichte deutscher Grundrechte und das Kooperationsverhältnis zwischen BVerfG und EuGH - EuGH, Slg. I 1994, 4973; EuGH, EuZW 1995, 836; BVerfG, NJW 1995, 950; VGH Kassel, NVwZ 1995, 612; FG Hamburg, EuZW 1995, 413, in: JuS 1996, S. 396 ff.

Beutler, Bengt/ Bieber, Roland/ Pipkorn, Jörn/ Streil, Jochen (Hrsg.) — Die Europäische Union, 4. Auflage, Baden-Baden 1993 (*Zitiert*: B/B/P/S, Die Europäische Union)

Bleckmann, Albert	Europarecht: Das Recht der Europäischen Union und der Europäischen Gemeinschaften, 6. Auflage, Köln u.a. 1997 (*Zitiert*: Bleckmann, Europarecht)
- *ders.*	Grundgesetz und Völkerrecht, Berlin 1975
- *ders.*	Die Rechtsquellen des Europäischen Gemeinschaftsrechts, in: NVwZ 1993, S. 824 ff.
- *ders.*	Zur Verbindlichkeit des allgemeinen Völkerrechts für internationale Organisationen, in: ZaöRV Bd. 37 (1977), S. 107 ff.
- *ders.*	Die Position des Völkerrechts im inneren Rechtsraum der Europäischen Gemeinschaften, in: GYIL Bd. 18 (1975), S. 300 ff.
- *ders.*	Der gemischte Vertrag im Europarecht, in: EuR 1976, S. 301 ff.
- *ders.*	The Mixed Agreements of the EEC in Public International Law, in: O'Keeffe/Schermers (Hrsg.), Mixed Agreements, Deventer 1983, S. 155 ff. (*Zitiert*: Bleckmann, in: O'Keeffe/Schermers, Mixed Agreements)
- *ders.*	Zur Funktion des Art. 24 Abs. 1 Grundgesetz, in: ZaöRV Bd. 35 (1975), S. 79 ff.
- *ders.*/ Pieper, Stefan Ulrich	Maastricht, die grundgesetzliche Ordnung und die „Superrevisionsinstanz": Die Maastricht-Entscheidung des Bundesverfassungsgerichts, in: RIW 1993, S. 969 ff.
- *ders.*	Zur Klagebefugnis für die Individualklage vor dem Europäischen Gerichtshof, in: Hans Uwe Erichsen, Werner Hoppe, Albert v. Mutius (Hrsg.) System des verwaltungsgerichtlichen Rechtsschutzes, Festschrift für Christian-Friedrich Menger, Köln 1985, S. 871 ff. (*Zitiert*: Bleckmann, in: FS Menger)
Bogdandy, von Armin Nettesheim, Matthias	Die Europäische Union: Ein einheitlicher Verbund mit eigener Rechtsordnung, in: EuR 1996, S. 1 ff.
Bothe, Michael	Die Stellung der Europäischen Gemeinschaft im Völkerrecht, in: ZaöRV Bd. 37 (1977), S. 122 ff.

- *ders.* Die Wiener Konvention über das Recht der Verträge zwischen Staaten und internationalen Organisationen und zwischen internationalen Organisationen, in: NJW 1991, S. 2169 ff.

Breuer, Rüdiger — Die Sackgasse des neuen Europaartikels (Art. 23 GG), in: NVwZ 1994, S. 417 ff.

Brinkhorst, L.J./ Verougstraete, I.M. — Anmerkung zu: Commission of the European Communities versus French Republik, Consolidated Cases 6 and 11/69, Decision of December 12, 1969, in: CMLR 1970, S. 479 ff.

Bünten, Wilfried — Staatsgewalt und Gemeinschaftshoheit bei der innerstaatlichen Durchführung des Rechts der Europäischen Gemeinschaften durch die Mitgliedstaaten, Berlin 1977 (*Zitiert*: Bünten, Staatsgewalt und Gemeinschaftshoheit)

Burgi, Martin — Deutsche Verwaltungsgerichte als Gemeinschaftsgerichte, in: DVBl. 1995, S. 772 ff.

Burmeister, Frank/ Miersch, Gerald — Anmerkung zu EuGH-Urteil vom 9.11.1995, EuZW 1995, S. 837 ff., in: EuZW 1995, S. 840 f.

Cahier, Philippe — Les caracteristiques de la nullité en droit international et tout particuliérement dans la convention de Vienne de 1969 sur le droit des traités, in: RGDIP 1972, S. 645 ff.

Calus, Andrzej — Rechtspersönlichkeit der Europäischen Gemeinschaften, Saarbrücken 1960

Colombos, Constantine John — Internationales Seerecht, München u. Berlin 1963

Constantinesco, Léontin-Jean — Das Recht der Europäischen Gemeinschaften, Band I: Das institutionelle Recht, Baden-Baden 1977

Constantinesco, Vlad/ Simon, Denys — Quelques problèmes des rélations extérieures des Communautés européennes, in: Rtde Bd. 11 (1975), S. 432 ff.

Conze, Albrecht — Die völkerrechtliche Haftung der Europäischen Gemeinschaft, Baden-Baden 1987

Cremer, Hans-Joachim — Europäische Hoheitsgewalt und deutsche Grundrechte, in: Der Staat Bd. 34 (1995), S. 268 ff.

Cremona, Marise	The Doctrin of Exclusivity and the Position of mixed Agreements in the external Relation of the European Community, in: OJLS, 1982, S. 393 ff.
Dauses, Manfred A. (Hrsg.)	Handbuch des EU-Wirtschaftsrechts, Band I, Stand: 6. Lieferung München April 1998 (*Zitiert*: Bearbeiter, in: Dauses (Hrsg.), Handbuch, Bd. I)
- *ders.*	Rechtliche Probleme der Abgrenzung der Vertragsabschlußbefugnis der EG und der Mitgliedstaaten und die Auswirkung der verschiedenen Abgrenzungsmodelle, in: Ress (Hrsg.), Souveränitätsverständnis in den Europäischen Gemeinschaften, Baden-Baden 1980, S. 171 ff. (*Zitiert*: Dauses, in: Ress (Hrsg.), Souveränitätsverständnis)
- *ders.*	Die Beteiligung der Europäischen Gemeinschaften an multilateralen Völkerrechtsübereinkommen, in: EuR 1979, S. 138 ff.
Di Fabio, Udo	Der neue Art. 23 des Grundgesetzes, in: Der Staat Bd. 32 1003, S. 101 ff.
- *ders.*	Richtlinienkonformität als ranghöchstes Normauslegungsprinzip ?, in: NJW 1990, S. 947 ff.
- *ders.*	Produkte als Träger fremder Meinungen, Zum Beschluß des BVerfG Warnhinweise auf Tabakverpackungen betreffend, in: NJW 1997, S. 2863 ff.
Dörr, Oliver	Zur Rechtsnatur der Europäischen Union, in: EuR 1995, S. 334 ff.
- *ders.*	Die Entwicklung der ungeschriebenen Außenkompetenzen der EG, in: EuZW 1996, S. 39 ff.
Dolmans, Maurits	Problems of Mixed Agreements, in: Division of Powers within the EEC and the Rights of Third States, 1985, The Hague, S. 75 ff. (*Zitiert*: Dolmans, in: Division of Powers)
Dolzer, Rudolf (Hrsg.)	(Bonner) Kommentar zum Grundgesetz, Stand: 85. Lieferung August 1998), Heidelberg (*Zitiert*: Bearbeiter, in: Bonner Kommentar, Rn. zu Art.)
Due, Ole/ Lutter, Peter/ Schwarze, Jürgen (Hrsg.)	Festschrift für Ulrich Everling, Band 2, Baden-Baden 1995 (*Zitiert*: Autor, in: Due u.a. (Hrsg.), FS Everling)

Ebenroth, Carsten Thomas/ Fuhrmann, Lambert	Die zivilrechtliche Haftung internationaler Organisationen und ihrer Mitgliedstaaten, in: JZ 1989, S. 211 ff.
Eggert, Manfred	Die deutsche ultra-vires-Lehre: Versuch einer Darstellung am Beispiel der Außenvertretung der Gemeinden, München 1977 (*Zitiert*: Eggert, Die deutsche ultra-vires-Lehre)
Ehle, Dietrich	Verfassungskontrolle und Gemeinschaftsrecht, in: NJW 1964, S. 321 ff.
Ehlermann, Claus-Dieter	Mixed Agreements: A List of Problems, in: O'Keeffe/Schermers (Hrsg.), Mixed Agreements, Deventer 1983, S. 1 ff. (*Zitiert*: Ehlermann, in: O'Keeffe/Schermers (Hrsg.), Mixed Agreements)
- *ders.*	Zur Diskussion um einen „Solange III"-Beschluß: Rechtspolitische Perspektiven aus der Sicht des Gemeinschaftsrechts, in: EuR 1991, Beiheft 1, S. 27 ff.
- *ders.*	Die innergemeinschaftliche Anwendung der Regeln des GATT in der Praxis der EG, in: Hilf/Petersmann (Hrsg.), GATT und Europäische Gemeinschaft, S. 203 ff. (*Zitiert*: Ehlermann, in: Hilf/ Petersmann (Hrsg.), GATT und EG)
Eibach, Gerhard	Das Recht der Europäischen Gemeinschaften als Prüfungsgegenstand des Bundesverfassungsgerichts - Verfassungsrechtliche und verfahrensrechtliche Möglichkeiten unter den Gesichtspunkten des deutschen sowie des europäischen Rechts und des Völkerrechts, Berlin, 1986 (*Zitiert*: Eibach, Das Recht der Europäischen Gemeinschaften)
Emmert, Frank	Europarecht, München 1996
Erichsen, Hans- Uwe/ Hoppe Werner/ Albert v. Mutius (Hrsg.)	System des verwaltungsgerichtlichen Rechtsschutzes, Festschrift für Christian-Friedrich Menger, Köln 1985, S. 871 ff. (*Zitiert*: Autor, in: Erichsen u.a. (Hrsg.), FS Menger)
- *ders.*	Sekundäres Gemeinschaftsrecht und Grundrechte, Bundesverfassungsgericht und Gemeinschaftsgewalt, in: VerwArch Bd. 66 (1975), S. 177 ff.
Everling, Ulrich	Sind die Mitgliedstaaten noch Herren der Verträge ? Zum Verhältnis von Europäischem Gemeinschaftsrecht und Völkerrecht, in: Bernhardt u.a. (Hrsg.), Völkerrecht

	als Rechtsordnung - Internationale Gerichtsbarkeit Menschenrechte, Festschrift für Hermann Mosler, Berlin u.a.1983, S. 173 ff. (*Zitiert*: Everling, in :Bernhardt u.a. (Hrsg.), Festschrift Mosler)
- *ders.*	Brauchen wir "Solange III" ? Zu den Forderungen nach Revision der Rechtsprechung des Bundesverfassungsgerichts, in: EuR 1990, S. 195 ff.
- *ders.*	Gestaltungsbedarf des Europäischen Rechts, in: EuR 1987, S. 214 ff.
- *ders.*	Der Beitrag des Europäischen Gerichtshofs zur Europäischen Grundrechtsgemeinschaft, in: Klaus Stern (Hrsg.), 40 Jahre Grundgesetz: Entstehung, Bewahrung und internationale Ausstrahlung, München 1990, S. 167 ff. (*Zitiert*: Everling, in: Stern (Hrsg.), 40 Jahre Grundgesetz)
- *ders.*	Bundesverfassungsgericht und Gerichtshof der Europäischen Gemeinschaften nach dem Maastricht-Urteil, in: Randelzhofer/Scholz/Wilke (Hrsg.), Gedächtnisschrift für Eberhard Grabitz, S. 57 ff., München 1995 (*Zitiert*: Everling, in: Randelzhofer u.a. (Hrsg.), GS Grabitz)
- *ders.*	Das Maastricht-Urteil des Bundesverfassungsgerichts und seine Bedeutung für die Entwicklung der Europäischen Union, in: Integration 1994, S. 165 ff.
- *ders.*	Will Europe slip on bananas? The banana-judgement of the Court of Justice and national courts, in: CMLR Bd. 33 (1996), S. 401 ff.
- *ders.*	Überlegungen zur Struktur der Europäischen Union und zum neuen Europa-Artikel des Grundgesetzes, in: DVBl. 1993, S. 936 ff.
Faßbender, Bardo	Die Völkerrechtssubjektivität internationaler Organisationen, in: ÖZöR Bd. 37 (1986), S. 17 ff.
Fischer, Hans Georg	Europarecht: eine Einführung in das europäische Gemeinschaftsrecht und seine Verbindungen zum deutschen Staats- und Verwaltungsrecht, München 1997 (*Zitiert*: Fischer, Europarecht)
Fischer, Peter	Is the European Community an International Organization?, in: Ginther K., Hafner G., Lang W.,

Neuhold H., Sucharipa-Behrmann L. (Hrsg.), Völkerrecht zwischen normativem Anspruch und politischer Realität, Festschrift für Karl Zemanek zum 65. Geburtstag, Berlin 1994, S. 179 ff. (*Zitiert*: Fischer, in: Ginther u.a. (Hrsg.), FS Zemanek)

Frenz, Walter — Grundgesetzliche Rechtsschutzgarantie gegen europäische Rechtsakte ?, in: Der Staat Bd. 34 (1995), S. 587 ff.

Friauf, Karl-Heinrich/ Scholz, Rupert — Europarecht und Grundgesetz, Betrachtungen zu materiell- und formalrechtlichen Problemen bei Schaffung und Umsetzung sekundären Gemeinschaftsrechts, Schriften zum Europäischen Recht, Band 1, herausgegeben von Siegtried Magiera und Detlef Merten, Berlin 1990 (*Zitiert*: Autor, in: Friauf/Scholz, Europarecht und Grundgesetz)

- *ders.* — Die Bindung deutscher Verfassungsorgane an das Grundgesetz bei der Mitwirkung an europäischen Organakten, in: Friauf/Scholz, Europarecht und Grundgesetz, Berlin 1990 S. 11 ff. (*Zitiert*: Friauf, in: Friauf/Scholz, Europarecht und Grundgesetz)

Frowein, Jochen Abr. — Das *Maastricht*-Urteil und die Grenzen der Verfassungsgerichtsbarkeit, in: ZaöRV Bd. 54 (1994), S. 1 ff.

- *ders.* — Europäisches Gemeinschaftsrecht und Bundesverfassungsgericht, in: Starck (Hrsg.), Bundesverfassungsgericht und Grundgesetz, Festgabe aus Anlaß des 25-jährigen Bestehens des Bundesverfassungsgerichts, Band. II, Tübingen 1976, S. 187 ff. (*Zitiert*: Frowein, in: Starck (Hrsg.), FS Bundesverfassungsgericht, Band II)

Fuß, Ernst-Werner — Der Grundrechtsschutz in den Europäischen Gemeinschaften aus deutscher Sicht, München 1975 (*Zitiert*: Fuß, Grundrechtsschutz)

Gaja, Giorgio — The European Community's Rights and Obligations under Mixed Agreements, in: O'Keeffe/Schermers (Hrsg.), Mixed Agreements, Deventer 1983, S. 133 ff. (*Zitiert*: Gaja, in: O'Keeffe/Schermers, Mixed Agreements)

Geck, Wilhelm Karl — Die völkerrechtlichen Wirkungen verfassungswidriger Verträge, Köln u.a. 1963

Geiger, Rudolf	EG-Vertrag: Kommentar zu dem Vertrag zur Gründung der Europäischen Gemeinschaft, 2. Auflage München 1995 (*Zitiert*: Geiger, EGV-Kommentar, Rn. zu Art.)
- *ders.*	Grundgesetz und Völkerrecht: Die Bezüge des Saatsrechts zum Völkerrecht und Europarecht, 2. Auflage, München 1994 (*Zitiert*: Geiger, GG und Völkerrecht)
- *ders.*	Vertragsabschlußkompetenzen der Europäischen Gemeinschaft und auswärtige Gewalt der Mitgliedstaaten, in: JZ 1995, S. 973 ff.
- *ders.*	Außenbeziehungen der Europäischen Wirtschaftsgemeinschaft und auswärtige Gewalt der Mitgliedstaaten: Zur Entwicklung der Rechtsprechung des Europäischen Gerichtshofes zu den Vertragsschlußkompetenzen der EWG, in: ZaöRV Bd. 37 (1977), S. 640 ff.
Gersdorf, Hubertus	Das Kooperationsverhältnis zwischen deutscher Gerichtsbarkeit und EuGH, in: DVBl. 1994, S. 674 ff.
Gerstner, Stephan/ Goebel, Burkhart	Grundrechtsschutz in Europa, in: Jura 1993, S. 626 ff.
Giardina, Andrea	Communità europee e stati terzi, Naples (Neapel) 1964
Giegerich, Thomas	Verfassungsgerichtliche Kontrolle der auswärtigen Gewalt im europäisch-atlantischen Verfassungsstaat: Vergleichende Bestandsaufnahme mit Ausblick auf die neuen Demokratien in Mittel- und Osteuropa, in: ZaöRV Bd. 57 (1997), S. 409 ff.
Gilsdorf, Peter,	Die Außenkompetenzen der EG im Wandel - Eine kritische Auseinandersetzung mit Praxis und Rechtsprechung -, in: EuR 1996, S. 145 ff.
Ginther, Konrad	Die völkerrechtliche Verantwortlichkeit internationaler Organisationen gegenüber Drittstaaten, Wien u.a. 1969 (*Zitiert*: Ginther, Verantwortlichkeit)
Götz, Volkmar	Das Maastricht-Urteil des Bundesverfassungsgerichts, in: JZ 1993, S. 1081 ff.
Grabitz, Eberhard	Europäisches Verwaltungsrecht – gemeinschaftsrechtliche Grundsätze des Verwaltungsverfahrens, in: NJW 1989, S.1776 ff.

- *ders.* / Hilf, Meinhard (Hrsg.) — Kommentar zur Europäischen Union: Vertrag über die Europäische Union, Vertrag zur Gründung der Europäischen Gemeinschaft, Band I, EUV, Art. 1-136 a EGV; Band II, Art. 137-248 EGV, EWGV; Stand: 12. Ergänzungslieferung Mai 1998 (*Zitiert:* Bearbeiter, in: Grabitz/Hilf, EU-Kommentar, Rn. zu Art.)

- *ders.* — Die Rechtsetzungsbefugnis von Bund und Ländern bei der Durchführung des Gemeinschaftsrechts, in: AöR Bd. 111 (1986), S. 1 ff.

- *ders.* — Gemeinschaftsrecht bricht nationales Recht, Hamburg 1966

Grimm, Dieter — Europäischer Gerichtshof und nationale Arbeitsgerichte aus verfassungsrechtlicher Sicht, in: RdA 1996, S. 66 ff.

Groeben, Hans von der/ Thiesing, Jochen/ Ehlermann, Claus-Dieter (Hrsg.) — Kommentar zum EU-, EG-Vertrag, Band 3, 5. Auflage, Baden-Baden 1997; Band 4, 4. Auflage, Baden-Baden 1991 (*Zitiert*: Bearbeiter, in: G//T/E, EU-Kommentar, Rn. zu Art.)

Groux, Jean/ Manin, Philippe — Die Europäische Gemeinschaft in der Völkerrechtsordnung, Brüssel 1984

Gündisch, Jürgen — Rechtsschutz in der Europäischen Gemeinschaft: Ein Leitfaden für die Praxis, Stuttgart u.a. 1993 (*Zitiert*: Gündisch, Rechtsschutz)

- *ders.* — Europa und das Grundgesetz, in: AnwBl. 1993, S. 590 ff.

Guillarmod, Oliver Jacot, — Droit communautaire et droit international public, Etudes Suisses de Droit International, Band 16, Genève 1979

Gutzwiller, Max — Die sogenannten Internationalen Juristischen Personen, in: Mitteilungen der Deutschen Gesellschaft für Völkerrecht, Band 12 (1933), S. 116 ff.

Häde, Ulrich — Anmerkung zu BVerfG in: EuZW 1995, S. 277 ff., in: EuZW 1995, S. 284 f.

Hahn, Michael J./ Schuster, Gunnar — Zum Verstoß von gemeinschaftlichem Sekundärrecht gegen das GATT - Die gemeinsame Marktorganisation für Bananen vor dem EuGH, in: EuR 1993, S. 261 ff.

- *ders.*/ *ders.* — Le droit des états membres de se prévaloir en justice d'un accord liant la Communauté - l'invocabilité du GATT dans l'affaire République fédérale d'Allemagne contre

	Conseil de l'Union européenne, in: RGDIP 1996, S. 367 ff.
Hailbronner, Kay (Hrsg.)	Staat und Völkerrechtsordnung, Festschrift für Karl Doehring, Berlin 1989, (*Zitiert*: Autor, in: Hailbronner (Hrsg.), FS Doehring)
- *ders.*	Handkommentar zum Vertrag über die Europäische Union (EUV/EGV), Stand: 6. Lieferung 1997, Köln u.a. (*Zitiert*: Bearbeiter, in: Hailbronner, Handkommentar)
Hallstein, Walter	Die echten Probleme der Europäischen Integration, Kieler Vorträge, N.F. Bd. 37 1965 S. 1 ff. (*Zitiert*: Hallstein, Kieler Vorträge)
Hartwig, Matthias	Die Haftung der Mitgliedstaaten für Internationale Organisationen, Berlin u.a. 1993 (*Zitiert*: Hartwig, Die Haftung der Mitgliedstaaten)
Heintzen, Markus	Die „Herrschaft" über die Europäischen Gemeinschaftsverträge - Bundesverfassungsgericht und Europäischer Gerichtshof auf Konfliktkurs ?, in: AöR Bd. 119 (1994), S. 564 ff.
- *ders.*	Zur Frage der Grundrechtsbindung der deutschen Mitglieder des EG-Ministerrates, in: Der Staat Bd. 31 (1992), S. 367 ff.
Held, Charles-Edouard	Les accords internationaux conclus par la communauté économique européenne, Vevey 1977 (*Zitiert*: Held, Les accords internationaux)
Henrichs, Helmut	Gemeinschaftsrecht und nationale Verfassungen - Organisations- und verfahrensrechtliche Aspekte einer Konfliktlage, in: EuGRZ 1990, S. 413 ff.
Herdegen, Matthias	Bemerkungen zur Zwangsliquidation und zum Haftungsdurchgriff bei internationalen Organisation, in: ZaöRV Bd. 47 (1987), S. 537 ff.
- *ders.*	Europäisches Gemeinschaftsrecht und die Bindung deutscher Verfassungsorgane an das Grundgesetz, Bemerkungen zu neueren Entwicklungen nach dem Solange II - Beschluß, in: EuGRZ 1989, S. 309 ff.

Hermann, Rudolf	Das Abschlußverfahren völkerrechtlicher Verträge der Europäischen Wirtschaftsgemeinschaft, Berlin 1973 (*Zitiert*: Hermann, Das Abschlußverfahren völkerrechtlicher Verträge)
Heydte, F.A. Frhr. v.d./ Seidl-Hohenveldern, Ignaz, u.a. (Hrsg.)	Völkerrecht und rechtliches Weltbild, Festschrift für Alfred Verdross, Wien 1960 (*Zitiert*: Autor, in: Heydte u.a. (Hrsg.), Völkerrecht und rechtliches Weltbild, Festschrift Verdross)
Hilf, Meinhard	Die Organisationsstruktur der Europäischen Gemeinschaften, Rechtliche Gestaltungsmöglichkeiten und Grenzen, Berlin u.a. 1982 (*Zitiert*: Hilf, Organisationsstruktur)
- ders.	Europäische Gemeinschaften und internationale Streitbeilegung, in: Bernhardt u.a. (Hrsg.), Völkerrecht als Rechtsordnung - internationale Gerichtsbarkeit - Menschenrechte, Festschrift für Hermann Mosler, Berlin u.a. 1983, S. 387 ff. (*Zitiert*: Hilf, in: Bernhardt u.a. (Hrsg.), Festschrift Mosler)
- ders.	Sekundäres Gemeinschaftsrecht und deutsche Grundrechte. Zum Beschluß des Bundesverfassungsgerichts vom 29. Mai 1974. Auswirkungen auf die Gemeinschaftsrechtsordnung, in: ZaöRV Bd. 35 (1975), S. 51 ff.
- ders.	Solange II: Wie lange noch Solange ? Der Beschluß des Bundesverfassungsgerichts vom 22. Oktober 1986, in: EuGRZ 1987, S. 1 ff.
- ders.	Einheit der Rechtsordnung: EG-Recht und nationales Recht, in: Karsten Schmidt (Hrsg.), Vielfalt des Rechts - Einheit der Rechtsordnung, S. 223 ff., Hamburger Ringvorlesung, Berlin 1994 (*Zitiert*: Hilf, in: Schmidt (Hrsg.), Vielfalt des Rechts)
- ders./ Tomuschat, Christian (Hrsg.)	EG und Drittstaatsbeziehungen nach 1992, Baden-Baden 1991 (*Zitiert*: Autor in: Hilf/Tomuschat (Hrsg.), EG und Drittstaatsbeziehungen)
- ders./ Petersmann Ernst-Ulrich (Hrsg.)	GATT und Europäische Gemeinschaft, Baden-Baden 1986 (*Zitiert*: Autor, in: Hilf/Petersmann (Hrsg.), Gatt und EG)

- *ders.* — EG-Außenkompetenzen in Grenzen, Das Gutachten des EuGH zur Welthandelsorganisation, in: EuZW 1995, S. 7 f.

- *ders.* — The ECJ's Opinion 1/94 on the WTO - No Surprise, but Wise ? -, in: EJIL 1995, S. 245 ff.

- *ders.* — The role of national Courts in International Trade Relations, in: Michigan Journal of International Law Bd. 18 (1997), S. 321 ff.

- *ders.*/ Eggers, Barbara — Der WTO-Panelbericht im EG/USA-Hormonstreit, Anstoß zum grenzenlosen Weltbinnenmarkt für Lebensmittel oder Eigentor der WTO ?, in: EuZW 1997, S. 559 ff.

Hirsch, Günter — Europäischer Gerichtshof und Bundesverfassungsgericht - Kooperation oder Konfrontation ?, in: NJW 1996, S. 2457 ff.

Hoffmann, Gerhard — Der Durchgriff auf die Mitgliedstaaten internationaler Organisationen für deren Schulden - Haftung aufgrund völkerrechtlicher und bundesrechtlicher Bestimmungen -, in: NJW 1988, S. 585 ff.

Hommelhoff, Peter/ Kirchhof, Paul (Hrsg.) — Der Staatenverbund der Europäischen Union: Beiträge und Diskussionen des Symposiums am 21./22. Januar 1994 in Heidelberg, Heidelberg 1994 (*Zitiert*: Autor, in: Hommelhoff/Kirchhof (Hrsg.), Der Staatenverbund)

Horn, Hans-Detlef — „Grundrechtsschutz in Deutschland" - Die Hoheitsgewalt der Europäischen Gemeinschaften und die Grundrechte des Grundgesetzes nach dem Maastricht-Urteil des Bundesverfassungsgerichts, in: DVBl. 1995, S. 89 ff.

Hrbek, Rudolf — Kontroversen und Manifeste zum Vertrag von Maastricht: Zur Einführung, in: Integration 1992, S. 225 ff.

Huber, Peter M. — Bundesverfassungsgericht und Europäischer Gerichtshof als Hüter der gemeinschaftsrechtlichen Kompetenzordnung, in: AöR Bd. 116 (1991), S. 210 ff.

- *ders.* — Recht der europäischen Integration, 1. Auflage, München 1996 (*Zitiert*: Huber, Europäische Integration)

Hutka, Rainer — Gemeinschaftsrechtsbezogene Prüfungs- und Verwerfungskompetenz der deutschen Verwaltung gegenüber Rechtsnormen nach europäischem Gemein-

	schaftsrecht und nach deutschem Recht, Würzburg 1997 (*Zitiert*: Hutka, Prüfungs- und Verwerfungskompetenz)
Ipsen, Hans-Peter	Europäisches Gemeinschaftsrecht, Tübingen 1972
- *ders.*	Zehn Glossen zum Maastricht-Urteil, in: EuR 1994, S. 1 ff.
- *ders.*	Das Verhältnis des Rechts der Europäischen Gemeinschaften zum nationalen Recht, Tübingen 1965 (*Zitiert*: Ipsen, Das Verhältnis des Rechts der Europäischen Gemeinschaften)
Ipsen, Jörn/ Mössner, Jörg Manfred/ Rengeling, Hans-Werner/ Weber, Alfred (Hrsg.)	Verfassungsrecht im Wandel - Wiedervereinigung Deutschlands - Deutschland in der Europäischen Union - Verfassungsrecht und Föderalismus, Zum 180jährigen Bestehen der Carl Heymanns Verlag KG, Köln u.a. 1995 (*Zitiert*: Autor, in: Ipsen u.a. (Hrsg.), FS Heymanns-Verlag)
Isensee, Josef/ Kirchhof, Paul (Hrsg.)	Handbuch des Staatsrechts der Bundesrepublik Deutschland, Band II, Demokratische Willensbildung - Die Staatsorgane des Bundes, Heidelberg 1987; Band VII, Normativität und Schutz der Verfassung - Internationale Beziehungen, Heidelberg 1992; Band VIII, Die Einheit Deutschlands, Entwicklung und Grundlagen, Heidelberg 1995 (*Zitiert*: Bearbeiter, in: Isensee/Kirchhof (Hrsg.), Handbuch des Staatsrechts, Bd.)
Jamrath, Thomas	Normenkontrolle der Verwaltung und Europäisches Gemeinschaftsrecht, Starnberg 1993
Jarass, Hans D.	Grundfragen der innerstaatlichen Bedeutung des EG-Rechts, Die Vorgaben des Rechts der Europäischen Gemeinschaft für die nationale Rechtsanwendung und die nationale Rechtsetzung nach Maastricht, Köln u.a., 1994 (*Zitiert*: Jarass, Grundfragen)
- *ders.*/ Pieroth, Bodo	Grundgesetz für die Bundesrepublik Deutschland: Kommentar, 4. Auflage München 1997 (*Zitiert*: Autor in: Jarass/Pieroth, GG-Kommentar, Rn. zu Art.)
- *ders.*	Konflikte zwischen EG-Recht und nationalem Recht vor den Gerichten der Mitgliedstaaten, in: DVBl. 1995, S. 954 ff.
Jennings, R.Y.	Nullity and Effectiveness in International Law, in: Cambridge Essays in International Law, Essays in

	honour of Lord McNair, London, New York 1965, S. 64 ff. (*Zitiert*: Jennings, in: FS McNair)
Jürgensen, Thomas	Gemeinschaftsrechtliche Grenzen der Bananenmarktordnung, in: EWS 1998, S. 357 ff.
Kapteyn, P.J.G.	The „Domestic" Law Effect of Rules of International Law within the European Community System of Law and the Question of Self-Executing Character of GATT Rules, in: The International Lawyer, 1974, S. 74 ff.
O'Keeffe, David/ Schermers, Henry G. (Hrsg.)	Mixed Agreements, Deventer (NL) 1983 (*Zitiert*: Autor, in: O'Keeffe/Schermers (Hrsg.), Mixed Agreements)
Kempen, Bernhard	Deutschland als Vertragspartei des GATT und als Mitglied der Europäischen Gemeinschaften, in: Festschrift für H.J. Hahn, S. 417 ff. (*Zitiert*: Kempen, in: FS Hahn)
Kewenig, Wilhelm A.	Die Europäischen Gemeinschaften und die bundesstaatliche Ordnung der Bundesrepublik Deutschland: Anmerkungen zu zwei Grundsatzproblemen des deutschen Verfassungsrechts aus Anlaß des Verfassungsstreits zwischen Bayern und dem Bund über die Fernseh-Richtlinie des Rates vom 3. Oktober 1989, in: JZ 1990, S. 458 ff.
Kirchhof, Paul	Deutsches Verfassungsrecht und Europäisches Gemeinschaftsrecht, in: EuR 1991, Beiheft 1 , S. 11 ff.
- *ders.*	Rechtsschutz durch Bundesverfassungsgericht und Europäischen Gerichtshof, in: Merten (Hrsg.), Föderalismus und Europäische Gemeinschaften - unter besonderer Berücksichtigung von Umwelt und Gesundheit, Kultur und Bildung, Schriften zum Europäischen Recht, Band 2, Berlin 1990, S. 109 ff. (*Zitiert*: Kirchhof, in: Merten, Föderalismus und Europäische Gemeinschaften)
- *ders.*	Gegenwartsfragen an das Grundgesetz, in: JZ 1989, S. 453 ff.
- *ders.*	Verfassungsrechtlicher Schutz und internationaler Schutz der Menschenrechte: Konkurrenz oder Ergänzung ?, in: EuGRZ 1994, S. 16
- *ders.*	Zitiert vom Deutschen Richtertag, in: DRiZ 1995, S. 443

Kirchner, Christian/ Haas, Joachim	Rechtliche Grenzen für Kompetenzübertragungen auf die Europäische Gemeinschaft, in: JZ 1993, S. 760 ff.
Klein, Eckart	Der Verfassungsstaat als Glied einer europäischen Gemeinschaft, in: VVDStRL 50 (1991), S. 56 ff.
- *ders.*/ Pechstein, Matthias	Das Vertragsrecht internationaler Organisationen: Der Konventionsentwurf über Verträge zwischen Staaten und internationalen Organisationen und zwischen internationalen Organisationen im Vergleich zur Wiener Vertragsrechtskonvention von 1969, Berlin 1985 (*Zitiert*: Autor, in: Klein/Pechstein, Das Vertragsrecht internationaler Organisationen)
- *ders.*	Grundrechtsdogmatische und verfassungsprozessuale Überlegungen zur Maastricht-Entscheidung des Bundesverfassungsgerichts, in: Randelzhofer/ Scholz/ Wilke (Hrsg.), Gedächtnisschrift für Eberhard Grabitz, S. 279 ff. (*Zitiert*: Klein, in: Randelzhofer u.a. (Hrsg.), GS Grabitz)
- *ders.*	Verfassungsprozeßrecht - Versuch einer Systematik an Hand der Rechtsprechung des Bundesverfassungsgerichts, Teil II, in: AöR Bd. 108 (1983), S. 561 ff.
- *ders.*	Die Internationalen und Supranationalen Organisationen als Völkerrechtssubjekte, in: Wolfgang Graf Vitzthum (Hrsg.), Völkerrecht, Berlin und New York 1997 (*Zitiert*: Klein, in: Graf Vitzthum (Hrsg.), Völkerrecht)
Klein, Hans Hugo	Maastrichter Vertrag und nationale Verfassungsgerichtsrechtsprechung, VI. Europäische Rechtskonferenz der Konrad-Adenauer-Stiftung, Sankt Augustin 1993 (Interne Studien und Berichte der Konrad-Adenauer-Stiftung Nr. 66/1993) (*Zitiert*: Klein, Interne Studien Nr. 66/1993)
Kloepfer, Michael	EG-Recht und Verfassungsrecht in der Rechtsprechung des Bundesverfassungsgerichts, in: JZ 1988, S. 1089 ff.
Knack, Hans Joachim	Verwaltungsverfahrensgesetz Kommentar, 2. Auflage Köln u.a. 1982; 6. Auflage Köln u.a. 1998 (*Zitiert*: Knack, VwVfG, Auflage, Rn. zu § VwVfG)
Köck, Heribert F./ Fischer, Peter	Gründzüge des Rechtes der Internationalen Organisationen, 2. Auflage, Eisenstadt 1986 (*Zitiert*: Köck/Fischer, Internationale Organisationen)

Koenig, Christian/ Pechstein, Matthias — Die Europäische Union, Tübingen 1995

- *ders./ders.* — Rechtspersönlichkeit der Europäischen Union, in: EuZW 1997, S. 225 ff.

König, Doris — Das Urteil des Bundesverfassungsgerichts zum Vertrag von Maastricht - ein Stolperstein auf dem Weg in die europäische Integration ?, in: ZaöRV Bd. 54 (1994), S. 17 ff.

Kokott, Juliane — Deutschland im Rahmen der Europäischen Union - zum Vertrag von Maastricht, in: AöR Bd. 119 (1994), S. 207 ff.

Konzen, Horst — Der europäische Einfluß auf das deutsche Arbeitsrecht nach dem Vertrag über die Europäische Union, in: EuZW 1995, S. 39 ff.

Kovar, Robert — La compétence consultative de la Cour de justice et la procédure de conclusion des accords internationaux par la Communauté économique européenne, in: Le droit international: Mélanges offerts à Reuter, Paris 1981, S. 357 ff. (*Zitiert*: Kovar, in: FS Reuter)

Kraus, Herbert — Das Erfordernis struktureller Kongruenz zwischen der Verfassung der Europäischen Verteidigungsgemeinschaft und dem Grundgesetz, in: Der Kampf um den Wehrbeitrag II, Halbband 2, Das Gutachtenverfahren (30.7. - 15.12.1952), Institut für Staatslehre und Politik e.V. (Hrsg.), Mainz u.a. 1953, S. 545 ff. (*Zitiert*: Kraus, Der Kampf um den Wehrbeitrag, Band 2)

Krück, Hans — Völkerechtliche Verträge im Recht der Europäischen Gemeinschaften, Berlin u.a. 1977 (*Zitiert*: Krück, Völkerrechtliche Verträge)

- *ders.* — Die auswärtige Gewalt der Mitgliedstaaten und die auswärtigen Befugnisse der Europäischen Gemeinschaften als Problem des Souveränitätsverständnisses, in: Ress (Hrsg.), Souveränitätsverständnis in den Europäischen Gemeinschaften, Baden-Baden 1980 (*Zitiert*: Krück, in: Ress (Hrsg.), Souveränitätsverständnis)

Kuijper, Pieter J. — The Conclusion and Implementation of the Uruguay Round Results by the European Community, in: EJIL Bd. 6 (1995), S. 222 ff.

Kuschel, Hans-Dieter — Die EG-Bananenmarktordnung vor deutschen Gerichten, in: EuZW 1995, S. 689 ff.

- *ders.* — Wie geht es weiter mit der Bananenmarktordnung?, in: EuZW 1996, S. 645 ff.

Lachmann, Per — International legal personality of the EC: capacity and competence, in: Legal issues of European integration 1984, S. 3 ff. (*Zitiert*: Lachmann, in: Legal issues 1984)

Lauterpacht, Elihu — The Legal Effect of Illegal Acts of International Organisations, in: Cambridge Essays in International Law, Essays in honour of Lord McNair, London, New York 1965, S. 88 ff. (*Zitiert*: Lauterpacht, in: FS McNair)

Lecheler, Helmut — Die Pflege der auswärtigen Beziehungen in der Europäischen Union, in: AVR Bd. 32 (1994), S. 1 ff.

Leibholz, Gerhard/ Rinck, Hans-Justus/ Hesselberger, Dieter — Grundgesetz für die Bundesrepublik Deutschland, Kommentar an Hand der Rechtsprechung des Bundesverfassungsgerichts, Band II (Art. 21 - 146 GG), 7. Auflage, Köln 1993 (Stand: Dezember 1996) (*Zitiert*: Leibholz/Rinck/Hesselberger, GG-Kommentar, Rn. zu Art.)

Lenz, Carl Otto — Der Vertrag von Maastricht nach dem Urteil des Bundesverfassungsgerichts, in: NJW 1993, S. 3038 ff.

Leupold, Heike — Keine Letztentscheidungskompetenz des EuGH im Verfahren des einstweiligen Rechtsschutzes, in: NVwZ 1995, S. 553 ff.

Lück, Michael — Die Gemeinschaftstreue als allgemeines Rechtsprinzip im Recht der Europäischen Gemeinschaft: Ein Vergleich zur Bundestreue im Verfassungsrecht der Bundesrepublik Deutschland, Baden Baden 1992 (*Zitiert*: Lück, Die Gemeinschaftstreue)

MacLeod, Ian/ Hendry, I.D./ Hyett, Stephen — The External Relations of the European Communities,Oxford 1996 (*Zitiert*: MacLeod/Hendry/ Hyett, The External Relations)

Maidowski, Ulrich — Identität der Verfassung und Europäische Integration - BVerfGE 73, 339, in: JuS 1988, S. 114 ff.

Manin, Philippe	L'Article 228, Paragraphe 2 Du Traité C.E.E., in: Études De Droit Des Communautés Européennes, Mélanges offerts à Teitgen, Paris 1984, S. 289 ff. (*Zitiert*: Manin, in: FS Teitgen)
- *ders.*	A propos de l'accord instituant l'Organisation mondiale du commerce et de l'accord sur les marchés publics: la question de l'invocabilité des accords internationaux conclus par la Communauté européenne, in: Rtde 1997, S. 399 ff.
- *ders.*	The European Communities and the Vienna Convention on the Law of Treaties between States and International Organisations or between International Organisations, in: CMLR 1987, S. 457 ff.
Maunz, Theodor/ Dürig, Günter/ Herzog, Roman/ Scholz, Rupert	Kommentar zum Grundgesetz, Stand 1997, München (*Zitiert*: Bearbeiter, in: M/D/H/S, GG-Kommentar, Bd., Rn. zu Art.)
Maunz, Theodor/ Schmidt-Bleibtreu, Bruno/ Klein, Franz/ Ulsamer, Gerhard	Bundesverfassungsgerichtsgesetz: Kommentar, 10. Lieferung März 1998, München (*Zitiert*: Bearbeiter, in: M/Sch/K/U, BVerfGG, Rn. zu §)
Meessen, Karl Matthias	Das Abkommen von Lomé als gemischter Vertrag, in: EuR 1980, S. 36 ff.
- *ders.*	Maastricht nach Karlsruhe, in: NJW 1994, S. 549 ff.
Mégret, Jacques	Le droit de la Communauté Economique Européenne, Brüssel 1980, Band 12 (*Zitiert*: Mégret, Le droit de la Communauté)
v. Meibom, Hanspeter	Der EWG-Vertrag und die Grundrechte des Grundgesetzes, in: DVBl. 1969, S. 437 ff.
Meier, Gert	Der Endbericht des WTO-Panels im Bananenrechtsstreit, in: EuZW 1997, S. 566 ff.
Meng, Werner	Das Recht der Internationalen Organisationen - eine Entwicklungsstufe des Völkerrechts, Baden-Baden 1979 (*Zitiert*: Meng, Das Recht der Internationalen Organisationen)
- *ders.*	Internationale Organisationen im völkerrechtlichen Deliktsrecht, in: ZaöRV Bd. 45 (1985), S. 332 ff.

- *ders.* Gedanken zur Frage unmittelbarer Anwendung von WTO-Recht in der EG, in: Beyerlein u.a., Recht zwischen Umbruch und Bewahrung: Völkerrecht, Europarecht, Staatsrecht, Festschrift für Rudolf Bernhardt, Berlin u.a. 1995, S. 1063 ff. (*Zitiert*: Meng, in: Beyerlein u.a. (Hrsg.), FS Bernhardt)

Menon, P.K. The Law of Treaties between States and International Organisations, Lewiston u.a. 1992 (*Zitiert*: Menon, Law of Treaties)

Merten, Detlef (Hrsg.) Föderalismus und Europäische Gemeinschaften - unter besonderer Berücksichtigung von Umwelt und Gesundheit, Kultur und Bildung, Schriften zum Europäischen Recht, Band 2, Berlin 1990 (*Zitiert*: Autor, in: Merten, Föderalismus und Europäische Gemeinschaften)

Mischo, Jean Un rôle nouveau pour la Cour de la Justice ?, in: RMC 1990, S. 681 ff.

Mosler, Hermann Die Erweiterung des Kreises der Völkerrechtssubjekte, in: ZaöRV Bd. 22 (1962), S. 1 ff.

Müller, Jörg P. Vertrauensschutz im Völkerrecht, Köln u.a. 1971

Müller, Wolfgang Trau schau wem! Oder: Von der zivilrechtlichen Verantwortlichkeit der Mitgliedstaaten internationaler Organisationen, in: NJW 1991, S. 2175 ff.

Münch, Ingo von Das völkerrechtliche Delikt in der modernen Entwicklung der Völkerrechtsgemeinschaft, Frankfurt a.M. 1963 (*Zitiert*: v.Münch, Das völkerrechtliche Delikt)

-*ders.*/ Kunig, Philip (Hrsg.) Grundgesetz-Kommentar, Band 1 (Präambel-Art. 20 GG), 4. Auflage, München 1992, Band 2 (Art. 21-69 GG), 3. Auflage München 1995, Band 3 (Art. 70-146 GG), 3. Auflage München 1996 (*Zitiert*: Bearbeiter, in: v. Münch/Kunig, GG-Kommentar, Rn. zu Art.)

Münchener Rechts-Lexikon, Band 3, Buchstaben R-Z, München 1987

Neßler, Volker Europäisches Gemeinschaftsrecht vor deutschen Gerichten, in: DVBl. 1993, S. 1240 ff.

Neuhold, Hanspeter — Organs competent to conclude Treaties for International Organizations and the Internal Procedure to the Decision to be bound by a Treaty and Negotiation and Conclusions of Treaties by International Organizations, in: Zemanek (Hrsg.), Agreements of International Organizations and the Vienna Convention on the Law of Treaties, ÖZöR, Supl. 1 (1971) S. 195 ff. (*Zitiert*: Neuhold, in: Zemanek, Agreements of International Organizations)

Nicolaysen, Gert — Europarecht, Band 1, Baden-Baden 1991

- *ders.* — Zur Theorie von den implied powers in den Europäischen Gemeinschaften, in: EuR 1966, S. 129 ff.

- *ders.* — Tabakrauch, Gemeinschaftsrecht und Grundgesetz, Zum BVerfG-Beschluß vom 12.5.1989 - 2 BvQ 3/89, in: EuR 1989, S. 215 ff.

Nöll, Hans-Heinrich — Die Völkerrechtssubjektivität der Europäischen Gemeinschaften und deren Bindung an das allgemeine Völkerrecht, Baden-Baden 1980 (*Zitiert*: Nöll, Die Völkerrechtssubjektivität der Europäischen Gemeinschaften)

Oehmichen, Alexander — Die unmittelbare Anwendbarkeit der völkerrechtlichen Verträge der EG: die EG-Freihandels- und Assoziierungsverträge und andere Gemeinschaftsabkommen im Spannungsfeld von Völkerrecht, Gemeinschaftsrecht und nationalem Recht, Frankfurt 1992 (*Zitiert*: Oehmichen, Die unmittelbare Anwendbarkeit)

Oldiges, Martin — Verbandskompetenz, in: DÖV 1989, S. 873 ff.

Oppermann,Thomas — Europarecht, 2. Auflage, München 1991

- *ders.* — Zur Eigenart der Europäischen Union, in: Hommelhoff/Kirchhof (Hrsg.), Der Staatenverbund der Europäischen Union, Beiträge und Diskussionen des Symposiums am 21./22. Januar 1994 in Heidelberg, Heidelberg 1994 (*Zitiert*: Oppermann, in: Hommelhoff/Kirchhof (Hrsg.), Der Staatenverbund)

- *ders.*/ Classen C. D. — Die EG vor der Europäischen Union, in: NJW 1993, S. 5 ff.

d'Orville Michael	Die rechtlichen Grundlagen für die gemeinsame Zoll- und Handelspolitik der EWG, Köln u.a. 1973 (*Zitiert*: d'Orville, Die rechtlichen Grundlagen)
Osieke, Ebere	The legal validity of ultra vires decisions of international organizations, in: AJIL Bd. 77 (1983), S. 239 ff.
Ossenbühl, Fritz	Landesbericht Bundesrepublik Deutschland, in: *ders.* (Hrsg.), Föderalismus und Regionalismus in Europa, Baden-Baden 1990, S. 117 ff.
Pechstein, Matthias.	Keine „Solange III"-Entscheidung: Das Bundesverfassungsgericht und die EG-Fernsehrichtlinie (EuZW 1995, 277 ff) - Zugleich ein Beitrag zum neuen Art. 23 GG -, in: Jura 1995, S. 581 ff.
- ders.	Die Anerkennung der rein objektiven unmittelbaren Richtlinienwirkung, in: EWS 1996, S. 261 ff.
Pernice, Ingolf	Die Haftung internationaler Organisationen und ihrer Mitarbeiter - dargestellt am „Fall" des internationalen Zinnrates -, in: AVR Bd. 26 (1988), S. 406 ff.
- ders.	Völkerrechtliche Verträge internationaler Organisationen - Tendenzen und mögliche Grundlagen einer Assimilierung von internationalen Organisationen und Staaten im Lichte der Wiener Konvention über das Vertragsrecht internationaler Organisationen -, in: ZaöRV Bd. 48 (1988), S. 229 ff.
- ders.	Gemeinschaftsverfassung und Grundrechtsschutz - Grundlagen, Bestand und Perspektiven, in: NJW 1990, S. 2409 ff.
- ders.	Karlsruhe locuta - Maastricht in Kraft, in: EuZW 1993, S. 649 ff. (Editorial)
Pescatore, Pierre	Les rélations extérieures des Communautés Européennes, in: Recueil des Cours de l'Académie de Droit International de La Haye (RdC) Bd. 103 (1961 II), S. 1 ff.
- ders.	Les Communautés en tant que personnes de droit international, in: Droit des Communautés Européennes, Les Novelles (DCE), Brüssel 1969, Nos. 326 ff.
Pestalozza, Christian	Verfassunsprozeßrecht: Die Verfassungsgerichtsbarkeit des Bundes und der Länder, 3. Auflage München 1991

Petersmann, Ernst U.	Auswärtige Gewalt, Völkerrechtspraxis und Völkerrechtsverbindungen der Europäischen Wirtschaftsgemeinschaft, in: ZaöRV Bd. 35 (1975), S. 213 ff.
- *ders.*	Application of GATT by the Court of Justice of the European Communities, in: CMLR 1983, S. 397 ff.
- *ders.*	Strengthening the Domestic Legal Framework of the GATT Multilateral Trade System, in: Petersmann/Hilf (Hrsg.), The New GATT Round of Mulitilateral Trade Negotiations: Legal and economic problems, 2. Auflage Deventer 1991, S. 33 ff. *(Zitiert*: Petersmann, in: Petersmann/Hilf, The New GATT Round)
- *ders.* (Hrsg.)	International Trade Law and the GATT/WTO Dispute Settlement System, Deventer 1997 (*Zitiert*: Autor, in: Petersmann, International Trade Law)
- *ders.*	Darf die EG das Völkerrecht ignorieren?, in: EuZW 1997, S. 325 ff.
- *ders.*	GATT/WTO-Recht: Duplik, in: EuZW 1997, S. 651 ff.
Rabe, Hans Jürgen	Das Verordnungsrecht der Europäischen Wirtschaftsgemeinschaft, Hamburg 1963
- *ders.*	Ausgerechnet Bananen, in: NJW 1996, S. 1320 ff.
Randelzhofer, Albrecht/ Scholz, Rupert/ Wilke, Dieter (Hrsg.)	Gedächtnisschrift für Eberhard Grabitz, München 1995 (*Zitiert*: Autor, in: Randelzhofer u.a. (Hrsg.), GS Grabitz
Raworth, Philip	Too Little, Too Late? Maastricht and the Goal of a European Federation, in: AVR Bd. 32 (1994), S. 24 ff.
Rengeling, Hans-Werner/ Middeke, Andreas/ Gellermann, Martin	Rechtsschutz in der Europäischen Union: Durchsetzung des Gemeinschaftsrechts vor europäischen und deutschen Gerichten, 2. Auflage München 1994 (*Zitiert*: Rengeling, Rechtsschutz in der EU)
- *ders.*	Europäisierung des Rechts, Ringvorlesung anläßlich des zehnjährigen Bestehens des Instituts für Europarecht der Universität Osnabrück, Osnabrücker Rechtswissenschaftliche Abhandlungen, Band 50, Osnabrück 1996 (*Zitiert*: Autor, in: Rengeling (Hrsg.), Europäisierung des Rechts)

Ress, Georg (Hrsg.) | Souveränitätsverständnis in den Europäischen Gemeinschaften, Baden-Baden 1980 (*Zitiert*: Autor, in: Ress (Hrsg.), Souveränitätsverständnis)

- ders. | in: Festschrift für Hans Zeidler, Göttingen 1990, S. 1775 ff. (*Zitiert*: Autor, in: FS Zeidler)

- ders./ Ukrow, Jörg | Neue Aspekte des Grundrechtsschutzes in der Europäischen Gemeinschaft - Anmerkungen zum Hoechst-Urteil des EuGH, in: EuZW 1990, S. 499 ff.

- ders. | Ist die Europäische Union eine juristische Person ?, in: EuR 1995, Beiheft 2, S. 27 ff.

- ders. | Die Europäische Union und die neue juristische Qualität der Beziehungen zu den Europäischen Gemeinschaften, in JuS 1992, S. 985 ff.

Reuter, Paul | Question of treaties concluded between States and international organizations or between two or more international organizations, 1550th Meeting, in: Yearbook of the International Law Commission (YILC) 1979, Vol. I, S. 84 ff.

Rickert, Beate | Grundrechtsgeltung bei der Umsetzung europäischer Richtlinien in innerstaatliches Recht, Berlin 1997, (*Zitiert*: Rickert, Grundrechtsgeltung)

Riegel, Reinhard | Zum Problem der allgemeinen Rechtsgrundsätze und Grundrechte im Gemeinschaftsrecht, in: NJW 1974, S. 1585 ff.

- ders. | Hoheitliche Zuordnung und gerichtliche Überprüfbarkeit des innerstaatlichen Vollzugs von Gemeinschaftsrecht, in: BayVBl. 1978, S. 289 ff.

Röttinger, Moritz | Bedeutung der Rechtsgrundlage einer EG-Richtlinie und Folgen einer Nichtigkeit - Zugleich eine Besprechung von EuGH, EuZW 1992, 676 - Parlament/Rat, in: EuZW 1993, S. 117 ff.

Rupp, Hans Heinrich | Anmerkung zu BVerfG, JZ 1995, 352 f., in: JZ 1995, S. 353 f.

Sack, Jörn | Von der Geschlossenheit und den Spannungsfeldern in einer Weltordnung des Rechts, in: EuZW 1997, S. 650 f.

- *ders.*	Noch einmal: GATT/WTO und europäisches Rechtsschutzsystem, in: EuZW 1997, S. 688
- *ders.*	The European Community's Membership in International Organizations, in: CMLR 1995, S. 1227 ff.
Schachtschneider, Karl Albrecht	Der Vertrag über die Europäische Union und das Grundgesetz, in: JZ 1993, S. 751 ff.
Scherer, Joachim	Solange II: Ein grundrechtspolitischer Kompromiß, in: JA 1987, S. 483 ff.
Schermers, Henry G.	International Organizations as Members of other International Organizations, in: Bernhardt u.a. (Hrsg.), Völkerrecht als Rechtsordnung - Internationale Gerichtsbarkeit . Menschenrechte -; Festschrift für Hermann Mosler, Berlin u.a. 1983, S. 823 ff. (*Zitiert*: Schermers, in: Bernhardt u.a. (Hrsg.), FS Mosler)
- *ders.*	International Institutional Law: unity within diversity, 3. Auflage, The Hague u.a. 1995 (*Zitiert:* Schermers, International Institutional Law)
Scheuing, Dieter H.	Deutsches Verfassungsrecht und europäische Integration, in: EuR 1997 Beiheft 1, S. 7 ff.
Scheuner, Ulrich	Die Rechtsetzungsbefugnis internationaler Gemeinschaften, in: Heydte u.a. (Hrsg.), Völkerrecht und rechtliches Weltbild, Festschrift für Alfred Verdross, Wien 1960, S. 229 ff. (*Zitiert*: Scheuner, in: Heydte u.a., Völkerrecht und rechtliches Weltbild, Festschrift Verdross)
Schilling, Theodor	Artikel 24 Absatz 1 des Grundgesetzes, Artikel 177 des EWG-Vertrags und die Einheit der Rechtsordnung, in: Der Staat Bd. 29 (1990), S. 161 ff.
Schlaich, Klaus	Das Bundesverfassungsgericht, 4. Auflage, München 1997 (*Zitiert*: Schlaich, Bundesverfassungsgericht, Rn.)
Schloh, Bernhard	Aufgaben und Funktion des Rates, in: Röttinger, Moritz/Weyringer, Claudia (Hrsg.), Handbuch der europäischen Integration, Wien u.a. 1996 (*Zitiert*: Schloh, in: Röttinger/Weyringer, Handbuch)
Schmidt, Karsten (Hrsg.)	Vielfalt des Rechts - Einheit der Rechtsordnung, Hamburger Ringvorlesung, Berlin 1994 (*Zitiert*: Autor, in: Schmidt (Hrsg.), Vielfalt des Rechts)

Schmidt-Assmann, Eberhard — Europäische Rechtsschutzgarantien: Auf dem Wege zu einem kohärenten Verwaltungsrechtsschutz in Europa, in: Beyerlein u.a. (Hrsg.), Recht zwischen Umbruch und Bewahrung: Völkerrecht, Europarecht, Staatsrecht, Festschrift für Rudolf Bernhardt, Berlin u.a. 1995, S. 1283 ff. (*Zitiert*: Schmidt-Assmann, in: Beyerlein u.a. (Hrsg.), FS Bernhardt)

Schneider, Jens-Peter — Effektiver Rechtsschutz Privater gegen EG-Richtlinien nach dem Maastricht-Urteil des Bundesverfassungsgerichts, in: AöR Bd. 119 (1994), S. 294 ff.

Schockweiler, Ferdinand — Zur Kontrolle der Zuständigkeitsgrenzen der Gemeinschaft, in: EuR 1996, S. 123 ff.

Scholz, Rupert — Europäisches Gemeinschaftsrecht und innerstaatlicher Verfassungsrechtsschutz, in: Friauf/Scholz, Europarecht und Grundgesetz, Schriften zum Europäischen Recht, Band 1, hrsg. von Magiera/Merten, Berlin 1990, S. 53 ff. (*Zitiert*: Scholz, in: Friauf/Scholz, Europarecht und Grundgesetz)

- *ders.* — Wie lange bis "Solange III" ?, in: NJW 1990, S. 941 ff.

Schreuer, Christoph (Hrsg.) — Autorität und internationale Ordnung, Berlin 1979 (*Zitiert*: Autor, in: Schreuer, Autorität und Internationale Ordnung)

Schroeder, Werner — Alles unter Karlsruher Kontrolle? Die Souveränitätsfrage im Maastricht-Urteil des Bundesverfassungsgerichts, in: ZfRV 1994, S. 143 ff.

Schröder, Meinhard — Die Kodifikation des Vertragsrechts internationaler Organisationen, in: AVR Bd. 23 (1985), S. 385 ff.

- *ders.* — Das Bundesverfassungsgericht als Hüter des Staates im Prozeß der europäischen Integration, in: DVBl. 1994, S. 316 ff.

Schwarze, Jürgen — Die EWG in ihren völkerrechtlichen Beziehungen, in: NJW 1979, S. 456 ff.

- *ders.* — Europapolitik unter deutschem Verfassungsrichtervorbehalt, in: NJ 1994, S. 1 ff.

- *ders.* — Rechtsschutz Privater gegenüber normativen Rechtsakten im Recht der EWG, in: Ingo v. Münch (Hrsg.), Staatsrecht, Völkerrecht, Europarecht, Festschrift für

	Hans-Jürgen Schlochauer, München 1981, S. 927 ff. (*Zitiert*: Schwarze, in: v. Münch (Hrsg.), FS Schlochauer)
- *ders.*	Das Staatsrecht in Europa, in: JZ 1993, S. 585 ff.
Schweitzer, Michael/ Hummer, Waldemar	Europarecht: Das Recht der Europäischen Union, das Recht der Europäischen Gemeinschaften (EGKS, EG, EAG) mit Schwerpunkt EG, 5. Auflage, Neuwied u.a. 1996 (*Zitiert*: Schweitzer/Hummer, Europarecht)
- *ders.*	Die Verwaltung der Europäischen Gemeinschaften, in: Die Verwaltung Bd. 17 (1984), S. 137 ff.
Seidel, Martin	Die Europäische Union nach dem Urteil des Bundesverfassungsgerichts zum Vertrag von Maastricht, in: Diskussionspapier 3/94, S. 1 ff., Institut für Integrationsforschung, Europa-Kolleg Hamburg (*Zitiert*: Seidel, Diskussionspapier 3/94)
Seidl-Hohenveldern, Ignaz	Das Recht der internationalen Organisationen, 9. Auflage, Köln u.a. 1997
- *ders.*	Die völkerrechtliche Haftung für Handlungen internationaler Organisationen im Verhältnis zu Nichtmitgliedern, in: ÖZöR Bd. 12 (1961), S. 497 ff.
- *ders.*	Piercing the Corporate Veil of International Organizations: The International Tin Council Case in the English Court of Appeals, in: GYIL Bd. 32 (1989), S. 43 ff.
Seyersted, Finn	Objektive personality of intergovernmental organizations: Do their capacities really depend upon the conventions establishing them ?, in: Nordisk Tidsskrift for International Ret og Jus Gentium (NoTIR) Bd. 34 (1964), S. 1 ff.
- *ders.*	Objective International Personality of International Organizations, Leyden 1963 (*Zitiert*: Seyersted, International Personality)
- *ders.*	Treaty-Making Capacity of Intergovernmental Organizations: Article 6 of the International Law Commission's Draft Articles on the Law of Traties Between States and International Organizations or Between International Organizations, in: ÖZöR Bd. 34 (1983), S. 261 ff.

- *ders.* Is the International Personality of Intergovernmental Organizations Valid vis-à-vis Non-Members?, in: IJIL 1964, S. 233 ff.

Shihata, Ibrahim F.I. Role of Law in Economic Development: The Legal Problems of International Public Ventures, in: Revue Egyptienne de Droit International Bd. 25 (1969), S. 119 ff. ff.

Simson, Werner v./ Schwarze, Jürgen Europäische Integration und Grundgesetz - Maastricht und die Folgen für das deutsche Verfassungsrecht, Berlin u.a. 1992 (*Zitiert*: Simson/Schwarze, Europäische Integration)

Stadlmeier Sigmar Die „Implied Powers" der Europäischen Gemeinschaften, in: ZÖR Bd. 52 (1997), S. 353 ff.

Starck, Christian (Hrsg.) Bundesverfassungsgericht und Grundgesetz, Festgabe aus Anlaß des 25jährigen Bestehens des Bundesverfassungsgerichts, Bd. II, Tübingen 1976, (*Zitiert*: Autor, in: Starck (Hrsg.), FS Bundesverfassungsgericht)

Stein, Klaus Dieter Der gemischte Vertrag im Recht der Europäischen Wirtschaftsgemeinschaft, Berlin 1986, (*Zitiert*: Stein, Der gemischte Vertrag)

Stein, Torsten Etikettierung von Tabakerzeugnissen und Warnhinweise, Anmerkung zum BVerfG-Beschluß vom 22.1.1997, in: EuR 1997, S. 169 ff.

Steinberger, Helmut Anmerkungen zum Maastricht-Urteil des Bundesverfassungsgerichts, in: Hommelhoff/Kirchhof (Hrsg.), Der Staatenverbund der Europäischen Union, S. 25 ff., Heidelberg 1994 (*Zitiert*: Steinberger, in: Hommelhoff/Kirchhof (Hrsg.), Der Staatenverbund)

- *ders.* Aspekte der Rechtsprechung des Bundesverfassungsgerichts zum Verhältnis zwischen Europäischem Gemeinschaftsrecht und deutschem Recht, in: Hailbronner (Hrsg.), Staat und Völkerrechts-ordnung, Festschrift für Karl Doehring, Berlin 1989, S. 951 ff. (*Zitiert*: Steinberger, in: Hailbronner (Hrsg.), FS Doehring)

Steindorff, Ernst Grenzen der EG-Kompetenzen, Heidelberg 1990 (*Zitiert*: Steindorff, EG-Kompetenzen)

Stern, Klaus | Das Staatsrecht der Bundesrepublik Deutschland, Band I: Grundbegriffe und Grundlagen des Staatsrechts, Strukturprinzipien der Verfassung, 2. Auflage 1984 (*Zitiert*: Stern, Staatsrecht)

Stettner, Rupert | Europäisches Gemeinschaftsrecht als Quelle der Rechtsfindung deutscher Gerichte 1974 - 1984, in: AöR Bd.111 (1986), S. 537 ff.

Stoll, Peter-Tobias | Freihandel und Verfassung. Einzelstaatliche Gewährleistung und die konstitutionelle Funktion der Welthandelsordnung (GATT/ WTO), in: ZaöRV Bd. 57 (1997), S. 83 ff.

Streinz, Rudolf | Europarecht, 3. Auflage Heidelberg 1996

- *ders.* | Bundesverfassungsgerichtlicher Grundrechtsschutz und Europäisches Gemeinschaftsrecht, Baden-Baden 1989 (*Zitiert*: Streinz, Bundesverfassungsgerichtlicher Grundrechtsschutz)

- *ders.* | Bundesverfassungsgerichtliche Kontrolle über die deutsche Mitwirkung am Entscheidungsprozeß im Rat der Europäischen Gemeinschaften, Schriften zum Europäischen Recht, Band 3, Berlin 1990 (*Zitiert*: Streinz, Bundesverfassungsgerichtliche Kontrolle)

- *ders.* | Der Verfassungsstaat als Glied einer europäischen Gemeinschaft, in: DVBl. 1990, S. 949 ff.

- *ders.* | Das Maastricht-Urteil des Bundesverfassungsgerichts, Anmerkungen zu BVerfG, EuZW 1993, 667, in: EuZW 1994, S. 329 ff.

- *ders.* | Das „Kooperationsverhältnis" zwischen Bundesverfassungsgericht und Europäischem Gerichtshof nach dem Maastricht-Urteil, in: Ipsen/Rengeling/Mössner/ Weber (Hrsg.), Verfassungsrecht im Wandel, Zum 180jährigen Bestehen der Carl Heymanns Verlag KG, S. 663 ff., Köln u.a. 1995 (*Zitiert*: Streinz, in: Ipsen u.a. (Hrsg.), FS Heymanns Verlag)

- *ders.* | Die Europäische Union nach dem Vertrag von Maastricht, in: ZfRV 1995, S. 1 ff.

- *ders.* | Der Vertrag von Amsterdam, in: EuZW 1998, S. 137 ff.

Tietje, Christian	Europäischer Grundrechtsschutz nach dem Maastricht-Urteil, „Solange III"? - BVerfG, NJW 1993, 3047, in: JuS 1994, S. 197 ff.
Tomuschat, Christian	Völkerrechtliche Grundlagen der Drittlandsbeziehungen der EG, in: Hilf/Tomuschat (Hrsg.), EG und Drittstaatsbeziehungen nach 1992, Baden-Baden 1991, S. 139 ff. (*Zitiert*: Tomuschat, in: Hilf/ Tomuschat (Hrsg.), EG und Drittstaatsbeziehungen)
- ders.	Aller guten Dinge sind III ?, in: EuR 1990, S. 340 ff.
- ders.	Die auswärtige Gewalt der EWG erhält feste Konturen, Anmerkung zu EuGH, verb. Rs. 3, 4 u. 6/76, in: EUR 1977, S. 157 ff.
- ders.	Liability for Mixed Agreements, in: O'Keeffe/Schermers (Hrsg), Mixed Agreements, Deventer 1983, S. 125 ff. (*Zitiert*: Tomuschat, in: O'Keeffe/Schermers (Hrsg.), Mixed Agreements)
- ders.	Die Beitragsverweigerung in Internationalen Organisationen, in: Internationales Recht und Wirtschaftsordnung, Festschrift für F. A. Mann, München 1977, S. 439 ff. (*Zitiert*: Tomuschat, in: FS Mann)
- ders.	Die Europäische Union unter der Aufsicht des Bundesverfassungsgerichts, in: EuGRZ 1993, S. 489 ff.
Trautwein, Thomas	Zur Rechtsprechungskompetenz des BVerfG auf dem Gebiet des Europäischen Gemeinschaftsrechts, in: JuS 1997, S. 893 ff.
Umbach, Dieter C./ Clemens, Thomas (Hrsg.)	Bundesverfassungsgerichtsgesetz, Mitarbeiterkommentar und Handbuch, Heidelberg 1992 (*Zitiert*: Bearbeiter, in: Umbach/Clemens, BVerfGG, Rn. zu §)
Vedder, Christoph W.	Die auswärtige Gewalt des Europa der Neun, Göttingen 1980 (*Zitiert*: Vedder, Die auswärtige Gewalt)
Verdross, Alfred/ Simma, Bruno	Universelles Völkerrecht, - Theorie und Praxis -, 3. Auflage, Berlin u.a. 1984 (*Zitiert*: Verdross/Simma, Universelles Völkerrecht)
Vitzthum, Graf Wolfgang (Hrsg.)	Völkerrecht, Berlin, New York 1997 (*Zitiert*: Bearbeiter, in: Graf Vitzthum (Hrsg.), Völkerrecht)

Vogel, Klaus	Die Verfassungsentscheidung des Grundgesetzes für eine internationale Zusammenarbeit, Tübingen 1964
Wassermann, Rudolf (Hrsg.)	Kommentar zum Grundgesetz für die Bundesrepublik Deutschland, Reihe Alternativkommentare, Band 1 (Art. 1 - Art. 37 GG), 2. Auflage, Neuwied u.a., 1989 (*Zitiert*: Bearbeiter, in: Alternativ GG-Kommentar, Rn. zu Art.)
Weber, Albrecht	Die Kontrolle kompetenzwidriger Gemeinschaftsakte in: Rengeling (Hrsg.), Europäisierung des Rechts, Osnabrück 1996, S. 21 ff. (*Zitiert*: Weber, in: Rengeling (Hrsg.), Europäisierung des Rechts)
- *ders.*	Zur Kontrolle grundrechts- bzw. kompetenzwidriger Rechtsakte der EG durch nationale Verfassungsgerichte, in: Due/Lutter/Schwarze (Hrsg.), Festschrift für Ulrich Everling, Band 2, S. 1625 ff., Baden-Baden 1995 (*Zitiert*: Weber, in: Due u.a. (Hrsg.), FS Everling)
- *ders.*	Rechtsfragen der Durchführung des Gemeinschaftsrechts in der Bundesrepublik, Osnabrücker Rechtswissenschaftliche Abhandlungen Band 12, Köln u.a., 1988 (*Zitiert*: Weber, Rechtsfragen der Durchführung)
- *ders.*	Verwaltungskollisionsrecht der Europäischen Gemeinschaften im Lichte neuerer Rechtsentwicklungen, EuR 1986, S. 1 ff.
- *ders.*	Die Bananenmarktordnung unter Aufsicht des BVerfG ?, in: EuZW 1997, S. 165 ff.
Wehlau, Andreas	Die Rechtsprechung des Gerichtshofes der Europäischen Gemeinschaft zur Staatshaftung der Mitgliedstaaten nach Gemeinschaftsrecht, Hamburg 1996 (*Zitiert:* Wehlau, Die Rechtsprechung des Gerichtshofes)
Weissenberg, Paul	Die Kompetenz der EWG zum Abschluß von Handels- und Kooperationsabkommen gem. Art. 113 EWGV, Berlin 1978
Winkelmann, Ingo (Hrsg.)	Das Maastricht-Urteil des Bundesverfassungsgerichts vom 12. Oktober 1993, Dokumentation des Verfahrens mit Einführung, Berlin 1995 (*Zitiert*: Winkelmann, Das Maastricht-Urteil)

Woelk, Jens — Die Verpflichtung zu Treue bzw. Loyalität als inhärentes Prinzip dezentralisierter Systeme, in: ÖZöR Bd. 52 (1997), S. 527 ff.

Zemanek, Karl — Das Vertragsrecht der Internationalen Organisationen, Wien 1957 (*Zitiert*: Zemanek, Vertragsrecht)

- *ders*. (Hrsg.) — Agreements of International Organizations and the Vienna Convention on the Law of Treaties, ÖZöR, Supl. 1 (1971), S. 195 ff. (*Zitiert*: Autor, in: Zemanek, Agreements of International Organizations)

- *ders*. — The United Nations Conference on the Law of Treaties between States and International Organisations or between International Organisations: The unrecorded history of its «general agreement», in: Karl-Heinz Böckstiegel (Hrsg.), Völkerrecht, Recht der internationalen Organisationen, Weltwirtschaftsrecht:, Festschrift für Ignaz Seidl-Hohenveldern, Köln u.a. 1988, S. 665 ff. (*Zitiert*: Zemanek, in: Böckstiegel (Hrsg.), FS Seidl-Hohenveldern)

Zuck, Rüdiger — Kommentar zum Bundesverfassungsgerichtsgesetz, 1. Auflage München 1996 (*Zitiert*: Zuck, BVerfGG, Rn. zu §)

- *ders*./ Lenz, Christofer — Verfassungsrechtlicher Rechtsschutz gegen Europa, in: NJW 1997, S. 1193 ff.

Zuleeg, Manfred — Die Rolle der rechtsprechenden Gewalt in der europäischen Integration, in: JZ 1994, S. 1 ff.

- *ders*. — Das Recht der Europäischen Gemeinschaften im innerstaatlichen Bereich, Köln u.a., 1969 (*Zitiert*: Das Recht der Europäischen Gemeinschaften)

- *ders*. — Anmerkung zu BVerfG, JZ 1995, S. 669 ff, in: JZ 1995, S. 673 ff.

ABKÜRZUNGSVERZEICHNIS

a.A., A.A.	anderer Ansicht
a.a.O.	am angegebenen Ort
ABl.	Amtsblatt
Abs.	Absatz
a.F.	alter Fassung
AJIL	American Journal of International Law
allg.	allgemein
Anm.	Anmerkung
AnwBl	Anwaltsblatt
AöR	Archiv für öffentliches Recht
Art.	Artikel
Aufl.	Auflage
AVR	Archiv des Völkerrechts
BayVBl.	Bayerische Verwaltungsblätter
BB	Betriebs-Berater
Bd.	Band
BFH	Bundesfinanzhof
BGBl.	Bundesgesetzblatt
BGH	Bundesgerichtshof
BGHZ	Entscheidungssammlung des Bundesgerichtshofs in Zivilsachen
bspsw.	beispielsweise
BT-Drs.	Drucksachen des Bundestages
Bull. EG	Bulletin der Europäischen Gemeinschaften
BVerfG	Bundesverfassungsgericht
BVerfGE	Entscheidungssammlung des Bundesverfassungsgerichts
BverfGG	Bundesverfassungsgerichtsgesetz
BVerwG	Bundesverwaltungsgerichtsgesetz
BVerwGE	Entscheidungen des Bundesverwaltungsgerichts
bzw.	beziehungsweise
CDE	Cahiers de droit européen
CMLR	Common Market Law Review
DB	Der Betrieb
DDR	Deutsche Demokratische Republik
ders.	derselbe
dies.	dieselben
Dok	Dokument
DÖV	Die Öffentliche Verwaltung
DRiZ	Deutsche Richterzeitung
DVBl.	Deutsches Verwaltungsblatt
EA	Europa Archiv
EAG	Europäische Atomgemeinschaft
ebda.	ebenda
EEA	Einheitliche europäische Akte
EG	Europäische Gemeinschaft
EGKS	Europäische Gemeinschaft für Kohle und Stahl

EGKSV	Vertrag über die Gründung der Europäischen Gemeinschaft für Kohle und Stahl
EGV	Vertrag zur Gründung der Europäischen Gemeinschaft
EJIL	European Journal of International Law
EMRK	Europäische Menschenrechtskonvention
endg.	endgültig
EPIL	Encyclopedia of Public International Law
EPZ	Europäische Politische Zusammenarbeit
EU	Europäische Union
EUG	Gericht erster Instanz
EuGH	Gerichtshof der Europäischen Gemeinschaften
EuGRZ	Europäische Grundrechte Zeitschrift
EuR	Europarecht
EUV	Vertrag über die Europäische Union
EuZW	Europäische Zeitschrift für Wirtschaftsrecht
e.V.	eingetragener Verein
EWG	Europäische Wirtschaftsgemeinschaft
EWGV	Vertrag zur Gründung der Europäischen Wirtschaftsgemeinschaft
EWS	Europäisches Wirtschafts- und Steuerrecht
f.	folgende
FAZ	Frankfurter Allgemeine Zeitung
ff.	fortfolgend(e)
FG	Finanzgericht
Fn.	Fußnote
FS	Festschrift
GA	Generalanwalt beim EuGH
GASP	Gemeinsame Außen- und Sicherheitspolitik
GATT	General Agreement on Tarifs and Trades
gem.	gemäß
GG	Grundgesetz
GS	Gedächtnisschrift
GYIL	German Yearbook of International Law
Hdb.	Handbuch
h.L.	herrschende Lehre
h.M.	herrschende Meinung
Hrsg.	Herausgeber
ICJ	International Court of Justice
IGH	Internationaler Gerichtshof
ILC	International Law Commission
ILO	International Labour Organisation
i.S.	im Sinne
i.S.v.	im Sinne von
i.V.m.	in Verbindung mit
JA	Juristische Arbeitsblätter
Jura	Juristische Ausbildung
JuS	Juristische Schulung
JZ	Juristenzeitung

Kap.	Kapitel
Kom	Kommission der Europäischen Gemeinschaften
LMBG	Lebensmittelbedarfsgesetz
Ls.	Leitsatz
lit.	litera
MittDGVR	Mitteilungen der deutschen Gesellschaft für Völkerrecht
MJIL	Michigan Journal of International Law
m.w.N.	mit weiteren Nachweisen
n.F.	neue Fassung
NJ	Neue Justiz
NJW	Neue Juristische Wochenschrift
NoTIR	Nordisk Tidsskrift for International Ret og Jus Gentium
Nr.	Nummer
NVwZ	Neue Zeitschrift für Verwaltungsrecht
NZZ	Neue Zürcher Zeitung
OJLS	Oxford Journal of Legal Studies
ÖZöR	Österreichische Zeitschrift für öffentliches Recht
RdA	Recht der Arbeit
RdC	Recueil des Cours de l'Académie de Droit International de La Haye
RGDIP	Revue Generale de Droit International Privée
RIW	Recht der Internationalen Wirtschaft
RL	Richtlinie
Rn.	Randnummer
Rs.	Rechtssache
Rspr.	Rechtsprechung
Rtde	Revue Trimestrielle de Droit Européen
Rz.	Randziffer
S.	Seite
Sec.	Section
Slg.	Sammlung der Rechtsprechung des EuGH
sog.	Sogenannte
st. Rspr.	Ständige Rechtsprechung
SZ	Süddeutsche Zeitung
Tz.	Teilziffer
u.a.	unter anderem; und andere
UAbs.	Unterabsatz
UN	United Nations
U.S.	United States
v.	versus
verb.	verbundene
Verw	Die Verwaltung
VerwArch	Verwaltungsarchiv
VG	Verwaltungsgericht
VGH	Verwaltungsgerichtshof
vgl.	vergleiche
VO	Verordnung
Vorbemerk.	Vorbemerkungen

VVDStRL	Veröffentlichungen der Vereinigung der Deutschen Staatsrechtslehrer
VWVfG	Verwaltungsverfahrensgesetz
WTO	World Trade Organisation
WVK II	Wiener Übereinkommen vom 21. März 1986 über das Recht der Verträge zwischen Staaten und internationalen Organisationen und zwischen internationalen Organisationen
YILC	Yearbook of the International Law Commission
ZaöRV	Zeitschrift für ausländisches öffentliches Recht und Völkerrecht
z.B.	zum Beispiel
ZfRV	Zeitschrift für Rechtsvergleichung
Ziff.	Ziffer
zit.	Zitiert
ZÖR	Zeitschrift für öffentliches Recht

1. Teil

Einleitung

Die Entscheidungen des Europäischen Gerichtshofs in bezug auf die Geltung des Gleichbehandlungsgrundsatzes im Rahmen der nationalen Streitkräfte[1] und zur EU-„Tabakwerberichtlinie"[2] sowie die Entscheidung des Bundesverfassungsgerichts zur EU-Bananenmarktordnung[3] haben verdeutlicht, daß ungeachtet des weiteren Fortschreitens der Europäischen Integration auf Grundlage der Verträge von Amsterdam[4] und Nizza[5] die Frage des Verhältnisses von europäischem und nationalem Recht sowie der entsprechenden Gerichtsbarkeiten auch einige Jahre nach der grundlegenden Entscheidung des Bundesverfassungsgerichts zum Vertrag von Maastricht[6] nichts an Aktualität eingebüßt hat.

In seiner Maastricht-Entscheidung aus dem Jahre 1993 hatte das Bundesverfassungsgericht zwar das weitere Fortschreiten des Europäischen Integrationsprozesses auf der Grundlage des Maastrichter Vertrages[7] ermöglicht, weshalb das Urteil seinerzeit auch mit Erleichterung aufgenommen wurde[8], gleichwohl wiesen einige Passagen des Urteils auf eine Zurückhaltung in bezug auf die konkrete Ausgestaltung des Integrationsprozesses und die Bindung deutscher Hoheitsträger an im Laufe dieses Prozesses ergehende Hoheitsakte der Europäischen Union hin. Insoweit sind insbesondere die Ausführungen des Bundesverfassungsgerichts zu der Frage nach den Folgen eines „ultra vires"-Handelns der Europäischen Gemeinschaft zu nennen, womit das Gericht das Verhältnis des Rechts der Europäischen Union zum deutschen Verfassungsrecht und das Verhältnis zwischen der Gerichtsbarkeit des Europäischen Gerichtshofs und der Gerichtsbarkeit des Bundesverfassungsgerichts erneut aufgriff. Die (Neu-)Bestimmung dieses Verhältnisses wurde vereinzelt sogar als die eigentliche europapolitische Bedeutung des Maastricht-Urteils bezeichnet.[9] Dies soll im folgenden zum Anlaß genommen werden, sich mit der Problematik eines Handelns „ultra vires" der Europäischen Gemeinschaft auseinanderzusetzen.

A. Gegenstand der Untersuchung sowie Themeneingrenzung

Grundlage der Europäischen Union sind gem. Art. 1 EU-Vertrag die Europäischen Gemeinschaften. Zu diesen Europäischen Gemeinschaften gehört neben der Euro-

---

1 EuGH, Urteil vom 11.01.2000, Rs. C-285/98, Fall Kreil.
2 EuGH, Urteil vom 05.10.2000, Rs. C-376/98, Tabakwerberichtlinie.
3 BVerfG, Beschluß vom 07.06.2000, NJW 2000, S. 3124 f. In dieser Entscheidung hat das Bundesverfassungsgericht die Zulässigkeit einer Verfassungsbeschwerde wegen einer behaupteten Grundrechtsverletzung durch sekundäres Gemeinschaftsrecht davon abhängig gemacht, daß der Beschwerdeführer darlegt, daß die europäische Rechtsentwicklung, einschließlich der Rechtsprechung des Europäischen Gerichtshofs, den als unabdingbar gebotenen Grundrechtsschutz generell nicht mehr gewährleiste.
4 ABl. C 340 vom 10.11.1997, S. 1 ff.
5 ABl. C 80 vom 10.03.2001, S. 1 ff.
6 BVerfGE 89, 155 ff.
7 BGBl. 1992 Teil II S. 1253 ff.
8 NZZ vom 13.10.1993, S. 1.
9 Seidel, Diskussionspapier 3/94, S. 13.

päischen Gemeinschaft für Kohle und Stahl und der Europäischen Atomgemeinschaft insbesondere die Europäische Gemeinschaft.[10] Diese soll wegen ihrer zentralen Bedeutung im System der Europäischen Union im Mittelpunkt der folgenden Ausführungen stehen.[11]

Die vorliegende Arbeit hat die Rechtsfolgen eines "ultra vires"-Handelns der Europäischen Gemeinschaft zum Gegenstand. Den Schwerpunkt der Arbeit bildet zum einen die Frage, welche Konsequenzen ein Tätigwerden der Europäischen Gemeinschaft in Bereichen hat, die nicht in ihren Regelungsbereich fallen, sondern bei den Mitgliedstaaten verblieben sind. Zum anderen wird untersucht, inwieweit ein solches Handeln der Gemeinschaft einer Überprüfung durch das Bundesverfassungsgericht unterliegt.

Nicht behandelt werden in dieser Untersuchung Akte der Europäischen Union, die außerhalb des Anwendungsbereiches des EG-Vertrages, beispielsweise im Rahmen der Gemeinsamen Außen- und Sicherheitspolitik der Europäischen Union (GASP), ergehen. In diesem Bereich kann der Europäische Gerichtshof gem. Art. 46 EUV keine Gerichtsbarkeit ausüben.[12] Diesen Ausschluß der gerichtlichen Überprüfung hat auch der Vertrag von Amsterdam[13] übernommen. Da entsprechende, die Mitgliedstaaten bindende, außen- und sicherheitspolitische Beschlüsse nur einstimmig ergehen können bzw. Mehrheitsbeschlüsse durch einen vorher zu fassenden einstimmigen Beschluß autorisiert werden müssen, läßt sich die Nichtberücksichtigung damit begründen, daß auch ohne Rechtsschutz durch den Europäischen Gerichtshof hinreichend gewährleistet ist, daß der Zuständigkeitsbereich der Mitgliedstaaten nicht tangiert wird. Zu erwägen wäre allenfalls, ob im jeweiligen nationalen Verfassungsrechtsweg dafür gesorgt werden kann, daß die jeweilige nationale Exekutive keinen GASP-Maßnahmen zustimmt, die nicht mit der Kompetenzverteilung nach dem EG-Vertrag in Einklang stehen.[14]

Zwar werden im Zusammenhang mit einem Handeln „ultra vires" einer internationalen Organisation häufig auch Verstöße gegen die horizontale Kompetenzaufteilung innerhalb der internationalen Organisation genannt[15] und solche Verstöße zum Teil auch als Anwendungsfall des Handelns „ultra vires" verstanden.[16] Diese Arbeit beschränkt sich im folgenden jedoch auf Verstöße gegen die vertikale Kompetenzverteilung. Denn bei einem Verstoß eines Rechtsaktes der Gemeinschaft gegen die ho-

---

10 Unter dem Begriff Europäische Gemeinschaft wird die gem. Art. 8 (vormals Art. G) des Vertrages über die Europäische Union (EUV) aus der Europäischen Wirtschaftsgemeinschaft hervorgegangene Europäische Gemeinschaft (Art. 1 EG-Vertrag) verstanden.

11 Dementsprechend wird im folgenden auch begrifflich vorwiegend von der Europäischen Gemeinschaft und nicht von der sie umfassenden Europäischen Union die Rede sein.

12 Vgl. Weber, in: Rengeling (Hrsg.), Europäisierung des Rechts, S. 21 (27).

13 Abgedruckt in: BT-Drucksache 13/9339 vom 3.12.1997.

14 So Giegerich, ZaöRV Bd. 57 (1997), S. 409 (427 f., 497); auch Bernhardt, in: FS Skubiszewski, S. 599 (607), ist der Auffassung, daß sich bei Rechtsakten, die von allen Mitgliedstaaten einer internationalen Organisation einstimmig erlassen werden, in aller Regel keine Probleme hinsichtlich der Frage eines „ultra vires" Handelns stellen.

15 Vgl. Bernhardt, in: FS Skubiszewski, S. 599 (602 f.); vgl. hierzu auch den IGH im „certain expenses" Fall, ICJ Reports 1962, S. 151 ff.

16 Vgl. Weber, in: Rengeling (Hrsg.), Europäisierung des Rechts, S. 21 (22).

rizontale Kompetenzverteilung bleibt die Zuständigkeit der Europäischen Gemeinschaft zum Erlaß des Rechtsaktes, also die Verbandskompetenz[17] erhalten, lediglich gemeinschaftsintern hat das jeweils handelnde Gemeinschaftsorgan nicht die erforderliche Zuständigkeit zum Erlaß dieses Rechtsaktes. Die Art und Weise der Aufgabenwahrnehmung ist zwar fehlerhaft, die Aufgabenwahrnehmung als solche ist jedoch von der Verbandskompetenz der Gemeinschaft gedeckt. Die Gemeinschaft, der letztlich das Handeln des Organs zugerechnet wird, bewegt sich in den Grenzen ihres rechtlichen Dürfens.[18] Diese Art des Kompetenzverstoßes der Gemeinschaftsorgane soll auf Grund ausreichender gemeinschaftsrechtlicher Rechtsschutzmöglichkeiten auf der Ebene des Gemeinschaftsrechts zur Verfolgung eines solchen „ultra vires“-Handelns[19] nicht Gegenstand dieser Arbeit sein.[20]

Vielmehr ist Gegenstand der Arbeit der Verstoß der Gemeinschaftsorgane gegen die vertikale Kompetenzverteilung, d.h. die Verteilung der Regelungskompetenzen zwischen der Gemeinschaft und den Mitgliedstaaten, da insbesondere die Auseinandersetzung um diese Verteilung Gegenstand der verfassungsrechtlichen Diskussion der letzten Jahre und auch des Maastricht-Urteils des Bundesverfassungsgerichts[21] war.

B. Anlaß und Ziel der Untersuchung

Die mit dieser Themenstellung zusammenhängenden Probleme wurden vor der Maastricht-Entscheidung des Bundesverfassungsgerichts in Lehre und Judikatur eher spärlich behandelt. So wurde zwar die heftig umstrittene Frage, wann die Gemeinschaft "ultra vires" handelt, ausgiebig, wenn auch nicht erschöpfend, erörtert. Auch der Vermeidung eines solchen Handelns wurde in der Literatur Beachtung geschenkt. Doch auf die Frage, welche Konsequenzen sich aus einem Handeln "ultra vires" ergeben, wenn es denn tatsächlich einmal dazu gekommen ist, wurde im Rahmen dieser Abhandlungen, wenn überhaupt, nur am Rande eingegangen. Zu erklären ist diese Zurückhaltung nur schwerlich. Daß dieser Thematik nicht schon zuvor die ihr gebührende Beachtung zuteil geworden war, kann lediglich mit ihrer bis dahin eher marginalen praktischen Relevanz begründet werden.[22] Dies lag insbesondere daran, daß sich sowohl die europäischen als auch die mitgliedstaatlichen Gerichte in dieser Frage weitgehend zurückgehalten hatten.

Der Europäische Gerichtshof hatte bis dahin die Kompetenzen der Gemeinschaft in seinem Selbstverständnis als "Motor der Integration" vorwiegend dynamisch ausgelegt und das Bundesverfassungsgericht, ebenso wie die anderen letztinstanzlichen

---

17 Zur Verbandskompetenz im deutschen Recht vgl. Oldiges, DÖV 1989, S. 873 ff.

18 Vgl. allg. zur Abgrenzung Oldiges, a.a.O., S. 873 (876).

19 Vgl. dazu Weber, ebda. S. 21 (23).

20 Auch Lachmann, Legal issues 1984, S. 3 (6), mißt der Problematik der Abgrenzung der Verbandskompetenzen zwischen der internationalen Organisation und ihren Mitgliedstaaten eine erhebliche größere Bedeutung zu: „For international organisations the restrictions *ratione materiae* are of extreme importance, whereas issues related to organs and procedures are of lesser, although not of negligible, importance."

21 BVerfGE 89, 155 ff.

22 Siehe z.B. Groux/Manin, Die Europäische Gemeinschaft in der Völkerrechtsordnung, S.129.

nationalen Gerichte als in Kompetenzfragen zwischen den Mitgliedstaaten und der Gemeinschaft Involvierte, hatten mehrheitlich die Integrationsdynamik der Gemeinschaft zumindest geduldet, so daß sich die Frage der Rechtsfolgen eines solchen Handels der Europäischen Gemeinschaft in der Praxis für gewöhnlich erübrigte. Ein Wandel dieser Zurückhaltung zwischen Mitgliedstaaten und der Gemeinschaft zeichnete sich mit der zunehmenden Kompetenzinanspruchnahme durch die Gemeinschaft und ihre Organe sowie im Zusammenhang mit der Errichtung der Europäischen Union ab.

Den vorläufigen Höhepunkt der Zuspitzung der Kompetenzstreitigkeiten zwischen den Mitgliedstaaten und der Gemeinschaft stellte das Urteil des Bundesverfassungsgerichts vom 12.10.1993[23] zum Vertrag von Maastricht dar, in dem sich das Gericht u.a. vorbehielt, Rechtsakte der Europäischen Gemeinschaft und ihrer Organe zukünftig auf ihre Vereinbarkeit mit der Kompetenzverteilung zwischen der Gemeinschaft und den Mitgliedstaaten zu prüfen und gegebenenfalls für innerstaatlich unanwendbar zu erklären.[24]

In Anbetracht dieser Entwicklung gewann der in weiter Ferne geglaubte Konflikt zwischen dem nationalen Verfassungsrecht der Mitgliedstaaten und dem Europäischem Gemeinschaftsrecht, und damit auch die Frage der Rechtsfolgen eines Handelns "ultra vires" der Gemeinschaft wieder an Aktualität und Bedeutung.

Ziel dieser Untersuchung ist die Darstellung der Rechtsfolgen eines solchen Handelns der Europäischen Gemeinschaft aus der Sicht der verschiedenen Rechtsordnungen mit dem Bestreben, die insofern bestehenden Konflikte zwischen den einzelnen Rechtsordnungen zu einem für alle Seiten tragfähigen dogmatisch sauberen Ausgleich zu führen.

C. Gang der Untersuchung

Die wenigen Arbeiten, die sich bisher überhaupt mit den Rechtsfolgen eines Handelns "ultra vires" der Europäischen Gemeinschaft befaßt haben, widmeten sich jeweils nur in Teilbereichen dieser Frage.[25] Eine umfassende Darstellung, die sowohl das Handeln der Gemeinschaft in ihrem Außenbereich als auch das Handeln im Binnenbereich der Gemeinschaft untersucht, fehlte bisher. Aus diesem Grunde werden sowohl die völkerrechtlichen Verträge, als auch Richtlinien und Verordnungen als gemeinschaftsrechtliches Sekundärrecht zum Gegenstand dieser Arbeit gemacht.

Dabei werden zunächst die Rechtsfolgen eines Handelns „ultra vires" der Europäischen Gemeinschaft getrennt aus der Sicht des Völkerrechts, des Europäischen Unionsrechts und des deutschen Verfassungsrechts dargestellt.

---

23 BVerfG ebda.

24 BVerfG ebda., Leitsatz 5.

25 Für völkerrechtliche Verträge allgemein vgl. Krück, Völkerrechtliche Verträge; speziell für gemischte Verträge vgl. Stein, Der gemischte Vertrag.

In einem weiteren Teil der Arbeit wird dann untersucht, inwieweit ein bundesverfassungsgerichtlicher Rechtsschutz gegen ein Handeln „ultra vires" der Europäischen Gemeinschaft möglich ist.

D. „ultra vires"-Handeln der Europäischen Gemeinschaft

Bevor auf die Rechtsfolgen eines Handelns „ultra vires" der Gemeinschaft eingegangen wird, ist zu klären, welche Definition des Begriffes „ultra vires-Handeln" dieser Arbeit im folgenden zugrunde gelegt wird. Ausgehend vom Begriff "ultra vires" soll in diesem Abschnitt dargestellt werden, wie sich die „ultra vires"-Lehre entwickelte, was sie besagt, und ob sie auf die Europäische Gemeinschaft überhaupt Anwendung finden kann. Des weiteren soll dargestellt werden, wann ein Handeln "ultra vires" der Europäischen Gemeinschaft vorliegt.

1. Der Begriff „ultra vires"

Seinen Ursprung hat der Begriff „ultra vires" (lat.: über die Kräfte) im angloamerikanischen Recht, findet sich als "principe de spécialité"[26] bzw. „excès de pouvoir"[27] jedoch auch im französisch-belgischen Rechtskreis wieder.

2. Die „ultra vires"-Lehre

Grundlegender Ausgangspunkt der „ultra vires"-Lehre war die Entscheidung des House of Lords aus dem Jahre 1875 im berühmten Ashbury case.[28] In diesem Rechtsstreit ging es um die Wirksamkeit eines Vertrages, den die Beklagte, die Ashbury Railway Carriage, mit dem Kläger u.a. über den Bau einer Eisenbahn von Antwerpen nach Tournay geschlossen hatte, obwohl eine solche Tätigkeit in der Satzung der Gesellschaft nicht vorgesehen war. Lord Cairns, der damalige Lordkanzler und höchste Richter Englands, erläuterte die „ultra vires"-Doktrin in seinem Urteilsspruch dahingehend, daß die Zeichner der Gesellschaft

> "die Gegenstände festsetzen müssen, für die die Gesellschaft gegründet wird, und daß die Existenz der Gesellschaft für jene Gegenstände und nur für jene Gegenstände gelten sollte"

und weiter,

> "(...) daß nichts über diesen Umfang hinaus getan werden soll".[29]

---

26 Vgl. dazu m.w.N. Gutzwiller, MittDGVR, Bd. 12 (1933), S. 116 (127).

27 Vgl. Jennings, in: FS McNair, S. 64 (83).

28 Zum Sachverhalt des Rechtsstreits vgl. The Weekly Notes vom 19. Juni 1875, S. 123 f.; vgl. auch Eggert, Die deutsche ultra-vires-Lehre, S. 2.

29 Zitiert nach Eggert, ebda., S. 2.

Da die Gesellschaft durch den Abschluß des Vertrages über diese Grenzen hinausgegangen war, konnte der Kläger nach diesem Urteil aus dem Vertrag keine Ansprüche gegen die Gesellschaft herleiten.

Ausgehend von diesem Urteil entwickelte sich die „ultra vires"-Lehre. Ihr zufolge ist die Rechtsfähigkeit einer juristischen Person auf den Wirkungskreis, die Aufgaben und den Zweck ihrer Errichtung beschränkt.[30] Die „ultra vires"-Lehre erweitert damit die Rechtsfähigkeit von juristischen Personen insoweit, als sie ein Handeln „ultra vires" nicht bereits dann annimmt, wenn eine juristische Person gegen ihre konkreten Befugnisse verstößt. Vielmehr soll ein „ultra vires"-Handeln erst dann vorliegen, wenn die juristische Person außerhalb ihres Zwecks und ihrer Aufgaben tätig wird, die nicht identisch mit ihren konkreten Befugnissen sind.

Auch im bundesdeutschen Recht gibt es eine grundlegende Entscheidung des Bundesgerichtshofs, die die Geltung wesentlicher Prinzipien der „ultra vires"-Lehre statuiert. In seinem Urteil vom 28.2.1956[31] stellte der Bundesgerichtshof fest, daß Rechtsgeschäfte, die eine juristische Person des öffentlichen Rechts durch ihre Organe außerhalb des durch Gesetz oder Satzung bestimmten Wirkungskreises der juristischen Person vornimmt, rechtsunwirksam sind, da bei einem Handeln außerhalb des Wirkungskreises der juristischen Person das "rechtliche Können" fehle.

Diese Definition eines „ultra vires"-Handelns dürfte mit der Anknüpfung an das Kriterium des „Wirkungskreises" der juristischen Person der Definition der „ultra vires"-Lehre entsprechen, da der Wirkungskreis einer juristischen Person ebenfalls weiter reicht als die konkret übertragenen Befugnisse.

3. Anwendbarkeit des „ultra vires"-Gedankens auf die Europäische Gemeinschaft

Bereits frühzeitig wurde in der Lehre die Anwendung der Grundsätze der „ultra-vires"-Lehre auch auf Handlungen internationaler Organisationen befürwortet.[32] Denn internationale Organisationen erhalten ihren Wirkungskreis durch den völkerrechtlichen Vertrag der Staaten, durch den sie gegründet werden.[33] Theoretisch ist es zwar möglich, wenn auch in der Praxis noch nicht vorgekommen und wegen der Unvereinbarkeit mit der staatlichen Souveränität auch in Zukunft kaum vorstellbar, daß einer internationalen Organisation die unbeschränkte Befugnis übertragen wird, ihre Zuständigkeiten selbst zu bestimmen. Dementsprechend werden internationalen Organisationen grundsätzlich mit beschränkten Kompetenzen errichtet. Somit sind sie in ihrem Wirkungskreis begrenzt und bei Überschreitung dieses Wirkungskreises handeln sie „ultra vires". Daher erscheint die Übertragung des aus dem Privatrecht kommenden „ultra vires"-Gedankens auch auf internationale Organisationen grundsätzlich möglich.

---

30 Münchener Rechts-Lexikon, Bd. 3, S. 662.
31 BGHZ 20, S. 119 ff.
32 Siehe dazu den grundlegenden Aufsatz von Lauterpacht, in: FS McNair, S. 88 ff.
33 Vgl. Bernhardt, in: FS Skubiszewski, S. 599 (599).

Fraglich ist, ob das für internationale Organisationen Gesagte auch auf den Sondertypus einer sog. supranationalen Organisation wie der Europäischen Gemeinschaft zutrifft. Hiergegen sprechen zunächst keine Erwägungen. Auch der Europäischen Gemeinschaft sind von den Mitgliedstaaten keine unbeschränkten Zuständigkeiten, sondern lediglich in begrenztem Maße Zuständigkeiten übertragen worden.[34] Wie die Auseinandersetzungen um das Subsidiaritätsprinzip[35] und die langen Ausführungen des Bundesverfassungsgerichts in seinem Maastricht-Urteil[36] zur Frage, ob der Gemeinschaft mit Art. 6 Abs. 4 EUV eine Kompetenz-Kompetenz verliehen wurde[37], zeigen, sind die Mitgliedstaaten nicht bereit (bzw. die Verfassungsgerichte lassen dies nicht zu), ihre nationale staatliche Souveränität aufzugeben. Sie sind lediglich gewillt, in begrenztem Umfang Kompetenzen auf die Europäische Gemeinschaft zu übertragen. Dementsprechend ist die „ultra vires"-Lehre grundsätzlich auch auf die Europäische Gemeinschaft übertragbar.

Fraglich ist jedoch, in welchen Fällen von einem „ultra vires"- Handeln der Europäischen Gemeinschaft ausgegangen werden kann. Bei strenger Anwendung der „ultra vires"-Lehre liegt ein Handeln „ultra vires" der Europäischen Gemeinschaft nur dann vor, wenn sie außerhalb ihres Wirkungskreises und damit jenseits ihrer Aufgaben und Ziele tätig wird. Ein solches Handeln der Europäischen Gemeinschaft ist bisher jedoch noch nicht bekannt geworden.[38] In Übereinstimmung mit dem Sprachgebrauch in der Rechtslehre[39] soll im folgenden deshalb unter einem "ultra vires"-Handeln der Gemeinschaft nicht nur jedes Handeln außerhalb der Aufgaben und Ziele der Gemeinschaft verstanden werden, sondern auch jedes Tätigwerden der Gemeinschaft unter Übertretung ihrer konkreten Kompetenzen, die nicht identisch mit ihren Zielen und Aufgaben sind.[40]

Nach der hier zugrunde gelegten Definition liegt demnach ein Handeln "ultra vires" der Europäischen Gemeinschaft immer dann vor, wenn die Gemeinschaft durch ihre Organe außerhalb der der Gemeinschaft durch den Vertrag über die Europäische Union, insbesondere den EG-Vertrag, zugewiesenen Kompetenzen tätig wird.

4. Möglichkeiten eines Handelns "ultra vires" der Europäischen Gemeinschaft

Die Gemeinschaft kann theoretisch in jedem Bereich, in dem ihr durch den EG-Vertrag Regelungskompetenzen zugewiesen sind, diese auch überschreiten. Diese Arbeit konzentriert sich dabei auf zwei besonders umstrittene Problembereiche eines "ultra vires"-Handelns der Gemeinschaft. Zum einen werden die Rechtsfolgen von Kompetenzverstößen der Gemeinschaft untersucht, wenn sie im Außenbereich der Gemeinschaft durch den Abschluß von völkerrechtlichen Verträgen mit Nichtmit-

---

34 Prinzip der begrenzten Einzelermächtigung (Compétences d'attribution); vgl. Art. 5 EUV, Art. 5 Abs. 1 EGV.

35 Art. 5 Abs. 2 EGV (für die Europäische Gemeinschaft), Art. 2 Abs. 2 EUV (für die Europäische Union).

36 BVerfGE 89, 155 ff.

37 BVerfG, ebda., S. 194 ff.

38 So Simma/Vedder, in: Grabitz/Hilf, EU-Kommentar, Rn. 5 zu Art. 210 EGV.

39 Vgl. nur Kirchhof, EuR 1991, Beiheft 1, S. 11 (18).

40 Vedder, in: Grabitz/Hilf, EU-Kommentar, Rn. 61 zu Art. 228 EGV.

gliedstaaten und internationalen Organisationen tätig wird. Dabei wird auch auf die Sonderform des gemischten Vertrages ausführlich eingegangen. Zum anderen werden die Rechtsfolgen eines "ultra vires"-Handelns der Gemeinschaft in ihrem Binnenbereich anhand von Verordnungen und Richtlinien dargestellt.

2. Teil

Rechtsfolgen eines Handelns "ultra vires" der Europäischen Gemeinschaft

Hinsichtlich der Rechtsfolgen eines Handelns "ultra vires" der Gemeinschaft stellt sich insbesondere die Frage nach der Gültigkeit solcher Rechtsakte.

Bei der Darstellung der Rechtsfolgen eines „ultra vires"-Handelns ist im weiteren Verlauf zunächst zwischen den einzelnen Rechtsordnungen zu differenzieren, da die Konsequenzen eines Handelns „ultra vires" der Gemeinschaft aus Sicht der verschiedenen Rechtsordnungen durchaus unterschiedlich zu beurteilen sein können. Dementsprechend werden die Rechtsfolgen eines "ultra vires"-Handelns der Gemeinschaft getrennt aus der Sicht des Völkerrechts, des Europäischen Unionsrechts und des deutschen Verfassungsrechts dargestellt.

Daneben ist hinsichtlich der Rechtsfolgen von Kompetenzverstößen der Gemeinschaft auch danach zu differenzieren, ob die Gemeinschaft im Außenbereich durch den Abschluß von völkerrechtlichen Verträgen mit Nichtmitgliedstaaten und internationalen Organisationen oder aber in ihrem Binnenbereich durch den Erlaß von Verordnungen und Richtlinien tätig geworden ist.

Zu beachten ist jedoch, daß sich bei Verordnungen und Richtlinien grundsätzlich keine Rechtsfolgen aus der Sicht des Völkerrechts ergeben. Richtlinien und Verordnungen sind europarechtliche Rechtsakte und stellen mithin keine Völkerrechtsakte dar. Die Gemeinschaft setzt damit organisationsinternes Recht im Innenbereich der Gemeinschaft, in dem das Gemeinschaftsrecht als ein spezielles Recht das Völkerrecht weithin verdrängt.[41]

Anderes hat jedoch dann zu gelten, wenn die Gemeinschaftsrechtsakte entweder auf Außenwirkung angelegt sind bzw. eine solche Wirkung erzeugen. In einer solchen Konstellation können Gemeinschaftsrechtsakte sehr wohl auch aus völkerrechtlicher Sicht von Relevanz sein. Es ist, dies haben der Streit um die Bananenmarktordnung und das Importverbot für hormonbehandeltes Rindfleisch sowie die diesbezüglich ergangenen Entscheidungen der Panel im Rahmen des WTO-Streitbeilegungsverfahrens gezeigt, durchaus nicht ausgeschlossen, daß die Europäische Gemeinschaft durch Setzung von Sekundärrechtsakten gegen ihre völkerrechtlichen Verpflichtungen, z.B. aus dem GATT und dem WTO, verstößt. Gleichwohl handelt es sich dabei aus völkerrechtlicher Sicht nicht um einen Fall der „ultra vires"-Problematik. Denn es steht dabei nicht die Frage im Mittelpunkt, ob die Gemeinschaft in Kompetenzbereichen tätig geworden ist, die bei den Mitgliedstaaten verblieben sind. Vielmehr geht es allein darum, ob der streitige Rechtsakt völkerrechtskonform ergangen ist oder nicht.

Die Frage der Völkerrechtswidrigkeit von Gemeinschaftsrechtsakten ist jedoch in anderem Zusammenhang auch für die „ultra vires"-Problematik von Bedeutung. Es

---

41 Oppermann, Europarecht, Rn. 502.

wird nämlich insoweit vorgebracht, daß es sich aus der Sicht des deutschen Verfassungsrechts bei einem völkerrechtswidrigen Gemeinschaftsrechtsakt um einen sogenannten „ausbrechenden" Rechtsakt i.S. der Maastricht-Rechtsprechung des Bundesverfassungsgerichts handelt, der der Kontrolle des Bundesverfassungsgerichts unterliegen soll. Dementsprechend wird im Rahmen der Prüfung der bundesverfassungsgerichtlichen Zuständigkeit zur Kontrolle von Gemeinschaftsrechtsakten auf die Problematik von völkerrechtswidrigen Gemeinschaftsrechtsakten zurückzukommen sein.[42]

Folglich beschränkt sich die Prüfung der Rechtsfolgen eines „ultra vires"-Handelns der Europäischen Gemeinschaft aus der Sicht des Völkerrechts auf die Prüfung von völkerrechtlichen Verträgen der Gemeinschaft unter Berücksichtigung des gemischten Vertrages.

Die Darstellung der Rechtsfolgen eines „ultra vires"-Handelns der Europäischen Gemeinschaft aus der Sicht des innerstaatlichen Rechts erfolgt ohne Differenzierung zwischen völkerrechtlichen Verträgen einerseits sowie Verordnungen und Richtlinien andererseits. Denn auch die völkerrechtlichen Verträge der Gemeinschaft sind organgeschaffenes Recht und werden durch eine Verordnung innerhalb der Gemeinschaft inkraftgesetzt, so daß sie ebenso wie Richtlinien und Verordnungen zum Sekundärrecht der Gemeinschaft zu zählen sind.[43]

---

42 Vgl. dazu unten S. 203.

43 Grabitz, in: Grabitz/Hilf, EU-Kommentar, Rn. 16, 23 zu Art. 189 EGV; Bleckmann, NVwZ 1993, S. 824 (825).

1. Kapitel

Rechtsfolgen aus der Sicht des Völkerrechts

Voraussetzung eines "ultra vires"-Handelns der Europäischen Gemeinschaft aus der Sicht des Völkerrechts ist zunächst die Völkerrechtsfähigkeit der Europäischen Gemeinschaft, d.h. die allgemeine Fähigkeit, Zurechnungssubjekt völkerrechtlicher Rechte und Pflichten zu sein, da nur dann von die Gemeinschaft verpflichtenden Normen des Völkerrechts ausgegangen werden kann.[44]

A. Völkerrechtsfähigkeit

Internationalen Organisationen wird nach heute nahezu unbestrittener Ansicht neben den Staaten die Völkerrechtsfähigkeit (oder synonym[45]: Völkerrechtssubjektivität, Völkerrechtspersönlichkeit) zugebilligt.[46]

Die Europäische Gemeinschaft ist eine zwischenstaatliche Organisation sui generis, die durch völkerrechtliche Verträge ihrer Mitgliedstaaten geschaffen wurde und durch eigene Organe die ihr durch den Gründungsvertrag zugewiesenen Aufgaben erfüllt.[47]

Die völkerrechtliche Rechtsfähigkeit der Europäischen Gemeinschaft als abgeleitetes Völkerrechtssubjekt[48] ergibt sich im Verhältnis zu ihren Mitgliedstaaten bereits aus dem Gründungsvertrag der Gemeinschaft (EG-Vertrag), der in Art. 281 bestimmt: "Die Gemeinschaft besitzt Rechtspersönlichkeit". Da in den folgenden Bestimmungen die privatrechtliche Rechtsfähigkeit der Gemeinschaft geregelt ist, läßt sich im Umkehrschluß folgern, daß in Art. 281 EGV die völkerrechtliche Rechtspersönlichkeit gemeint sein muß.[49] Im Verhältnis zu anderen Staaten und internationalen Organisationen läßt sich diese Rechtsfähigkeit jedoch nicht aus dem Gründungsvertrag herleiten, da dieser für dritte Völkerrechtssubjekte eine „res inter alios acta“ darstellt; insoweit handelt es sich bei der Gemeinschaft um ein sog. partikulares Völkerrechtssubjekt.[50] Dritten gegenüber kann sich die Gemeinschaft, wie internationale Organisationen überhaupt, deshalb laut bis heute überwiegender Ansicht nur nach (direkter oder indirekter) Anerkennung auf ihre Völkerrechtsfähigkeit be-

---

44 Bothe, ZaöRV Bd. 37 (1977), S. 122 (124).

45 Vgl. Tomuschat, in: G/T/E, EU-Kommentar, Rn. 1 zu Art. 210 EGV; anders unter Hinweis auf Mosler: Hilf, in: Bernhardt u.a. (Hrsg.), FS Mosler, S. 387 (388).

46 Grundlegend für die Vereinten Nationen: Gutachten des IGH im Fall "Reparation for injuries suffered in the service of the United Nations", I.C.J. Reports 1949, S. 174 ff.; allgemein: Mosler, ZaöRV Bd. 22 (1962), S. 1 ff; Zemanek, Vertragsrecht, S. 18 ff.; Verdross/Simma, Universelles Völkerrecht, § 415 m.w.N.; zum Streit um die Begründung vgl. Nöll, Die Völkerrechtssubjektivität der Europäischen Gemeinschaften, S. 31 ff.

47 Krück, Völkerrechtliche Verträge, S. 18.

48 So die wohl h.M.: Bothe, ZaöRV Bd. 37 (1977), S. 122 (124); Zemanek, Vertragsrecht, S. 25; Simma/Vedder, in: Grabitz/Hilf, EU-Kommentar, Rn. 2 zu Art. 210 EGV; Nöll, Die Völkerrechtssubjektivität der Europäischen Gemeinschaften, S. 136.

49 Vgl. Simma/Vedder, in: Grabitz/Hilf, EU-Kommentar, Rn. 2 zu Art. 210 EGV (m.w.N.).

50 Vgl. Vedder, Die auswärtige Gewalt, S. 6.

rufen.[51] Unabhängig von der Frage, ob die Anerkennung deklaratorisch[52] oder konstitutiv[53] wirkt, ob die Bezugnahme auf die Anerkennung heute überhaupt noch notwendig ist, um die Rechtsfähigkeit internationaler Organisationen erga tertios zu begründen, oder ob bereits die Schaffung einer juristischen Person durch eine Gruppe von Staaten objektive Wirkung im Sinne von völkerrechtlichem Gewohnheitsrecht entfaltet[54], ist die Europäische Gemeinschaft heute als juristische Person des Völkerrechts anerkannt.[55] Somit ist die Europäische Gemeinschaft auch gegenüber Nichtmitgliedstaaten als völkerrechtsfähig anzusehen. Es ist jedoch zu beachten, daß die Gemeinschaft wie internationale Organisationen generell, im Gegensatz zu Staaten lediglich eine funktional beschränkte Völkerrechtsfähigkeit besitzt.[56] Theoretisch ist es zwar möglich, daß einer internationalen Organisation die Befugnis übertragen wird, ihre Zuständigkeiten selbst zu bestimmen. In der Realität ist die Übertragung einer Kompetenz-Kompetenz[57] auf eine internationale Organisation jedoch noch nicht aufgetreten.[58] Dementsprechend ist die Europäische Gemeinschaft nur beschränkt völkerrechtsfähig. Die Grenze der Völkerrechtsfähigkeit wird dabei begrenzt durch die Ziele und Aufgaben der Organisation.[59]

---

51 So Mosler, ZaöRV Bd. 22 (1962), S. 1 (32); Vedder, Die auswärtige Gewalt, S. 6; Tomuschat, in: G/T/E, EU-Kommentar, Rn. 26 zu Art. 210 EGV; anders Seyersted, NoTIR, 34 (1964), S. 1 (96 ff.); neuerdings auch Pernice, ZaöRV Bd. 48 (1988), S. 229 (246); ders., AVR Bd. 26 (1988) S. 406 (417); vorsichtiger Bothe, ZaöRV Bd. 37 (1977), S. 122 (125).

52 So z.B. Zemanek, Vertragsrecht, S. 27.

53 So Meng, ZaöRV Bd. 45 (1985), S. 324 (326).

54 Vgl. Bothe, ZaöRV Bd. 37 (1977), S. 122 (125).

55 Anders nur: Calus, Rechtspersönlichkeit der Europäischen Gemeinschaften, S. 39 ff.; Giardina, Comunità europee e stati terzi, S. 63 ff. (zit. nach Pescatore, DCE 1969 Nr. 326 (341)), die die Völkerrechtsfähigkeit der Europäischen Gemeinschaften ablehnen. - So war die Gemeinschaft bereits 1995 von 163 Staaten diplomatisch, durch Abschluß von Verträgen oder auf andere Weise völkerrechtlich anerkannt. Selbst sechs der ehemals sozialistischen Staaten Mittel- und Osteuropas (darunter auch die damalige Sowjetunion und die frühere DDR) sowie der ehemalige Rat für Gegenseitige Wirtschaftshilfe (RGW), die der Gemeinschaft als "Verkörperung kapitalistischen Machtstrebens" über Jahrzehnte die Anerkennung versagten, nahmen bereits im Jahr 1988 offizielle Beziehungen zur Gemeinschaft auf (vgl. ABl. 1988, Nr. L 157, S. 34 f.). Hingegen wird der Europäischen Union nach allgemeiner Ansicht eine eigene Völkerrechtssubjektivität abgesprochen (so Koenig/Pechstein, Die Europäische Union, S. 20 ff.; dies., EuZW 1997, S. 225 ff.; BVerfGE 89, 155 (195); Lecheler, AVR Bd. 32 (1994), S. 1 ff.; Ress, EuR 1995, Beiheft 2, S. 27 ff; anders noch ders., JuS 1992, S. 985 (986); vgl. auch Streinz, ZfRV 1995, S. 1 ff. (insb. S. 4 f.), Schweitzer/Hummer, Europarecht, Rn. 950); Gilsdorf, EuR 1996, S. 145 (146); a.A.: Dörr, EuR 1995, S. 334 ff.; v. Bogdandy/Nettesheim, EuR 1996, S. 1 ff.

56 EuGH, Rs. 6/64, Costa/ENEL, Slg. 1964, 1251 (1269); Geiger, ZaöRV Bd. 37 (1977), S. 640 (649); Bleckmann, ZaöRV Bd. 37 (1977), S. 107 (110); Arnold, AVR Bd. 19 (1980/81), S. 419 (432).

57 Zur Kontroverse, ob der Gemeinschaft mit Art. 6 Abs. 4 EUV eine Kompetenz-Kompetenz übertragen wurde, vgl. einerseits Schachtschneider, JZ 1993, S. 751 (753); andererseits Hilf, in: Grabitz/Hilf, EU-Kommentar, Rn. 49 ff. zu Art. F EUV; vgl. auch BVerfGE 89, 155 (194 ff.). Vgl. auch oben, S. 6.

58 So auch Bernhardt, in: FS Skubiszewski, S. 599 (600).

59 Vgl. EuGH, Rs. 6/64, Slg. 1964, 1251 (1269); Bernhardt, EuR 1983, S. 199 (202); Vedder, Die auswärtige Gewalt, S. 6; Tomuschat, in: G/T/E, EU-Kommentar, Rn. 4 zu Art. 210 EGV; Simma/Vedder, in: Grabitz/Hilf, EU-Kommentar, Rn. 8 zu Art. 210 EGV: "Die Völkerrechtsfähigkeit der EG findet somit ihre äußerste Grenze an den in der Präambel und in Art. 2 und 3 beschriebenen Vertragszielen und Aufgaben"; für die UN vgl. IGH, Reparations for injuries, ICJ Reports, 1949, S. 174 (180); für internationale Organisationen allgemein vgl. Faßbender, ÖZöR Bd. 37 (1986), S. 17 (30 ff.).

B. Auswirkungen der Völkerrechtsfähigkeit der Europäischen Gemeinschaft

Als Völkerrechtssubjekt ist die Europäische Gemeinschaft Träger eigener völkerrechtlicher Rechte und Pflichten.[60] Diese Völkerrechtssubjektivität ist nach allgemeinem Völkerrecht Voraussetzung für die völkerrechtliche Handlungs- und insbesondere Vertragsfähigkeit.[61]

1. Die völkerrechtliche Vertragsfähigkeit

Die völkerrechtliche Vertragsfähigkeit[62] einer internationalen Organisation kann nicht pauschal aus ihrer Völkerrechtssubjektivität geschlossen werden.[63] Zur Begründung der Vertragsfähigkeit von internationalen Organisationen ist vielmehr auf das interne Organisationsrecht zurückzugreifen.[64] Diese Auffassung wird auch durch Art. 6 des Wiener Übereinkommens vom 21. März 1986 über das Recht der Verträge zwischen Staaten und internationalen Organisationen und zwischen internationalen Organisationen (WVK II)[65] bestätigt.[66] Da die Europäische Gemeinschaft als zwischenstaatliche Organisation sui generis im Völkervertragsrecht gem. Art. 2 Abs. 1 lit. j) WVK II als internationale Organisation anzusehen ist[67], läßt sich der Umfang der Vertragsfähigkeit der Europäischen Gemeinschaft demnach nur aus dem Gemeinschaftsrecht herleiten.[68] Es ist folglich zu untersuchen, inwieweit das Gemein-

---

60 So stellt der IGH in seiner „reparations for injuries"-Entscheidung, nachdem er die Völkerrechtspersönlichkeit der UN bejaht hat, weiter fest: „What it does mean is that it is a subject of international law and capable of possessing international rights and duties" (ICJ Reports 1949, S. 174 (179).

61 Vgl. nur Klein, in: Graf Vitzthum (Hrsg.), Völkerrecht, 4. Abschnitt, Rn. 97; Schwarze, NJW 1979, S. 456 (457).

62 Vgl. allg. zur Vertragsfähigkeit internationaler Organisationen Menon, Law of Treaties, S. 21 ff.

63 So aber Seyersted, International Personality, passim; ähnlich Köck/Fischer, Internationale Organisationen, S. 383.

64 So die h.L.: vgl. nur Verdross/Simma, Universelles Völkerrecht, S. 438, Klein, in: Graf Vitzthum, Völkerrecht, 4. Abschnitt, Rn. 97; Seidl-Hohenveldern, Recht der internationalen Organisationen, Rn. 310; Faßbender, ÖZöR Bd. 37 (1986), S. 17 (45) m.w.N. in Fn. 83; kritisch hierzu Hartwig, Die Haftung der Mitgliedstaaten, S. 34 ff.; a.A. Seyersted, NoTIR 34 (1964), S. 1 (insbesondere S. 45).

65 Abgedruckt in BGBl. II 1990, S. 1414 ff.

66 Art. 6 der Wiener Vertragsrechtskonvention lautet: "The capacity of an international organization to conclude treaties is governed by the rules of that organization", wobei diese "rules" gem. Art. 2 Abs. 1 j) WVK II durch die "constituant instruments, decisions and resolutions", aber auch durch die "established practice of the organization", also die Entwicklung ihrer Praxis gebildet werden; a.A. Klein, in: Klein/Pechstein, Das Vertragsrecht internationaler Organisationen, S. 23 ff.; sowie Bothe, NJW 1991, S. 2169 (2172), die der Auffassung sind, daß Art. 6 WVK II diese Frage offenläßt. Zemanek, in: Böckstiegel (Hrsg.), FS Seidl-Hohenveldern, S. 665 (671) geht noch einen Schritt weiter und interpretiert Art. 6 WVK II als Bestätigung der Theorie der objektiven Völkerrechtsfähigkeit nach Seyersted.

67 Zum rechtlichen Status der EU als internationale Organisation vgl. Fischer, in: Ginther u.a. (Hrsg.), FS Zemanek, S. 179 ff.; Raworth, in: AVR Bd. 32 (1994), S. 24 ff. Zur Kritik, durch den EU-Vertrag werde auf europäischer Ebene ein staatsähnliches Gemeinwesen gegründet, so daß die EU keine zwischenstaatliche Organisation mehr sei, vgl. Nachweise bei Hilf/Pache, in: Grabitz/Hilf, EU-Kommentar, Rn. 46 f. Vorbem. EUV.

68 Geiger, ZaöRV Bd. 37 (1977), S. 640 (649); Krück, Völkerrechtliche Verträge, S. 23; Stein, Der gemischte Vertrag, S. 62 f.

schaftsrecht der Gemeinschaft Kompetenzen zum Abschluß von völkerrechtlichen Verträgen ("Treaty-making power") zuerkennt.

2. Die EG-Außenkompetenzen

Der Umfang der EG-Außenkompetenzen bestimmt sich ebenso wie die nach innen gerichteten Kompetenzen nach dem Prinzip der begrenzten Ermächtigung.[69] Danach ist die Gemeinschaft nur zuständig, soweit der EG-Vertrag ausdrückliche Ermächtigungen der Organe zum Erlaß bestimmter Maßnahmen vorsieht.[70]

a) Ausdrückliche Vertragsschlußkompetenzen

Ausdrückliche Vertragsschlußkompetenzen im Außenbereich werden der Europäischen Gemeinschaft im EG-Vertrag zuerkannt insbesondere durch Art. 133 für den Abschluß von Zoll- und Handelsabkommen, durch Art. 170 Abs. 2 für Abkommen im Bereich Forschung und technologische Entwicklung, durch Art. 174 Abs. 4 für Umweltschutzabkommen, durch Art. 181 Abs. 1 für Abkommen im Bereich der Entwicklungszusammenarbeit, durch Art. 302-304 für die laufenden Beziehungen zu internationalen Organisationen sowie durch Art. 310 für die Assoziierung mit dritten Staaten und Organisationen.[71] Dazu kommt zukünftig ab der dritten Stufe der Wirtschafts- und Währungsunion gem. Art. 111 eine Vertragsschlußkompetenz in Währungsfragen. Der Vertrag über die Europäische Union[72] vom 7.2.1992 (EUV) baute die Europäische Politische Zusammenarbeit (EPZ), die durch Titel III der Einheitlichen Europäischen Akte (EEA) erstmals vertraglich geregelt wurde, in Richtung auf die Durchführung einer gemeinsamen Außen- und Sicherheitspolitik (GASP)[73] aus und gestaltet sie zu einer der drei Säulen der von ihm errichteten Europäischen Union. Diese Politik wird indes nicht der Gemeinschaft und ihrer Rechtsordnung zugeordnet.[74] Der EUV ergänzte jedoch die Zuweisung von auswärtigen Kompetenzen an die Gemeinschaft, indem er u.a. Regeln über Entwicklungszusammenarbeit durch die Art. 130 u bis 130 y (jetzt Artikel 177-181) in den EG-Vertrag einführte, wobei Art. 130 y (jetzt Art. 181) EGV eine ausdrückliche Kompetenz der Gemeinschaft zu Kooperationsabkommen mit dritten Staaten und internationalen Organisationen statuiert.[75]

---

69 Die Bezeichnung geht zurück auf den Begriff "compétences d'attribution" des Generalanwaltes Lagrange in seinen Schlußanträgen zu EuGH, verb. Rs. 7/56 und 3-7/57, Slg. 1957, 83 (167). Die deutsche Bezeichnung ist uneinheitlich. Teilweise wird sie als "Grundsatz der enumerativen Einzelermächtigung" bezeichnet (so B/B/P/S, Die Europäische Union, S. 82 f.), teilweise auch als "Prinzip der begrenzten Einzelermächtigung" (so Bleckmann, Europarecht, Rn. 108). Diese Differenzierungen beruhen auf einem unterschiedlichen Verständnis der Stellung des Art. 308 EGV im Kompetenzgefüge, sind aber für die Aussage begrenzter Zuständigkeiten der Gemeinschaft ohne Auswirkung.

70 Grabitz, NJW 1989, S. 1776 (1776).

71 Vgl. Schweitzer/Hummer, Europarecht, Rn. 650.

72 ABl. 1992, Nr. C 191 vom 19.7.1992, S. 1 ff.

73 Zur GASP vgl. Lecheler, AVR Bd. 32 (1994), S. 1 (19 ff.).

74 B/B/P/S, Die Europäische Union, S. 525.

75 Zu den durch den Vertrag von Amsterdam eingetretene Änderungen vgl. die dortigen Bestimmungen des Titel V.

b) Art. 308 EGV

Die strenge Anwendung des Prinzips der begrenzten Ermächtigung wird allerdings durch die Generalklausel des Art. 308 EGV modifiziert,[76] der der Gemeinschaft ein Tätigwerden auch dann ermöglicht, wenn die Gemeinschaft über keine ausdrückliche Vertragsschlußkompetenz verfügt, ein Tätigwerden der Gemeinschaft zur Verwirklichung eines der Vertragsziele jedoch erforderlich ist. Es ist aber zu beachten, daß aus Art. 308 EGV keine allgemeine Vertragsschlußkompetenz abgeleitet werden kann.[77] Art. 308 kann lediglich im Einzelfall zur Kompetenzabrundung herangezogen werden.[78] In diesem Zusammenhang ist auch auf das in Art. 5 EGV verankerte Subsidiaritätsprinzip hinzuweisen[79], das gem. Art. 5 Abs. 1 EGV ein Tätigwerden der Gemeinschaft explizit an die ihr durch den EG-Vertrag zugewiesenen Befugnisse und Ziele bindet.

c) Implizite Vertragsschlußkompetenzen

Die impliziten Kompetenzen können als Geschöpf der Mitgliedstaaten angesehen werden, auch wenn sie einem zwingenden Handlungsbedarf entsprechen.[80] Dementsprechend ist zunächst auf die diesbezügliche Rechtsprechung des EuGH einzugehen.

aa) Die Rechtsprechung des EuGH

Lange Zeit war umstritten, ob der Gemeinschaft auch implizite Vertragsschlußkompetenzen zustehen.[81] Grundlegend hat sich der EuGH in seinem AETR-Urteil[82] zu diesem Fragenkomplex geäußert. In der Entscheidung bejahte der EuGH eine Vertragsschlußkompetenz der Gemeinschaft, obwohl der EG-Vertrag eine solche nicht explizit vorsah. In seinen Entscheidungsgründen führt er aus:

> "(...) um im Einzelfall zu ermitteln, ob die Gemeinschaft zum Abschluß internationaler Abkommen zuständig ist, muß auf das System und auf die materiellen Vorschriften des Vertrages zurückgegriffen werden. Eine solche Zuständigkeit ergibt sich nicht nur aus einer ausdrücklichen Erteilung durch den Vertrag, sondern sie kann auch aus den anderen Vertragsbestimmungen und in ihrem Rahmen ergangenen Rechtsakten der Gemeinschaftsorgane fließen."[83]

---

76 So B/B/P/S, Die Europäische Union, S. 76. Anderer Ansicht nach wird der Grundsatz der begrenzten Ermächtigung durch Art. 308 EGV bestätigt (Rabe, Das Verordnungsrecht der Europäischen Wirtschaftsgemeinschaft, S. 72) oder sogar durchbrochen (Schweitzer/Hummer, Europarecht, S. 76). Kritisch zur Anwendung des Art. 308 EGV durch die Gemeinschaftsorgane steht das Bundesverfassungsgericht, vgl. BVerfGE 89, 155 ff.

77 Oppermann, Europarecht, Rz. 1642.

78 Ipsen, Europäisches Gemeinschaftsrecht, S. 175 ff.

79 Zur mittlerweile kaum noch überschaubaren Literatur zum Subsidiaritätsprinzip vgl. v. Bogdandy/Nettesheim, in: Grabitz/Hilf, EU-Kommentar, Schrifttumsnachweise zu Art. 3 b EGV.

80 Gilsdorf, EuR 1996, S. 145 (147).

81 Umfassend dazu: Nicolaysen, EuR 1966, S. 129 ff.; sowie Stadlmeier, ZÖR Bd. 52 (1997), S. 353 ff.

82 EuGH, Rs. 22/70, AETR, Slg.1971, 263 ff.

83 Ebda., S. 274 f.

Damit verwies der Gerichtshof auf die im Innenverhältnis bestehende Regelungskompetenz der Gemeinschaft und die daraus ergangenen Rechtsakte und leitete daraus die Vertragsschließungskompetenz der Gemeinschaft im Außenverhältnis ab.[84]

In der Folgezeit konkretisierte der Gerichtshof seine diesbezügliche Rechtsprechung. In dem Gutachten Nr. 1/76 "Stillegungsfonds für die Binnenschiffahrt"[85] stellt der Gerichtshof fest:

> „daß, wenn das Gemeinschaftsrecht den Gemeinschaftsorganen im Hinblick auf ein bestimmtes Ziel im Innenverhältnis eine Zuständigkeit verleiht (hier Art. 75 I EWGV), die Gemeinschaft befugt ist, die zur Erreichung dieses Ziels erforderlichen völkerrechtlichen Verpflichtungen einzugehen."[86]

Dies komme zum einen in Betracht, wenn von der internen Zuständigkeit bereits Gebrauch gemacht wurde, zum anderen aber auch dann, wenn eine Beteiligung der Gemeinschaft an der völkerrechtlichen Vereinbarung

> „notwendig ist, um eines der Ziele der Gemeinschaft zu erreichen."[87]

Das heißt, daß es für die Vertragsabschlußkompetenz der Gemeinschaft nach Auffassung des Gerichtshofs nicht zwingend erforderlich ist, daß diese bereits im Innenbereich ihre Kompetenz realisiert hat.[88] Somit gesteht der EuGH der Gemeinschaft immer dann eine Kompetenz zum Vertragsschluß auf dem Gebiet der auswärtigen Beziehungen zu, wenn das Gemeinschaftsrecht für die Gemeinschaftsorgane im Hinblick auf ein bestimmtes, vertraglich fixiertes Ziel im Innenverhältnis eine Handlungszuständigkeit begründet und sich eine völkerrechtliche Vereinbarung mit dritten Staaten zur Erreichung dieses Ziels als notwendig erweist.[89]

Eine Kehrtwende seiner Rechtsprechung zu den Außenkompetenzen der Gemeinschaft nahm der EuGH in seiner weiteren Rechtsprechung vor. Ausgangspunkt hierbei ist das Gutachten 2/91 zur Beteiligung der Gemeinschaft an dem ILO-Abkommen Nr. 170 aus dem Jahre 1993.[90] In diesem Gutachten trennte der Gerichtshof zum ersten Mal deutlich zwischen der Herleitung gemeinschaftlicher Außenkompetenzen und ihrer Ausschließlichkeit. Danach genügt zur Begründung einer Außenkompetenz der Gemeinschaft, daß diese über eine interne Rechtsetzungskompetenz verfügt.[91] Dagegen soll das Vorliegen von gemeinschaftlichem Sekundärrecht lediglich für die Ausschließlichkeit dieser Außenkompetenzen der Gemeinschaft entscheidend sein.[92] Der Gerichtshof stellte dabei neue Anforderungen hinsichtlich der Ausschließ-

---

[84] Oppermann, Europarecht, Rn. 1645.
[85] Gutachten Nr. 1/76, EuGH, Slg. 1977, 741 ff.
[86] EuGH, ebda., 741 Rz. 3.
[87] EuGH, ebda., 741 Rz. 4.
[88] EuGH, ebda., 755 f.
[89] So Schwarze, NJW 1979, S. 456 (458).
[90] Gutachten Nr. 2/91, Slg. 1993, 1061 ff.
[91] EuGH, ebda., 1061 (1078 Rz. 17).
[92] EuGH, ebda., 1061 (1076 f. Rz. 7 u. 9).

lichkeit der Gemeinschaftskompetenzen auf. Denn nunmehr sollten die Mitgliedstaaten ihre Außenkompetenz in einem Regelungsbereich nicht bereits dann vollständig verlieren, wenn überhaupt sekundäres Gemeinschaftsrecht in diesem Bereich erlassen wurde, sondern erst und nur dann, wenn die Verpflichtungen aus dem in Frage stehenden völkerrechtlichen Abkommen geeignet sind, das in diesem Regelungsbereich bestehende sekundäre Gemeinschaftsrecht zu „beeinträchtigen".[93] Dabei erweiterte der Gerichtshof den Anwendungsbereich der „beeinträchtigungsfähigen" Gemeinschaftsrechtsakte neben den von der Gemeinschaft erlassenen Verordnungen auch auf den Erlaß gemeinschaftlicher Harmonisierungsrichtlinien.[94]

Mit seiner neueren Judikatur im Bereich der Außenkompetenzen der Gemeinschaft scheint der Europäische Gerichtshof nunmehr den Umfang der ungeschriebenen Außenkompetenzen der Gemeinschaft, die sich aus der Anwendung von Art. 94, Art. 95 und Art. 308 EGV bzw. aus der AETR-Rechtsprechung ergeben können, weiter zurückzunehmen.[95] In seinem Gutachten 1/94[96] stellt der Gerichtshof im Zusammenhang mit Art. 95 und Art. 308 EGV fest, daß die interne Kompetenz der Gemeinschaft nur dann zu einer ausschließlichen Zuständigkeit der Gemeinschaft auf internationaler Ebene führen kann, wenn die gemeinschaftsinterne Kompetenz entweder bereits ausgeübt wurde oder wirksam nur zugleich mit der externen Zuständigkeit ausgeübt werden kann.[97] Da in einigen Bereichen, die von dem GATS- und dem TRIPS-Abkommen erfaßt werden, eine Harmonisierung noch nicht oder nur teilweise erfolgt war, verneinte der Gerichtshof eine ausschließliche Zuständigkeit der Gemeinschaft zum Abschluß dieser Abkommen. Ebenfalls sei die ausschließliche Beteiligung der Gemeinschaft an diesen Abkommen nicht zur Verwirklichung der Ziele der Gemeinschaft zwingend erforderlich, so daß sich eine implizite Vertragsschlußkompetenz daher auch nicht mit dieser Begründung ergeben könne.[98] Dementsprechend bestehe für diese Abkommen eine konkurrierende Zuständigkeit der Gemeinschaft und der Mitgliedstaaten.

Im Gutachten 2/92 zum OECD-Beschluß über die Inländerbehandlung[99], das zeitlich nach dem Gutachten 1/94 erging, bestätigte der EuGH seine im Gutachten 1/94 aufgestellten wesentlichen Aussagen[100], und stellte weiter fest, „daß die ausschließliche externe Zuständigkeit der Gemeinschaft nicht ohne weiteres aus ihrer Befugnis zum Erlaß von Vorschriften auf interner Ebene folgt."[101]

---

93 EuGH, ebda., 1061 (1077 Rz. 9, 1079 Rz. 18, 1081 Rz. 26); diese Formulierungen waren bereits im AETR-Urteil verwendet worden (vgl. EuGH, Slg. 1971, 263 Tz. 17, 22), werden hier jedoch erstmals i.S.v. echten Tatbestandsvoraussetzungen aufgeführt.

94 So auch Geiger, JZ 1995, S. 973 (978 f.).

95 So Hilf, EuZW 1995, S. 7 ff.

96 EuGH, Slg. 1994, I - 5267 ff.; kritisch dazu: Geiger, JZ 1995, S. 973 ff.; vgl. auch Hilf, EJIL 1995, S. 245 ff.

97 EuGH, ebda., 5267 (5414 Rz. 88 f.); vgl. auch Hilf, EJIL 1995, S. 245 (254); Geiger, JZ 1995, S. 973 (979) interpretiert diese Urteilspassage dahin, daß die Gemeinschaft bis zum Erlaß eines solchen Rechtsaktes nicht nur keine ausschließliche, sondern überhaupt keine implizite Außenzuständigkeit besitzt.

98 EuGH, Gutachten Nr. 1/94, Slg. 1994, I - 5267 (Rz. 86, 100).

99 EuGH, Gutachten Nr. 2/92, Slg. 1995, I - 521 ff.

100 Vgl. EuGH, ebda., 521 (560 Rz. 36).

101 EuGH, ebda., 521 (559 Rz. 31).

Im Gutachten 2/94 zum Beitritt der Gemeinschaft zur EMRK[102] hat der Gerichtshof die restriktivere Anwendung der Außenkompetenzen in seiner neueren Rechtsprechung bestätigt. Mangels ausdrücklicher und impliziter Kompetenzen der Gemeinschaft in Menschenrechtssachen prüfte der Gerichtshof Art. 308 EGV, kam aber zu dem Ergebnis, daß ein Beitritt der Gemeinschaft zur EMRK eine derartige Systemänderung des gemeinschaftlichen Menschenrechtsschutzes bewirke, die über die Grenzen des Art. 308 EGV hinausginge[103] und deshalb nur über eine Vertragsänderung möglich wäre.[104]

bb) Stellungnahme

Die vom Gerichtshof entwickelte Rechtsprechung zu den Außenkompetenzen der Gemeinschaft und dem Verhältnis der Kompetenzaufteilung zwischen der Gemeinschaft und den Mitgliedstaaten im Außenbereich schien bis zum Gutachten 1/92 grundsätzlich geklärt. Auch in den Bereichen, in denen eine Außenkompetenz der Gemeinschaft nicht ausdrücklich im EG-Vertrag vorgesehen war, soll die Gemeinschaft über diese Kompetenz verfügen, wenn sie für diesen Bereich eine Innenkompetenz besitzt. Auch ohne vorherige Rechtsetzung im Innenbereich soll sie völkerrechtliche Verträge abschließen können, wenn dies zur Verwirklichung der Ziele der Gemeinschaft erforderlich ist. Dabei war zwar der Rückgriff des EuGH unter anderem auch auf Art. 281 EGV zur Begründung der Vertragsschlußkompetenz[105] zurückhaltend zu beurteilen, da mit der Aussage über die Völkerrechtsfähigkeit lediglich eine Grundsatzentscheidung dahin getroffen wird, daß die Europäische Gemeinschaft überhaupt am Völkerrechtsverkehr soll teilnehmen können. Der völkerrechtliche Zuständigkeitsbereich ergibt sich hingegen aus den spezifischen Festlegungen im Gründungsvertrag. Gerade die Vertragsschlußkompetenz gehört jedoch gleichwohl zum Minimalbestand der Völkerrechtsfähigkeit. Wer keine Verträge abschließen kann, vermag im Grunde im völkerrechtlichen Bereich kaum zu handeln.[106]

Die Kritik, die sich zur früheren Rechtsprechung des Gerichtshofs darauf berief, der Grundsatz der "compétence d'attribution" lasse einen Vertragsschluß mit dritten Staaten nur in den ausdrücklich bestimmten Fällen des EGV zu[107], vermag hingegen nicht zu überzeugen. Der Grundsatz der "compétence d'attribution" besagt lediglich, daß die Gemeinschaft bei ihrem Handeln im Außenbereich auf die im EGV vertraglich fixierten Ziele und Aufgabenbereiche beschränkt ist und insofern gar keine Verletzung des Grundsatzes der "compétences d'attribution" vorliegt.[108]

Zudem würde eine Vertragsschlußbefugnis der Europäischen Gemeinschaft beschränkt auf ausdrückliche Kompetenzzuweisungen ihren außenpolitischen Spielraum derart einschränken, daß eine umfassende und effektive auswärtige Tätigkeit der Gemeinschaft im Rahmen der Vertragsziele nicht gewährleistet wäre. Das

---

102 EuGH, Gutachten Nr. 2/94, Slg. 1996, I - 1759 ff.
103 EuGH, ebda., 1759 (1789 Rz. 35 f.).
104 Vgl. zu diesem Gutachten Stadlmeier, ZÖR Bd. 52 (1997), S. 353 (383 f.).
105 EuGH, Rs. 22/70, AETR, Slg. 1971, 263 (274).
106 So Tomuschat, in: Hilf/Tomuschat (Hrsg.), EG und Drittstaatsbeziehungen, S. 139 (143).
107 Vgl. dazu Tomuschat, EuR 1977, S. 157 (158).
108 So auch Schwarze, NJW 1979, S. 456 (458).

Grundprinzip des effet utile macht es erforderlich, der Gemeinschaft auch dort Kompetenzen zuzuerkennen, wo eine bestehende Innenkompetenz nur dann sinnvoll ausgeübt werden kann, wenn die Gemeinschaft auch im Außenbereich tätig werden kann.[109]

Die neuere Rechtsprechung hat die Verteilung der Außenkompetenzen zwischen Gemeinschaft und Mitgliedstaaten teilweise stark verändert. Hinsichtlich der restriktiven Anwendung des „klassischen" AETR-Prinzips in der neueren Rechtsprechung des EuGH ist dem Gerichtshof zugutezuhalten, daß er einer extensiven Anwendung der Sperrwirkung für die Außenkompetenzen der Mitgliedstaaten bereits bei einer lediglich theoretischen Beeinträchtigung einer Norm durch die neue Rechtsprechung einen Riegel vorgeschoben hat.[110] Auch verdeutlicht diese Rechtsprechung den Willen des EuGH, das Subsidiaritätsprinzip und die in den Mitgliedstaaten zunehmend lauter gewordene Kritik an einer immer weiter gehenden Kompetenzinanspruchnahme durch die Gemeinschaft ernstzunehmen und den Mitgliedstaaten ihre Bedeutung in den internationalen Beziehungen zu belassen.[111] Gleichzeitig ist der Gerichtshof aber der These einiger Mitgliedstaaten, die Gemeinschaft besitze in Teilbereichen des TRIPS-Abkommens nicht einmal eine „potentielle Kompetenz"[112] entgegengetreten und hat insgesamt den Kernbestand der Außenkompetenzen der Gemeinschaft gestärkt und diese schärfer von den Kompetenzen der Mitgliedstaaten abgegrenzt.[113]

Fraglich ist jedoch, ob die hohen Anforderungen, die der Gerichtshof in Gestalt des Kriteriums der zwingenden Notwendigkeit, ein Abkommen allein durch die Gemeinschaft abzuschließen, gestellt hat, integrationspolitisch sinnvoll sind. Die Notwendigkeit, von einer potentiellen Außenkompetenz Gebrauch zu machen, wird nach Auffassung des Gerichtshofs zukünftig nur noch in einem sehr eingeschränkten Umfang zum Ausschluß der mitgliedstaatlichen Kompetenzen führen können.[114] Diese Änderung der Rechtsprechung des Gerichtshofs birgt die Gefahr in sich, die Handlungsfähigkeit der Gemeinschaft beispielsweise in der neuen WTO und die Geschlossenheit ihres Auftretens dort zu beeinträchtigen. Denn neben der Möglichkeit, daß es zu unterschiedlichen Positionen zwischen den Mitgliedstaaten kommt, ist auch nicht auszuschließen, daß die Außenbeziehungen der Gemeinschaft durch eine gegenseitige Blockadepolitik der Mitgliedstaaten untereinander beeinträchtigt, wenn nicht sogar gelähmt werden. Ebenso könnten Drittstaaten die Differenzen zwischen den Mitgliedstaaten untereinander bzw. zwischen Mitgliedstaaten und der Gemeinschaft für ihre Zwecke fruchtbar machen.[115] Ob die vom Gerichtshof in diesem Zusammenhang als Ausgleich angeführte „Pflicht zur Zusammenarbeit"[116] auch bei der Durch-

---

109 Hinzuweisen ist in diesem Zusammenhang darauf, daß es sich hierbei um einen Anwendungsfall der implied powers-Lehre handelt, vgl. Nicolaysen, Europarecht Bd. 1, S. 131.

110 Vgl. hierzu Gilsdorf, EuR 1996, S. 145 (156).

111 Ähnlich Hilf, EJIL 1995, S. 245 (257); Dörr, EuZW 1996, S. 39 (43 Fn. 45) führt dies auch auf den Einfluß der im Maastricht-Urteil des BVerfG geäußerten Kritik an der Herleitung von Gemeinschaftskompetenzen zurück.

112 EuGH, Gutachten Nr. 1/94, Slg. 1994, I - 5267 (Rz. 104).

113 So auch Hilf, EuZW 1995, S. 7 (8).

114 Vgl. dazu Dörr, EuZW 1996, S. 39 (43).

115 So Gilsdorf, EuR 1996, S. 145 (158).

116 Vgl. EuGH, Gutachten Nr. 1/94, Slg. 1994, I - 5267 (Rz. 107 ff.).

führung des Abkommens diese Gefahr erheblich verringert, darf nach den bisherigen Erfahrungen z.B. in der ILO und der FAO[117] zumindest bezweifelt werden. Diese Gefahr für die Handlungsfähigkeit der Gemeinschaft auf internationaler Ebene darf somit nicht unterschätzt werden.

Gleichzeitig ist die vorsichtige Zurückhaltung des Gerichtshofs im gegenwärtigen politischen Umfeld jedoch nur zu verständlich. Die Mitgliedstaaten waren in den Verhandlungen zum Unions-Vertrag offensichtlich nicht bereit, der Gemeinschaft, wie es seitens der Kommission vorgeschlagen worden war, über den Bereich der Handelspolitik hinaus noch weitere Zuständigkeiten im Bereich der Außenkompetenzen zu übertragen. Der Gerichtshof hat in seiner neueren Rechtsprechung diesen politischen Vorgaben Rechnung getragen und nicht versucht, diese Vorgaben durch eine allzu integrationsfreundliche Rechtsprechung „auszuhebeln“.

C. Rechtsfolgen eines Handelns "ultra vires" der Europäischen Gemeinschaft

Nachdem in den vorhergehenden Abschnitten dargestellt wurde, daß die Europäische Gemeinschaft (beschränkt) völkerrechtsfähig ist und die Bereiche aufgezeigt wurden, in denen sie Vertragsschlußkompetenzen im Außenbereich besitzt, stellt sich nun die Frage der völkerrechtlichen Konsequenzen von Kompetenzüberschreitungen der Europäischen Gemeinschaft im Außenbereich.

Aufgrund der unterschiedlichen Rechtsfolgen ist hierbei zu differenzieren zwischen völkerrechtlichen Verträgen, die die Gemeinschaft ohne Mitwirkung der Mitgliedstaaten geschlossen hat (sog. reine Gemeinschaftsabkommen), und zwischen den sogenannten gemischten Verträgen, d.h. solchen Verträgen, die die Gemeinschaft und die Mitgliedstaaten gemeinsam geschlossen haben.

1. Reine Gemeinschaftsverträge

Hinsichtlich der möglichen Konsequenzen ist bei reinen Gemeinschaftsverträgen zu unterscheiden zwischen der Frage der völkerrechtlichen Gültigkeit eines seitens der Gemeinschaft „ultra vires“ abgeschlossenen völkerrechtlichen Vertrages und der Frage der Haftung der Gemeinschaft bzw. ihrer Mitgliedstaaten für ein solches Handeln.

a) Völkerrechtliche Gültigkeit

Zur Frage der völkerrechtlichen Gültigkeit von „ultra vires“ abgeschlossenen völkerrechtlichen Verträgen internationaler Organisationen werden grundsätzlich die gleichen Auffassungen vertreten wie zur Frage der Gültigkeit von ultra-vires abgeschlossenen völkerrechtlichen Verträgen von Staaten.

---

[117] Zur Zusammenarbeit zwischen den Mitgliedstaaten und der Gemeinschaft in internationalen Organisationen siehe insb. Sack, CMLR 1995, S. 1227 ff.; sowie Gilsdorf, EuR 1996, S. 145 (159, Fn. 45).

aa) Die in der Lehre vertretenen Ansichten

Zur Gültigkeit von völkerrechtlichen Verträgen, die die Gemeinschaft alleine unter Verstoß gegen ihre Vertragsschlußkompetenzen abgeschlossen hat, werden dementsprechend folgende Ansichten vertreten.

(1) Irrelevanztheorie

In bezug auf Bundesstaaten vertritt die Irrelevanztheorie die Auffassung, staatsinterne Vertragsschlußvorschriften des Verfassungsrechts des Staates seien allenfalls insoweit maßgebend, als es sich um die Bestimmung des zum Vertragsschluß zuständigen Staatsorgans handelt. Dagegen seien die landesrechtlichen Verfahrensvorschriften sowie sonstige beschränkende Bestimmungen völkerrechtlich irrelevant.[118] Denn dieser Auffassung nach ist dem anderen Vertragspartner eine Nachforschung, ob die landesrechtlichen Vertragsschlußbestimmungen eingehalten wurden, weder möglich noch zumutbar.

Überträgt man diese Lehre auf internationale Organisationen, so hätte ein Handeln „ultra vires" der Gemeinschaft beim Abschluß völkerrechtlicher Verträge bei Überschreitung der Aufgaben und der Ziele der Gemeinschaft, also bei Überschreitung der Grenzen ihrer Völkerrechtsfähigkeit, nicht die Ungültigkeit des völkerrechtlichen Vertrages zur Folge. Denn übertragen auf die Europäische Gemeinschaft steht nach der hier verstandenen Definition bei einem Handeln „ultra vires" nicht die Organkompetenz innerhalb der Gemeinschaft, sondern die Verbandskompetenz der Gemeinschaft im Streit, auf die nach der Irrelevanztheorie eine Berufung gerade nicht möglich ist.[119] Damit wären die so abgeschlossenen völkerrechtlichen Verträge der Gemeinschaft völkerrechtlich gültig.

(2) „ultra vires"-Lehre bzw. Relevanztheorie

Von der früher überwiegend vertretenen Ansicht wurden völkerrechtliche Verträge der Gemeinschaft die durch ihre Kompetenzen nicht gedeckt sind, als völkerrechtlich unwirksam und nichtig angesehen.[120] Ausgangspunkt dieser Auffassung ist dabei die lediglich beschränkte Völkerrechtsfähigkeit der Gemeinschaft.[121] Überschreitet die

---

118 Vgl. Geiger, GG und Völkerrecht, § 21 I.

119 Dementsprechend wird in bezug auf internationale Organisationen auch vertreten, daß die „ultra vires"-Doktrin auf internationale Organisationen nicht anwendbar ist und Akte von internationalen Organisationen immer rechtmäßig und gültig sind, vgl. Amerasinghe, Principles of the institutional law, S. 165.

120 Vgl. nur Geiger, ZaöRV Bd. 37 (1977), S. 640 (650); Arnold, AVR Bd. 19 (1980/81), S. 419 (433); Bothe, ZaöRV Bd. 37 (1977), S. 122 (134).

121 Grundlegend für internationale Organisationen: IGH, Gutachten vom 11.4.1949, ICJ Reports 1949, S. 174 (180); speziell für die Europäische Gemeinschaft: EuGH, Rs. 6/64, Costa/ENEL, Slg. 1964, 1251 (1269); EuGH, Rs. 22/70, AETR, Slg. 1971, 263 (274); EuGH, verb. Rs. 3,4 und 6/76, Kramer, Slg. 1976, 1279 (1310); Bernhardt, EuR 1983, S. 199 (202); Arnold, AVR Bd. 19 (1980/81), S. 419 (432); Bothe, ZaöRV Bd. 37 (1977), S. 122 (127 f.); Geiger, ZaöRV Bd. 37 (1977), S. 640 (649 f.); Vedder, Die auswärtige Gewalt, S. 6; Tomuschat, in: G/T/E/, EU-Kommentar, Rn. 4 zu Art. 210 EGV; Simma/Vedder in: Grabitz/Hilf, EU-Kommentar, Rn. 5 zu Art. 210 EGV; anders bekanntlich Seyersted, NoTIR 34 (1964), S. 1 (insbesondere S. 45), der von einer objektiven Völkerrechtsfähigkeit der Gemeinschaft ausgeht, was zur Folge hätte, daß die Funktionalität der Europäischen Gemeinschaft nicht deren Völkerrechtsfähigkeit begrenzt.

Gemeinschaft beim Abschluß eines völkerrechtlichen Vertrages ihre konkreten Kompetenzen, so handelt sie dieser Ansicht zufolge „ultra vires", so daß dieses Handeln keine völkerrechtliche Gültigkeit beanspruchen kann. Der Gemeinschaft mangele es insoweit an der Fähigkeit, sich vertraglich binden zu können, da sie rechtlich nicht in der Lage sei, außerhalb ihres Kompetenzbereiches völkerrechtsverbindlich zu handeln.[122] Der Gemeinschaft fehle es insoweit an der Vertragsschlußgewalt, so daß nicht nur die Zulässigkeit des Handelns (rechtliches Dürfen), sondern auch das rechtliche "Können" betroffen sei.[123]

Hinsichtlich der Rechtsfolgen eines solchen „ultra vires"-Handelns bestehen innerhalb dieser Lehre jedoch unterschiedliche Auffassungen.[124] So wird zum Teil als Rechtsfolge nicht die absolute, sondern lediglich die relative Nichtigkeit der auf diese Art abgeschlossenen Verträge angenommen.[125] Danach wäre ein solcher „ultra vires"-Akt nicht automatisch nichtig, sondern nur im nachhinein vernichtbar, also anfechtbar.

(3) Evidenztheorie

Im neueren Schrifttum zeichnet sich zunehmend eine Tendenz dahingehend ab, die Folgen der „ultra vires"-Lehre zu vermeiden und völkerrechtliche Verträge von internationalen Organisationen, die diese unter Verletzung der ihnen übertragenen Kompetenzen geschlossen haben, unter bestimmten Umständen als völkerrechtlich gültig bzw. zumindest als verbindlich anzusehen.[126]

So unterscheidet Krück[127] danach, ob die Organisation außerhalb ihrer Aufgaben oder Ziele handelt oder nicht. Nur im ersten Fall soll mangels insoweit bestehender völkerrechtlicher Befugnisse der Vertrag nichtig sein. In allen anderen Fällen soll der Vertragspartner auf die Legitimation zum Vertragsschluß vertrauen dürfen. Anderes gelte nur dann, wenn dieser bösgläubig sei.

Andere Autoren[128] differenzieren danach, ob der Vertragspartner die Kompetenzüberschreitung der Europäischen Gemeinschaft erkennen konnte, d.h. ob die Kompetenzverletzung offensichtlich war. Dies wird man in der Regel jedoch nur dann annehmen können, wenn die Gemeinschaft außerhalb ihrer Aufgaben und Ziele handelt, so daß sich diese Ansicht in den Ergebnissen letztendlich nur unwesentlich von der von Krück vertretenen unterscheidet.

---

122 Arnold, AVR Bd. 19 (1980/81), S. 419 (433).

123 Ebda., S. 433.

124 Vgl. hierzu Osieke, AJIL Bd. 77 (1983), S. 239 (244 f.) m.w.N.

125 So z.B. Osieke, a.a.O., S. 245.

126 Bernhardt, EuR 1983, S. 199 (206); Meessen, EuR 1980, S. 36 (36 f.); Krück, Völkerrechtliche Verträge, S. 147 f.; ders., in: Ress (Hrsg.), Souveränitätsverständnis, S. 155 (164 f.); Tomuschat, in: Hilf/Tomuschat (Hrsg.), EG und Drittstaatsbeziehungen, S. 139 (143 f.).

127 Krück, Völkerrechtliche Verträge, S. 148 f.

128 So z.B. Bleckmann, Europarecht, Rn. 945; Bernhardt, EuR 1983, S. 199 (206); Stein, Der gemischte Vertrag, S. 125.

bb) Die Kodifizierung des Völkervertragsrechts in der WVK II

Die Evidenztheorie hat ihren Niederschlag gefunden in der Kodifizierung des Völkervertragsrechts für internationale Organisationen im "Wiener Übereinkommen über das Recht der Verträge zwischen Staaten und internationalen Organisationen oder zwischen internationalen Organisationen" (WVK II)[129] vom 21. März 1986, das die Europäische Gemeinschaft allerdings bisher zwar weder gezeichnet noch mit dem "act of formal confirmation" (vgl. Art. 83 WVK II) für sich bindend erklärt hat. Da jedoch bereits der Entwurf und erst recht die Annahme der Vertragsrechtskonvention am 21.03.1986 die Theorie der internationalen Organisationen erheblich beeinflußt haben und zudem eine Ratifikation durch die Europäische Gemeinschaft durchaus wahrscheinlich ist, erscheint es angebracht, dem II. Wiener Übereinkommen im Rahmen dieser Fragestellung Beachtung zu schenken, zumal sich auch der Gerichtshof in mehreren Urteilen zur Entscheidungsfindung auf Normen der WVK II bzw. der WVK I bezogen hat.[130]

(1) Anwendungsbereich des Art. 46 Abs. 2 WVK II

Hinzuweisen ist im Zusammenhang mit „ultra vires" abgeschlossenen völkerrechtlichen Verträgen der Gemeinschaft insbesondere auf Art. 46 Abs. 2 der WVK II, der zwei Fallgruppen erfaßt, zum einen die von den Staatenverträgen her bekannte Überschreitung der Organkompetenz, zum anderen, speziell für internationale Organisationen, die Überschreitung der Verbandskompetenz.[131] Gemäß Art. 46 Abs. 2 WVK II kann sich eine internationale Organisation grundsätzlich nicht darauf berufen, daß ihre Zustimmung zu einem Vertrag unter Verletzung der organisationsinternen Rechtsvorschriften über die Vertragsschlußkompetenz („(...) unter Verletzung der Vorschriften der Organisation über die Zuständigkeit zum Abschluß von Verträgen (...)") erfolgte und deshalb ungültig sei.

Fraglich ist dabei zunächst, was unter Vertragsschlußkompetenz zu verstehen ist, d.h. welcher sachliche Anwendungsbereich Art. 46 Abs. 2 WVK II zukommt. Es stellt sich die Frage, ob sich die Rechtsfolgen eines „ultra vires" (i.e.S., d.h. des Überschreitens der Grenzen der Aufgaben und Ziele der Organisation) abgeschlossenen völkerrechtlichen Vertrages der Gemeinschaft nach Artikel 46 WVK II bestimmen oder aber Art. 6 WVK II eine „Filterfunktion"[132] zukommt, so daß völkerrechtlichen Verträge der Gemeinschaft, die diese unter Überschreitung ihrer Vertragsschlußfähigkeit geschlossen hat, nicht mehr dem Anwendungsbereich des Art. 46 WVK II unterfallen, sondern lediglich solche, die unter Übertretung ihrer konkreten Vertragsschlußkompetenzen geschlossen wurden. Die Interpretation des sachlichen Anwen-

129 Abgedruckt in BGBl. II 1990, S. 1414 ff.; zur Rolle der Europäischen Gemeinschaft bei der Konferenz, vgl. Manin, CMLR 1987, S. 457 ff.

130 Vgl. nur EuGH, Rs. C-327/91, Frankreich/Kommission, Slg. 1994, I-3641 (3674 Rz. 25) (Bezugnahme auf Art. 2 WVK II); EuGH, Rs. C-432/92, The Oueen/Minister of Agriculture, Fisheries and Food ex parte: S. P. Anastasiou, Slg. 1994, I-3087 Rz. 43 (Bezugnahme auf Art. 31 WVK).

131 Schröder, AVR Bd. 23 (1985), S. 385 (400 f.); Neuhold, in: Zemanek, Agreements of International Organizations, ÖZöR 1971, Beiheft 1, S. 195 (254 f.); Oehmichen, Die unmittelbare Anwendbarkeit, S. 98.

132 Der Begriff geht zurück auf Klein, in: Klein/Pechstein, Das Vertragsrecht internationaler Organisationen, S. 24 ff.

dungsbereiches des Art. 46 Abs. 2 WVK II kann dabei nur unter Berücksichtigung des Art. 6 WVK II erfolgen, der auf die Vertragsschlußfähigkeit („die Fähigkeit (...) Verträge zu schließen") internationaler Organisationen abstellt.

(a) „Filterfunktion" des Art. 6 WVK II

Die unterschiedliche Wortwahl - hier Zuständigkeit (Art. 46 Abs. 2 WVK II), dort Fähigkeit (Art. 6 WVK II) -, die auch in der englischen („capacity" - „competence") und in der französischen („capacité" - „compétence") Version der WVK II beibehalten wird - spricht dafür, daß Verträge der Gemeinschaft, die jenseits ihrer Vertragsschlußfähigkeit ("capacity") geschlossen werden, nicht mehr dem Anwendungsbereich des Art. 46 WVK II unterfallen. Folgte man dieser Ansicht, so hätte dies zur Folge, daß solche Verträge immer ungültig wären, unabhängig davon, ob der Verstoß offensichtlich war und eine Vorschrift von grundlegender Bedeutung betraf. Es gehe dann nicht mehr um die Frage des rechtlichen „Dürfens", sondern um die Frage des rechtlichen „Könnens". Für eine „Filterfunktion" des Art. 6 WVK II spricht ebenfalls, daß die Überschreitung der Vertragsschlußzuständigkeit durch die Gemeinschaft, im Gegensatz zu der von Staaten, zugleich immer notwendig einen Eingriff in den Zuständigkeitsbereich der Mitgliedstaaten der Gemeinschaft darstellt. Diesen Eingriff mit der Rechtsfolge der grundsätzlichen Gültigkeit des Art. 46 Abs. 2 zu „belohnen", erscheint nicht angezeigt. Bei der Annahme eines „ungefilterten" Regelungsbereiches hätte Art. 46 Abs. 2 WVK II für internationale Organisationen im Vergleich zu Art. 46 Abs. 1 WVK II, der eine entsprechende Regelung für Staaten enthält, einen erheblich größeren Regelungsbereich. Denn für Staaten stellt sich grundsätzlich nicht die Frage der Vertragsschlußfähigkeit, da diese Ausfluß ihrer originären Völkerrechtssubjektivität ist. In Betracht komme eine Beschränkung dieser Fähigkeit mit der Rechtsfolge der rechtlichen Unwirksamkeit trotzdem abgeschlossener Verträge für Staaten nur dann, wenn diese auf Teile dieser Fähigkeit verzichtet oder diese auf internationale Organisationen übertragen haben.[133] Für diese Auffassung spricht auch, daß bei Annahme eines „ungefilterten" Anwendungsbereiches des Art. 46 WVK II für Art. 6 WVK II kein inhaltlicher Anwendungsbereich mehr verbliebe.[134]

(b) Keine „Filterfunktion" des Art. 6 WVK II

Gewichtige Argumente sprechen jedoch auch gegen eine „Filterfunktion" des Art. 6 WVK II. Diese Vorschrift verweist zur Ermittlung der Vertragsschlußfähigkeit auf die "rules of the organization" und damit insbesondere auf den Gründungsvertrag.[135] Soweit also das Gemeinschaftsrecht der Gemeinschaft eine Vertragsschlußbefugnis zugesteht, verfügt diese insoweit auch über Vertragsschlußfähigkeit.[136] In Anbetracht

---

133 Dies ist im Verhältnis der Mitgliedstaaten zur Europäischen Gemeinschaft streitig; vgl. einerseits EuGH, Rs. 22/70, Slg. 1971, 263 (275); Rs. T-69/89, Slg. 1991, II - 485 (532) sowie andererseits Krück, Völkerrechtliche Verträge, S. 147.

134 Dies konstatieren auch Pernice, ZaöRV Bd. 48 (1988), S. 229 (235): „Der Vorbehalt des Art. 6 WVK 1986 wird damit (...) praktisch bedeutungslos"; sowie Klein, in: Klein/Pechstein, Das Vertragsrecht Internationaler Organisationen, S. 33: „Besonderheiten Internationaler Organisationen wirken sich vertragsrechtlich nur noch marginal aus", sprechen sich jedoch trotzdem gegen eine „Filterfunktion" des Art. 6 WVK II aus.

135 Vgl. schon oben S. 13 f.

136 So auch Vedder, Die auswärtige Gewalt, S. 9; Stein, Der gemischte Vertrag, S. 63.

der Tatsache, daß sowohl die Zuerkennung der Vertragsschlußfähigkeit als auch die konkreten Vertragsschlußkompetenzen der Europäischen Gemeinschaft auf den Gründungsvertrag der Gemeinschaft (bzw. den „rules of the organization") zurückgehen, erachtet es diese Ansicht als schwerlich nachvollziehbar, an die bei internationalen Organisationen allgemein und insbesondere bei der Europäischen Gemeinschaft sehr schwer zu bestimmende Grenze zwischen einer Übertretung der Vertragsschlußfähigkeit und einer Übertretung der Vertragsschlußzuständigkeit solch unterschiedliche Rechtsfolgen zu knüpfen. Bei einer Übertretung der Vertragsschlußfähigkeit durch die Gemeinschaft wäre der entsprechende Vertrag nichtig bzw. vernichtbar, wohingegen im Anwendungsbereich von Art. 46 Abs. 2 WVK II, abgesehen von den Fällen der offensichtlichen Verletzung einer Norm von grundlegender Bedeutung, der von der Gemeinschaft abgeschlossene völkerrechtliche Vertrag seine Gültigkeit behalten würde. Bei der Annahme einer „Filterfunktion" des Art. 6 WVK II bestehe zudem die Gefahr, daß Art. 46 Abs. 2 WVK II leer liefe.[137] Die Annahme, daß Art. 6 WVK II keine „Filterfunktion" besitze, führe auch nicht dazu, daß Verträge internationaler Organisationen, die diese jenseits ihrer Vertragsschlußfähigkeit abschließen, grundsätzlich gültig bleiben. Denn durch die Ausnahmetatbestände der Offenkundigkeit und der Norm von grundlegender Bedeutung könne insoweit immer noch eine Korrektur vorgenommen werden. Dieser Ansicht nach erfaßt der Anwendungsbereich von Art. 46 Abs. 2 WVK II danach sowohl Verträge, die die Gemeinschaft außerhalb ihrer konkreten Kompetenzen als auch solche, die sie außerhalb ihrer Vertragsschlußfähigkeit abschließt.

(c) Stellungnahme

Bereits der unterschiedliche Wortlaut der Vorschriften macht deutlich, daß Art. 6 WVK II und Art. 46 WVK II unterschiedliche Anwendungsbereiche regeln. Die gegen eine „Filterfunktion" des Art. 6 WVK II erhobenen Einwände erweisen sich letztendlich nicht als stichhaltig.

Daß beide Vorschriften (u.a.) auf das interne Recht der internationalen Organisation verweisen, spricht nicht gegen einen unterschiedlichen Anwendungsbereich der Vorschriften. Denn während Art. 6 WVK II sich mit seinem Anwendungsbereich auf solche völkerrechtlichen Verträge internationaler Organisationen bezieht, die diese jenseits ihrer Aufgaben und Ziele geschlossen haben, knüpft Art. 46 Abs. 2 WVK II an die konkreten Kompetenzen des Gründungsvertrages an. Während Art. 6 WVK II damit das rechtliche „Können" betrifft, erfaßt Art. 46 Abs. 2 WVK II die Fallgruppe des rechtlichen „Dürfens".[138] Insoweit ist auch Erwägungsgrund 11 der Präambel zur WVK II zu berücksichtigen, in dem es heißt: „(...) daß internationale Organisationen die für die Wahrnehmung ihrer Aufgaben und die Verwirklichung ihrer Ziele notwen-

---

137 Im Ergebnis ebenso Klein in: Klein/Pechstein, Das Vertragsrecht Internationaler Organisationen, S. 26; Oehmichen, Die unmittelbare Anwendbarkeit, S. 98; Pernice, ZaöRV Bd. 48 (1988), S. 229 (236); ähnlich Tomuschat, in: Hilf/Tomuschat, (Hrsg.), EG und Drittstaatsbeziehungen, S. 139 (159), der davon ausgeht, daß die Unterscheidung zwischen dem rechtlichen „Können" und dem rechtlichen „Dürfen" nicht in die WVK II Eingang gefunden habe, sondern daß die Vorschrift des Art. 46 Abs. 2 nach dem Willen der Schöpfer jegliche Kompetenzmängel erfassen sollte; vgl. auch Lachmann, in: Legal issues 1984, S. 3 (6 f.).

138 A.A.: Tomuschat, in: Hilf/Tomuschat (Hrsg.), EG und Drittstaatsbeziehungen, Aussprache S. 159.

dige Fähigkeit besitzen, Verträge zu schließen". Dementsprechend scheint eine Unterscheidung zwischen diesen beiden Gruppen von Verstößen notwendig und auch gewollt.

Daß es bei der Abgrenzung zwischen den der internationalen Organisation durch den Gründungsvertrag übertragenen konkreten Kompetenzen und der ebenfalls durch den Gründungsvertrag festgelegten Aufgaben und Ziele u.U. im Einzelfall zu Abgrenzungsschwierigkeiten kommen kann, spricht nicht gegen diese Differenzierung der Anwendungsbereiche der Vorschriften. Denn ansonsten müßten alle Vorschriften die in Gesetzen oder Konventionen enthalten sind und die sich im Einzelfall nicht problemlos voneinander abgrenzen lassen, so interpretiert werden, daß die eine Vorschrift ihren Anwendungsbereich verliert, um alle Fälle unproblematisch im Anwendungsbereich der anderen Vorschrift prüfen zu können, auch wenn diese u.U. ganz andere Rechtsfolgen vorsieht.

Auch der Internationale Gerichtshof scheint eine Differenzierung zwischen einer Überschreitung der Aufgaben und Ziele der Organisation und den konkreten (Organ-) Zuständigkeiten vorzunehmen.[139] So stellt der Gerichtshof in seiner „Certain Expenses" Entscheidung[140] hinsichtlich eines Verstoßes gegen die horizontale Kompetenzverteilung der Vereinten Nationen fest:

> „If it is agreed that the action in question is within the scope of the functions of the Organization but is alleged that is has been initiated or carried out in a manner not in conformity with the division of functions among the several organs (...)"[141].

Auch der Europäische Gerichtshof scheint bei Kompetenzverstößen der Gemeinschaft eine vergleichbare Differenzierung vorzunehmen. In einer Entscheidung[142] unterscheidet der Gerichtshof in bezug auf die Rechtsfolgen einer Unzuständigkeit der Gemeinschaft danach, ob diese Handlung auf einer im Vertrag vorgesehenen Unzuständigkeit beruht oder eine besonders schwerwiegenden Unzuständigkeit vorliegt. Im ersten Fall soll die im EG-Vertrag vorgesehene relative Nichtigkeit eintreten, während der zweite Rechtsakt überhaupt keine rechtlichen Wirkungen entfalten soll, ihn also das Schicksal der absoluten Nichtigkeit ereilt. Eine solche Differenzierung läßt sich entsprechend der hier vertretenen Meinung sinnvoll nur danach vornehmen, ob die Gemeinschaft bei Erlaß dieser Handlung noch innerhalb ihrer Aufgaben und Ziele agierte oder ob sie auch diesen äußersten Rahmen überschritten hat.[143]

Auch hat der EuGH in seinem AETR-Urteil[144] selbst festgestellt, daß aus der Völkerrechtssubjektivität der Gemeinschaft gem. Art. 281 EGV die formelle Völkerrechtsfähigkeit der Gemeinschaft (lediglich) „im gesamten Bereich der im ersten Teil des

---

139 Vgl. Cahier, RGDIP 1972, S. 645 (664).

140 Certain Expenses of the United Nations, ICJ Reports 1962, S. 151 ff; vgl. hierzu auch sogleich auf Seite 30.

141 IGH, ebda., S. 168.

142 EuGH, verb. Rs. 6 u.11/69, Kommission/Frankreich, Slg. 1969, 523 ff.

143 Kritisch zu dieser Entscheidung Cahier, RGDIP 1972, S. 645 (662).

144 EuGH, Rs. 22/70, AETR, Slg. 1971, 263 ff.

Vertrages umschriebenen Ziele"[145] folge. Jenseits dieses Bereiches fehlt danach selbst nach Ansicht des EuGH der Gemeinschaft die Fähigkeit, völkerrechtlich verbindlich zu handeln, so daß derart geschlossene Verträge der Gemeinschaft nicht mehr dem Anwendungsbereich des Art. 46 Abs. 2 WVK II unterfallen können, der ja, wie Art. 45 WVK II zeigt, lediglich von der Vernichtbarkeit solcher Verträge ausgeht.[146]

Auch das Argument, der Anwendungsbereich des Art. 46 Abs. 2 WVK II werde dadurch unverhältnismäßig beschränkt, diese Vorschrift laufe also „leer", spricht nicht gegen die Annahme einer „Filterfunktion" des Art. 6 WVK II. Denn letztendlich wird durch die Interpretation des Art. 46 Abs. 2 WVK II, dieser erfasse nur solche völkerrechtlichen Verträge, die eine internationale Organisation unter Übertretung ihrer konkreten Kompetenzen geschlossen habe und nicht solche Verträge, die die Organisation jenseits ihrer Aufgaben und Ziele geschlossen habe, die praktische Anwendbarkeit des Art. 46 Abs. 2 WVK II kaum beeinträchtigt werden. Denn Fälle, in denen internationale Organisationen völkerrechtliche Verträge jenseits ihrer Aufgaben und Ziele abschließen, dürften die große Ausnahme darstellen. Der Großteil des potentiellen Anwendungsbereiches des Art. 46 Abs. 2 WVK II dürfte vielmehr aus solchen völkerrechtlichen Verträgen bestehen, die die internationalen Organisationen zwar innerhalb der Aufgaben und Ziele der Organisation aber unter Übertretung der konkreten Kompetenzen geschlossen haben. Dementsprechend wird auch nicht der Hauptzweck der Einführung des Art. 46 Abs. 2 WVK II vereitelt, den Vertrauensschutz im Völkerrecht zu verstärken und den Vertragspartnern der internationalen Organisationen nicht zuzumuten, sich bis ins kleinste Detail mit der internen Verteilung der Verbandskompetenzen zwischen der internationalen Organisation und ihren Mitgliedstaaten befassen zu müssen, um relative Sicherheit in die Gültigkeit und Beständigkeit des mit der internationalen Organisation geschlossenen Vertrages haben zu können. Denn der Anwendungsbereich des Art. 46 Abs. 2 WVK II ist auch bei dieser Interpretation des Verhältnisses zwischen Art. 46 Abs. 2 und Art. 6 WVK II nach wie vor groß genug, um das legislatorische Anliegen erfüllen zu können.

Für die Annahme eines getrennten Anwendungsbereiches von Art. 6 und Art. 46 Abs. 2 WVK II spricht ebenfalls, daß die International Law Commission in ihren Kommentaren zu den einzelnen Vorschriften der WVK II hinsichtlich des Verhältnisses von Art. 6 zu Art. 27 Abs. 2 WVK II, der die Berufung der internationalen Organisation auf ihre internen Vorschriften zur Rechtfertigung der Nichterfüllung eines abgeschlossenen Vertrages regelt, davon ausgeht, daß es keinen Konflikt zwischen diesen Bestimmungen gebe, da Art. 27 Abs. 2 WVK die Vertragsschlußfähigkeit der internationalen Organisation voraussetze.[147] Es ist kein Grund ersichtlich, wieso gleiches dann nicht für das Verhältnis von Art. 6 zu Art. 46 Abs. 2 WVK II gelten sollte.

Es gibt noch ein weiteres Argument, daß zumindest nicht gegen die Annahme einer Filterfunktion des Art. 6 WVK II spricht. Wenn eine internationale Organisation jenseits ihrer Aufgaben und Ziele und damit jenseits ihrer Vertragsschlußfähigkeit einen

---

145 EuGH, ebda., 10. Erwägungsgrund.
146 Siehe dazu noch unten S. 58 ff.
147 Vgl. Seyersted, ÖZöR 1983, S. 261 (261 f.).

völkerrechtlichen Vertrag mit der Folge der Ungültigkeit gem. Art. 6 WVK II schließen sollte, so wäre ein solcher Vertrag auch dann, wenn er dem Anwendungsbereich des Art. 46 Abs. 2 WVK II unterfiele, in seinem rechtlichen Bestand mehr als gefährdet. Denn wenn eine internationale Organisation jenseits ihrer Vertragsschlußfähigkeit einen Vertrag schließt, dürfte kein vernünftiger Zweifel daran bestehen, daß diese Verletzung des internen Gründungsvertrages eine objektiv offensichtliche ist und, da es sich um eine Frage der Befugnis zum Abschluß eines Vertrages handelt, auch eine Vorschrift von grundlegender Bedeutung betroffen ist, so daß auch im Falle eines „ungefilterten" Anwendungsbereichs des Art. 46 Abs. 2 WVK II die Ungültigkeit eines solchen Vertrages geltend gemacht werden könnte.

Auch wenn sich dieser Meinungsstreit demnach in der Praxis kaum je einmal auswirken wird, ist einer Differenzierung zwischen den Anwendungsbereichen von Art. 6 und Art. 46 Abs. 2 WVK II der Vorzug zu geben, da sie einen sachgerechten Ausgleich zwischen dem Vertrauen des Vertragspartners der internationalen Organisation und dem Interesse der internationalen Organisation (bzw. deren Mitgliedstaaten) an diesen Vertrag nicht gebunden zu sein, ermöglicht.

(2) Ausnahmen von der Gültigkeit des Vertrages (Art. 46 Abs. 3 WVK II)

Von dem Grundsatz, daß die Verletzung des Rechts der internationalen Organisation nicht zur Ungültigkeit des Vertrages führt, regelt Art. 46 Abs. 3 WVK II einen Ausnahmetatbestand für den Fall, daß die Verletzung offenkundig ("manifest") war und eine Vorschrift von grundlegender Bedeutung ("rule of fundamental importance") betrifft.

(a) Offenkundigkeit

Eine Verletzung ist gem. Art. 46 Abs. 3 WVK II offenkundig,

> „(...) wenn sie für jeden Staat oder jede internationale Organisation, die sich hierbei im Einklang mit der allgemeinen Übung der Staaten und gegebenenfalls der internationalen Organisationen und nach Treu und Glauben verhalten, objektiv erkennbar ist."[148]

Neben dem an der üblichen Praxis orientierten objektiven Maßstab ist an dieser Vorschrift insbesondere bemerkenswert, daß bei der Bestimmung der objektiven Evidenz nicht lediglich auf den „Empfängerhorizont" von internationalen Organisationen abgestellt, sondern auch auf den von Staaten abgestellt wird. Diese Ausweitung gewährleistet einen einheitlichen Maßstab sowohl für die Anwendung des Art. 46 Abs. 2 WVK II als auch für die des Art. 46 Abs. 1 WVK II und fördert damit die Rechtssicherheit des Völkerrechtsverkehrs.

Es dürfte keinem ernsthaften Zweifel unterliegen, daß die Verletzung der Kompetenzvorschriften zumindest dann offensichtlich ist, wenn die Gemeinschaft jenseits der Grenze ihrer Vertragsschlußfähigkeit gem. Art. 6 WVK II handelt. Denn wenn sie

---

148 Zu den verschiedenen Vorentwürfen vgl. Klein, in: Klein/Pechstein, Das Vertragsrecht Internationaler Organisationen, S. 28 Fn. 30 f.

in Sachbereichen völkerrechtliche Verträge abschließt, die jenseits dieser Grenze liegen, so setzt dies, wie oben bereits dargelegt wurde[149], voraus, daß sie jenseits ihrer Aufgaben und Ziele handelt. Als völkerrechtlich nicht unbekannter Akteur, der die Gemeinschaft seit einigen Jahrzehnten ist, muß davon ausgegangen werden, daß ihre Vertragspartner zumindest um die Aufgaben und Ziele der Gemeinschaft wissen. Dementsprechend liegt eine offensichtliche Verletzung zumindest dann vor, wenn die Gemeinschaft jenseits dieser Grenzen agiert. In einem solchen Fall sind die Vertragspartner auch nicht schutzbedürftig. Es wurde oben jedoch aufgezeigt, daß ein völkerrechtliches Handeln der Gemeinschaft jenseits der Grenzen ihrer Aufgaben und Ziele überhaupt nicht mehr dem Anwendungsbereich des Art. 46 WVK II unterfällt, sondern bereits durch Art. 6 WVK II „herausgefiltert" wird.[150] Dementsprechend ist zu überlegen, wann bei einer „bloßen" Kompetenzüberschreitung unter Wahrung der Aufgaben und Ziele der Gemeinschaft eine offensichtliche Verletzung vorliegt. Da die Kompetenzverteilung zwischen der Gemeinschaft und den Mitgliedstaaten in aller Regel jedoch schwierig und selbst unter Fachleuten immer wieder heftigst umstritten ist, können davon grundsätzlich nur solche Kompetenzverstöße erfaßt werden, bei denen die Gutgläubigkeit des Vertragspartners der Gemeinschaft vor Vertragsschluß erschüttert bzw. beseitigt wurde. Dies ist insbesondere dadurch möglich, daß die Mitgliedstaaten gegen die Verabschiedung des Vertrages, z. B. im Gutachtenverfahren gem. Art. 300 Abs. 6 EGV, vorgehen. Von einer offensichtlichen Verletzung der Kompetenzvorschriften kann jedoch auch in einem solchen Fall bereits dann nicht mehr gesprochen werden, wenn die Mehrheit der Vertreter im Rat die Kompetenz der Gemeinschaft bejaht und lediglich eine Minderheit im Wege des Gutachtenverfahrens gegen den Vertragsschluß vorgeht. Erst recht kann nicht mehr von einer offensichtlichen Verletzung gesprochen werden, wenn der Gerichtshof in einem solchen Verfahren die Zuständigkeit der Gemeinschaft bejaht hat. Dementsprechend sind grundsätzlich nur wenige Fallkonstellationen vorstellbar, bei denen eine Kompetenzverletzung der Gemeinschaft als „offensichtlich" i.S. des Art. 46 Abs. III WVK II einzustufen sein wird. Dieser Auffassung zufolge wird demnach kaum je eine Kompetenzverletzung, die überhaupt in den Anwendungsbereich des Art. 46 WVK II gelangt, dazu führen, daß der völkerrechtliche Vertrag angreifbar sein wird.

(b) Vorschrift von grundlegender Bedeutung

Im Gegensatz zu Staaten, bei denen unstreitig war, daß bei ihnen nur die Berufung auf eine nationale Rechtsvorschrift von grundlegender Bedeutung in Betracht kommt, war innerhalb der ILC umstritten, ob nicht jeder Verstoß einer internationalen Organisation gegen interne Normen dazu führen sollte, ihr (bzw. ihren Mitgliedstaaten) die Berufung auf die Ungültigkeit zu ermöglichen.[151] Dies wurde damit begründet, daß einerseits alle Normen, die sich mit dem Abschluß von Verträgen befassen, gleichermaßen grundlegend seien und internationale Organisationen stärker als die Staaten geschützt werden müßten. Zum anderen wurde argumentiert, daß die Abgrenzung zwischen Vorschriften von grundlegender Bedeutung und anderen Vorschriften objektiv nur schwer zu bestimmen sei.[152] Letztendlich einigte sich die ILC

---

149 Siehe oben S. 23 ff.
150 Siehe oben S. 23 ff.
151 YBILC 1979 I, S. 98; vgl. auch Schröder, AVR Bd. 23 (1985), S. 385 (401 f.).
152 YBILC 1979 II/2, S. 152.

jedoch auf eine den Staaten entsprechende Beschränkung auf grundlegende Bestimmungen, da man doch nicht genügenden Anlaß sah, aus Gründen der Rechtssicherheit eine insoweit abweichende Regelung zu treffen.[153]

Was inhaltlich als Vorschrift von grundlegender Bedeutung anzusehen ist, wird in der WVK II nicht näher spezifiziert, was in Anbetracht der Vielgestaltigkeit der Gründungsverträge internationaler Organisationen auch kaum machbar gewesen wäre. Es dürfte dennoch keinen vernünftigen Zweifeln unterliegen, daß zumindest der Verstoß gegen Normen, die die Vertragsschlußfähigkeit und die Vertragsschlußkompetenzen regeln, als Verletzung einer Norm von grundlegender Bedeutung anzusehen ist.[154]

cc) „ultra vires"-Rechtsakte vor internationalen Gerichten

Obwohl in Verfahren vor internationalen Gerichten von seiten der Mitgliedstaaten internationaler Organisationen häufig geltend gemacht wurde, daß die (jeweilige) internationale Organisation „ultra vires" gehandelt habe, sind bisher lediglich zwei Entscheidungen bekannt geworden, in denen ein „ultra vires"-Handeln internationaler Organisationen durch die jeweils angerufenen internationalen Gerichte festgestellt wurde.[155] Bevor näher auf diese Entscheidungen eingegangen wird, soll zunächst eine grundlegende Entscheidung des Internationalen Gerichtshofs beleuchtet werden, in der der Gerichtshof ein „ultra vires"-Handeln der internationalen Organisation verneinte.

(1) Die „Certain expenses of the United Nations"-Entscheidung des IGH

Hinsichtlich der Rechtsprechung des Internationalen Gerichtshofs zum Handeln „ultra vires" von Internationalen Organisationen ist insbesondere das grundlegende Gutachten des IGH zum Fall der „Certain Expenses of the United Nations"[156] zu beachten.

(a) Hintergrund des Rechtsstreits

Gem. Art. 17 der Charta der Vereinten Nationen besitzt die Generalversammlung die Budgetkompetenz. Umstritten kann dabei sein, ob eine bestimmte Aufgabe eine „Ausgabe der Organisation" i.S.d. Art. 17 Abs. 2 ist und daher von allen Mitgliedern getragen werden muß.

Im Falle der ab 1956 im Suezgebiet eingesetzten „United Nations Emergency Force" (UNEF) und der 1960 bis 1964 im Kongo operierenden „Opérations des Nations Unies dans le Congo" (ONUC) stellten sich unter anderem Frankreich und die damalige Sowjetunion auf den Standpunkt, diese Aktionen stellten keine Tätigkeit der UNO dar, weil nicht - wie im ersten Fall von Anfang an, im letzteren ab einem späte-

153 ILC-Report 1982, S. 107.

154 Ebenso Dolmans, in: Division of Powers, S. 75; Klein, in: Klein/Pechstein, Das Vertragsrecht Internationaler Organisationen, S. 27.

155 Vgl. hierzu Amerasinghe, Principles of the institutional law, S. 179, Fn. 40.

156 Certain Expenses of the United Nations, ICJ Reports 1962, S. 151 (155 ff.).

ren Zeitpunkt tatsächlich der Fall - die Generalversammlung, sondern nur der Sicherheitsrat zur Vornahme solcher Operationen befugt sei. Dementsprechend seien die dafür aufgelaufenen Kosten keine „Ausgabe der Organisation“ gem. Art. 17 Abs. 2 und kein Mitglied der UNO sei verpflichtet, zu diesen beizutragen.

(b) Das Gutachten des IGH

Um den Konflikt beizulegen, holte die Generalversammlung der UNO beim Internationalen Gerichtshof ein Gutachten ein, das dieser am 20.07.1962 erstattete.[157] Dieses Gutachten des Internationalen Gerichtshofes ist in mehrfacher Hinsicht bemerkenswert.[158] Zunächst stellte der Gerichtshof fest, daß die bloße Organkompetenzüberschreitung nicht notwendig dazu führen müsse, daß die damit verbundenen Kosten nicht solche der Organisation seien. Vielmehr komme es auf den Aufgabenbereich der Organisation insgesamt an.[159] Nach Ansicht des Gerichtshofs gibt es danach eine Vermutung dafür, daß eine Handlung sich innerhalb der Kompetenzgrenzen einer Organisation bewegt, solange die Handlung zum Aufgabenbereich der Organisation gehört.[160]

Zur weiteren Eingrenzung nahm der Gerichtshof eine bis dahin unbekannte Differenzierung vor. Zur Beantwortung der Frage, ob eine Handlung eines Organs einer internationalen Organisation rechtliche Wirkungen entfaltet oder nicht, unterschied der Gerichtshof danach, ob lediglich ein nach der internen Kompetenzverteilung der Organisation nicht zuständiges Organ gehandelt hat, ohne daß der Aufgabenbereich der internationalen Organisation selbst überschritten wurde, oder ob dieser durch die Handlung des Organs überschritten wurde. Lediglich im zweiten Fall sei die Handlung unbeachtlich.[161] Im übrigen sprach der Gerichtshof jedem Organ, also auch der Generalversammlung der UN, das grundsätzliche Recht zu, seine Kompetenz selbst zu bestimmen. Die genannten, von der Generalversammlung getragenen Operationen seien für diese deshalb nicht „ultra vires“, die dafür aufgelaufenen Kosten daher Ausgaben i.S. von Art. 17 Abs. 2 UN-Charta, die von allen Mitgliedern zu tragen seien.

---

157 IGH, ebda., ICJ Reports 1962, S. 151 (155 ff.).

158 Umfassend zu dem Rechtsstreit und dem IGH-Gutachten, Lauterpacht, in: FS McNair, S. 88 (106 ff).

159 „ (...) when the Organization takes action which warrants the assertion that it was appropriate for the fulfilment of one of the stated purposes of the United Nations, the presumption is that such action is not ultra vires the Organization.“; IGH, ebda., ICJ Reports 1962, S. 151 (168).

160 Ähnlich Lauterpacht, in: FS McNair, S. 88 (110).

161 IGH, ebda., ICJ Reports 1962, S. 151 (168); ebenso interpretiert Klein, in: Graf Vitzthum (Hrsg.), Völkerrecht, 4. Abschnitt, Rn. 194, diese Entscheidung des IGH; a.A. Lauterpacht, in: FS McNair, S. 88 (111 f.), der diese Passage des Gutachtens des IGH dahin interpretiert, daß sich die Differenzierung zwischen den verschiedenen Möglichkeiten nicht auf die Rechtsfolgen der Handlungen auswirkt, sondern vielmehr nur Auswirkungen auf die Stärke der Vermutungsregel der Rechtmäßigkeit des Rechtsakts besitzt; kritisch zur Differenzierung des IGH auch Bernhardt, in: FS Skubiszewski, S. 599 (603), der keinen rechtlichen Grund für eine Unterscheidung der beiden Fälle sieht.

(2) Die „Competence of the ILO to Regulate Agricultural Production"- Entscheidung des STIGH

Auch der Ständige Internationale Gerichtshof hatte nur in einem Verfahren ein „ultra vires"-Handeln einer internationalen Organisation bejaht. In diesem Verfahren hatte der Gerichtshof darüber zu befinden, ob der ILO die Kompetenz zukomme, Regelungen über die Organisation und Entwicklung der Methoden der Agrarproduktion festzulegen.[162] Der STIGH stellte zunächst fest, daß nach dem Gründungsvertrag der ILO die Aufgabe zukomme, die Situation der Arbeitermassen zu verbessern und sich für humane Arbeitsbedingungen einzusetzen. Regelungen im Bereich der Produktionsmittel gehörten nach dem Gründungsvertrag dementsprechend nicht zu den Aufgaben der ILO. Der STIGH gestand zwar auch der ILO „implied powers" zu, inzident auch Fragen der Produktion mitzuregeln, wenn diese im Zusammenhang mit den Aufgaben der ILO stehen. Dieser Bezug zu den Aufgaben der ILO sei jedoch bei der ihm zur Entscheidung vorgelegten Regelung nicht ersichtlich, so daß der ILO insofern keine Kompetenz übertragen worden seien, diese Thematik zu regeln. Zu den daraus resultierenden Konsequenzen äußerte sich der STIGH jedoch nicht.

(3) Der „IMCO Case" des IGH

Die IMCO-Entscheidung[163] ist die einzige Entscheidung, in der der Internationale Gerichtshof ein Handeln „ultra vires" einer internationalen Organisation angenommen hat.

In diesem Verfahren, das von der IMCO (Inter-Governmental Maritime Consultative Organisation, heute: International Maritime Organization)[164] eingeleitet wurde, erstattete der Gerichtshof ein Gutachten zur Frage der Rechtmäßigkeit des 1959 durch Wahl konstituierten „Maritime Safety Committee"[165]. Fraglich war, ob die Versammlung bei der Wahl des Ausschusses „ultra vires" gehandelt hatte, da sie die Abkommensvorschrift hinsichtlich der „largest ship-owning nations"[166] falsch angewandt habe. Der Internationale Gerichtshof kam zwar zu dem Ergebnis, daß das Überschreiten der Befugnisse durch die Organisation ein Handeln „ultra vires" darstellt, äußerte sich jedoch nicht zu den Konsequenzen dieses Handelns.[167] Die Versammlung der IMCO beschloß hingegen als Konsequenz des Gutachtens, daß der konstituierte Ausschuß aufgelöst wird, und ein neuer Ausschuß auf Grundlage der Feststellungen

---

162 Vgl. Competence of the ILO to examine Proposals for the Organization and Development of the Method of Agricultural Production, Advisory Opinion vom 12. August 1922, PCIJ Series B No. 3 (1922). Zu diesem Fall vgl. auch Bruha, in: Bernhardt (Hrsg.), EPIL, Bd. 2, S. 54 f.)

163 IMCO Case, ICJ Reports 1960, S. 150 ff.

164 Inter-Governmental Maritime Consultative Organisation = Zwischenstaatliche Beratende Seeschiffahrtsorganisation; zur Geschichte dieser Organisation vgl. Colombos, Internationales Seerecht, § 387 ff. Da sich die Entwicklungsländer in der IMCO unzulänglich repräsentiert sahen, wurde 1975 eine Satzungsänderung beschlossen, durch welche die IMCO unter Erweiterung ihres Aufgabenbereiches in die IMO (International Maritime Organization = internationale Maritime Organisation) umbenannt wurde. Diese Satzungsänderung trat 1982 in Kraft, vgl. Verdross/Simma, Universelles Völkerrecht, S. 207.

165 Maritime Safety Committee = Seeschiffahrts-Sicherheitsausschuß.

166 Largest ship-owning countries = Staaten mit dem größten Eigentum an Schiffen.

167 Zu der auf dem Gutachten beruhenden Entscheidung der IMCO-Versammlung und zur Kritik daran siehe Amerasinghe, Principles of the institutional law, S. 177 f.

des Gutachtens errichtet werden solle. Daneben nahm die Versammlung die Rechtsakte, die der erste Ausschuß erlassen hatte, an und bestätigte diese.

(4) Ergebnis der Rechtsprechung internationaler Gerichte

Während das Bundesverfassungsgericht in seiner Maastricht-Entscheidung[168] seine Absicht erklärt hat, die Nichtanwendbarkeit von Handlungen und Rechtsakten in Deutschland bei einem Handeln „ultra vires" der Europäischen Gemeinschaft festzustellen, haben sich internationale Gerichte bis dato noch nicht eindeutig zu den Rechtsfolgen eines „ultra vires"-Handelns internationaler Organisationen geäußert. Dies liegt insbesondere daran, daß internationale Gerichte in fast allen Fällen zu der Entscheidung gelangten, daß die angegriffenen Handlungen der internationalen Organisationen intra vires seien. Und in den zwei Fällen, in denen internationale Gerichte ein Handeln „ultra vires" internationaler Organisationen bejahten, haben sie sich lediglich dazu geäußert, ob die Handlungen mit den jeweiligen Vertragsbestimmungen in Einklang stehen, nicht aber dazu, welche Folgen das Handeln „ultra vires" für den rechtlichen Bestand der Handlungen hat. Die internationalen Organisationen hingegen, die die entsprechenden Gutachten der internationalen Gerichte umsetzten, scheinen von der Nichtigkeit der „ultra vires"-Handlungen auszugehen.[169]

dd) Stellungnahme

Ausgangspunkt der Stellungnahme ist, daß im Völkerrecht, wie auch in jedem anderen Rechtssystem, der Lösung des Problems der Gültigkeit von Rechtsakten und sonstigen Handlungen eine Abwägung zwischen dem Legalitätsprinzip und der Bestimmtheit bzw. dem Vertrauen in die Rechtsbeständigkeit solcher Akte vorausgehen muß. Während das erste Prinzip bedeutet, daß Handlungen, die nicht im Einklang mit den Rechtsvorschriften des jeweiligen Rechtssystems stehen, keine rechtliche Gültigkeit beanspruchen können, würde das letztere Prinzip stark beeinträchtigt, wenn solche Handlungen auf Grund ihrer Nichtübereinstimmung mit den Rechtsvorschriften jederzeit und ohne weiteres angegriffen werden könnten.[170]

Ausgehend von dieser Erkenntnis soll im folgenden untersucht werden, welche der vertretenen Ansichten dem Ausgleich der widerstreitenden Interessen am besten gerecht wird.

---

168 BVerfGE 89, 155 ff.

169 So Amerasinghe, Principles of the institutional law, S. 181.

170 Diese Abwägung hat sich z.B. auch im deutschen Verwaltungsverfahrensgesetz niedergeschlagen. Danach ist die fehlende Verbandszuständigkeit kein absoluter Nichtigkeitsgrund i.S.d. § 44 Abs. 2 VwVfG. Dementsprechend kommt es gem. Art. 44 Abs. 1 VwVfG auf die Schwere und Offenkundigkeit des Rechtsmangels an. Teilweise wurde, insbesondere vor dem Erlaß des Verwaltungsverfahrensgesetzes aber auch noch danach, in der Literatur pauschal angenommen, daß bei einer mangelnden Verbandszuständigkeit beide Voraussetzungen des § 44 Abs. 1 VwVfG immer vorliegen. Die überwiegende Ansicht folgt hingegen einer differenzierten Auffassung. Danach werde hinsichtlich der Schwere des Rechtsmangels bei einer Übertretung der Verbandszuständigkeit kaum je ein Zweifel bestehen, die Offenkundigkeit hänge dagegen von den jeweiligen Umständen ab (vgl. Oldiges, DÖV 1989, S. 873 (882), mit weiteren Nachweisen aus Literatur und Rechtsprechung.

Die „ultra vires"-Theorie übersieht, daß die völkerrechtliche Rechts- und Handlungsfähigkeit der Europäischen Gemeinschaft nicht identisch ist mit den konkreten Kompetenznormen des EG-Vertrages. Die Rechts- und Handlungsfähigkeit der Gemeinschaft wird, wie die aller internationaler Organisationen, nicht durch die speziellen Kompetenzen, sondern vielmehr durch die Aufgaben bzw. Ziele der Organisation beschränkt.[171] Völkerrechtlich ungültig können mithin grundsätzlich nur solche völkerrechtliche Verträge sein, die die Europäischen Gemeinschaft außerhalb ihrer Aufgaben und Ziele abschließt.[172] Die „ultra vires"-Lehre verkennt, daß es im Kern um die Frage geht, wer die nachteiligen Folgen eines innergemeinschaftlichen Kompetenzverstoßes zu tragen hat. Mit der Rechtsfolge der Nichtigkeit bürdet man dem Vertragspartner der internationalen Organisation die Negativfolgen auf, was unter Berücksichtigung des Grundsatzes des Vertrauensschutzes, der auch im Völkerrecht Anwendung findet[173], nicht zu rechtfertigen ist.[174] Die Schutzwürdigkeit des Vertragspartners der Europäischen Gemeinschaft stützt sich auf mehrere Gesichtspunkte. Zum einen wirken die Mitgliedstaaten als Bestandteil des Ministerrates beim dem Vertragsschluß indirekt mit, indem sie durch ihre Zustimmung zumindest mehrheitlich die Gemeinschaftskompetenz zum Vertragsschluß bejahen. Die Mitgliedstaaten haben außerdem die Möglichkeit, Kompetenzüberschreitungen vorab durch die Einholung eines Gutachtens beim EuGH gem. Art. 300 Abs. 6 EGV zu verhindern. Nehmen sie diese jedoch hin, so ist es sachgerecht, ihnen den Nachteil aufzubürden, der ihnen daraus erwächst, daß die Gemeinschaft in einem bei den Mitgliedstaaten verbliebenen Kompetenzbereich völkerrechtlich wirksam handeln kann. Zum anderen kann, abgesehen von der Ausnahme, daß die Gemeinschaft außerhalb ihrer Aufgaben und Ziele handelt, von einem Vertragspartner in Anbetracht der Komplexität der Gemeinschaftsrechtsordnung grundsätzlich nicht erwartet werden, die teilweise sehr umstrittene Kompetenzverteilung zwischen der Gemeinschaft und den Mitgliedstaaten zu erkennen oder bis in das kleinste Detail zu erforschen, zumal die Gefahr bestehen bleibt, sich vom EuGH eines Besseren belehren lassen zu müssen.
Auch die Irrelevanztheorie muß sich entgegenhalten lassen, daß sie keine hinreichende Differenzierung vornimmt, da auch sie nicht zwischen der Überschreitung speziell zugewiesener Kompetenzen und der Grenze der Völkerrechtsfähigkeit differenziert, sondern bei Überschreitung der Verbandskompetenzen der Gemeinschaft pauschal an der Gültigkeit solcher Verträge festhält, was in dieser Pauschalität auch nicht richtig sein kann.
Lediglich die in der Lehre im Vordringen befindliche Auffassung, die danach differenziert, ob die Gemeinschaft bei Abschluß des Vertrages lediglich ihre speziellen Kompetenzen oder aber ihre Aufgaben und Ziele überschreitet, ist in der Lage einen gerechten Ausgleich der widerstreitenden Interessen herzustellen. Sie verhindert, daß

---

171 Vgl. Vedder, Die auswärtige Gewalt, S. 6; Tomuschat, in: G/T/E, EU-Kommentar, Rn. 4 zu Art. 210 EGV; Simma/Vedder, in: Grabitz/Hilf, EU-Kommentar, Rn. 8 zu Art. 210 EGV: "Die Völkerrechtsfähigkeit der EG findet somit ihre äußerste Grenze an den in der Präambel und Art. 2 und 3 beschriebenen Vertragszielen und Aufgaben."

172 Krück, Völkerrechtliche Verträge, S. 148 f.; ders., in: Ress (Hrsg.), Souveränitätsverständnis, S. 155 (164 f.); Bothe, ZaöRV Bd. 37 (1977), S. 122 (136 f); Vedder, in: Grabitz/Hilf, EU-Kommentar, Rn. 61 zu Art. 228 EGV; für die Vereinten Nationen: IGH, Gutachten vom 20.7.1962, "Certain expenses of the United Nations", ICJ Reports 1962, S. 151 (168).

173 Vgl. dazu grundlegend Müller, Vertrauensschutz im Völkerrecht, S. 191 ff.

174 So allg. für internationale Organisationen, Klein, in: Graf Vitzthum (Hrsg.), Völkerrecht, 4. Abschn., Rn. 98.

solche Verträge, die für alle Beteiligten erkennbar außerhalb der Aufgaben und Ziele und damit außerhalb der Vertragsschlußbefugnis der Gemeinschaft lagen, völkerrechtlich binden, sondern belegt diese mit der Rechtsfolge der Nichtigkeit.

Gleichzeitig berücksichtigt diese Auffassung auch das mit der Zunahme der Völkerrechtstätigkeit der Gemeinschaft einhergehende wachsende Rechtssicherheitsbedürfnis der anderen Völkerrechtssubjekte, das insoweit die Gleichbehandlung von internationalen Organisationen mit Staaten, denen bereits aufgrund Art. 46 Abs. 1 der ersten Wiener Vertragsrechtskonvention (WVK) aus dem Jahre 1969 eine Berufung auf interne Kompetenzmängel verwehrt wurde, erfordert.

Neben dem Aspekt des Vertrauensschutzes der Vertragspartner der Europäischen Gemeinschaft ist auch zu berücksichtigen, daß die WVK II in Anbetracht der zunehmenden Bedeutung und Aktivität von internationalen Organisationen im Völkerrechtsverkehr die Rechtsstellung von Internationalen Organisationen der von Staaten angleichen wollte. Nur eine solche Angleichung wird der erheblich gewachsenen Bedeutung von Internationalen Organisationen als Akteure auf der internationalen Ebene gerecht. Gleichzeitig darf jedoch nicht verkannt werden, daß insoweit ein entscheidender Unterschied zwischen Staaten und internationalen Organisationen besteht, als letztere nach wie vor in ihrer Völkerrechtsfähigkeit funktional beschränkt sind durch die Aufgaben und Ziele der Organisation. Dementsprechend können internationale Organisationen jenseits dieser Grenze völkerrechtlich nicht wirksam handeln. Wenn eine internationale Organisation jenseits dieser absoluten Grenze einen völkerrechtlichen Vertrag schließen sollte, so ist auch der Vertragspartner in aller Regel nicht sonderlich schutzwürdig, da ein solches Handeln der internationalen Organisation derart gegen die Vorschriften des Gründungsvertrages verstößt, daß dies dem Vertragspartner auch hätte bekannt sein müssen.

Demnach muß hinsichtlich der Rechtsfolgen eines „ultra vires"- Handelns der Europäischen Gemeinschaft zunächst danach unterschieden werden, ob die Gemeinschaft einen völkerrechtlichen Vertrag unter Verstoß ihrer konkreten Kompetenzen aber im Rahmen der Aufgaben und Ziele der Organisation geschlossen hat oder ob sie außerhalb dieses äußersten Rahmens ihrer Völkerrechtsfähigkeit tätig geworden ist.[175]

Eine weitere Frage ist jedoch, ob dies Ergebnis auch im Verhältnis der Europäischen Gemeinschaft zu ihren Mitgliedstaaten gelten kann. Von einem sehr theoretischen Ansatz aus könnten die Mitgliedstaaten vorbringen, daß das Prinzip der begrenzten Ermächtigung des EG-Vertrages durchaus mit der rechtlichen Unwirksamkeit einer Überschreitung der konkreten Kompetenzen durch die Gemeinschaft in Einklang zu bringen sei. Hierüber wird es aber in den meisten Fällen zu verschiedenen Ansichten zwischen den Mitgliedstaaten und der Gemeinschaft kommen. Die Europäische Gemeinschaft genießt dabei jedoch insoweit eine Sonderstellung gegenüber anderen internationalen Organisationen, als der Gründungsvertrag mit Art. 220 EGV zur Lösung dieser Meinungsdivergenzen zwischen der Gemeinschaft und den Mitgliedstaaten mit dem EuGH eine Instanz konstituiert hat, die letztverbindlich solche Fragen

---

[175] So auch Krück, Völkerrechtliche Verträge, S. 148 f.

beantwortet.[176] „ultra vires"-Rechtsakte der Gemeinschaft werden demnach auf Klage gem. Art. 230 bzw. Art 232 EGV vom EuGH für nichtig erklärt. Bis zur Entscheidung des Gerichtshofs müssen die Mitgliedstaaten von der Rechtmäßigkeit des Rechtsaktes ausgehen.[177] Wenn der EuGH zu dem Ergebnis kommt, daß keine Kompetenzüberschreitung vorliegt, so sind die Mitgliedstaaten sowohl aus völkerrechtlicher als auch europarechtlicher Sicht an diese Entscheidung gebunden, auch wenn der Gerichtshof das Ergebnis der Vereinbarkeit des Vertrages mit den Gemeinschaftskompetenzen zu Unrecht erzielt haben sollte.[178] Ob dieses Ergebnis auch aus (deutscher) verfassungsrechtlicher Sicht Bestand haben kann, wird an entsprechender Stelle erörtert.[179]

Grundsätzlich ist es danach so, daß völkerrechtliche Verträge der Gemeinschaft, die diese lediglich unter Verletzung der konkreten Kompetenzen, aber innerhalb ihrer Aufgaben und Ziele abschließt, völkerrechtlich gültig sind. Etwas anderes hat jedoch dann zu gelten, wenn die Kompetenzverletzung, obwohl innerhalb der Aufgaben und Ziele der Gemeinschaft, gleichwohl offensichtlich ist. Dies kann allenfalls dann der Fall sein, wenn die Gutgläubigkeit des Vertragspartners der Gemeinschaft vor Vertragsschluß erschüttert bzw. beseitigt wurde. Dies ist insbesondere dann anzunehmen, wenn die Mitgliedstaaten gegen die Verabschiedung des Vertrages, z. B. im Gutachtenverfahren gem. Art. 300 Abs. 6 EGV, vorgehen. Von einer offensichtlichen Verletzung der Kompetenzvorschriften kann jedoch auch in einem solchen Fall bereits dann nicht mehr gesprochen werden, wenn die Mehrheit der Vertreter im Rat die Kompetenz der Gemeinschaft bejaht und lediglich eine Minderheit im Wege des Gutachtenverfahrens gegen den Vertragsschluß vorgeht. Erst recht kann nicht mehr von einer offensichtlichen Verletzung gesprochen werden, wenn der Gerichtshof in einem solchen Verfahren die Zuständigkeit der Gemeinschaft bejaht hat. Dementsprechend sind grundsätzlich nur wenige Fallkonstellationen vorstellbar, bei denen eine Kompetenzverletzung der Gemeinschaft als „offensichtlich" i.S. des Art. 46 Abs. 3 WVK II einzustufen sein wird.

ee) Zwischenergebnis

Von der Europäischen Gemeinschaft geschlossene reine Gemeinschaftsverträge mit Nichtmitgliedstaaten oder anderen internationalen Organisationen sind auch dann völkerrechtlich gültig, wenn die Gemeinschaft bei deren Abschluß ihre Kompetenzen überschreitet. Etwas anderes kann nur dann gelten, wenn der Verstoß gegen die Vertragsschlußkompetenz der Gemeinschaft für den Vertragspartner offensichtlich war. Wenn die Gemeinschaft beim Abschluß des Vertrages nicht nur ihre konkreten

---

176 So auch Bernhardt, in: FS Skubiszewski, S. 599 (601); zur Problematik bei anderen internationalen Organisationen, die nicht über eine solche Streitentscheidungsinstanz verfügen, vgl. Klein, in: Graf Vitzthum (Hrsg.), Völkerrecht, 4. Abschnitt, Rn. 194 m.w.N.

177 So allgemein für internationale Organisationen, bei denen eine Überprüfung von Handlungen der Organe möglich ist, Lauterpacht, in: FS McNair, S. 88 (115).

178 Vgl. hierzu auch Klein, VVDStRL 50 (1991), S. 56 (66 f.); Frowein, ZaöRV Bd. 54 (1994), S. 1 ff.; Tomuschat, EuGRZ 1993, S. 489 ff.

179 Siehe dazu ausführlich S. 98 ff.

Kompetenzen überschreitet, sondern zugleich auch jenseits ihrer Aufgaben und Ziele handelt, so ist ein trotzdem geschlossener völkerrechtlicher Vertrag nichtig.[180]

b) Völkerrechtliche Haftung

Nachdem im vorherigen Abschnitt die Frage der Wirksamkeit kompetenzwidriger völkerrechtlicher Verträge der Gemeinschaft dargestellt wurde, stellt sich weiterhin die Frage der Haftung aus dem Abschluß solcher Verträge. Unter Haftung soll im folgenden die Verpflichtung zur vertragsgemäßen Erfüllung (Bindung) aber auch die Haftung für die Nichterfüllung des Vertrages verstanden werden.[181]

aa) Haftung der Gemeinschaft

Fraglich ist zunächst, ob die Gemeinschaft aus von ihr unter Verstoß gegen ihre Kompetenzen geschlossenen völkerrechtlichen Verträgen haftet. Grundsätzlich ergibt sich die Haftung der Gemeinschaft aus dem völkerrechtlichen Grundsatz "pacta sunt servanda".[182] Auch Art. 281 EGV ist der Wille der Mitgliedstaaten zu entnehmen, daß die Gemeinschaft, soweit sie im Völkerrechtsverkehr selbständig auftritt, ein eigenständiger Haftungsträger sein soll. Insofern ist die Haftungsfähigkeit als die Kehrseite der Völkerrechtsfähigkeit der Gemeinschaft anzusehen.[183] Die Gemeinschaft hat also für die Erfüllung der von ihr geschlossenen Verträge Sorge zu tragen.[184] Etwas anderes könnte sich nur aus völkerrechtlichen oder gemeinschaftsrechtlichen Normen ergeben, durch die die Haftungsfähigkeit der Gemeinschaft eingeschränkt bzw. ausgeschlossen wird. Prinzipien oder Normen des allgemeinen Völkerrechts, durch die die Gemeinschaft im Außenverhältnis gehindert sein könnte, Vertragspartnern für die Nichterfüllung zu haften, existieren jedoch nicht. Die Haftung der Gemeinschaft aus von ihr geschlossenen völkerrechtlichen Verträgen hat auch der EuGH wiederholt festgestellt. So äußerte er sich in seiner von Frankreich angestrengten Entscheidung zum Abkommen zwischen der Gemeinschaft und den Vereinigten Staaten über die Anwendung ihrer Wettbewerbsgesetze[185] wie folgt:

> „Nur die Gemeinschaft, die gemäß Art. 210 EWG-Vertrag Rechtspersönlichkeit besitzt, kann sich durch den Abschluß von Abkommen mit einem Drittstaat oder einer internationalen Organisation verpflichten. Ganz zweifelsfrei kann das Abkommen daher nur die Europäische Gemeinschaften binden. Es handelt sich somit sehr wohl um eine Übereinkunft zwischen einem Staat und einer internationalen Organisation im Sinne des Artikels 2 Absatz 1 Buchstabe a) i) des Wiener Übereinkommens über das Recht der Verträge zwischen Staaten und internationalen Organisationen. Sollte

---

180 Allg. zur Nichtigkeit im Völkerrecht vgl. Cahier, RGDIP 1972, S. 645 (668 f.) m.w.N.

181 Die vorliegende Arbeit beschränkt sich dabei auf die völkerrechtliche Haftung der Mitgliedstaaten internationaler Organisationen. Literaturangaben stammen, wenn sich keine sachlich gebotenen Unterschiede zwischen den Haftungsformen ergeben, teilweise auch aus Abhandlungen zur zivilrechtlichen Haftung der Mitgliedstaaten internationaler Organisationen.

182 Anstatt vieler Krück, Völkerrechtliche Verträge, S. 124.

183 Meng, ZaöRV Bd. 45 (1985), S. 324 (328).

184 Tomuschat, in: G/T/E/, EU-Kommentar, Rn. 11 zu Art. 210 EGV.

185 EuGH, Rs. C-327/91, Frankreich/Kommission, Slg. 1994, I-3641ff.

die Kommission das Abkommen nicht durchführen, könnte dies somit die Haftung der Gemeinschaft auf völkerrechtlicher Ebene auslösen."[186]

Zu prüfen bleibt, ob etwas anderes dann zu gelten hat, wenn die Gemeinschaft durch den Abschluß des Vertrages ihre Vertragsschlußkompetenzen überschreitet. Dann müßte sich aus einer gemeinschaftsrechtlichen oder völkerrechtlichen Norm ein völkerrechtlicher Haftungsausschluß ergeben.

Ein völkerrechtlicher Haftungsausschluß läßt sich nicht der Formulierung des Art. 300 Abs. 7 EG-Vertrag entnehmen, nach der nur die nach Maßgabe des Art. 300, also auch des Art. 300 Abs. 1 und 6, geschlossenen Abkommen verbindlich sind. Art. 300 Abs. 7 EGV kann nur innergemeinschaftlich wirken, da er als Norm des Gemeinschaftsrechts nicht die völkerrechtliche Bindung herbeiführen kann, sondern diese gerade voraussetzt ("die (...) geschlossenen Abkommen").[187] Dieses Ergebnis wird auch durch Art. 27 Abs. 2 WVK II gestützt. Während sich Art. 46 Abs. 2 WVK II mit der Wirksamkeit eines völkerrechtlichen Vertrages einer internationalen Organisation befaßt, verneint Art. 27 Abs. 2 WVK II die Frage, ob unter Hinweis auf interne Rechtsregeln die Vertragserfüllung verweigert werden darf. Dies setzt, was Art. 27 Abs. 3 WVK II verdeutlicht, voraus, daß der Vertrag gültig ist. Insoweit ist Art. 27 Abs. 2 WVK II nur dann anwendbar, wenn der Vertrag nicht schon wegen einer offensichtlichen Verletzung einer grundlegenden Norm gem. Art. 46 Abs. 2 WVK II ungültig ist oder auf Grund eines Überschreitens der völkerrechtlichen Vertragsschlußfähigkeit der Gemeinschaft gem. Art. 6 WVK II erst gar nicht dem Anwendungsbereich des Art. 27 WVK II unterfällt.[188]

Als Ergebnis ist damit festzuhalten, daß die Gemeinschaft an einen unter Verstoß gegen ihre Vertragsschlußkompetenz abgeschlossenen völkerrechtlichen Vertrag gebunden ist, es sei denn, dieser ist gem. Art. 46 Abs. 2 WVK II oder aufgrund eines Überschreitens der völkerrechtlichen Vertragsschlußfähigkeit der Gemeinschaft gem. Art. 6 WVK II ungültig.[189] Ist die Gemeinschaft in den Fällen, in denen sie an den Vertrag gebunden ist, zur Vertragserfüllung außerstande, so führt dies zur Anwendung der Regeln völkerrechtlicher Verantwortlichkeit.[190]

---

186 EuGH, ebda., 3674.

187 Bleckmann, GYIL Bd. 18 (1975), S. 300 (301, 304); Conze, Die völkerrechtliche Haftung, S. 69; Vedder, in: Grabitz/Hilf, EU-Kommentar, Rn. 54 zu Art. 228 EGV; Tomuschat, in: Hilf/Tomuschat (Hrsg.), EG und Drittstaatsbeziehungen, S. 139 (145); Krück, Völkerrechtliche Verträge, S. 124 m.w.N.; anders bzgl. Art. 300 Abs. 7 EGV: EuGH, Rs. 104/81, Kupferberg, Slg. 1982, 3641 (3662); vgl. aber auch EuGH, Rs. 12/86, Demirel, Slg. 1987, 3747 (3751).

188 Hier kann auf die entsprechende Problematik des Verhältnisses von Art. 6 zu Art. 46 Abs. 2 WVK II verwiesen werden, vgl. oben S. 23 ff.

189 Vgl. oben S. 23 ff.; a.A. offensichtlich Bindschedler, in Bernhardt (Hrsg.), EPIL Bd. 2, S. 1289 (1299), der die Verantwortlichkeit internationaler Organisationen über die Rechte der Organisation hinaus auch auf Fälle erstreckt, in denen die Organisation ihre Kompetenzen überschreitet oder ihr eigenes Statut verletzt, ohne danach zu differenzieren, ob die Kompetenzverletzung offensichtlich war und eine Norm von grundlegender Bedeutung betroffen war, oder ob dies nicht der Fall war.

190 So auch EuGH, Rs. C-327/91, Frankreich/Kommission, Slg. 1994, I -3641 (3674).

bb) Haftung der Mitgliedstaaten

Problematisch ist dagegen die Haftung der Mitgliedstaaten aus reinen Gemeinschaftsabkommen, die die Gemeinschaft unter Verstoß gegen ihre Kompetenzen abgeschlossen hat.

Grundsätzlich haften aus einem völkerrechtlichen Vertrag nur die Vertragspartner; der Vertrag entfaltet nur relative Wirkung. Dementsprechend müßte eigentlich davon auszugehen sein, daß die Mitgliedstaaten einer internationalen Organisation nicht für die völkerrechtlichen Verträge der Organisation haften. Es ist jedoch fraglich, ob dieser Grundsatz auch auf internationale Organisationen[191] anwendbar ist, oder ob es dort zu einer Durchgriffshaftung der Mitgliedstaaten der Organisation kommen kann.

(1) Die Regelung der Bindung und Haftung durch europarechtliche oder völkerrechtliche Normen

Es ist zunächst zu prüfen, ob sich im EG-Vertrag eine Vorschrift findet, die eine völkerrechtliche Bindung und Haftung der Mitgliedstaaten für völkerrechtliche Verträge der Gemeinschaft vorschreibt. Als solche kommt insbesondere Art. 300 Abs. 7 EGV in Betracht. Im Bereich der völkerrechtlichen Bindung der Mitgliedstaaten an Verträge der Gemeinschaft ist eine Anwendung des Art. 300 Abs. 7 EGV, der die Mitgliedstaaten an die völkerrechtlichen Abkommen der Gemeinschaft bindet, jedoch unabhängig von der Beantwortung der grundsätzlichen Frage, ob kompetenzwidrige Verträge die Mitgliedstaaten überhaupt zu binden vermögen, nicht möglich. Denn diese Vorschrift stellt im Verhältnis zu Drittstaaten eine res inter alios acta da und kann somit keine völkerrechtliche Einbeziehung der Mitgliedstaaten in die völkerrechtlichen Verträge der Gemeinschaft bewirken[192], sondern ordnet eine lediglich gemeinschaftsrechtliche Bindung an. Gegen die Funktion des Art. 300 Abs. 7 EGV als subsidiäres Garantieversprechen im Sinne eines antizipierten Vertrages zugunsten Dritter in Form der Vereinbarung einer Selbstverpflichtung der Mitgliedstaaten gegenüber den künftigen Vertragspartnern der Gemeinschaft[193], sprechen Zweck und Funktion des EG-Vertrages. Funktion des Gründungsvertrages ist es, eine Rechtsordnung für die Organisation und ihre Mitgliedstaaten zu schaffen, nicht dagegen, Rechtsverhältnisse zwischen den Mitgliedstaaten und Drittstaaten zu begründen, denn diese sind gerade nicht Teilhaber dieser Sonderrechtsordnung.[194]

---

[191] Der Verfasser ist sich bewußt, daß zwischen der Europäischen Gemeinschaft als supranationaler Organisation und internationalen Organisationen ein gradueller Unterschied besteht. Da diesem Unterschied für die Problemstellung der vorliegenden Untersuchung jedoch keine wesentliche Bedeutung zukommt, soll hier unter der Bezeichnung internationale Organisation auch die Europäische Gemeinschaft verstanden werden; ebenso auch Lachmann, in: Legal issues 1984, S. 3 (5); vgl. auch Fischer, in: Ginther u.a. (Hrsg.), FS Zemanek, S. 179 ff.

[192] Schröder, AVR Bd. 23 (1985), S. 385 (407); Manin, in: FS Teitgen, S. 289 (293 ff.).

[193] So aber d'Orville, Die rechtlichen Grundlagen, S. 56 f.

[194] Klein, in: Klein/Pechstein, Das Vertragsrecht internationaler Organisationen, S. 39; Vedder, in Grabitz/Hilf, EU-Kommentar, Rn. 54 zu Art. 228 EGV; ähnlich Bernhardt, EuR 1983, S. 199 (211); Krück, Völkerrechtliche Verträge, S. 124 f.; Conze, Die völkerrechtliche Haftung, S. 69 f.; A.A: Groux/Manin, Die Europäische Gemeinschaft in der Völkerrechtsordnung, S. 149 mit Verweis auf die Kupferberg-Entscheidung des EuGH (Rs. 101/81, Slg. 1982, 3641 (3662)): Nach Artikel 228 Abs. 1 sind die Mitgliedstaaten und die Organe an diese Abkommen in gleicher Weise gebunden. Folglich haben sowohl die Gemeinschaftsorgane als auch die Mitgliedstaaten zu gewährleisten, daß die Verpflichtungen aus derartigen Abkommen eingehalten werden (...). In-

Auch Art. 288 EG-Vertrag kann eine wie auch immer geartete Haftung der Mitgliedstaaten für die Verpflichtungen der Gemeinschaft nicht begründen, denn dieser regelt lediglich, daß die Gemeinschaft, und nur sie, für ihre Schulden haften soll.[195]

Die Bindung an und die Haftung der Mitgliedstaaten aus Verträgen der Gemeinschaft im Verhältnis zu den Vertragspartnern der Gemeinschaft könnte sich somit nur aus einer Regel des Völkerrechts ergeben, da die Gemeinschaftsrechtsordnung nicht zu einer völkerrechtlichen Verpflichtung der Mitgliedstaaten fähig ist.

(a) Art 38. Abs. 1 lit a) IGH-Statut

Als Rechtsquelle aus dem Vertragsvölkerrecht hätte Art. 36 bis des Entwurfes der ILC zur WVK II eine solche Regel darstellen können. Der Sonderberichterstatter der Völkerrechtskommission der Vereinten Nationen Reuter hatte ursprünglich einen Art. 36 bis vorgeschlagen, durch den das Verhältnis zwischen internationalen Organisationen und ihren Mitgliedern einer Sonderregelung unterworfen werden sollte. Dieser ursprünglich als "nucleus of the whole set of draft articles" bezeichnete Artikel[196] sollte in Anbetracht der besonderen Beziehungen zwischen den internationalen Organisationen und ihren Mitgliedstaaten einen Kompromiß herstellen zwischen dem Bedürfnis, ein Verbergen der Mitgliedstaaten hinter der Organisation zu verhindern und dem Bedürfnis der Mitgliedstaaten, vor unangenehmen Überraschungen bewahrt zu werden.[197] Während frühere Fassungen[198] unter von Entwurf zu Entwurf enger werdenden Voraussetzungen eine automatische Bindung der Mitgliedstaaten vorsahen, konnten die von einer internationalen Organisation geschlossenen Verträge nach der letzten Entwurfsfassung[199] nur bei einstimmiger Zustimmung aller Mitgliedstaaten vertragliche Pflichten auch für diese begründen. Auf der Wiener Staatenkonferenz im März 1986 wurde Art. 36 bis jedoch endgültig aus dem Konventionstext gestrichen und in Art. 74 Abs. 2 WVK II festgestellt, daß die Frage der Verantwortlichkeit ausdrücklich ausgeklammert wurde. Haupthinderungsgrund für die Aufnahme des Art. 36 bis in die WVK II war die in zunehmenden Maße erlangte Selbständigkeit von internationalen Organisationen, die als „Kehrseite" die Verantwortlichkeit für die durch Verträge eingegangenen Verpflichtungen miteinschließt. Diese Selbständigkeit sollte nach Auffassung der überwiegenden Teilnehmer der Wiener Vertragsrechtskonvention II nicht dadurch unterlaufen werden, daß durch die Ausdehnung der Verpflichtungen aus Verträgen der internationalen Organisation auf deren Mitgliedstaaten diese unkomplizierter für die Verpflichtungen der internationalen Organisation in Anspruch genommen werden können.[200] Wenn sich somit aus der Wiener Vertragsrechtskonvention II nichts für eine solche Erstrekkung von Vertragspflichten internationaler Organisationen auf deren Mitgliedstaaten

---

dem die Mitgliedstaaten dafür sorgen, daß die Verpflichtungen (...) eingehalten werden, erfüllen sie eine Pflicht, die nicht nur dem betroffenen Drittland, sondern vor allem der Gemeinschaft gegenüber besteht, die die Verantwortung für die ordnungsgemäße Durchführung des Abkommens übernommen hat".

195 Vgl. Ebenroth/Fuhrmann, JZ 1989, S. 211 (219).
196 Vgl. YILC 1977 I, S. 135.
197 Vgl. dazu Klein, in: Klein/Pechstein, Das Vertragsrecht internationaler Organisationen, S. 36 ff.
198 Abgedruckt in: Klein/Pechstein, Das Vertragsrecht internationaler Organisationen, S. 40 Fn. 36.
199 Abgedruckt in: YILC 1982 I, S. 252 ff.
200 Vgl. hierzu Hartwig, Die Haftung der Mitgliedstaaten, S. 193 f.

herleiten läßt, so hat dies zur Folge, daß nach der völkerrechtlichen Kodifikation des Vertragsrechts der internationalen Organisationen die Mitgliedstaaten im Verhältnis zu ihrer Organisation als Dritte, und damit wie sonstige Staaten behandelt werden. Eine Verpflichtung der Mitgliedstaaten ist folglich nur nach ausdrücklicher schriftlicher Annahme gem. Art. 35 WVK II möglich. Die Entwicklung des Art. 36 bis WVK II hat zum einen die eigenständige Rechtspersönlichkeit internationaler Organisationen gestärkt und zum anderen klargestellt, daß die organisationsinterne Erfüllung völkerrechtlicher Vertragspflichten internationaler Organisationen keine Frage des Völkerrechts ist. Ebenso wie bei Staaten bleibt dies dem Verfassungsrecht der Organisation überlassen.

Auch der Konventionsentwurf der International Law Commission zur Staatenverantwortlichkeit[201] aus dem Jahre 1980 hilft insoweit nicht weiter, da er die internationalen Organisationen überhaupt nicht erwähnt.

(b) Art. 38 Abs. 1 lit b) und lit c) IGH-Statut

Eine Norm des Völkergewohnheitsrecht, die die Haftung der Mitgliedstaaten einer internationalen Organisation für deren völkerrechtlichen Verpflichtungen vorsieht, existiert ebenfalls nicht. Die meisten Statuten internationaler Organisationen regeln die Frage des Haftungsdurchgriffes überhaupt nicht. Aus den Verträgen, die diese Frage überhaupt ansprechen[202] läßt sich kein Völkergewohnheitsrecht i.S. einer Haftung der Mitgliedstaaten für ihre internationale Organisation herleiten. Denn selbst wenn in einigen dieser Verträge eine Haftung der Mitgliedstaaten ausdrücklich ausgeschlossen ist[203], so kann dies nicht unbedingt als Anerkenntnis einer ansonsten gegebenen Haftung der Mitgliedstaaten angesehen werden. Ebenso kann die Aufnahme einer solchen Vertragsbestimmung Ausdruck einer gewissen Unsicherheit unter den Mitgliedstaaten über die Existenz einer solchen völkerrechtlichen Norm sein und insoweit einfach dem Sicherheitsbedürfnis der Mitgliedstaaten entspringen.[204] Auch der überwiegenden Anzahl von Verträgen, die diese Problematik über-

---

201 Abgedruckt in: ZaöRV Bd. 45 (1985), S. 357 ff.

202 Art. VI des Weltraumvertrages von 1967 (BGBl. Teil II 1969, S. 1969) sieht eine Parallelhaftung von internationalen Organisationen und Mitgliedstaaten vor; Art. XXI des Übereinkommens über die völkerrechtliche Haftung für Schäden für Weltraumgegenstände aus dem Jahre 1972 (BGBl. Teil II 1975, S. 1210) sieht die Subsidiärhaftung der Mitgliedstaaten vor; Art. 16 des Mondvertrages von 1979 (EA Bd. 35 (1980), S. 585) sieht hingegen keine ergänzende Haftung der Mitgliedstaaten für ihre internationalen Organisation vor, führt also letztendlich zur Alleinhaftung der internationalen Organisation (anders hingegen Art. 17 Abs. 3); Art. 139 i.V.m. Art. 6 Anh. IX des Seerechtsübereinkommens aus dem Jahre 1982 (UN-Dokument A/CONF 62/122 vom 7.10.1982) enthält dann erstmals eine ausdrückliche Regelung der Alleinhaftung internationaler Organisationen; zu weiteren Beispielen vgl. ausführlich Hartwig, Die Haftung der Mitgliedstaaten, S. 146 ff.; Amerasinghe, AJIL Bd. 85 (1991), S. 259 (269 ff.).

203 Als Beispiel vgl. die Formulierung im „Agreement Establishing the International Fund for Agricultural Development (IFAD)", abgedr. in: 15 ILM 922 (1976), wo in Art. 3 geregelt ist: „No Member shall be liable, by reason of ist membership, for act or obligations of the Fund."

204 Richter Gibson äußerte sich in einem der Zinnratfälle in gleicher Richtung über die Aufnahme solcher Klauseln: „Such terms are consistent with the acceptance by the states concerned that liability of members would arise if no such terms were included; but they are also, as I think, consistent with a state of uncertainty as to the rules of public international law and with a desire to declare what the states regarded as the consequences in international law of the existence of separate legal personality and of stated limits of member's contributions to the organisation. (...)

haupt nicht regeln, läßt sich nach dem für die Auslegung völkerrechtlicher Verträge maßgebenden übereinstimmenden Willen der Vertragsparteien nicht entnehmen, daß die Mitgliedstaaten neben bzw. subsidiär zur internationalen Organisation haften wollen.[205]

Auch ein allgemeiner Rechtsgrundsatz, daß Staaten gehindert sind, internationale Organisationen mit ausschließlicher Verantwortung in einem bestimmten Aufgabengebiet zu gründen, ist nicht ersichtlich.[206]

(c) Art. 38 Abs. 1 lit d)

Als Erkenntnisquellen könnten daneben die Entscheidungen internationaler Gerichte dienen. Dafür kommt einerseits das Schiedsurteil der Internationalen Handelskammer im Fall Westland Helicopters gegen die Arab Organization for Industrialization[207] sowie die Urteile englischer Gerichte betreffend den Internationalen Zinnrat in Betracht[208]. Während im ersten Fall eine Haftung der vier Mitgliedstaaten der internationalen Organisationen aus dem Treueprinzip bejaht wurde, wurde im zweiten Fall eine Haftung des Vereinigten Königreichs verneint. Beide Gerichte kamen auf der Grundlage, daß das Völkerrecht keine Regel enthalte, zu unterschiedlichen Ergebnissen. Da auch die Lehrmeinungen in bezug auf die Haftungsproblematik weit auseinandergehen[209], sind Insoweit die Hilfsmittel des Art. 38 Abs. 1 lit. d) IGH-Statut erschöpft.

(d) Ergebnis

In Anbetracht der wenigen Satzungen internationaler Organisationen, die die Frage der Haftung der Mitgliedstaaten überhaupt regeln, und unter Berücksichtigung der eher spärlichen völkerrechtlichen Praxis und Rechtsprechung ist es demnach nicht

---

I am unable to accept that the practice shown in these treaties can fairly be regarded as recognition by the states concerned of a rule of international law that absence of a non-liability clause results in direct liability, whether primary or secondary. (...) Nothing is shown of any practice of states as to the acknowledgements or acceptance of direct liability by any states by reason of the absence of an exclusion clause" (3 ALL E.R. 1988 S. 354 f.).

205 Ebenso Amerasinghe, AJIL Bd. 85 (1991), S. 259 (273).

206 Vgl. umfassend dazu Pernice, AVR Bd. 26 (1988), S. 406 (423 ff).

207 Interim Award der Internationalen Handelskammer in dem Schiedsverfahren Westland Helicopters Ltd. v. Arab Organization for Industrialization, United Arab Emirates, Kingdom of Arabia, State of Quatar, Arab Republic of Egypt, Arab British Helicopter Company, ILM 1984, S. 1071 ff.

208 Vgl. als Beispiel nur die Entscheidung des Court of Appeal im Fall: J.H. Rayner (Mincing Lane) Ltd. v. Department of Trade and Industry and others and related actions, 3 All E.R. 1988, S. 257 ff. und die Auffassung des Richters Gibson (ebda. S. 352 f.): „I regard it as contrary to principle, with reference to secondary liability on contracts made by the organisation as a separate entity, to impose direct joint and several liability on the members merely because such liability had not been excluded. Where the contract has been made by the organisation as a separate legal personality, then, in my view, international law would not impose such liability on the members, simply by reasons on their membership, unless on a proper construction of the constituent document, by reference to terms express or implied, that direct secondary liability had been assumed by the members"; zu den weiteren Verfahren betreffend den Zinnrat vgl. aus der großen Anzahl von Veröffentlichungen insbesondere Hartwig, Die Haftung der Mitgliedstaaten, S. 322 ff; aber auch Amerasinghe, AJIL Bd. 85 (1991), S. 259 ff.; Seidl-Hohenveldern, GYIL Bd. 32 (1989), S. 43 ff.

209 Siehe dazu oben S. 38 ff.

möglich, das generelle Haftungsverhältnis von Mitgliedstaaten für die völkerrechtlichen Verpflichtungen der von ihnen gegründeten internationalen Organisation in eine völkergewohnheitsrechtliche Norm zu fassen. Hiergegen spricht auch, daß das Kodifikationsvorhaben in bezug auf die Haftungsproblematik in der Wiener Vertragsrechtskonvention von 1986 gescheitert ist (und zwar gerade mit Hinweis auf die fehlende völkerrechtliche Praxis) und lediglich zur Klarstellung, daß diesbezüglich nichts geklärt sei, Art. 74 Abs. 3 in die WVK II eingefügt wurde.

(2) Die in der Literatur vertretenen Ansichten

(a) Gleichrangige Haftung der Mitgliedstaaten

Von einer Ansicht wird eine Haftung der Mitgliedstaaten neben der der Gemeinschaft befürwortet. Zum Teil wird dies damit begründet, daß Art. 300 Abs. 7 EGV nicht nur gemeinschaftsinterne Wirkung entfalte, sondern eine ausdrückliche Normierung der völkerrechtlichen Verpflichtung sowohl der Gemeinschaftsorgane als auch der Mitgliedstaaten darstelle.[210] Eine andere Ansicht begründet die gleichrangige Haftung aus der Beteiligung der Mitgliedstaaten an der Errichtung der Gemeinschaft und der daraus folgenden Verantwortung für diese.[211] Schermers[212] bejaht indirekt ebenfalls eine gleichrangige Haftung der Mitgliedstaaten für die völkerrechtlichen Verpflichtungen internationaler Organisationen, wenn er die Möglichkeit eines Haftungsausschlusses der Mitgliedstaaten internationaler Organisationen verneint und sagt: „In international law no such provisions (i.e. restricting liability) exist. It is therefore impossible to create international legal persons in such a way as to limit the responsibility of the individual Members."

(b) Subsidiäre Haftung der Mitgliedstaaten

Andere Autoren bejahen zwar die Primärhaftung der internationalen Organisation, sprechen sich aber für die Zulässigkeit eines Rückgriffs auf die Mitgliedstaaten für den Fall aus, daß die Organisation nicht in der Lage ist, den Vertrag zu erfüllen beziehungsweise ihre Finanzausstattung nicht ausreicht, um einen durch eine Vertragsverletzung entstandenen Schaden des Vertragspartners auszugleichen.[213] Grundsätzlich bestünden die Verpflichtungen der Mitgliedstaaten nur gegenüber der internationalen Organisation selbst. Dritte Völkerrechtssubjekte seien dagegen Außenstehende, die direkt keine Rechte aus dem Verhältnis zwischen der internationalen Organisation und deren Mitgliedstaaten herleiten könnten. Aus dem besonderen

---

210 So Weissenberg, Die Kompetenz der EWG zum Abschluß von Handels- und Kooperationsabkommen gem. Art. 113 EWGV, S. 138.

211 Pescatore, RdC Bd. 103 (1961 II), S. 1 (136).

212 Schermers, International Institutional Law, S. 780 § 1395; a.A.: Pernice, AVR Bd. 26 (1988), S. 406 (419), der der Auffassung ist, daß „nicht das Erlaubtsein, sondern das Verbotensein der Befreiung der Mitglieder von der Haftung für Verbindlichkeiten der Organisation gegenüber Dritten nachgewiesen werden (muß)."

213 Ginther, Verantwortlichkeit, S. 191 m.w.N.; Bothe, ZaöRV Bd. 37 (1977), S. 122 (128); Meng, ZaöRV Bd. 45 (1985), S. 324 (338); Hoffmann, NJW 1988, S. 585 (585 ff.); Held, Les accords internationaux, S. 201; restriktiver Tomuschat, in: G/T/E, EU-Kommentar, Rn. 25 zu Art. 210 EGV; zur Haftung der Europäischen Investitionsbank in ihrem Verhältnis zu Staaten, die die Bank und die EG nicht anerkannt haben, vgl. Hilf, Organisationsstruktur, S. 41.

Charakter der Beziehungen zwischen den Mitgliedstaaten und der internationalen Organisation folge aber, daß die Außenverpflichtungen der Organisation auf die Mitgliedstaaten „durchschlagen" und der tragende Gedanke der Verpflichtungsstrukturen zwischen den Mitgliedstaaten und der internationalen Organisation derjenige sei, die Verbindlichkeiten der Organisation gegenüber deren Vertragspartnern zu sichern. Die Ansicht einer subsidiären Haftung der Mitgliedstaaten stützt sich insbesondere auf den Gedanken des Gläubigerschutzes und den Grundsatz, daß sich Völkerrechtssubjekte ihrer Haftung nicht durch Gründung einer internationalen Organisation entziehen können.[214]

Innerhalb dieser Auffassung vertreten Shihata[215] und mittlerweile auch Seidl-Hohenveldern[216] eine vermittelnde Lösung. Nach Shihata ist eine Ermittlung der Haftung der Mitgliedstaaten einer internationalen Organisation für deren Verpflichtungen lediglich wie folgt möglich:

> „All relevant provisions and circumstances must be studied to ascertain what was intended by the parties in this respect and the extent to which their intention was made known to third parties dealing with the enterprise."[217]

Aus der Erkenntnis, daß sich in der Haftungsproblematik von Mitgliedstaaten für die Verpflichtungen der internationalen Organisation noch kein Völkergewohnheitsrecht gebildet hat, ist dieser Ansicht nach zu schließen, daß diese „Lücke" durch die Absicht der Gründungsstaaten der Organisation geschlossen werden kann. Das heißt, daß die Mitgliedstaaten selbst festlegen, in welchem Umfang sie für die Verpflichtungen der internationalen Organisation haften. Um eine Haftungsregelung mit Wirkung gegenüber Dritten zu entfalten, ist es aber zusätzlich erforderlich, daß diese Haftungsregelung dritten Völkerrechtssubjekten zur Kenntnis gebracht wird, wobei innerhalb dieser Ansicht umstritten ist, welche Anforderungen an eine wirksame Anerkennung der Haftungsbeschränkung zu stellen sind.[218] Wenn jedoch keine, wie auch immer geartete, derartige Anerkennung der Haftungsbeschränkung durch die dritten Völkerrechtsobjekte vorliegt, führe dies zur Einstandspflicht der Mitgliedstaaten für die Verpflichtungen der internationalen Organisation.

---

214 Meng, ZaöRV Bd. 45 (1985), S. 324 (339); Seidl-Hohenveldern, ÖZöR Bd. 12 (1961), S. 497 (502 f.); vgl. aber ders., in: GYIL Bd. 32 (1989), S. 43 ff.

215 in: Revue Egyptienne de Droit International Bd. 25 (1969), S. 119 (125).

216 in: GYIL Bd. 32 (1989), S. 43 ff.

217 Shihata, a.a.O., S. 125.

218 Vgl. hierzu einerseits Herdegen, ZaöRV Bd. 47 (1987), S. 537 (549, 554), der die Anerkennung der Haftungsbeschränkung bereits durch die Anerkennung der Völkerrechtspersönlichkeit der internationalen Organisation umfaßt sieht, was zur Folge hat, daß jeder der mit dieser internationalen Organisation einen Vertrag schließt, sich diese Haftungsbeschränkung entgegenhalten lassen muß, auch wenn dieser nicht in der Satzung der Organisation enthalten ist (kritisch dazu: Meng, ZaöRV Bd. 45 (1985), S. 324 (340); sowie andererseits Hoffmann, NJW 1988, S. 585 (587); Ebenroth/Fuhrmann, JZ 1989, S. 211 (219), die jeweils eine ausdrückliche Freizeichnung zwischen der Organisation und den Vertragspartnern verlangen.

(c) Alleinhaftung der internationalen Organisation

Daß internationale Organisationen als Völkerrechtssubjekte für die von ihnen eingegangenen Verpflichtungen haften, wird heute nicht mehr bestritten. Ihre Haftung ist insoweit notwendiges Korrelat ihrer Rechtsfähigkeit.[219] Dies als Ausgangspunkt nehmend, lehnt eine dritte Ansicht selbst eine bloß subsidiäre Haftung der Mitgliedstaaten ab. Sie sieht die Alleinhaftung der internationalen Organisation darin begründet, daß die Anerkennung der Organisation eine von den Mitgliedstaaten unabhängige rechtliche Existenz verleiht, was mit einem Haftungsdurchgriff unvereinbar sei.[220]

(3) Stellungnahme

Im folgenden sollen die zur Haftungsproblematik in der Literatur vertretenen Lösungen daraufhin überprüft werden, ob sie einen sachgerechten Ausgleich bieten zwischen dem Sicherheitsbedürfnis der Vertragspartner der internationalen Organisation nach Einhaltung der vertraglichen Verpflichtungen der Organisation, zwischen der zunehmenden Selbständigkeit der internationalen Organisation im Völkerrechtsverkehr und dem Interesse der Mitgliedstaaten der Organisation, nicht aus deren völkerrechtlichen Verträgen verpflichtet zu werden. Dabei soll für die hier zu beantwortende Haftungsfrage insbesondere der besondere Charakter der Europäischen Gemeinschaft Berücksichtigung finden. Abschließend soll dargestellt werden, ob die bis dahin ermittelten Grundsätze der Haftung von Mitgliedstaaten für die Verpflichtungen ihrer internationalen Organisation auch dann Geltung beanspruchen können, wenn die internationale Organisation bei Abschluß des Vertrages „ultra vires" gehandelt hat.

Die Ansichten, die eine gleichrangige Haftung der Mitgliedstaaten vorsehen, sind in Anbetracht der Anerkennung der internationalen Organisationen als Völkerrechtssubjekte nicht mehr zeitgemäß. Mit der Zuerkennung der eigenen Völkerrechtssubjektivität internationaler Organisationen kann deren Handeln nicht mehr als ein unmittelbar die Haftung auslösendes Handeln der Mitgliedstaaten angesehen werden. Dementsprechend wäre eine Haftung der Mitgliedstaaten nur dann anzunehmen, wenn eine derartige Völkerrechtsnorm dies vorsehen würde. Eine solche völkerrechtliche Norm existiert, wie bereits ausgeführt wurde, jedoch nicht. Auch der Einwand von Schermers, es existiere keine völkerrechtliche Norm der Haftungsbeschränkung der Mitgliedstaaten internationaler Organisationen, so daß eine solche Haftungsbeschränkung der Mitgliedstaaten auch nicht möglich sei, vermag nicht zu überzeugen. Denn hier ist vielmehr genau am anderen Ende anzusetzen. Eine Haftung der Mit-

---

219 EuGH, Rs. C-327/91, Frankreich/Kommission, Slg. 1994, I - 3641 (3674); Meng, ZaöRV Bd. 45 (1985), S. 324 (328 m.w.N.); vgl. auch MacLeod/Hendry/Hyett, The External Relations, S. 124;

220 Herdegen, ZaöRV Bd. 47 (1987), S. 537 (555); Mégret, Le droit de la Communauté, S. 62: „... il faut noter que les auteurs ont choisis le terme „lient" et non pas „engagent" ou un verbe équivalent. En effet, cette disposition ne signifie pas que les Etats membres sont véritables parties aux accords conclus avec les tiers. C'est la Communauté en tant que telle, et elle seule, qui est engagée par ses accords vis-à-vis des tiers co-contractantes"; MacLeod/Hendry/Hyett, The External Relations, S. 127; Tomuschat, in: Hilf/Tomuschat (Hrsg.), EG und Drittstaatsbeziehungen, S. 139 (145); Pernice, AVR Bd. 26 (1988), S. 406, (415 ff); Hartwig, Die Haftung der Mitgliedstaaten, passim, insb. S. 290 ff; Krück, Völkerrechtliche Verträge, S. 127; Conze, Die völkerrechtliche Haftung, S. 70, anders hingegen für sonstige völkerrechtliche Delikte, solange die Notwendigkeit des Rechtsschutzes des Drittstaates dies erfordert, S. 54.

gliedstaaten einer internationalen Organisation für deren Handeln ist wie in jeder Rechtsordnung auch im Völkerrecht nur dann möglich, wenn sich dafür eine Haftungsgrundlage finden läßt.[221]

Den Ansichten, die eine (subsidiäre) Haftung der Mitgliedstaaten befürworten, ist entgegenzuhalten, daß allein das Argument, dem Vertragspartner der internationalen Organisation die Durchsetzung seiner Ansprüche zu sichern, als völkerrechtliche Haftungsgrundlage der Mitgliedstaaten nicht ausreicht. Es ist diesen Ansichten zwar zuzugeben, daß sich die Mitgliedstaaten durch die Errichtung der internationalen Organisation nicht von ihren Pflichten gegenüber Dritten befreien können. Denn dann wäre es Staaten möglich, eine internationale Organisation zu gründen und diese mit der Durchführung (finanziell) risikoreicher Aufgaben zu betrauen, die Organisation gleichzeitig aber nicht mit ausreichenden Finanzmitteln auszustatten, so daß diese von Anfang außerstande wäre, u.U. entstehenden Schaden aus eigenen Mitteln zu bereinigen. Doch kann dies von vornherein nur für solche internationale Organisationen gelten, die eine stark wirtschaftliche Zweckausrichtung haben. Daneben unterstellt diese Auffassung den Staaten pauschal, daß diese sich durch die Gründung der internationalen Organisation ihrer Haftung entziehen wollen. Diese Ansicht wird der inzwischen erlangten völkerrechtlichen Stellung internationaler Organisationen nicht gerecht.[222] Es ist wenig konsequent, einerseits die Völkerrechtsfähigkeit der internationalen Organisationen zu bejahen, andererseits aber den von ihr geschlossenen völkerrechtlichen Verträgen bindende Wirkung für die Mitgliedstaaten zuzuerkennen. Internationalen Organisationen wie die Vereinten Nationen und auch die Europäische Gemeinschaft besitzen ihre Völkerrechtssubjektivität aber nicht, damit ihre Mitgliedstaaten sich irgendeiner Haftung entziehen können, sondern zur Verfolgung von Zielen, die die Staaten alleine gerade nicht erreichen können.[223] Folglich kann eine generelle subsidiäre Haftung der Mitgliedstaaten für die internationale Organisation allein wegen der Gefahr des Haftungsentzuges der Mitgliedstaaten nicht bejaht werden. Eine solche Annahme geht an der politischen Realität vorbei.

Bei der Lösung der Haftungsproblematik darf insoweit nicht nur einseitig auf den Vertrauensschutz des Vertragspartners der internationalen Organisation geschaut werden. Denn dieses Argument kann vergleichsweise schnell seine Gültigkeit verlieren, wenn allgemein anerkannt wird, daß Mitgliedstaaten nicht für die Verpflichtungen der von ihnen gegründeten internationalen Organisation eintreten müssen. Denn dann sind auch die Vertragspartner der internationalen Organisation grundsätzlich nicht mehr schutzwürdig. Solange es eine derartige Völkergewohnheitsrechtsnorm (noch) nicht gibt, kann man zu dem gleichen Ergebnis auch dadurch gelangen, daß man

---

221 Dies ist die Folge daraus, daß, wie Verdross/Simma, Universelles Völkerrecht, S. 388 § 607, feststellen, alle Ansprüche zurückzuweisen sind, „die keine Stütze im Vertragsrecht oder im Völkergewohnheitsrecht finden, weil eine (...) Vermutung immer für die Freiheit von Staaten spricht"; ebenso: Pernice, AVR Bd. 26 (1988), S. 406 (419).

222 So auch Müller, NJW 1991, S. 2175 (2180).

223 Für die UN ebenso: Seyersted, IJIL 1964, S. 233 (247).

den Vertragspartnern internationaler Organisationen zumutet, sich über das Verhältnis der internationalen Organisation und die Organisationsstruktur zu informieren.[224]

Gleichzeitig würde die Bejahung einer (subsidiären) Haftung der Mitgliedstaaten für die Verpflichtungen der internationalen Organisation dazu führen, daß die erworbene Selbständigkeit der internationalen Organisationen als Akteur auf dem internationalen Parkett auf Dauer gefährdet würde. Denn wie die Erfahrungen der letzten Jahre gezeigt haben, ziehen Mitgliedstaaten internationaler Organisationen durchaus die finanzielle „Notbremse" und kommen ihren Beitragspflichten nicht mehr nach, wenn die Arbeit der Organisation den (politischen) Erwartungen nicht entspricht. Wenn dieselben Mitgliedstaaten nun anteilsmäßig die gesamten Schulden der internationalen Organisation zu tragen hätten, steht zu befürchten, daß die Mitgliedstaaten zukünftig alle finanziell relevanten Entscheidungen und Beschlüsse der internationalen Organisation zuvor von ihrer Zustimmung abhängig machen würden.

Hinsichtlich der Europäischen Gemeinschaft kommt noch ein weiterer Aspekt hinzu. Bei dem Vertragsschluß mit der Gemeinschaft stellt sich die Problematik insoweit nicht, als der Drittstaat beim und durch den Vertragsschluß mit der Gemeinschaft konkludent zu erkennen gibt, daß er sie für eine gefestigte Völkerrechtspersönlichkeit hält, die für ihre Vertragspflichten selbst einstehen kann.

Somit kann man völkerrechtliche Verträge der Europäischen Gemeinschaft als selbständiger Rechtsperson nur dieser selbst zurechnen und nur sie selbst für die Verpflichtungen aus dem Vertrag haftbar machen. Das Hauptargument für eine subsidiäre Haftung der Mitgliedstaaten, dem Vertragspartner neben der unter Umständen nicht ausreichend finanzkräftigen Gemeinschaft die vermeintlich finanzkräftigeren Mitgliedstaaten als zusätzliche Schuldner zur Seite zu stellen, wird der Entwicklung der internationalen Organisationen im Völkerrechtsverkehr und insbesondere der Europäischen Gemeinschaft nicht mehr gerecht. Das Bedürfnis für eine solche zusätzliche Haftung, das früher einmal bestanden haben mag, als die EGKS die einzige der Europäischen Gemeinschaften mit eigenen Einnahmen war, ist heute in Anbetracht der Eigenfinanzierung auch der Europäischen Gemeinschaft nicht mehr gegeben.

Es bleibt daher festzuhalten, daß aus reinen Gemeinschaftsverträgen allein die Gemeinschaft verpflichtet ist, nicht hingegen die Mitgliedstaaten.
Man könnte jedoch erwägen, ob im Einzelfall etwas anderes dann zu gelten hat, wenn konkrete Anhaltspunkte dafür bestehen, daß Hauptgrund für die Staaten bei der Gründung der internationalen Organisation die „Flucht aus der Haftung" gewesen ist.[225] In einem solchen Fall erscheint eine Haftung der Mitgliedstaaten für die internationale Organisation zwar sachgerecht, wenn auch immer noch rechtsdogmatisch fragwürdig. Eine derartige fragwürdige Konstruktion ist jedoch gar nicht nötig. Denn bei einem derartigen Verhalten der Mitgliedstaaten verletzen diese selbst durch ihre

---

224 Ebenso Müller, NJW 1991, S. 2175 (2180); restriktiver Hoffmann, NJW 1988, S. 585 (587), der dem Vertragspartner der internationalen Organisation nicht zumuten will, im Falle einer nur „vagen" Haftungsbeschränkung den Gründungsvertrag einer „mühsamen" Interpretation zu unterziehen, sondern eine Haftungsbeschränkung nur dann als dem Vertragspartner gegenüber wirksam anerkennt, wenn diese „evident" ist.

225 So auch Pernice, AVR Bd. 26 (1988), S. 406 (419 f. mit Beispiel in Fn. 63).

eigene Handlung das Völkerrecht.[226] Letztendlich kann dies jedoch hier dahinstehen, da eine solche Absicht bei der Gründung der Europäischen Gemeinschaft jedenfalls nicht vorhanden gewesen war, so daß im Rahmen dieser Arbeit nicht näher auf diese Möglichkeit einzugehen ist.[227]

Fraglich ist jedoch, ob die Tatsache des kompetenzwidrigen Abschlusses an dem generellen Ergebnis, daß die Mitgliedstaaten der Europäischen Gemeinschaft nicht für die Verpflichtungen aus den völkerrechtlichen Verträgen der Gemeinschaft haften, etwas zu ändern vermag. Man könnte sich auf den Standpunkt stellen, daß die Mitgliedstaaten der Gemeinschaft durch ihre Zustimmung im Rat beziehungsweise ihre Untätigkeit beim Vertragsschluß den Abschluß des „ultra vires"-Vertrages der Gemeinschaft erst ermöglicht haben. Aus dieser Kontrolle der Mitgliedstaaten über die internationale Organisation schließen manche Stimmen in der Literatur auf eine Einstandspflicht der Mitgliedstaaten für die Erfüllung der geschlossenen Verträge bzw. der Haftung für die Nichterfüllung derselben.[228] Doch auch dieses Verschulden kann allenfalls dazu führen, daß im Innenverhältnis der Gemeinschaft den Mitgliedstaaten die Pflicht erwächst, der Gemeinschaft die Durchführung des Vertrages zu ermöglichen. Im völkerrechtlichen Außenverhältnis zum Vertragspartner besteht jedoch keine Bindung der Mitgliedstaaten.[229] Dies wird insbesondere dann nachvollziehbar, wenn man bedenkt, daß Entscheidungen häufig auch durch Mehrheitsentscheidungen in den beschließenden Organen gefällt werden. Auch solchen Staaten, die bei der Entscheidung gegen den Abschluß des Vertrages gestimmt haben aber der Mehrheit der Mitgliedstaaten unterlegen sind, insoweit auch noch eine Haftung für die Verpflichtungen aus diesem Vertrag der Gemeinschaft anzulasten, erscheint nicht sachgerecht. In einem solchen Fall kann jedenfalls nicht davon gesprochen werden, daß der einzelne Staat eine Kontrolle über die Gemeinschaft ausgeübt hat. Vielmehr erfolgt die Kontrolle der Gemeinschaft hier durch die Gesamtheit der Mitgliedstaaten in ihrer jeweiligen Mehrheit. Dies macht deutlich, daß der Wille einer internationalen Organisation sich von dem Willen ihrer Mitgliedstaaten unterscheidet. Jedenfalls bei Mehrheitsentscheidungen fehlt es danach an der die Haftung begründenden Kausalität zwischen der Einwirkung des einzelnen Mitgliedstaats und der Verhalten der Gemeinschaft, auf die Einfluß genommen werden soll. Etwas anderes kann allenfalls in solchen Fällen gelten, in denen einem oder allen Mitgliedstaaten ein Vetorecht zukommt, weil dann ein bestimmter Handlungserfolg hätte vermieden werden können.

Dementsprechend kann die mitgliedstaatliche Kontrolle eines Organs einer internationalen Organisation, das dem Mehrheitsprinzip unterliegt, nicht zur Haftung der Mitgliedstaaten führen.

Als weiterer Gesichtspunkt ist zu erwägen, daß die sekundäre Haftung der Mitgliedstaaten für die vertraglichen Verpflichtungen häufig insbesondere damit begründet

---

226 Pernice, ebda, S. 419.

227 Zu diesem Ansatz siehe Hartwig, Die Haftung der Mitgliedstaaten, S. 296 f.

228 Vgl. Meng, ZaöRV Bd. 45 (1985), S. 324 (333); vorsichtiger Herdegen, ZaöRV Bd. 47 (1987), S. 537 (551), der aus der Kontrollmöglichkeit der Mitgliedstaaten folgert, daß diese nicht völlig frei sind von der Verantwortlichkeit für das Verhalten der internationalen Organisation.

229 So auch Pernice, AVR Bd. 26 (1988), S. 406 (420); Krück, Völkerrechtliche Verträge, S. 151.

wird, daß es den Mitgliedstaaten verwehrt bleiben muß, sich durch die Schaffung der internationalen Organisation ihrer Haftung zu entziehen und sich hinter der Gemeinschaft zu „verstecken“. Von einem solchen Verhalten der Mitgliedstaaten kann jedoch bei einem kompetenzüberschreitenden Vertragsabschluß der Gemeinschaft gerade nicht gesprochen werden, da sich die Gemeinschaft dabei ja gerade über den im Gründungsvertrag zum Ausdruck gekommenen Willen der Mitgliedstaaten hinwegsetzt, ihr in diesem Sachbereich keine Kompetenz zu verleihen. Dieses Hinwegsetzen über den Willen zeigt ja gerade, daß die Gemeinschaft nicht unter der Kontrolle der Mitgliedstaaten agiert hat. Denn wenn die Mitgliedstaaten gewußt hätten, daß die Gemeinschaft durch den Vertragsabschluß Kompetenzen wahrnimmt, die ihr nicht übertragen wurden, hätten sie den alleinigen Vertragsschluß nicht gebilligt und vielmehr auf den Abschluß eines gemischten Vertrages unter ihrer Beteiligung gedrungen.

Gleichzeitig ist für die alleinige Haftung der internationalen Organisation das Argument anzuführen, daß diese die Kehrseite der oben dargestellten völkerrechtlichen Gültigkeit ihrer Verträge darstellt. Wenn diese Verträge, abgesehen von der seltenen Ausnahme der Überschreitung der Aufgaben und Ziele der internationalen Organisation sowie einer sonstigen offensichtlichen Kompetenzverletzung, auch dann ihre Gültigkeit bewahren, wenn die Gemeinschaft in Kompetenzbereichen völkerrechtliche Abkommen schließt, die nach der gemeinschaftsinternen Kompetenzverteilung den Mitgliedstaaten vorbehalten sind, so hat sie dafür auch die Konsequenz in haftungsrechtlicher Hinsicht zu tragen. Denn es ist den Mitgliedstaaten nicht zuzumuten, daß sie für von der Organisation eingegangene kompetenzwidrige völkerrechtliche Verpflichtungen auch noch haftungsrechtlich verantwortlich gemacht werden sollen. Insoweit folgt aus der völkerrechtlichen Gültigkeit solcher Verträge andererseits auch die alleinige Haftung der internationalen Organisation für die Verpflichtungen aus denselben.[230] Hieraus folgt andererseits auch, daß wenn die Gemeinschaft danach bei Abschluß des Vertrages in Kompetenzbereichen tätig geworden ist, die außerhalb ihrer Aufgaben und Ziele liegen, auf Grund der Ungültigkeit solcher Verträge auch die vertragliche Haftung entfällt.[231]

Zur Unterstützung der hier vertretenen Auffassung können auch die von der Mehrheit abweichenden Äußerungen einiger der unterlegenen IGH-Richter in der „Certain Expenses“ Entscheidung des IGH[232] herangezogen werden. Während die überwiegende Mehrheit der Richter in dem Gutachten zu dem Ergebnis kommt, daß die Mitgliedstaaten der Vereinten Nationen alle Ausgaben der Organisation zu tragen ha-

---

230 A.A.: Herdegen, ZaöRV Bd. 47 (1987), S. 537 (551): Im Verhältnis der Mitgliedstaaten zu Drittstaaten, welche die internationale Organisation anerkannt haben, muß der Grundsatz gelten, daß sich die Mitgliedstaaten durch die Zwischenschaltung einer Einheit mit Völkerrechtssubjektivität zur Verfolgung gemeinsamer Zwecksetzungen einer völkerrechtlichen Haftung nicht völlig entziehen können, welche sich im Hinblick auf ihre Mitwirkung und Kontrolle auf allgemeine Zurechnungskriterien zurückführen läßt. Dieser Grundsatz wird sich auch auf ein Handeln der internationalen Organisation anwenden lassen, welches nicht mehr von den vertraglich fixierten Funktionen und Zwecksetzungen gedeckt ist und sich als „ultra vires“ qualifizieren läßt, soweit es die Mitgliedstaaten schuldhaft versäumt haben, im Rahmen ihrer Kontrollmöglichkeiten ein solches Verhalten zu verhindern.[230]

231 Die nichtvertragliche Haftung der Gemeinschaft soll in dieser Arbeit außer Betracht bleiben.

232 ICJ Reports 1962, S. 159 ff.

ben, solange sich diese nur im Rahmen des Aufgabenbereichs der Vereinten Nationen bewegen, kritisierten einige Richter in Sonder- bzw. abweichenden Voten insbesondere die Argumentation des IGH zur Frage der Zahlungsverpflichtung der Mitgliedstaaten trotz eines Verstoßes gegen die Satzung der Organisation. So kritisierte der Richter Moreno Quintana in seiner opinion:

> „(...) if all the Member States of the United Nations were obliged to bear burdens over and above the responsibility to which they had committed themselves, then the financial power of the Organization would be substituted for the national powers of each of its Members."[233]

Auch Richter Fitzmaurice wies darauf hin, daß seines Erachtens nach aus rechtswidrigen Akten der Organe der Vereinten Nationen nicht unbedingt eine Zahlungsverpflichtung der Mitgliedstaaten folge, denn es gelte, hierbei die Kompetenzvorschriften einzuhalten.[234] Auch in der Literatur wurde das Gutachten des IGH kritisiert. So ist Tomuschat der Ansicht, daß nur rechtmäßige Handlungen der internationalen Organisationen zu Zahlungsverpflichtungen der Mitgliedstaaten führen.[235] Gemeinsam ist diesen Ansichten, daß sie eine Verpflichtung der Mitgliedstaaten nur für den Fall bejahen, daß das Handeln der internationalen Organisation in dem Gründungsvertrag ihre Grundlage findet. Übertragen auf die Problematik von kompetenzwidrig abgeschlossenen völkerrechtlichen Verträgen der Gemeinschaft führt dies dazu, daß die Mitgliedstaaten diesen Ansichten zufolge auch dann nicht für die völkerrechtlichen Verpflichtungen der Gemeinschaft haften, wenn diese durch den Vertragsabschluß ihre Kompetenzen überschreitet.

(4) Zwischenergebnis

Als Ergebnis ist festzuhalten, daß aus reinen Gemeinschaftsabkommen der Europäischen Gemeinschaft lediglich die Gemeinschaft verpflichtet ist, auch wenn diese Abkommen unter Verstoß gegen die Kompetenzordnung des Gemeinschaftsrechts zustande gekommen sind. Eine Durchgriffshaftung der Mitgliedstaaten auch in Form der subsidiären Haftung ist abzulehnen. Wenn die Gemeinschaft bei Abschluß des Vertrages außerhalb ihrer Aufgaben und Ziele handelt oder sonst offensichtlich ihre Kompetenzen verletzt, ergibt sich ebenfalls keine vertragliche Haftung der Mitgliedstaaten, da ein derartiger Vertrag völkerrechtlich ungültig ist und dementsprechend keine völkervertragsrechtliche Haftung der Mitgliedstaaten auslösen kann.

2. Gemischte Verträge

Der sog. gemischte Vertrag (accord mixte) hat insbesondere im Bereich der gemeinschaftlichen Handelspolitik und der Assoziierung in den letzten Jahrzehnten zunehmend an Bedeutung gewonnen.[236]

---

233 ICJ Reports 1962, S. 248.
234 ICJ Reports 1962, S. 200.
235 Tomuschat, in: FS Mann, S. 439 (449 f.).
236 Vgl. in letzter Zeit nur EuGH, Gutachten Nr. 1/94, Slg. 1994, I-5267 ff.

Häufigster Grund für den Abschluß eines gemischten Vertrages ist der, daß das geplante Abkommen Sachbereiche regelt, die teilweise in die Zuständigkeit der Gemeinschaft, teilweise in die der Mitgliedsstaaten fallen.[237] Oft ist eine scharfe Trennung zwischen den jeweiligen Kompetenzbereichen der Gemeinschaft und der Mitgliedstaaten nicht möglich, so daß bestehende Unsicherheiten nur durch ein Gutachten des EuGH gemäß Art. 300 Abs. 6 EGV ausgeräumt werden können. Um dieses (zeit-) aufwendige Verfahren zu vermeiden, bedienen sich die Gemeinschaft und die Mitgliedstaaten des gemischten Vertrages als Kompromißlösung.[238]

Der gemischte Vertrag wirft jedoch auch erhebliche Fragen auf. Zur Beurteilung der Gültigkeit des gemischten Vertrages und der Haftung muß unterschieden werden zwischen gemischten Verträgen, die eine Verteilung der Bindungswirkung vornehmen, und solchen, bei denen dies nicht der Fall ist.

a) Gemischte Verträge mit Verteilung der Bindungswirkung

Es bestehen zwei Möglichkeiten, eine solche Verteilung der Bindungswirkung von gemischten Verträgen vorzunehmen.

Zum einen kann eine Bindungsverteilung durch die Aufnahme von sog. Trennungsklauseln geschehen. Unter einer Trennungsklausel ist eine Bestimmung zu verstehen, aus der sich ergibt, ob die Mitgliedstaaten, die gesamte Gemeinschaftsgruppe oder die Gemeinschaft jeweils Berechtigte oder Verpflichtete der einzelnen Vertragsbestimmungen sein soll.[239] Eine solche Trennungsklausel befindet sich zum Beispiel im Annex IX der Seerechtskonvention der Vereinten Nationen.[240] Mit dem Beitritt einer internationalen Organisation muß gem. Art. 5 Abs. 1 Annex IX erklärt werden, inwieweit in den Bereichen, die die Konvention regelt, von den Mitgliedstaaten Kompetenzen auf die Internationale Organisation übertragen worden sind. Ändert sich die Kompetenzverteilung innerhalb der internationalen Organisation, so muß dies dem Depositar gem. Art. 5 Abs. 2 Annex IX mitgeteilt werden. Gem. Art. 6 Abs. 1 Annex IX sind die Internationalen Organisationen und die Mitgliedstaaten je nach ihren mitgeteilten Kompetenzen an die Konvention gebunden. Trennungsklauseln in anderen gemischten Verträgen[241] sehen keine der Seerechtskonvention vergleichbare klare Bindungsverteilung vor. Die Trennungsklauseln sind jeweils in der Schlußakte zu den Abkommen als Auslegungsregel zu dem Begriff "Vertragsparteien" enthalten. Danach ist unter dem Begriff "Vertragsparteien" zum einen die Gemeinschaft und die Mitgliedstaaten oder nur die Mitgliedstaaten beziehungsweise nur die Gemeinschaft und zum anderen der jeweilige Vertragspartner bezeichnet. Der jeweilige Sinn dieses Begriffs ist den betreffenden Bestimmungen des Abkom-

---

237 Bleckmann, Der gemischte Vertrag im Europarecht, EuR 1976, S. 301 (303); Vedder, Die auswärtige Gewalt, S. 224; Beispiele bei Arnold, AVR Bd. 19 (1980/81), S. 419 (420); zu anderen Typen gemischter Verträge vgl. Dauses, in: Ress (Hrsg.), Souveränitätsverständnis, S. 171 (186 f.).

238 Ehlermann, in: O'Keeffe/Schermers (Hrsg.), Mixed Agreements, S. 1 (8); Groux/Manin, Die Europäische Gemeinschaft in der Völkerrechtsordnung, S. 61.

239 Stein, Der gemischte Vertrag, S. 94.

240 UN-Dokument A/CONF 62/122 vom 7.10.1982.

241 Vgl. nur: Kooperationsabkommen mit dem ehemaligen Jugoslawien, ABl. Nr. L 41 vom 14.2.1983, S. 2 ff.

mens sowie den entsprechenden Bestimmungen des EG-Vertrages zu entnehmen. Bei diesen Abkommen wirkt demnach die gemeinschaftsinterne Zuständigkeitsverteilung auch im Außenbereich.[242]

Die zweite Möglichkeit der Aufteilung der Bindungswirkung besteht darin, durch konkrete Benennung im Wortlaut des gemischten Vertrages klarzustellen, wer an die jeweilige Bestimmung gebunden ist. Bei dieser Variante der Bindungswirkungsaufteilung wird im Abkommenstext zwischen der Gemeinschaft und den Mitgliedstaaten unterschieden.[243] Ein Beispiel für diese Variante der Aufteilung der Bindungswirkung eines gemischten Vertrages findet sich beispielsweise im zweiten AKP-EWG-Abkommen (Lomé II).[244] Schon in der Eingangsformel des Abkommens wird zwischen der Gemeinschaft und den Mitgliedstaaten unterschieden. Diese Unterscheidung wird auch im Abkommenstext weitgehend eingehalten.[245] Jedoch ist diese Trennung im Abkommen nicht durchgängig verwirklicht worden. So sprechen zum Beispiel Art. 10 und 16 des 1. Kapitels ("Handelsregelungen") von den "Vertragsparteien". Insoweit unterscheidet sich dieses Abkommen nicht von den gemischten Verträgen, die keine Aufteilung der Bindungswirkung vornehmen, so daß auf diese Teile des Abkommens die Regeln der Verträge ohne Bindungsverteilung anzuwenden sind.[246] Auch bei anderen Abkommen wird in einzelnen Bestimmungen zwischen dem Berechtigten und dem Verpflichteten unterschieden. Als Beispiel sei hier nur das Zusatzprotokoll zum Assoziierungsabkommen mit der Türkei angeführt.[247] Jedoch wirkt der Statik der Bindungsverteilung im Zusatzprotokoll die im Assoziierungsabkommen[248] enthaltene Trennungsklausel entgegen, die auch für das Zusatzabkommen gilt, da das Zusatzprotokoll Bestandteil des Assoziierungsabkommens ist.

aa) "ultra vires"-Handeln der Gemeinschaft

Bei den gemischten Abkommen, die eine Verteilung der Bindungswirkung vornehmen, ist zur Bestimmung eines "ultra vires"-Handelns der Gemeinschaft zu unterscheiden zwischen der Aufteilung der Bindungswirkung durch den Wortlaut und der Aufteilung der Bindungsklausel durch eine Trennungsklausel.

Bei einer Trennung durch den Wortlaut kann ein "ultra vires"-Handeln der Gemeinschaft nur dann vorliegen, wenn die Gemeinschaft in den Sachbereichen, in denen sie nach dem Wortlaut des Vertrages ausdrücklich als zuständig und gebunden genannt wird, innergemeinschaftlich tatsächlich keine Kompetenz besitzt.

Bei der Aufteilung der Bindungswirkung durch eine Trennungsklausel ist ein "ultra vires"-Handeln der Gemeinschaft von der jeweiligen Ausgestaltung der Trennungs-

---

242 Arnold, AVR Bd. 19 (1981), S. 419 (450) lehnt diese sog. dynamischen Trennungsklauseln als unzulässig ab.
243 Vgl. Tomuschat, in: O'Keeffe/Schermers (Hrsg.), Mixed Agreements, S. 125 (128).
244 Abgedruckt in: ABl. Nr. L 347 vom 22.12.1980, S. 2 ff.; BGBl. II 1980, S. 966 ff.
245 Balekjian, in: O'Keeffe/Schermers (Hrsg.), Mixed Agreements, S. 141 (146 f.).
246 So auch Stein, Der gemischte Vertrag, S. 103.
247 Abgedruckt in: ABl. Nr. L 293 vom 29.12.1972, S. 4 ff.
248 Abgedruckt in: ABl. 217 vom 29.12.1964, S. 3687 ff.

klausel abhängig. Lediglich bei einer Festschreibung der jeweiligen Kompetenzaufteilung wie in der Erklärung über die Befugnisse der Europäischen Gemeinschaft in den Regelungsbereichen des Seerechtsübereinkommens[249] kann eine Divergenz zwischen vertraglicher Bindung der Gemeinschaft und innergemeinschaftlicher Kompetenzverteilung überhaupt auftreten.

Bei Trennungsklauseln, die auf die Bestimmungen des EG-Vertrages verweisen, kann dagegen eine solche Divergenz gar nicht auftreten, da die Gemeinschaft und die Mitgliedstaaten nur entsprechend ihrer durch den EG-Vertrag gemeinschaftsrechtlich bestimmten tatsächlichen Zuständigkeit an den völkerrechtlichen Vertrag gebunden werden.[250]

bb) Völkerrechtliche Gültigkeit

Die Gültigkeit von kompetenzwidrigen gemischten Verträgen die eine Aufteilung der Bindungswirkung vornehmen, bestimmt sich wie die Gültigkeit reiner Gemeinschaftsabkommen mit der vorzugswürdigen Evidenztheorie danach, ob die Kompetenzverletzung durch die Gemeinschaft offensichtlich ist und eine Norm von grundlegender Bedeutung betrifft.

Bei dieser Art von gemischten Verträgen begründet sich das Vertrauen des Vertragspartners auf zwei Komponenten. Zum einen muß er sich in Anbetracht der komplexen Grenzziehung der Kompetenzverteilung zwischen Gemeinschaft und Mitgliedstaaten darauf verlassen dürfen, daß der jeweils Berechtigte und Verpflichtete auch tatsächlich aufgrund des Gemeinschaftsvertrages zum Handeln befugt ist. Zum anderen ist sein Vertrauen gegenüber einem reinen Gemeinschaftsabkommen noch dadurch verstärkt, daß in dem Vertrag durch die Trennungsklausel oder durch den Wortlaut des Abkommens selbst die Berechtigung beziehungsweise Verpflichtung der Gemeinschaft oder der Mitgliedstaaten ausdrücklich aufgeteilt ist. Wenn in einem solchen gemischten Vertrag die gemeinschaftsinterne Kompetenzverteilung mit der vertraglichen Bindungsaufteilung nicht übereinstimmt, so kann diese Kompetenzlosigkeit der Gemeinschaft niemals offenkundig sein.

Damit können entsprechend Art. 46 WVK II weder die Gemeinschaft noch die Mitgliedstaaten diesen Kompetenzmangel der völkerrechtlichen Gültigkeit des Vertrages entgegenhalten.

Somit sind die gemischten Verträge, die eine Verteilung der Bindungswirkung vornehmen, als völkerrechtlich gültig anzusehen. Etwas anderes kann auch hier nur dann gelten, wenn die Gemeinschaft in Vertragsbestimmungen verpflichtet wird, die einen Kompetenzbereich regeln, der sich außerhalb der Aufgaben und Ziele der Gemeinschaft befindet.

---

249 Abgedruckt in: Bull. EG 12/84, S. 119, Ziff. 3.4.1.

250 Arnold, AVR Bd. 19 (1980/81), S. 419 (451 ff.) lehnt eine solche Interpretation der Trennungsklausel als unzulässig ab.

cc) Völkerrechtliche Haftung

Nach dem Völkervertragsrecht sind grundsätzlich alle Parteien eines Vertrages an den gesamten Vertragsinhalt gebunden, sofern nichts anderes zwischen ihnen vereinbart wurde.[251] Denn der EG-Vertrag mit seiner Kompetenzverteilung sowie der Bindung auch der Mitgliedstaaten an die von der Gemeinschaft geschlossenen völkerrechtlichen Verträge gem. Art. 300 EGV ist für andere Völkerrechtssubjekte eine res inter alios acta und entfaltet dementsprechend diesen gegenüber keine Wirkung.[252] Eine solche Vereinbarung ist jedoch bei gemischten Verträgen der Gemeinschaft die eine Verteilung der Bindungswirkung vornehmen gerade getroffen worden.[253] Völkerrechtlich verpflichtet ist danach bei gemischten Verträgen die eine Aufteilung der Bindungswirkung enthalten grundsätzlich immer nur derjenige Teil der Gemeinschaftsgruppe, der aus der Trennungsklausel oder aus dem Wortlaut des Vertrages als Verantwortlicher hervorgeht.[254] Es liegen insofern im Grunde "getrennte" Abkommen der Gemeinschaft und der Mitgliedstaaten mit dem Vertragspartner vor, die in einem Vertrag zusammengefaßt sind.[255] Hinsichtlich eines solchen gemischten Vertrages existiert damit keine gemeinsame völkerrechtliche Bindung der Gemeinschaft und der Mitgliedstaaten. Lediglich Bleckmann[256] verneint auch bei gemischten Verträgen, die eine Trennungsklausel oder im Wortlaut eine Differenzierung zwischen der Gemeinschaft und den Mitgliedstaaten enthalten, die Aufteilung der Bindungswirkung und befürwortet eine gemeinsame Haftung bezüglich des gesamten Vertragsinhalts. Er begründet seine Ansicht damit, daß der Drittstaat ein berechtigtes Interesse an der Kooperation zwischen der Gemeinschaft und ihren Mitgliedstaaten bei der Durchführung des Vertrages habe.[257] Dieser Ansicht steht bereits der Wortlaut solcher Verträge bzw. der Trennungsklausel entgegen. Auch ist nicht erkennbar, daß der Drittstaat einer speziellen vertraglichen Kooperationspflicht bei der Durchführung des Vertrages bedarf. Denn aus Art. 10 EGV ergibt sich bereits gemeinschaftsrechtlich eine Pflicht zur Kooperation zwischen der Gemeinschaft und den Mitgliedstaaten, so daß das berechtigte Schutzbedürfnis des Drittstaats dadurch ausreichend gesichert erscheint.

Auch eine subsidiäre völkerrechtliche Haftung der Mitgliedstaaten für den die Gemeinschaft verpflichtenden Vertragsteil ist, wie oben bei den reinen Gemeinschaftsabkommen dargestellt, abzulehnen.[258] Die Gemeinschaft haftet demnach grundsätzlich auch hier alleine für die sie betreffenden Vertragsbestimmungen.

Danach ist die getrennte Haftung von Gemeinschaft und Mitgliedstaaten unproblematisch, wenn die Verteilung der Bindungswirkung in der Trennungsklausel oder im

---

251 Krück, Völkerrechtliche Verträge, S. 141; Arnold, AVR Bd. 19 (1980/81), S. 419 (421); Vedder, Die auswärtige Gewalt, S. 51 f.

252 Tomuschat, in: O'Keeffe/Schermers (Hrsg.), Mixed Agreements, S. 125 (129), Bleckmann, in: O'Keeffe/Schermers (Hrsg.), Mixed Agreements, S. 155 (160).

253 Ebenso Dauses, in: Ress (Hrsg.), Souveränitätsverständnis, S. 171 (188 f.).

254 Gaja, in: O'Keeffe/Schermers (Hrsg.), Mixed Agreements, S. 133 (137); Tomuschat, in: O'Keeffe/Schermers (Hrsg.), Mixed Agreements, S. 125 (127 f.); Groux/Manin, Die Europäische Gemeinschaft in der Völkerrechtsordnung, S. 150.

255 Streinz, Europarecht, S. 121 Rn. 429.

256 Bleckmann, in: O'Keeffe/Schermers (Hrsg.), Mixed Agreements, S. 155 (160 f.).

257 Ebda., S. 161.

258 Vgl. dazu oben S. 45 ff.

Wortlaut des Abkommens mit der Verteilung der Vertragsschlußkompetenzen im EG-Vertrag übereinstimmt. Divergieren hingegen Bindungswirkung und Abschlußkompetenz, so ist fraglich, ob diese Tatsache an der grundsätzlich festgestellten getrennten Haftung von Gemeinschaft und Mitgliedstaaten etwas zu ändern vermag.

Zu berücksichtigen ist dabei, daß trotz der Aufteilung der Bindungswirkung nur die Gemeinschaft oder die Mitgliedstaaten für eine Materie des Vertrages zuständig sein können. Gemeinschaftsrechtlich kann nur einer von beiden Erfüllungspartner des Vertragspartners sein. Die gemeinschaftsrechtliche Kompetenzverteilung, die dem Vertragspartner zwar nicht in ihrer exakten inhaltlichen Ausgestaltung, jedoch in ihrer abstrakten Existenz bekannt ist, kann in bezug auf die völkerrechtliche Bindungswirkung nicht auf die Völkerrechtsebene gehoben werden. in diesem Sinne hat schon der EuGH in seinem Gutachten 1/78 für das Recht der EAG festgestellt:

> "Es genügt den anderen Vertragspartnern gegenüber festzustellen, daß in der Materie die Zuständigkeiten innerhalb der Gemeinschaft verteilt sind, wobei die genaue Beschaffenheit dieser Verteilung eine interne Frage ist, in die sich die dritten Länder nicht einzumischen haben."[259]

Gleichwohl will der Gerichtshof damit jedoch nicht die Zuständigkeitsverteilung zwischen der Gemeinschaft und Mitgliedstaaten an sich auf den internen Raum des Gemeinschaftsrechts beschränken, sondern lediglich die konkrete Ausgestaltung dieser Verteilung. Folglich sollen mit der Aufteilung der Bindungswirkung Streitigkeiten zwischen der Gemeinschaftsgruppe und dem Vertragspartner über die "Person" des Erfüllungspartners vermieden werden. Mit der Billigung der Trennungsklauseln bzw. der Aufteilung durch den Wortlaut bringt der Vertragspartner dabei zum Ausdruck, daß er die Zuständigkeitsverteilung des EG-Vertrages gegen sich gelten lassen will.[260] Er erkennt damit die gemeinschaftsinterne Kompetenzverteilung an[261] und akzeptiert insofern, daß letztendlich derjenige der Gemeinschaftsgruppe, der nach der Zuständigkeitsverteilung des EG-Vertrages zuständig ist, die Vertragsverpflichtung erfüllt.[262] Eine Erfüllung durch die andere, nach dem EG-Vertrag unzuständige Partei kann er hingegen grundsätzlich nicht verlangen.[263] Etwas anderes soll nach einer in der Literatur vertretenen Ansicht[264] jedoch dann gelten, wenn der nach dem Gemeinschaftsrecht zuständige Gemeinschaftsteil die Erfüllung verweigert. Diese Einschränkung ist sachgerecht. Denn durch den Abschluß eines Vertrages, der eine Aufteilung der Bindungswirkung enthält, hat der Drittstaat zwar zum Ausdruck gebracht, daß er zur Erfüllung nur den nach dem Gemeinschaftsrecht Zuständigen heranziehen wird, auch wenn sich aus dem völkerrechtlichen Vertrag etwas anderes ergibt. Im Falle der Erfüllungsverweigerung durch den gemeinschaftsrechtlich Zuständigen muß dem Vertragspartner jedoch die Möglichkeit verbleiben, von demjenigen die Erfüllung verlangen zu können,

---

259 EuGH, Gutachten Nr. 1/78, Slg. 1978, 2151 Rz. 35.

260 Dauses, EuR 1979, S. 138 (151).

261 Geiger, Völkerrechtliche Beschränkung der Vertragsschlußfähigkeit, S. 248; Dauses, in: Ress (Hrsg.), Souveränitätsverständnis, S. 171 (188).

262 So auch Dauses, ebda., S. 171 (188).

263 Stein, Der gemischte Vertrag, S. 102.

264 So ohne Begründung Stein, Der gemischte Vertrag, S. 102.

der aus dem Vertrag als Verpflichteter hervorgeht. Denn die dem Vertragspartner unterstellte Billigung, daß er die gemeinschaftsinterne Kompetenzverteilung durch den Abschluß eines solchen gemischten Vertrages akzeptiert, soll insbesondere verhindern, daß es zwischen der Gemeinschaft und den Mitgliedstaaten zu internen Kompetenzstreitigkeiten kommt, wenn der im Vertrag als zuständig Benannte tatsächlich gemeinschaftsrechtlich unzuständig ist und dient damit der Einhaltung der gemeinschaftsrechtlichen Kompetenzverteilung. Wenn aber nun der gemeinschaftsrechtlich Zuständige, der in der Trennungsklausel oder nach dem Wortlaut des Vertrages nicht als zuständig bezeichnet ist, die Erfüllung verweigert, was ihm unter Berufung auf den Wortlaut bzw. die Trennungsklausel kaum verwehrt werden kann, da er danach nicht als Verpflichteter anzusehen ist, und der Vertragspartner nicht auf den in der Trennungsklausel oder im Wortlaut des Vertrages Benannten zurückgreifen könnte, würde dies für den Vertragspartner bedeuten, daß er zunächst weder von den Mitgliedstaaten noch von der Gemeinschaft Vertragserfüllung verlangen könnte. Der eine Teil ist zwar im Vertrag als Verpflichteter benannt, aber (gemeinschaftsrechtlich) nicht zuständig. Der andere ist zwar (gemeinschaftsrechtlich) zuständig, aber nicht im Vertrag als Verpflichteter benannt und verweigert dementsprechend die Erfüllung. Ein solcher Mißbrauch der Machtposition seitens der Gemeinschaftsgruppe ist für den Vertragspartner nicht hinnehmbar. Wenn er sich durch die Billigung der Trennungsklausel bzw. den Wortlaut des Vertrages schon damit einverstanden erklärt, daß die Vertragspflichten von dem Teil der Gemeinschaftsgruppe erfüllt werden der gemeinschaftsrechtlich zuständig ist, kann ihm dies nicht zum Nachteil gereichen. Wenn danach der gemeinschaftsrechtlich zuständige Teil der Gemeinschaftsgruppe die Erfüllung der Vertragsbestimmungen verweigert, muß dem Vertragspartner zugestanden werden, daß er von dem Teil der Gemeinschaftsgruppe, der in der Trennungsklausel bzw. nach dem Wortlaut des Vertrages zur Vertragserfüllung verpflichtet ist, auch die Erfüllung des Vertrages verlangen kann. In diesem Fall muß der Vertragspartner der Gemeinschaftsgruppe die interne Kompetenzverteilung der Gemeinschaft nicht gegen sich gelten lassen und die völkerrechtliche Bindungswirkung setzt sich wiederum durch.

Es ergibt sich demnach ein differenziertes Bild der völkerrechtlichen Haftung aus einem gemischten Vertrag mit Aufteilung der Bindungswirkung: Der vertraglich Benannte behält seine Stellung als aus dem Vertrag völkerrechtlich Verpflichteter. Der Vertragspartner akzeptiert jedoch, daß sein Anspruch auf Vertragserfüllung von dem jeweils innergemeinschaftlich Kompetenten erfüllt wird. Bei Erfüllungsverweigerung durch den innergemeinschaftlich zuständigen Teil der Gemeinschaftsgruppe kann der Vertragspartner der Gemeinschaftsgruppe von dem in der Trennungsklausel bzw. nach dem Wortlaut zuständigen Teil die Vertragserfüllung auch dann verlangen, wenn dieser gemeinschaftsrechtlich nicht zuständig ist.

Gegen diese Lösung spricht auch nicht die oben grundsätzlich abgelehnte Sekundärhaftung der Mitgliedstaaten für die vertraglichen Verpflichtungen der Gemeinschaft. Denn dort steht die Frage im Mittelpunkt, ob die Mitgliedstaaten generell auch dann für die vertraglichen Verpflichtungen der Gemeinschaft einzustehen haben, wenn diese sich in Übereinstimmung mit den ihr übertragenen Kompetenzen völkervertraglich verpflichtet hat. Hier hingegen stellt sich die Frage, ob derjenige, der in einem völkerrechtlichen Vertrag als Verpflichteter einer Vertragsbestimmung ausgewiesen ist, auch aus dieser Vertragsbestimmung in Anspruch genommen werden kann, wenn der innergemeinschaftlich Zuständige die Erfüllung verweigert.

Als Ergebnis ist festzuhalten, daß sich bei dieser Form des gemischten Vertrages die völkerrechtliche Bindung auf die Gemeinschaft oder die Mitgliedstaaten so verteilt, wie es im Vertrag mit dem Vertragspartner festgelegt ist, auch wenn die innergemeinschaftliche Kompetenzverteilung nicht mit der Festlegung im Vertrag kongruent ist. Gleichzeitig kann der Vertragspartner jedoch lediglich von der gemeinschaftsrechtlich zuständigen Partei die Erfüllung der Vertragsbestimmungen verlangen, es sei denn diese verweigert die Vertragserfüllung.

b) Gemischte Verträge ohne Verteilung der Bindungswirkung

Der weitaus größte Teil der gemischten Verträge nimmt eine Verteilung der Bindungswirkung nicht vor.

aa) "ultra vires"-Handeln der Gemeinschaft

Nach dem Grundsatz des Völkervertragsrechts, daß aus einem völkerrechtlichen Vertrag alle Vertragspartner an alle Vertragsbestimmungen gebunden sind soweit nichts anderes vereinbart ist, bindet bei einem gemischten Abkommen, das keine Trennungsklausel und auch keine Differenzierung durch den Wortlaut des Vertrages enthält, der Vertrag mit seinem gesamten Inhalt die Gemeinschaft und auch die Mitgliedstaaten.[265]

Fraglich ist jedoch, ob eine stillschweigende Beschränkung der Bindungswirkung der einzelnen Vertragsbestimmungen auf den jeweils innergemeinschaftlich Zuständigen anzunehmen ist.[266] Danach wäre ein "ultra vires"-Handeln der Gemeinschaft bei dieser Variante des gemischten Vertrages gar nicht möglich, weil jeder Teil der Gemeinschaftsgruppe nur insoweit an den Vertrag gebunden ist, als er auch nach dem EG-Vertrag dazu kompetentiell befugt ist. Eine derartige stillschweigende Beschränkung ist jedoch abzulehnen.[267] Wenn schon beim Vertrag mit Aufteilung der Bindungswirkung eine derartige Verteilung der völkerrechtlichen Bindungswirkung abgelehnt wurde, so muß dies erst recht für die gemischten Verträge gelten, bei denen weder aus dem Vertragstext noch aus der Trennungsklausel eine irgendwie geartete Aufteilung der Bindungswirkung ersichtlich ist.[268]

Für die Gemeinschaft entfalten damit auch die Vertragsbestimmungen, die in den Zuständigkeitsbereich der Mitgliedstaaten fallen, völkerrechtliche Wirkungen. Inso-

---

265 Arnold, AVR Bd. 19 (1980/81), S. 419 (421); Gaja, in: O'Keeffe/Schermers (Hrsg.), Mixed Agreements, S. 133 (137); Tomuschat, in: O'Keeffe/Schermers (Hrsg.), Mixed Agreements, S. 125 (130).

266 So wohl Balekjian, in: O'Keeffe/Schermers (Hrsg.), Mixed Agreements, S. 141 (143).

267 Dauses, in: Ress (Hrsg.), Souveränitätsverständnis, S. 171 (188).

268 So auch Gaja, in: O'Keeffe/Schermers (Hrsg.), Mixed Agreements, S. 133 (135).

weit stimmen also die Vertragsschlußkompetenz der Gemeinschaft und ihre völkerrechtliche Bindung an den Vertrag nicht überein.[269]

bb) Völkerrechtliche Gültigkeit

Fraglich ist, ob mit der Diskrepanz zwischen Abschlußbefugnis und völkerrechtlicher Bindungswirkung auch die völkerrechtliche Unwirksamkeit des gemischten Vertrages verbunden ist. Nach der vorzugswürdigen Evidenztheorie ist wieder zu fragen, ob die Kompetenzverletzung offensichtlich ist. Dem Vertragspartner muß auch hier wieder konzediert werden, daß ihm eine exakte Kenntnis der gemeinschaftsinternen Kompetenzverteilung nicht zugemutet werden kann. Jedoch begründen die Gemeinschaft und die Mitgliedstaaten ihr gemeinsames Auftreten mit der unter ihnen aufgeteilten Zuständigkeit hinsichtlich der verschiedenen Sachbereiche des Vertrages.[270] Dann kann aber nicht mehr von einem Vertrauen des Vertragspartners in die gemeinschaftsinterne Kompetenzwahrung ausgegangen werden.[271] Die teilweise Kompetenzverletzung ist offensichtlich.[272]

Somit kann weder der Gemeinschaft noch den Mitgliedstaaten die Berufung auf ihre Kompetenzlosigkeit hinsichtlich der jeweils nicht in ihre Zuständigkeit fallenden Sachbereiche als Unwirksamkeitsgrund verwehrt werden.

In bezug auf dieses vorläufige Ergebnis ist es jedoch angezeigt, sich die Konsequenzen einer solchen Lösung zu vergegenwärtigen. Letztendlich würde dies Ergebnis dazu führen, daß die Vertragspartner der Gemeinschaft in Zukunft keine gemischten Verträge der Gemeinschaft ohne Aufteilung der Bindungswirkung mehr schließen würden. Vielmehr würden immer Trennungsklauseln notwendig, die zumindest im Fall der Unterscheidung zwischen der Gemeinschaft und den Mitgliedstaaten durch den Wortlaut der Vertragsbestimmungen oftmals sehr zeitaufwendig und auf der Gemeinschaftsseite häufig auch umstritten sein dürften. Es bleibt festzuhalten, daß dieses Ergebnis kaum wünschenswert sein kann.

In diesem Zusammenhang ist nun auf die Bestimmung des Art. 45 WVK II einzugehen. Diese macht deutlich, daß der Verstoß gegen die organisationsinterne Kompetenzverteilung i.S.d. Art. 46 WVK II nur zur relativen Nichtigkeit führt.[273] Denn wenn Art. 45 WVK II bestimmt, daß unter bestimmten Voraussetzungen die Möglichkeit entfällt, einen Vertrag u.a. aus den Gründen des Art. 46 WVK II für ungültig zu erklären, so setzt dies denknotwendig voraus, daß dieser trotz der Kompetenzverletzung noch existiert und rechtliche Wirkungen entfaltet, was bei Annahme einer absoluten

---

269 Streinz, Europarecht, S. 121 Rn. 429; Stein, Der gemischte Vertrag, S. 108; nach Gaja, in: O'Keeffe/Schermers (Hrsg.), Mixed Agreements, S. 133 (137) führt die Bindung der Gemeinschaft an alle Vertragsbestimmungen jedoch nicht zwangsläufig dazu, daß die Gemeinschaft ihre Kompetenzen überschreitet, da die Beteiligung der Mitgliedstaaten gerade verhindert, daß die Gemeinschaft die gemeinschaftsrechtliche Kompetenzverteilung verletzt.

270 Dauses, in: Ress (Hrsg.), Souveränitätsverständnis, S. 171 (187); Ehlermann, in: O'Keeffe/Schermers (Hrsg.), Mixed Agreements, S. 1 (5).

271 So auch Stein, Der gemischte Vertrag, S. 126.

272 Tomuschat, in: O'Keeffe/Schermers (Hrsg.), Mixed Agreements, S. 125 (130); Stein, Der gemischte Vertrag, S. 126.

273 Cahier, RGDIP 1972, S. 645 (678 f.).

Nichtigkeit unmöglich wäre. Führt somit das „ultra vires"-Handeln der Gemeinschaft lediglich zur relativen Nichtigkeit des gemischten Vertrages, so ist dieser zunächst für alle Beteiligten gültig und verbindlich. Die Gemeinschaft (und die Mitgliedstaaten) könnte(n) die Nichtigkeit des Vertrages nur durch Anfechtung herbeiführen. Diese Anfechtung durch die Gemeinschaft oder die Mitgliedstaaten ist jedoch zu diesem Zeitpunkt überhaupt nicht mehr möglich. Zum einen weiß die Gemeinschaft bereits bei Vertragsschluß, daß die Mitgliedstaaten mit Vertragsschluß völkerrechtliche Verbindlichkeiten in Sachbereichen eingehen, die der ausschließlichen Gemeinschaftszuständigkeit unterliegen; zum anderen wissen auch die Mitgliedstaaten, daß sich die Gemeinschaft im Bereich mitgliedstaatlicher Kompetenzen bindet. Dennoch stimmen beide dem Vertragsschluß zu. Da sie dadurch die Kompetenzverletzung des anderen Teils der Gemeinschaftsgruppe billigen, begeben sie sich der Möglichkeit, diese gem. Art. 46 WVK II geltend zu machen.[274] Dieses Ergebnis wird auch durch Art. 45 WVK II bestätigt, der in Abs. 1 lit. b) und Abs. 2 lit. b) bestimmt, daß eine Berufung auf Art. 46 WVK II dann nicht möglich ist, wenn die internationale Organisation (oder deren Mitgliedstaaten), nachdem ihr (ihnen) ihr kompetenzloses Verhalten bekannt geworden ist, die Gültigkeit des Vertrages stillschweigend anerkennt (anerkennen). Da die Gemeinschaft (und die Mitgliedstaaten) bereits bei Vertragsschluß Kenntnis von ihrer teilweisen Kompetenzlosigkeit hat (haben), ist ihr (ihnen) die Berufung auf Art. 46 WVK II damit verwehrt.

Es ist nun zu hinterfragen, ob dies Ergebnis - Wirksamkeit des Vertrages trotz offenkundiger Kompetenzüberschreitung der Gemeinschaft (und der Mitgliedstaaten) - der Interessenlage beim gemischten Vertrag ohne Aufteilung der Bindungswirkung gerecht wird.

Sinn und Zweck des Art. 46 WVK II sowie der in der Lehre vertretenen Evidenztheorie ist die Rechtssicherheit des völkerrechtlichen Vertragsverkehrs.[275] Eine derartige Rechtsunsicherheit tritt bei dieser Form des gemischten Vertrages jedoch gar nicht auf, da die durch die Trennung in einen Gemeinschafts- und einen Mitgliedstaatenteil begründete teilweise Kompetenzlosigkeit auf einer dem Willen der Vertragspartner nicht entsprechenden Betrachtungsweise beruht.[276] Die Gemeinschaftsgruppe bildet ein einheitliches Geflecht, das nicht auseinandergerissen werden kann.[277] Daher ist die Gemeinschaftsgruppe als Einheit zu sehen. Sie tritt dem Vertragspartner somit nicht einzeln gegenüber.[278] Dies wird ferner dadurch unterstrichen, daß in der Regel die Kommission mit dem Vertragspartner sowohl über den Gemeinschafts- als auch den Mitgliedstaatsteil des Vertrages verhandelt.[279]

---

274 Stein, Der gemischte Vertrag, S. 122; Cahier, RGDIP 1972, S. 645 (678).
275 Reuter, YLC-Yearbook 1979, Bd. 1, S. 84 (87).
276 Bleckmann, Europarecht, Rn. 931; Schermers, in: Bernhardt u.a. (Hrsg.), FS Mosler, S. 823 (826).
277 Vedder, Die auswärtige Gewalt, S. 265; Stein, Der gemischte Vertrag, S. 60 m.w.N.
278 Bleckmann, EuR 1976, S. 301 (311 f).
279 Stein, Der gemischte Vertrag, S. 130.

Aus diesem Grunde geht die Gemeinschaftsgruppe auch ohne Aufteilung der Bindungswirkung beim Vertragsschluß keine Verpflichtung ein, die nicht durch entsprechende Kompetenzen eines ihrer Teile gedeckt ist.[280]

Die Gemeinschaft und die Mitgliedstaaten sind somit gemeinsam für die Vertragserfüllung verantwortlich. Der jeweils Zuständige erfüllt mit Wirkung für die ganze Gemeinschaftsgruppe.[281] Da dies der Vertragspartner mit Vertragsabschluß zumindest konkludent akzeptiert hat[282], entsteht erst gar keine Rechtsunsicherheit, die durch Art. 46 WVK II beseitigt werden muß.

Damit sind auch solche gemischten Verträge, die keine Aufteilung der Bindungswirkung enthalten, als völkerrechtlich gültig anzusehen.

cc) Völkerrechtliche Haftung

Die Bindung der Mitgliedstaaten an Bestimmungen, die unter Gemeinschaftskompetenz fallen, ist völkerrechtlich unbedenklich, da die Mitgliedstaaten durch Errichtung der Europäischen Gemeinschaft ihre Pflichtfähigkeit, also das rechtliche "Können", nicht verloren haben.[283]

Fraglich ist dagegen, ob die Gemeinschaft sich durch den gemischten Vertrag auch in Sachbereichen binden kann, die rein mitgliedstaatlicher Kompetenz unterliegen.

Von einer Ansicht wurde vertreten, daß auch bei einem gemischten Vertrag ohne Aufteilung der Bindungswirkung die Bindung der Gemeinschaft nur so weit gehen kann, als ihre Kompetenzen reichen.[284] Begründet wurde dies mit der „ultra vires"-Lehre. Zudem sei sich der Vertragspartner der Gemeinschaftsgruppe bei Abschluß des Vertrages der beschränkten Kompetenzen der Gemeinschaft völlig bewußt, zumal die Beteiligung der Mitgliedstaaten an dem Abkommen ja gerade mit der Begründung erfolgt, daß die Gemeinschaft nicht hinsichtlich aller im Abkommen geregelten Bestimmungen über die Zuständigkeit verfügt.[285]

Die heute überwiegend vertretene Ansicht hält eine solche Aufteilung für nicht vereinbar mit dem Bedürfnis des Vertragspartners nach Rechtssicherheit und Vertrauensschutz. Wenn die Gemeinschaft und ihre Mitgliedstaaten keine Trennungsklausel in den Vertrag mit dem Drittstaat aufnehmen, so sollen sie völkerrechtlich nicht nur an die in ihren Kompetenzbereich fallenden Vertragsteile, sondern beide an den gesamten Vertragsinhalt gebunden sein.[286]

---

280 Dauses, EuR 1979, S. 138 (149).

281 Schermers, in: Bernhardt u.a. (Hrsg.), FS Mosler, S. 823 (826).

282 Krück, Völkerrechtliche Verträge, S. 142; Bleckmann, EuR 1976, S. 301 (311); Streinz, Europarecht, S. 121 Rn. 429.

283 Str., wie hier: Krück, Völkerrechtliche Verträge, S. 141; ders., in: Ress (Hrsg.), Souveränitätsverständnis, S. 155 (162 ff. m.w.N.); Oehmichen, Die unmittelbare Anwendbarkeit, S. 102.

284 Schermers, International Institutional Law, S. 881.

285 Vgl. Tomuschat, in : O'Keeffe/Schermers (Hrsg.), Mixed Agreements, S. 125 (130).

286 Tomuschat, in: O'Keeffe/Schermers (Hrsg.), Mixed Agreements, S. 125 (130); Gaja, in: O'Keeffe/Schermers (Hrsg.), Mixed Agreements, S. 133 (137); Vedder, in: Grabitz/Hilf, EU-

Diese Ansicht wird dem Bedürfnis nach Rechtssicherheit gerecht und befindet sich im Einklang mit der Kodifizierung des Völkervertragsrecht in der WVK II, die eine entschiedene Abkehr von der „ultra vires"-Lehre vollzogen hat.[287]

Es kann dem Vertragspartner nicht zugemutet werden, die oft sehr schwierige Kompetenzverteilung zwischen Gemeinschaft und Mitgliedstaaten zu erforschen. Aus völkerrechtlicher Sicht muß es bei dem Grundsatz des Völkervertragsrechts bleiben, daß alle Vertragsparteien an alle Vertragsbestandteile in gleichem Maße gebunden sind, es sei denn, davon Abweichendes wurde vertraglich vereinbart. Dies ist jedoch bei gemischten Verträgen ohne Aufteilung der Bindungswirkung gerade nicht der Fall.

Hier kann nicht, wie beim gemischten Vertrag mit Aufteilung der Bindungswirkung, im Abschluß des Vertrages die Einwilligung des Vertragspartners gesehen werden, den in der Gemeinschaftsgruppe jeweils sachlich Zuständigen stillschweigend als Erfüllungspartner zu akzeptieren.[288] Die völkerrechtliche Verpflichtung des völkerrechtlich Gebundenen, aber innergemeinschaftlich Unzuständigen, bleibt unberührt.[289] Eine stillschweigende Beschränkung der Bindungswirkung dergestalt, seine Ansprüche nur noch gegen den innergemeinschaftlich Zuständigen stellen zu wollen, kann dem Vertragspartner nicht unterstellt werden.[290] Dies führt letztendlich jedoch nicht zu einer Ausweitung der Gemeinschaftskompetenzen.[291] Eine solche Ausweitung ließe sich nur bei einer formalen Betrachtung annehmen. Denn gemeinschaftsintern bleibt die Kompetenzverteilung zwischen der Gemeinschaft und den Mitgliedstaaten unberührt.[292]

c) Zwischenergebnis

Als Ergebnis läßt sich die völkerrechtliche Gültigkeit sowohl gemischter Verträge ohne als auch solcher mit Aufteilung der Bindungswirkung festhalten. Auch insofern hat also ein Handeln "ultra vires" der Europäischen Gemeinschaft keine Auswirkungen auf die völkerrechtlichen Wirksamkeit dieser Verträge.

Hinsichtlich der völkerrechtlichen Haftung ist jedoch zu differenzieren. Bei gemischten Verträgen ohne Verteilung der Bindungswirkung sind Gemeinschaft und Mitgliedstaaten dem Vertragspartner gegenüber völkerrechtlich an den gesamten Vertragsinhalt gebunden. Bei gemischten Verträgen mit Aufteilung der Bindungs-

---

Kommentar, Rn. 22 zu Art. 228 EGV; Bleckmann, EuR 1976, S. 301 (303), Streinz, Europarecht, S. 121 Rn. 429; Geiger, EGV-Kommentar, Rn. 31 zu Art. 228 EGV.

287 So Tomuschat in der Aussprache zu seinem Vortrag in Hilf/Tomuschat (Hrsg.), EG und Drittstaatsbeziehungen, S. 158.

288 So aber Streinz, Europarecht, S. 121 Rn. 429; Dauses, in Ress (Hrsg.), Souveränitätsverständnis, S. 171 (188); anders hingegen für den Fall, daß der gemeinschaftsrechtlich Zuständige die Erfüllung verweigert.

289 Dauses, in: Ress (Hrsg.), Souveränitätsverständnis, S. 171 (188).

290 Dauses, ebda. S. 171 (188).

291 So aber Krück, Völkerrechtliche Verträge, S. 102; ähnlich Bleckmann, EuR 1976, S. 304 (305 ff.).

292 Ebenso Tomuschat, in: O'Keeffe/Schermers (Hrsg.), Mixed Agreements, S. 125 (130).

wirkung ist nur der Teil der Gemeinschaftsgruppe völkerrechtlich verantwortlich, der aus der Trennungsklausel oder dem Wortlaut als Verantwortlicher hervorgeht.

3. Ergebnis

Von der Europäischen Gemeinschaft geschlossene reine Gemeinschaftsverträge mit Nichtmitgliedstaaten oder anderen internationalen Organisationen sind auch dann völkerrechtlich gültig, wenn die Gemeinschaft bei deren Abschluß ihre Kompetenzen überschreitet. Etwas anderes kann nur dann gelten, wenn der Verstoß gegen die Vertragsschlußkompetenz der Gemeinschaft für den Vertragspartner offensichtlich war. Die Gemeinschaft ist verpflichtet, den Vertrag zu erfüllen und setzt sich bei Verstoß gegen diese Verpflichtung der völkerrechtlichen Haftung aus. Die Mitgliedstaaten sind dagegen ohne ausdrückliche Zustimmung völkerrechtlich nicht aus dem Vertrag verpflichtet. Wenn die Gemeinschaft beim Abschluß des Vertrages nicht nur ihre konkreten Kompetenzen überschreitet, sondern zugleich auch jenseits ihrer Aufgaben und Ziele handelt, so ist ein trotzdem geschlossener völkerrechtlicher Vertrag nichtig.

Auch beim gemischten Vertrag hat die Diskrepanz zwischen Abschlußkompetenz und Bindungswirkung keinen Einfluß auf die völkerrechtliche Gültigkeit des Vertrages. Soweit der Vertrag keine Aufteilung der Bindungswirkung vornimmt, ist die gesamte Gemeinschaftsgruppe völkerrechtlich an alle Vertragsvorschriften gebunden. Wenn der Vertrag eine Aufteilung der Bindungswirkung vorsieht, so sind die Mitgliedstaaten und die Gemeinschaft jeweils nur an diejenigen Vertragsteile gebunden, aus denen sie aufgrund der Trennungsklausel beziehungsweise des Wortlauts des Vertrages als berechtigt und verpflichtet hervorgehen.

2. Kapitel

Rechtsfolgen aus der Sicht des Europäischen Unionsrechts

Die Frage der Rechtsfolgen eines Handelns "ultra vires" der Europäischen Gemeinschaft aus der Sicht des Europäischen Unionsrechts ist getrennt nach völkerrechtlichen Verträgen sowie Richtlinien und Verordnungen als gemeinschaftlichem Sekundärrecht zu untersuchen.

A. Völkerrechtliche Verträge

Zunächst stellt sich die Frage, ob und unter welchen Voraussetzungen völkerrechtliche Verträge der Gemeinschaft überhaupt Bindungswirkung im Gemeinschaftsrecht entfalten.

Nach der ständigen Rechtsprechung des EuGH bilden die geschlossenen, d.h. völkerrechtlich verbindlich gewordenen, völkerrechtlichen Verträge der Gemeinschaft "integrierende Bestandteile des Gemeinschaftsrechts".[293] Bedingung ist dabei allerdings, daß die in Art. 300 EG-Vertrag niedergelegten Voraussetzungen erfüllt sind. Die Frage nach der gemeinschaftsrechtlichen Wirkung kompetenzwidriger völkerrechtlicher Verträge der Gemeinschaft in der Gemeinschaftsrechtsordnung stellt sich damit ähnlich wie die entsprechende Frage nach der Wirkung völkerrechtlicher Verträge von Staaten im innerstaatlichen Bereich.[294] Das allgemeine Völkerrecht sagt hierzu nichts. Es beschränkt sich insoweit auf das Gebot der Vertragserfüllung (pacta sunt servanda). Die Frage, ob und wie die Vertragsnormen in den innergemeinschaftlichen Bereich übernommen werden, überläßt das Völkerrecht dem internen Recht.

Die Regelung dieser Fragen trifft für die Europäische Gemeinschaft Art. 300 Abs. 7 EGV. Die völkerrechtlichen Verträge der Gemeinschaft mit Nichtmitgliedstaaten sind danach innergemeinschaftlich für die Organe der Gemeinschaft und die Mitgliedstaaten verbindlich. Jedoch verweist Art. 300 Abs. 7 EGV mit der Formulierung "die nach Maßgabe dieses Artikels geschlossenen Abkommen" insbesondere auf Abs. 1, so daß nur solche völkerrechtlichen Verträge innergemeinschaftliche Bindungswirkung entfalten können, die die Gemeinschaft in Einklang mit dem EG-Vertrag geschlossen hat.[295]

Im Gutachten Nr. 1/75 (Lokale Kosten)[296] hat der EuGH den Maßstab bestimmt, anhand dessen die Vertragskonformität eines völkerrechtlichen Vertrages mit dem Gemeinschaftsrecht zu ermitteln ist. Danach muß das Abkommen mit der Gesamt-

---

[293] EuGH, Rs. 181/73, Haegeman, Slg. 1974, 449 (460); EuGH, Rs. 87/75, Bresciani, Slg. 1976, 129 (140); EuGH, Gutachten Nr. 1/76, Slg. 1977, 741 (757).

[294] Umfassend zur Wirkung völkerrechtlicher Verträge im innerstaatlichen Bereich: Bernhardt, Abschluß völkerrechtlicher Verträge, passim; Geck, Die völkerrechtlichen Wirkungen verfassungswidriger Verträge, passim.

[295] Meng, Das Recht der Internationalen Organisationen, S. 200 f.; Stein, Der gemischte Vertrag, S. 131.

[296] EuGH, Gutachten Nr. 1/75, Slg. 1975, 1355 ff.

heit der Vertragsnormen des EG-Vertrages, also allen formell- und materiellrechtlichen Vorschriften, übereinstimmen.[297] Dazu gehört folglich auch die Frage, ob die Gemeinschaft die Vertragsschlußkompetenz für den speziellen völkerrechtlichen Vertrag besitzt.[298] Dies wird bestätigt durch § 107 Abs. 2 der Verfahrensordnung des Europäischen Gerichtshofs, wonach der EuGH im Gutachtenverfahren gem. Art. 300 Abs. 6 EGV sowohl die Vereinbarkeit des beabsichtigten Abkommens mit dem EG-Vertrag als auch die Zuständigkeit der Gemeinschaft oder eines ihrer Organe für den Abschluß eines solchen Abkommens prüfen kann.

1. Gemeinschaftsrechtliche Undurchführbarkeit

Bei einem "ultra vires"-Handeln besitzt die Gemeinschaft gerade nicht die Kompetenz zum Abschluß des konkreten völkerrechtlichen Vertrages. Der Vertrag verstößt danach (zumindest teilweise) gegen den EG-Vertrag. Gem. Art. 220 EGV ist gemeinschaftsrechtlich allein der EuGH befugt, die Unvereinbarkeit eines völkerrechtlichen Abkommens mit dem EG-Vertrag rechtsverbindlich festzustellen. Solange der EuGH die Unvereinbarkeit des Abkommens nicht festgestellt hat, ist der Vertrag zumindest für alle Organe der Gemeinschaft und gemeinschaftsrechtlich auch für die Mitgliedstaaten verbindlich und muß erfüllt werden.[299] Stellt der Gerichtshof in einem der möglichen Verfahren[300] hingegen die Unvereinbarkeit fest, so hat diese Entscheidung jedoch keine unmittelbare Wirkung auf die völkerrechtliche Gültigkeit des Vertrages.[301] Das völkerrechtliche Abkommen besteht weiterhin. Die Entscheidung des Gerichtshofes würde aber sowohl die Organe der Gemeinschaft als auch die Mitgliedstaaten verpflichten, dieses Abkommen nicht mehr anzuwenden. Solche völkerrechtlichen Verträge der Gemeinschaft entfalten damit nach der Entscheidung des EuGH gemeinschaftsrechtlich keine Wirksamkeit mehr.[302] Sie sind innergemeinschaftlich undurchführbar.[303]

2. Heilungsmöglichkeiten

Es ist jedoch zu prüfen, ob die gemeinschaftsrechtliche Unwirksamkeit geheilt werden kann.

a) Heilung durch Änderung des EG-Vertrages

Nach Art. 300 Abs. 6 EG-Vertrag können Rat, Kommission oder Mitgliedstaaten den Gerichtshof um Erstattung eines Gutachtens über die Vereinbarkeit eines geplanten

---

297 EuGH, ebda., 1360.

298 EuGH, ebda., 1361; Manin, in: FS Teitgen, S. 289 (296).

299 Groux/Manin, Die Europäische Gemeinschaft in der Völkerrechtsordnung, S. 132 in Fn. 1.

300 Neben dem Gutachtenverfahren gem. Art. 300 Abs. 6 EGV kommen auch die weiteren Verfahrensarten des Europäischen Gerichtshofs in Betracht, die unten ab S. 82 anhand des gemeinschaftsrechtlichen Sekundärrechts dargestellt werden. Zur Frage, ob diese Verfahren neben bzw. nach einem Gutachtenverfahren überhaupt möglich sind, vgl. sogleich S. 65 ff.

301 Petersmann, ZaöRV Bd. 35 (1975), S. 213 (275 f.); vgl. jetzt auch Jürgensen, EWS 1998, S. 357, 363.

302 Constantinesco/Simon, Rtde Bd. 11 (1975), S. 432 (454); Pescatore, RdC Bd. 103 (1961 II), S. 1 (127 f.).

303 Petersmann, ZaöRV Bd. 35 (1975), S. 213 (274).

Abkommens mit dem Gemeinschaftsrecht ersuchen. Art. 300 Abs. 6 EGV sieht eine präventive Kontrolle völkerrechtlicher Verträge vor.[304] Stellt der EuGH die Unvereinbarkeit des beabsichtigten Vertrages mit dem Gemeinschaftsrecht fest, so darf das Abkommen nur nach einer Änderung des EG-Vertrages gem. Art. 48 EU-Vertrag geschlossen werden.

Umstritten war lange, ob bei einem ablehnenden Gutachten des Gerichtshofs die Änderung des EG-Vertrages Voraussetzung für die innergemeinschaftliche Geltung oder aber für den völkerrechtlichen Abschluß ist. So vertrat Oehmichen[305] unter dem Regime des Art. 228 EWGV die Auffassung, die Formulierung "in Kraft treten" in Art. 228 Abs. 1 UAbs. 2 EWGV sei als "unpräzise Bezeichnung des Abschlusses nach außen" zu interpretieren. Er begründete seine Auslegung zum einen mit der Einfügung des Art. 228 Abs. 1 UAbs. 2 in 228 Abs. 1 EWGV, zum anderen mit der Bezugnahme des Wortes "zuvor" in Art. 228 Abs. 1 UAbs. 2 EWGV auf die davor aufgeführte Wendung "Sie (die Abkommen; der Verfasser) werden (...) durch den Rat geschlossen". Diese Ansicht ist unter dem neuen Regime des Art. 300 EGV heute kaum noch zu vertreten. Zum einen bildet Art. 300 Abs. 6 EGV einen eigenständigen Absatz, der nicht unmittelbar auf den Abschluß des Abkommens Bezug nimmt. Zum anderen ist das Wort "zuvor" aus Art. 300 Abs. 6 EGV entfallen, so daß die Formulierung "in Kraft treten" heute als Voraussetzung der innergemeinschaftlichen Geltung zu interpretieren ist.[306] Kommt also der Gerichtshof zu dem Schluß, der völkerrechtliche Vertrag verstoße gegen die Kompetenzverteilung des EG-Vertrags, und wird dieser trotzdem außerhalb des Verfahrens nach Art. 48 EU-Vertrag abgeschlossen, tritt er gemeinschaftsrechtlich nicht in Geltung, selbst wenn die Gemeinschaft völkerrechtlich daran gebunden ist.

Wenn hingegen im Anschluß an ein ablehnendes Gutachten des Gerichtshofs im Verfahren gem. Art. 48 EU-Vertrag der EG-Vertrag geändert wird, so besteht keine Kompetenzüberschreitung der Gemeinschaft mehr; der Kompetenzmangel der Gemeinschaft ist geheilt und das Abkommen ist nicht nur völkerrechtlich, sondern auch gemeinschaftsrechtlich bindend. Diese Möglichkeit der Heilung dürfte jedoch aufgrund der zu erwartenden Schwierigkeiten einer Änderung des EG-Vertrages in der Praxis eher eine untergeordnete Rolle spielen.[307]

b) Heilung durch Nichteinholung eines Gutachtens gem. Art. 300 Abs. 6 EGV

Fraglich ist, ob die Nichteinholung eines Gutachtens gem. Art. 300 Abs. 6 EGV insofern zu einer Heilung des Kompetenzmangels der Gemeinschaft führt, als neben ihr

---

[304] Zum Zeitpunkt der Einholung eines solchen Gutachtens hat der EuGH im Gutachten Nr. 1/94, Slg. 1994, 5267 (5392 Rz. 12), entgegen der Auffassung von Spanien und der diesbezüglichen Bedenken des Rats und der Niederlande, festgestellt, daß die Einholung eines Gutachtens gem. Art. 300 Abs. 6 EGV auch noch nach Unterzeichnung eines Abkommens möglich ist, solange nur noch nicht der Wille der Gemeinschaft, durch das Abkommen gebunden zu sein, endgültig zum Ausdruck gebracht wurde; vgl. zum letztmöglichen Zeitpunkt auch Guillarmod, Droit Communautaire et droit international public, S. 236 f.

[305] Oehmichen, Die unmittelbare Anwendbarkeit, S. 96 f.

[306] So auch schon unter dem Regime des Art. 228 EWGV: Bleckmann, GYIL Bd. 18 (1975), S. 300 (304); Meng, Das Recht der Internationalen Organisationen, S. 201.

[307] Vgl. Tomuschat, in: G/T/E, EU-Kommentar, Rn. 73 zu Art. 228 EGV m.w.N.

keine weitere Überprüfung des Abkommens vor dem EuGH auf seine Vereinbarkeit mit dem EG-Vertrag möglich ist.

aa) Ausschluß der nachträglichen Kontrolle durch den EuGH

Aufgrund der Regelung des Art. 300 Abs. 6 EGV wird die Ansicht vertreten, daß neben diesem vorbeugenden Verfahren keine weitere gerichtliche Kontrolle der völkerrechtlichen Verträge nach Abschluß zulässig ist.[308] Nach dieser Ansicht würde die Bejahung einer nachträglichen Überprüfung des Vertrages durch den EuGH zu dem unerwünschten Ergebnis einer durch die Feststellung der Ungültigkeit bedingten Diskrepanz zwischen völkerrechtlicher Verbindlichkeit und innergemeinschaftlicher Unwirksamkeit führen.[309] Zudem wäre eine nachträgliche Überprüfung mit der Sicherheit des völkerrechtlichen Rechtsverkehrs und dem Schutz der Interessen des Vertragspartners der Gemeinschaft nicht zu vereinbaren.

Diese Auffassung würde im Ergebnis dazu führen, daß mit dem Abschluß des völkerrechtlichen Vertrages nicht nur gegen die gemeinschaftsrechtliche Kompetenzverteilung verstoßen würde, sondern auch, daß dieser Verstoß gleichzeitig geheilt würde. Es gäbe somit nach Vertragsabschluß keine Instanz mehr, die verbindlich feststellen könnte, ob der völkerrechtliche Vertrag gegen den EG-Vertrag verstößt. Folglich wäre die innergemeinschaftliche Unwirksamkeit ohne Auswirkungen auf den völkerrechtlichen Vertrag, dessen innergemeinschaftlicher Durchführung dann nichts mehr im Wege stünde.

bb) Zulässigkeit der nachträglichen Kontrolle durch den EuGH

Der Auffassung, die eine nachträgliche Kontrolle des völkerrechtlichen Vertrages hinsichtlich seiner Vereinbarkeit mit dem Gemeinschaftsrecht ausschließt, wird von der ganz überwiegenden Ansicht nicht gefolgt.[310]

Dies wird damit begründet, daß das Gutachtenverfahren lediglich als zusätzliches Rechtsschutzverfahren, als sog. "Sicherungsmechanismus"[311], eingeführt wurde, um bereits im zeitlichen Vorfeld des Vertragsabschlusses eine Klärung der innergemeinschaftlichen Zuständigkeit herbeizuführen. Dies wird als notwendig angesehen, um die schwierige Situation der Divergenz zwischen völkerrechtlicher Wirksamkeit und gemeinschaftsrechtlicher Undurchführbarkeit so frühzeitig wie möglich abzuwenden.

---

308 Constantinesco/Simon, Rtde Bd. 11 (1975), S. 432 (453 ff.): "Par conséquent, si la Cour de Justice n'a pas été saisie au titre de l'article 228, C.E.E (...) l'accord bénéficie d'une présomption irréfragable de validité." (S.454 f.); B/B/P/S, Die Europäische Union, S. 241; vgl. auch Guillarmod, Droit communautaire et droit international public, S. 237 ff.

309 So B/B/P/S, Die Europäische Union, S. 257.

310 Petersmann, ZaöRV Bd. 35 (1975), S. 213 (275); Groux/Manin, Die Europäische Gemeinschaft in der Völkerrechtsordnung, S. 130; Krück, Völkerrechtliche Verträge, S. 171 f.; Tomuschat, in: G/T/E, EU-Kommentar, Rn. 73 f. zu Art. 228 EGV; Geiger, EGV-Kommentar, Rn. 28 zu Art. 228 EGV; Vedder, in: Grabitz/Hilf, EU-Kommentar, Rn. 63 zu Art. 228 EGV.

311 So Groux/Manin, Die Europäische Gemeinschaft in der Völkerrechtsordnung, S. 129.

Dieser Ansicht hat sich der EuGH bereits in seinem ersten Gutachten gem. Art. 300 Abs. 6 EGV angeschlossen:[312]

> "Da die Frage, ob der Abschluß eines bestimmten Abkommens in die Zuständigkeit der Gemeinschaft fällt und ob gegebenenfalls von dieser Zuständigkeit in einer mit den Vertragsvorschriften zu vereinbarenden Weise Gebrauch gemacht worden ist, grundsätzlich entweder unmittelbar nach Artikel 169 oder Artikel 173 des Vertrages oder aber im Wege des Vorabentscheidungsverfahrens vor den Gerichtshof gebracht werden kann(...)".[313]

Der Gerichtshof sieht demnach auch die völkerrechtlichen Verträge als Handlungen der Gemeinschaftsorgane im Sinne der Art. 234 und 230 EGV an und prüft diese auf ihre Vereinbarkeit mit dem EG-Vertrag.

Obwohl der Gerichtshof unmittelbar vor dieser Stellungnahme betont, daß dies nicht nur auf Gemeinschaftsebene, sondern auch auf dem Gebiet der internationalen Beziehungen zu "ernsten Schwierigkeiten" führen würde und auch für die am Abkommen beteiligten Drittstaaten Nachteile mit sich bringen könnte, ist seiner Auffassung nach auch nach Abschluß des Vertrages die Anrufung des Gerichtshofs zulässig.

cc) Stellungnahme

Die Ansicht, die auch eine nachträgliche Kontrolle des völkerrechtlichen Abkommens zuläßt, ist vorzugswürdig.

In Anbetracht der umfassenden Rechtswegsklausel des Art. 230 Abs. 1 EGV ("der Gerichtshof überwacht die Rechtmäßigkeit der (...) Handlungen") darf es in der Gemeinschaft grundsätzlich keine Rechtsräume geben, die der Nachprüfung durch den Gerichtshof gänzlich entzogen sind.[314] Auch wenn, wie der EuGH selbst konstatiert, eine Unvereinbarkeitserklärung im außenpolitischen Verhältnis zu dem Vertragspartner zu ernsthaften Schwierigkeiten führen würde, muß sich auch das außenpolitische Handeln der Gemeinschaft grundsätzlich einer gerichtlichen Kontrolle durch den Gerichtshof unterwerfen.[315] Anderenfalls würde Art. 300 Abs. 7 EGV zu einer Leerformel degradiert, der gerade nicht sagt, daß von der Gemeinschaft geschlossene Verträge verbindlich sind, sondern daß nur die nach Maßgabe dieses Artikels (insbesondere Art. 300 Abs. 1 EGV) geschlossene Abkommen (...) verbindlich" sind.

Somit sind auch solche völkerrechtlichen Verträge, die nicht dem Gutachtenverfahren des Art. 300 Abs. 6 EGV unterzogen wurden, weiterhin justitiabel. Die Nichtanforderung eines Gutachtens gem. Art. 300 Abs. 6 EGV führt folglich nicht zu einer Heilung des von der Gemeinschaft unter Verletzung ihrer Kompetenzen abgeschlossenen völkerrechtlichen Vertrages.

---

312 EuGH, Gutachten Nr. 1/75, Slg. 1975, 1355 ff.
313 EuGH, ebda., 1361.
314 Tomuschat, in: G/T/E, EU-Kommentar, Rn. 74 zu Art. 228 EGV.
315 Zu den Ausnahmen vgl. unten im Zusammenhang mit der Bananenmarktordnung S. 213 ff.

c) Heilung durch ein positives Gutachten des EuGH

Zu erwägen ist jedoch, ob ein positives Gutachten des Gerichtshofs zu einer unwiderleglichen Vermutung der gemeinschaftlichen Gültigkeit des völkerrechtlichen Abkommens führt.[316] Zu begründen wäre dies mit dem Grundsatz, daß ein Gericht nicht ein zweites Mal mit demselben Streitgegenstand befaßt werden darf.

Gegen diese Auffassung sprechen jedoch dieselben Erwägungen, die gegen den generellen Ausschluß einer nachträglichen Kontrolle des Abkommens durch den EuGH bei Nichteinholung eines Gutachtens gem. Art. 300 Abs. 6 EGV erhoben wurden. Zu berücksichtigen ist dabei, daß der Gerichtshof für den frühest möglichen Zeitpunkt der Anforderung des Gutachtens bereits einen Verhandlungsstand genügen läßt, in dem der Gegenstand feststeht, über den mit dem Ziel eines Vertragsabschlusses verhandelt werden soll, und jedenfalls vorläufige Texte vorliegen, selbst wenn die offiziellen Verhandlungen noch nicht eröffnet worden sind.[317] Da sich der Inhalt des Abkommens bis zu seiner endgültigen Fassung häufig noch in wesentlichen Bereichen verändert, erscheint es nicht sachgerecht, die "vorläufige" Fassung als letztmöglichen Prüfungsgegenstand der Vereinbarkeit des Abkommens mit dem EG-Vertrag anzusehen.

Das positive Gutachten entfaltet demnach nur insoweit Bindungswirkung, als die Gemeinschaft dann auch ohne Änderung des EG-Vertrages zum Vertragsschluß mit dem Vertragspartner befugt ist. Eine darüber hinausgehende Bindungswirkung kann einem solchen Gutachten jedoch nicht beigemessen werden.[318]

Somit bedingt auch ein positives Gutachten des Gerichtshofs keinen generellen Ausschluß einer nachträglichen Überprüfung des Abkommens durch den EuGH gem. Art. 226, 230 und auch 234 EGV. Eine Heilung des Kompetenzmangels der Gemeinschaft derart, daß von der unwiderlegbaren Gültigkeit des Vertrages im Gemeinschaftsrecht auszugehen ist, wird demnach auch durch ein positives Gutachten des EuGH nicht bewirkt.

d) Zwischenergebnis

Eine Heilung der gemeinschaftlichen Undurchführbarkeit des völkerrechtlichen Abkommens ist bei Kompetenzüberschreitung der Gemeinschaft nur durch Änderung des EG-Vertrages möglich, was de facto allerdings nur eine unwesentliche Rolle spielen dürfte.

3. Teilweise innergemeinschaftliche Undurchführbarkeit

Zu erwägen ist jedoch, ob der völkerrechtliche Vertrag nicht als Ganzes innergemeinschaftlich unanwendbar ist, sondern seine gemeinschaftsrechtliche Unwirksamkeit nur soweit reicht, als die Gemeinschaft kompetenzwidrig gehandelt

---

316 So Kovar, in: FS Reuter, S. 357 (370); Constantinésco/Simon, Rtde Bd. 11 (1975), S. 432 (454 f.).

317 EuGH, Gutachten Nr. 1/78, Slg. 1979, 2871 (2908 f.).

318 So auch Tomuschat, in: G/T/E, EU-Kommentar, Rn. 73 zu Art. 228 EGV.

hat.[319] Danach wäre das Abkommen insoweit gemeinschaftsrechtlich wirksam und damit auch für die Organe der Gemeinschaft und die Mitgliedstaaten verbindlich, als es Sachbereiche regelt, für die die Europäische Gemeinschaft Vertragsschlußkompetenzen besitzt.

Dies setzt jedoch voraus, daß die Aufteilung der innergemeinschaftlichen Wirksamkeit des völkerrechtlichen Vertrages in einen EG-Vertragskonformen und einen EG-Vertragswidrigen Vertragsteil möglich ist. Die Gültigkeit eines völkerrechtlichen Vertrages selbst kann aber nicht aufgrund der Gemeinschaftsrechtsordnung beurteilt werden. Vielmehr ist die innergemeinschaftliche Wirksamkeit des Vertrages abhängig von der Gültigkeit des Beschlusses des Rates über den Abschluß des Abkommens, der seit Ende der 60er Jahre vorwiegend in der Form einer Verordnung erfolgte.[320] Dieser Beschluß ist ein gemeinschaftsrechtlicher Akt, der dazu dient, "die gemeinschaftliche Willensbildung im Hinblick auf den Vertragsschluß in eine gemeinschaftsrechtliche Form zu gießen".[321]

Dieser Akt, der die sich aus dem Abkommen ergebenden völkerrechtlichen Bindungen in ihrer Gesamtheit bestätigt, ist nach einer Auffassung in der Literatur nicht teilbar.[322] Danach soll der Verstoß der Gemeinschaft gegen die gemeinschaftsrechtliche Kompetenzordnung dazu führen, daß der Akt insgesamt unwirksam und damit auch der völkerrechtliche Vertrag insgesamt innergemeinschaftlich nicht verbindlich ist.

In einer neueren Entscheidung hat der EuGH jedoch anerkannt, daß eine Teilbarkeit der innergemeinschaftlichen Wirksamkeit des Abkommens in einen EG-Vertragskonformen und einen EG-Vertragswidrigen Vertragsteil möglich ist.[323] In diesem Verfahren hat der EuGH lediglich Teile des Zustimmungsbeschlusses des Rates zum Abschluß zu dem Rahmenabkommen für Bananen aus Drittländern wegen Verstoßes gegen das allgemeine Diskriminierungsverbot für gemeinschaftsrechtswidrig erklärt, nicht hingegen den gesamten Zustimmungsbeschluß.[324] Diese Entscheidung erging zwar nicht auf Grund einer Kompetenzverletzung der Gemeinschaft bei Abschluß des völkerrechtlichen Vertrages, sondern wegen des Verstoßes gegen materielle Gemeinschaftsrechtsgrundsätze. Gleichwohl ist davon auszugehen, daß der EuGH auch bei einem Verstoß gegen die Kompetenzen eine teilweise Ungültigkeit des Zustimmungsbeschlusses dann annehmen wird, wenn der Abschluß des völkerrechtlichen Vertrags lediglich teilweise nicht in den Kompetenzbereich der Gemeinschaft fällt.

---

319 So vertritt Berber, Völkerrecht Bd. 1, S. 467, die Ansicht, daß völkerrechtliche Verträge, die von internationalen Organisationen unter Überschreitung ihrer Zuständigkeiten geschlossen werden, "*insoweit* ungültig" sind.

320 Geiger, EGV-Kommentar, Rn. 7 zu Art. 228 EGV; Tomuschat, in: G/T/E, EU-Kommentar, Rn. 36 zu Art. 228 EGV m.w.N, stellt mittlerweile eine Tendenz der Rückkehr zur Form des Beschlusses fest.

321 Hermann, Das Abschlußverfahren völkerrechtlicher Verträge, S. 136.

322 So Stein, Der gemischte Vertrag, S. 139.

323 EuGH, Rs. C-122/95, Bundesrepublik Deutschland/Rat der Europäischen Union, Slg. 1998, I-973 ff.

324 Für eine Teilbarkeit dieser Beschlüsse hat sich früher bereits Held, Les accords internationaux, S. 198., ausgesprochen.

4. Zwischenergebnis

Völkerrechtliche Verträge, die die Gemeinschaft unter Verstoß gegen den EG-Vertrag geschlossen hat, sind nach der Feststellung der Unvereinbarkeit mit dem EG-Vertrag durch den EuGH ohne Änderung des EG-Vertrages insoweit gemeinschaftsrechtlich ungültig und undurchführbar, als die Gemeinschaft bei dem Abschluß des Vertrages kompetenzwidrig gehandelt hat.

Bis zu dieser Feststellung durch den Gerichtshof sind solche Verträge aus Sicht des Gemeinschaftsrechts für die Gemeinschaftsorgane und die Mitgliedstaaten verbindlich und müssen erfüllt werden.

5. Möglichkeit der Überwindung des Kompetenzdefizits bei gemischten Verträgen

Zu prüfen bleibt, ob bei gemischten Verträgen eine Überwindung des Kompetenzdefizits möglich ist. Dabei ist wiederum zwischen gemischten Verträgen mit Aufteilung der Bindungswirkung und solchen ohne Aufteilung der Bindungswirkung zu unterscheiden.

a) Gemischte Verträge mit Aufteilung der Bindungswirkung

Bei einem gemischten Vertrag mit Aufteilung der völkerrechtlichen Bindungswirkung liegt, wie oben aus der Sicht des Völkerrechts dargestellt, ein Verstoß der Gemeinschaft gegen den EG-Vertrag immer dann vor, wenn die völkerrechtlichen Bindungen der Gemeinschaft nach der Trennungsklausel oder dem Wortlaut des Vertrages Gegenstände des Kompetenzbereiches der Mitgliedstaaten betreffen. Dieser Vertrag ist nicht mit dem EG-Vertrag vereinbar und somit innergemeinschaftlich undurchführbar.[325] Auch hier ist jedoch zu beachten, daß sich die innergemeinschaftliche Undurchführbarkeit nur auf diejenigen Bestimmungen des gemischten Abkommens bezieht, die nicht in den Kompetenzbereich der Gemeinschaft fallen.

Es ist indes auch hier festzuhalten, daß die (teilweise) Unvereinbarkeit des Abkommens mit dem EG-Vertrag nur durch den EuGH festgestellt werden kann, so daß diese Abkommen bis zu dieser Feststellung gemeinschaftsrechtlich verbindlich sind.

b) Gemischter Vertrag ohne Aufteilung der Bindungswirkung

Bei einem Vertrag ohne Aufteilung der Bindungswirkung kommt es notwendig zu einem Verstoß der Gemeinschaft gegen den EG-Vertrag. Die Gemeinschaft geht bei dieser Variante des gemischten Vertrages hinsichtlich aller Vertragsbestimmungen eine völkerrechtliche Bindung ein. Aus diesem Grunde überschreitet sie bei Abschluß des Vertrages immer ihren innergemeinschaftlichen Zuständigkeitsbereich. Die Rechtsfolgen dieser Kompetenzverstöße sind grundsätzlich die gleichen wie die oben beim gemischten Vertrag mit Aufteilung der Bindungswirkung dargestellten. Der gemischte Vertrag ohne Aufteilung der Bindungswirkung wäre demnach - eine

---

325 Cremona, OJLS 1982, S. 393 (405); Petersmann, ZaöRV Bd. 35 (1975), S. 213 (274).

Feststellung der Unvereinbarkeit durch den EuGH ist auch hier konstitutive Voraussetzung - innergemeinschaftlich unwirksam und undurchführbar.

Fraglich ist jedoch, ob bei dieser Variante des gemischten Vertrages nicht eine Überwindung der Kompetenzdefizite möglich ist. Im Gegensatz zum gemischten Vertrag mit Aufteilung der Bindungswirkung liegt hier letztlich ja keine qualitative, sondern lediglich eine quantitative Verletzung der innergemeinschaftlichen Kompetenzordnung vor. In diesem Fall ist die Gemeinschaft nicht wie beim gemischten Vertrag mit Aufteilung der Bindungswirkung "anstatt" der Mitgliedstaaten in Bereichen völkerrechtlich gebunden in denen ihr keine Kompetenzen zukommen, sondern vielmehr "neben" diesen. Es liegt insoweit keine alternative sondern eine kumulative völkerrechtliche Bindung der Gemeinschaft im Verhältnis zu den Mitgliedstaaten vor. Zu berücksichtigen ist ferner, daß bei dieser Variante des gemischten Vertrages den Mitgliedstaaten bewußt ist, daß sich die Gemeinschaft in Bereichen bindet, die allein in die Zuständigkeit der Mitgliedstaaten fallen. Aufgrund dieser strukturellen Unterschiede erscheint es notwendig, bei gemischten Verträgen ohne Aufteilung der Bindungswirkung zu untersuchen, ob und wie die innergemeinschaftliche Undurchführbarkeit dieses Vertrages vermieden werden kann.

Dazu werden verschiedene Lösungswege angeboten.

aa) Kompetenzübertragung

Ausgangspunkt einer Ansicht ist die Mitwirkung der Mitgliedstaaten am Vertragsschluß der Gemeinschaft. Diese Mitwirkung habe auch eine innergemeinschaftliche Komponente.[326] Durch die Mitwirkung würden der Gemeinschaft alle diejenigen Kompetenzen "übertragen", über die sie noch nicht verfügt. Der EG-Vertrag werde insoweit punktuell durchbrochen.[327] Diese Durchbrechung unterscheide sich von der Vertragsänderung dadurch, daß die Zuständigkeitsvorschriften des EG-Vertrages nicht generell für die Zukunft, sondern nur für den konkreten Vertrag ad hoc geändert wird.[328]

Diese Ansicht ist gemeinschaftsrechtlich bedenklich. Die mittels des gemischten Vertrages vorgenommene Vertragsdurchbrechung mißachtet das in Art. 48 EU-Vertrag vorgesehene Vertragsänderungsverfahren, das auch für eine punktuelle Vertragsdurchbrechung gilt.[329]

Zu erwägen ist jedoch, ob neben diesem streng formalisierten Verfahren ein sog. "allgemeines Vertragsänderungsrecht"[330] existiert. Dies wird unter dem Hinweis der

---

326 Bleckmann, EuR 1976, S. 301 (303 f.); Krück, Völkerrechtliche Verträge, S. 141 f.

327 Krück, Völkerrechtliche Verträge, S. 102, 142; Bleckmann, in: O'Keeffe/Schermers (Hrsg.), Mixed Agreements, S. 155 (156 ff.); ders., EuR 1976, S. 301 (305).

328 Bleckmann, EuR 1976, S. 301 (305).

329 Dauses, in: Ress (Hrsg.), Souveränitätsverständnis, S. 171 (191); Arnold, AVR Bd. 19 (1980/81), S. 419 (439 ff.); dies erkennt auch Bleckmann, EuR 1976, S. 301 (305 ff.), der jedoch einen Verstoß gegen das Vertragsänderungsverfahren verneint.

330 So Meng, Das Recht der Internationalen Organisationen, S. 120 f.

Dispositionsbefugnis der Mitgliedstaaten teilweise vertreten.[331] Die überwiegende Ansicht geht jedoch von einem zwingenden Charakter des Vertragsänderungsverfahrens aus, zu dessen Einhaltung die Mitgliedstaaten verpflichtet sind.[332] Nur diese Ansicht wird der Selbständigkeit der Gemeinschaft gerecht. Durch die Europäische Gemeinschaft ist ein neues Völkerrechtssubjekt geschaffen worden, das mit einem eigenen institutionellen Gefüge ausgestattet ist, so daß es auch den Mitgliedstaaten mit eigenständigen Rechten gegenübertreten kann. Bei einer solchen Organisation mit "Durchgriffscharakter", wie sie die Europäischen Gemeinschaft aufgrund ihrer supranationalen Elemente darstellt, ist es unabdingbar, daß das Vertragsänderungsverfahren nicht zur Disposition der Mitgliedstaaten gestellt wird. Insoweit sind die Mitgliedstaaten nicht "Herren der Verträge".[333] Demnach kann das Kompetenzdefizit der Gemeinschaft nicht durch eine Vertragsdurchbrechung überwunden werden.

bb) Übertragung von Wahrnehmungsbefugnissen auf die Europäische Gemeinschaft

Zu erwägen ist weiterhin, ob es zur Überwindung des Kompetenzdefizits der Gemeinschaft nicht genügt, daß die Mitgliedstaaten der Gemeinschaft Wahrnehmungsbefugnisse übertragen. Im Unterschied zur Kompetenzübertragung verbleibt dabei die Kompetenz bei den Mitgliedstaaten, die Befugnis diese wahrzunehmen geht jedoch auf die Gemeinschaft über.[334] Danach könnte die Gemeinschaft ihre Vertragsschlußbefugnis auf den gesamten gemischten Vertrag erstrecken. Bezüglich des einen Teils des gemischten Vertrages könnte sie sich auf ihre eigenen Kompetenzen stützen, bezüglich des verbleibenden Teils könnte sie sich auf die ihr von den Mitgliedstaaten übertragene Wahrnehmungsbefugnis berufen.

Da die Übertragung der Wahrnehmungsbefugnis jedoch gerade die Inhaberschaft der Kompetenzen nicht berührt, vermag sie keine eigene Verbindlichkeit der Gemeinschaft im mitgliedstaatlichen Kompetenzbereich zu begründen.[335] Auch die Übertragung von Wahrnehmungsbefugnissen ist somit nicht in der Lage, das Kompetenzdefizit der Gemeinschaft zu überwinden.[336]

cc) Treuhänderisches Tätigwerden

Auch der von Dauses entwickelte Gedanke des treuhänderischen Tätigwerdens der Mitgliedstaaten für die Gemeinschaft[337] überwindet letztlich nicht das Kompetenzde-

---

331 Bernhardt, in: FS Bindschedler, S. 229 (234 f.); Meng, Das Recht der Internationalen Organisationen, S. 121; Scheuner, in: Heydte u.a. (Hrsg.), Völkerrecht und rechtliches Weltbild, FS Verdross, S. 229 (237).

332 Balekjian, in: Schreuer (Hrsg.), Autorität und internationale Ordnung, S. 155 (164); Meessen, EuR 1980, S. 36 (41); Everling, in: Bernhardt u.a. (Hrsg.), FS Mosler, S. 173 (188).

333 So auch Arnold, AVR Bd. 19 (1980/81), S. 419 (445).

334 Bünten, Staatsgewalt und Gemeinschaftshoheit, S. 54 ff.

335 Stein, Der gemischte Vertrag, S. 120.

336 Arnold, AVR Bd. 19 (1980/81), S. 419 (447), kommt zu demselben Ergebnis für das entsprechende Problem der Übertragung von Wahrnehmungsbefugnissen der Gemeinschaft auf die Mitgliedstaaten.

337 Dauses, in: Ress (Hrsg.), Souveränitätsverständnis, S. 171 (191 ff.); ders., EuR 1979, S. 138 (164 ff.); ablehnend: Arnold, AVR Bd. 19 (1980/81), S. 419 (448 f.).

fizit der Gemeinschaft. Diese "actio pro communitate" könnte allenfalls das Kompetenzdefizit auf Seiten der Mitgliedstaaten überwinden, nicht jedoch dasjenige auf Seiten der Gemeinschaft.

dd) Grundsatz der Gemeinschaftstreue

Eine Überwindung des Kompetenzdefizits der Gemeinschaft könnte sich jedoch aus dem Grundsatz der Gemeinschaftstreue ergeben.[338]

Die Verpflichtung der Mitgliedstaaten zur Gemeinschaftstreue in ihrem Verhältnis zur Gemeinschaft ergibt sich aus Art. 10 Abs. 1 Satz 2 EGV.[339] Daraus erwächst den Mitgliedstaaten die Pflicht, der Gemeinschaft die Erfüllung ihrer Aufgaben zu erleichtern und das Erreichen des Gemeinschaftszwecks zu fördern.[340] Sein Regelungsgehalt umfaßt dabei sowohl Erfüllungs- als auch Unterstützungs- und Unterlassungspflichten der Mitgliedstaaten.[341] Die besondere Bedeutung dieses Grundsatzes hat der EuGH zum Ausdruck gebracht, als er beispielsweise im Seefischerei-Urteil [342] feststellte, daß die Mitgliedstaaten unter bestimmten Umständen als Sachwalter des gemeinsamen Interesses im Kompetenzbereich der Gemeinschaft tätig werden können.[343]

Aus Art. 10 Abs. 2 EGV ergibt sich darüber hinaus, daß die Mitgliedstaaten keine Maßnahmen erlassen dürfen, die den internen Funktionsablauf der Gemeinschaftsorgane behindern könnten.[344]

Der Grundsatz der Gemeinschaftstreue findet aber auch auf die Gemeinschaft im Verhältnis zu den Mitgliedstaaten Anwendung. So begründet Art. 307 Abs. 1 EGV die (stillschweigende) Verpflichtung der Gemeinschaftsorgane, die Mitgliedstaaten bei der Erfüllung ihrer Pflichten aus vorgemeinschaftlichen Übereinkommen nicht zu behindern.[345] In einem anderen Urteil hat der Gerichtshof den Grundsatz der Gemeinschaftstreue als die gegenseitige Pflicht der Mitgliedstaaten und der Gemeinschaftsorgane zur loyalen Zusammenarbeit bezeichnet.[346]

Nach Stein[347] müssen die aufgezeigten Treuepflichten sowohl der Mitgliedstaaten als auch der Gemeinschaft bezüglich des Abschlusses von gemischten Verträgen unter dem Aspekt der Wechselseitigkeit dieser Loyalitäts- und Solidaritätspflichten

---

338 Allgemein zum Grundsatz der Gemeinschaftstreue in dezentralen Systemen siehe Woelk, ÖZöR Bd. 52 (1997), S. 527 ff.; sowie speziell zum Prinzip der Gemeinschaftstreue in der Europäischen Gemeinschaft: Lück, Die Gemeinschaftstreue, passim; ausführlich zum folgenden Stein, Der gemischte Vertrag, S. 144 ff.

339 Bleckmann, Europarecht, Rn. 419.

340 V. Bogdandy/Nettesheim, in: Grabitz/Hilf, EU-Kommentar, Rn. 1 zu Art. 5 EGV.

341 So Woelk, ÖZöR Bd. 52 (1997), S. 527 (541).

342 EuGH, Rs. 804/79, Seefischerei-Erhaltungsmaßnahmen, Slg. 1981, 1045 ff.

343 Ebda., 1074.

344 EuGH, Rs. 208/80, Europäisches Parlament, Slg. 1981, 2205 (2218 ff.).

345 EuGH, Rs. 812/79, Fischerei, Slg. 1980, 2787 (2803); vgl. auch Krück, Völkerrechtliche Verträge, S. 133.

346 EuGH, Rs. 230/81, Sitz des Parlaments, Slg. 1983, 255 ff.

347 Stein, Der gemischte Vertrag, S. 147 f.

gesehen werden.[348] Im Bereich der Außenbeziehungen sieht der Gerichtshof sowohl die Gemeinschaft als auch die Mitgliedstaaten als verpflichtet an, beim Abschluß von völkerrechtlichen Verträgen zusammenzuwirken, um so den Vertragsschluß durch die Gemeinschaft zu fördern.[349] Stein überträgt diesen Gesichtspunkt auf den gemischten Vertrag. Seiner Ansicht nach obliegt den Gemeinschaftsorganen und den Mitgliedstaaten diese Pflicht auch, wenn die Gemeinschaft nicht für alle Sachbereiche des geplanten Vertrages zuständig ist und somit den Vertrag nicht alleine abschließen kann.[350] Wenn nun in so einem Fall keine Aufteilung der Bindungswirkung erfolgen soll, was im Interesse der Erhaltung des Integrationscharakters der Gemeinschaft durchaus wünschenswert ist,[351] so kann die Beteiligung der Gemeinschaft nur dadurch erfolgen, daß sie mit dem Vertragsabschluß in die mitgliedstaatlichen Kompetenzen eingreift. In dieser Situation erwächst den Mitgliedstaaten die gemeinschaftsrechtliche Pflicht, den Vertragsschluß der Gemeinschaft zu fördern, indem sie den Eingriff in ihre Kompetenzen dulden.[352] Andererseits ist bei dieser Kompetenzverteilung auch die Beteiligung der Mitgliedstaaten erforderlich, um überhaupt einen Vertragsschluß herbeiführen zu können. Aus dem Grundsatz der Gemeinschaftstreue erwächst den Mitgliedstaaten die Pflicht und auch das Recht, sich an dem Vertrag zu beteiligen, da nur so der Vertragsschluß der Gemeinschaft gefördert werden kann. Durch die Beteiligung an diesem Vertrag werden die Mitgliedstaaten jedoch auch in Bereichen gebunden, die in den Kompetenzbereich der Gemeinschaft fallen. Diesen Eingriff müssen wiederum die Gemeinschaftsorgane wegen der Wechselseitigkeit des Grundsatzes der Gemeinschaftstreue dulden.[353]

Bei einem gemischten Vertrag ohne Aufteilung der Bindungswirkung können demnach aufgrund des Grundsatzes der Gemeinschaftstreue durch das einverständliche Handeln der Mitgliedstaaten und der Gemeinschaftsorgane die jeweiligen Kompetenzdefizite überwunden werden.[354]

Zu beachten ist indes, daß die gemeinsame Beteiligung von Gemeinschaft und Mitgliedstaaten nach Auffassung des EuGH nur in engen Grenzen zulässig ist, und zwar nur dann, wenn die gemeinsame Beteiligung erforderlich ist und nicht die Strukturen des EG-Vertrages beeinträchtigt.[355] Bezüglich der Erforderlichkeit hat der EuGH in seinem Gutachten zum Naturkautschuk-Übereinkommen[356] klargestellt, daß ein Abkommen der Gemeinschaft nur dann als gemischter Vertrag erfolgen darf, wenn Teile des Abkommens in die ausschließliche Zuständigkeit der Mitgliedstaaten fallen.[357] Eine Beeinträchtigung der Struktur des EG-Vertrages liegt nach Ansicht des EuGH dann vor, wenn der gemischte Vertrag die Handlungsfähigkeit der Gemein-

---

348 So in anderem Zusammenhang auch Hilf, ZaöRV Bd. 35 (1975), S. 51 (58).

349 EuGH, verb. Rs. 3, 4 und 6/76, Biologische Schätze des Meeres, Slg. 1976, 1279 ff.

350 Stein, Der gemischte Vertrag, S. 149.

351 Groux/Manin, Die Europäische Gemeinschaft in der Völkerrechtsordnung, S. 85 f.; Ehlermann, in: O'Keeffe/Schermers (Hrsg.), Mixed Agreements, S. 1 (15).

352 So auch Stein, Der gemischte Vertrag, S. 149.

353 Stein, ebda. S. 149.

354 Streinz, Europarecht, S. 121 f. Rn. 430; Stein, Der gemischte Vertrag, S. 149 f.

355 EuGH, Gutachten Nr. 1/76, Slg. 1977, 741 ff.; vgl. auch Meessen, EuR 1980, S. 36 (40 f.).

356 EuGH, Gutachten Nr. 1/78, Slg. 1979, 2871 ff.

357 EuGH, ebda., 2871 Rz. 60.

schaft beeinträchtigt und in der Beziehung der Gemeinschaftsorgane und der Mitgliedstaaten zueinander wesentliche Strukturmerkmale des EG-Vertrages verändert.[358] Um diesem Erfordernis gerecht zu werden, muß die Durchführung des gemischten Vertrages der innergemeinschaftlichen Kompetenzverteilung entsprechen. Die Durchführung des gemischten Vertrages obliegt, wie oben auf völkerrechtlicher Ebene bereits dargelegt, dem nach der Gemeinschaftsrechtsordnung jeweils Zuständigen.[359]

Als Ergebnis läßt sich somit festhalten, daß entgegen der kumulativen völkerrechtlichen Bindung auf Seiten der Gemeinschaft bei dieser Art der gemischten Verträge zwar grundsätzlich bei beiden Gemeinschaftsgruppenteilen ein Kompetenzdefizit vorliegt, dieses den gemischten Vertrag innergemeinschaftlich aber nicht unwirksam und undurchführbar macht. Ein solcher gemischter Vertrag ist demnach gemeinschaftsrechtlich wirksam und durchführbar.[360]

c) Zwischenergebnis

Die Beurteilung der innergemeinschaftlichen Wirksamkeit von kompetenzwidrigen gemischten Verträgen hängt davon ab, ob das gemischte Abkommen eine Aufteilung der Bindungswirkung vornimmt.

Der gemischte Vertrag, der eine solche Aufteilung aufweist, ist nur dann innergemeinschaftlich wirksam, wenn im Zeitpunkt des Vertragsschlusses die gemeinschaftsinterne Kompetenzverteilung und die Verteilung der Bindungswirkung übereinstimmt. Ist dagegen die Gemeinschaft aufgrund der Trennungsklausel oder des Wortlauts des Vertrags in Bereichen als Berechtigter oder Verpflichteter gebunden, die in die Kompetenz der Mitgliedstaaten fallen, so ist dieser Vertrag insoweit nicht mit dem EG-Vertrag vereinbar und demzufolge innergemeinschaftlich teilweise undurchführbar. Die innergemeinschaftliche Unwirksamkeit und damit auch die gemeinschaftliche Undurchführbarkeit wird jedoch nur durch eine dementsprechende Entscheidung des EuGH ausgelöst. Bis zu diesem Zeitpunkt ist auch der gemischte Vertrag mit Aufteilung der Bindungswirkung gemeinschaftsrechtlich wirksam und für die Gemeinschaftsorgane und die Mitgliedstaaten bindend.

Die notwendige Kompetenzüberschreitung der Gemeinschaft bei gemischten Verträgen, die keine Aufteilung der Bindungswirkung vornehmen, wird dagegen aufgrund des Prinzips der Gemeinschaftstreue geheilt, wenn die gemeinsame Beteiligung von Gemeinschaft und Mitgliedstaaten erforderlich ist und durch den gemischten Vertrag die Struktur des EG-Vertrages nicht beeinträchtigt wird.

d) Auslegungsbefugnis des Europäischen Gerichtshofs

Bei gemischten Verträgen stellt sich zusätzlich das Problem, inwieweit der EuGH befugt ist, solche Bestimmungen des Vertrages auszulegen, die in den Zuständig-

---

358 EuGH, Gutachten Nr. 1/76, Slg. 1977, 741 (741 Rz. 10 ff.).

359 Streinz, Europarecht, S. 121 f. Rn. 430; Vedder, in: Grabitz/Hilf, EU-Kommentar, Rn. 23 zu Art. 228 EGV.

360 Im Ergebnis h.M., siehe nur Vedder in: Grabitz/Hilf, EU-Kommentar, Rn. 23 zu Art. 228 EGV.

keitsbereich der Mitgliedstaaten fallen. Die Beantwortung dieser Frage ist abhängig davon, inwieweit es sich bei einem gemischten Vertrag überhaupt um ein Gemeinschaftsabkommen i.S.d. Art. 300 EGV handelt. Man könnte erwägen, daß unter Gemeinschaftsabkommen alle völkerrechtlichen Verträge zu verstehen sind, an denen die Gemeinschaft als Vertragspartei beteiligt ist.[361] Danach wären auch die gemischten Verträge als Gemeinschaftsabkommen zu klassifizieren. Indirekt wird diese Definition des Gemeinschaftsabkommens durch die Rechtsprechung des EuGH gestützt. In den Fällen, in denen der Gerichtshof gemischte Verträge auszulegen hatte, hat er diese wie Gemeinschaftsabkommen behandelt, ohne vorab zu prüfen, ob die auszulegende Bestimmung unter die Vertragsschlußkompetenz der Gemeinschaft fällt.[362] Besonders deutlich wurde diese Auffassung des EuGH in der Razanatsimba-Entscheidung[363], in der der Gerichtshof im Rahmen einer Vorabentscheidung gem. Art. 234 EGV Art. 62 des Lomé I-Abkommens[364] auslegte, der nach seinem Wortlaut auf der Seite der Gemeinschaftsgruppe ausdrücklich nur die Mitgliedstaaten verpflichtet. In den Schlußanträgen zu dieser Entscheidung widmete sich aber der Generalanwalt diesem Problem, indem er die Voraussetzung aufstellte, daß die Gemeinschaft durch das Abkommen gebunden sein muß und die Bindung auch für die Bestimmung besteht, um deren Auslegung ersucht wird[365], was er ohne Begründung für Art. 62 Lomé I-Abkommen bejahte. Diese Ansicht, die eine Auslegungsbefugnis dann bejaht, wenn sowohl das Abkommen als auch die einzelne entscheidungserhebliche Bestimmung eine völkerrechtliche Bindung der Gemeinschaft begründet, erscheint sachgerecht. Nur so kann die auf der völkerrechtlichen Ebene vorgenommene Differenzierung zwischen gemischten Verträgen, die eine Verteilung der Bindungswirkung vornehmen und solchen, die die Gemeinschaft und die Mitgliedstaaten an den gesamten Vertragsinhalt binden, auch auf gemeinschaftsrechtlicher Ebene berücksichtigt werden.

Bei gemischten Abkommen muß somit wiederum differenziert werden: Die gemischten Verträge, die keine Verteilung der Bindungswirkung vornehmen, sind demnach vollständig als Gemeinschaftsabkommen anzusehen und demzufolge ist der EuGH befugt, den gesamten Vertrag auszulegen.[366] Bei gemischten Verträgen, die eine Verteilung der Bindungswirkung vornehmen, kann jedoch nur insoweit von einem Gemeinschaftsabkommen gesprochen werden, als die Vertragsbestimmungen die Gemeinschaft binden. Soweit die Mitgliedstaaten aus den Vertragsbestimmungen verpflichtet werden, liegt demnach kein Gemeinschaftsabkommen vor, so daß sich die Interpretationsbefugnis des Gerichtshofs auf diesen Teil des gemischten Vertrages grundsätzlich nicht erstreckt. Jedoch muß der EuGH auch bei solchen Verträgen die Möglichkeit haben, die zu interpretierende Vertragsvorschrift im systematischen Gesamtzusammenhang des Vertrages zu sehen. Dies impliziert die

---

361 So Groux/Manin, Die Europäische Gemeinschaft in der Völkerrechtsordnung, S. 118.

362 Vgl. nur: EuGH, Rs. 87/75, Bresciani, Slg. 1976, 129 ff.; EuGH, Rs. 181/73, Haegeman, Slg. 1974, 449 ff.

363 EuGH, Rs. 65/77, Razanatsimba, Slg. 1977, 2229 ff.

364 Abgedruckt in: ABl. Nr. L 25 vom 30. 1. 1976, S. 2 ff.

365 Schlußanträge GA zu EuGH, Rs. 65/77, Razanatsimba, Slg. 1977, 2229 (2243).

366 Stein, Der gemischte Vertrag, S. 187 f.; Cremona, OJLS 1982, S. 393 (427); unentschlossen: Bebr, EuR 1983, S. 128 (134); offengelassen EuGH, Rs. 12/86, Demirel, Slg. 1987, 3747 (3751); a.A.: Tomuschat, in: G/T/E, EU-Kommentar, Rn. 79 zu Art. 228 EGV m.w.N.

Notwendigkeit, insoweit auch den in den Zuständigkeitsbereich der Mitgliedstaaten fallenden Vertragsteil für seine Auslegung mit berücksichtigen zu können.[367]

6. Ergebnis

Die gemeinschaftsrechtliche Wirksamkeit und damit die Durchführbarkeit kompetenzwidriger völkerrechtlicher Verträge der Gemeinschaft sind differenziert zu betrachten.

Reine Gemeinschaftsabkommen der Gemeinschaft, die diese in Bereichen binden, die in die Zuständigkeit der Mitgliedstaaten fallen, sind, nachdem der EuGH die gemeinschaftsrechtliche Unwirksamkeit festgestellt hat, insoweit innergemeinschaftlich ungültig und damit undurchführbar, als sich die Gemeinschaft in Kompetenzbereichen bindet, die bei den Mitgliedstaaten verblieben sind.

Bei gemischten Verträgen ist für die gemeinschaftsrechtliche Wirksamkeit zwischen solchen ohne Verteilung der Bindungswirkung und solchen mit Bindungswirkungsverteilung zu unterscheiden. Nur im ersten Fall wird unter der Voraussetzung, daß die Beteiligung der Mitgliedstaaten an dem Abkommen erforderlich ist und der Abschluß des Vertrages die Struktur des EG-Vertrages nicht beeinträchtigt, das aufgrund der kumulativen völkerrechtlichen Bindung bestehende Kompetenzdefizit der Gemeinschaft überwunden. Der Vertrag ist somit gemeinschaftsrechtlich wirksam und durchführbar.

Der gemischte Vertrag mit Verteilung der Bindungswirkung hingegen ist, wenn die gemeinschaftsinterne Kompetenzverteilung von der Verteilung der Bindungswirkung differiert und der Gerichtshof die gemeinschaftsrechtliche Unwirksamkeit festgestellt hat, nicht EG-Vertragskonform und somit insoweit innergemeinschaftlich undurchführbar.

B. Sekundärrecht

Die Darstellung der Rechtsfolgen eines Handelns "ultra vires" der Gemeinschaft bei Erlaß von gemeinschaftlichem Sekundärrecht beschränkt sich im Rahmen dieser Arbeit wegen ihrer generellen Bedeutung, wie oben bereits angesprochen, auf Verordnungen und Richtlinien.

Nach Art. 249 Abs. 1 EGV erlassen das Europäische Parlament und der Rat gemeinsam, der Rat und die Kommission Verordnungen und Richtlinien. Zugleich statuiert Art. 249 Abs. 1 EGV auch die Voraussetzungen des Erlasses dieser Rechtsakte. Danach sind die in Art. 249 Abs. 1 EGV aufgeführten Gemeinschaftsorgane nur nach Maßgabe des EG-Vertrages und zur Erfüllung ihrer Aufgaben befugt, Sekundärrecht zu erlassen. Rechtsakte, die die Gemeinschaft unter Überschreitung ihrer Kompetenzen erläßt, erfüllen diese Voraussetzungen gerade nicht.

---

367 Tomuschat, Aussprache zu seinem Vortrag, in: Hilf/Tomuschat (Hrsg.), EG und Drittstaatsbeziehungen, S. 139 (161); ders., in: G/T/E, EU-Kommentar, Rn. 79 zu Art. 228 EGV.

Fraglich ist jedoch, welche gemeinschaftsrechtlichen Rechtsfolgen ein solches kompetenzwidriges Handeln der Gemeinschaftsorgane auslöst.

1. Vermutung der Gültigkeit

Man könnte erwägen, daß kompetenzwidrige Rechtsakte der Gemeinschaftsorgane generell als absolut nichtig[368] anzusehen sind. Dies hätte zur Folge, daß solche Rechtsakte "nicht- bzw. inexistent"[369] sind und von vornherein ohne jegliche Rechtswirkung wären.[370]

Daß die Theorie von der Inexistenz grundsätzlich auch im Gemeinschaftsrecht Anwendung findet, wird sowohl durch die Praxis der Kommission[371] als auch durch die ständige Rechtsprechung des EuGH[372] bestätigt. Die Annahme einer solchen Inexistenz eines Gemeinschaftsrechtsaktes ist auch trotz des umfassenden Katalogs des Art. 230 EGV grundsätzlich möglich[373], denn die Überprüfbarkeit eines Rechtsakts im Verfahren des Art. 230 EGV setzt voraus, daß überhaupt ein solcher zustande gekommen ist.

Eine Qualifizierung als "Nicht-Akt" muß jedoch aus Gründen der Rechtssicherheit auf eng umgrenzte Ausnahmefälle beschränkt sein. Denn grundsätzlich spricht für die Rechtsakte der Gemeinschaft die Vermutung der Gültigkeit. Sie entfalten selbst dann, wenn sie fehlerhaft sind, Rechtswirkungen, solange sie nicht aufgehoben oder zurückgenommen werden.[374] Etwas anderes gilt nach Auffassung des Gerichtshofs jedoch dann, wenn ein Rechtsakt offenkundig mit einem derart schweren Fehler be-

---

368 In der gemeinschaftsrechtlichen Terminologie wird anstatt von der absoluten Nichtigkeit überwiegend von Inexistenz gesprochen, ohne daß ein inhaltlicher Unterschied zwischen beiden Begriffen gemacht wird, vgl. Annacker, EuZW 1995, S. 755 (755); eine Unterscheidung zwischen absoluter Nichtigkeit und Inexistenz scheint dagegen Cahier, RGDIP 1972, S. 645 (652 f., 662), vorzunehmen.

369 So Wenig, in: Grabitz/Hilf, EU-Kommentar, Rn. 22 zu Art. 173 EGV; Krück, in: G/T/E, EU-Kommentar, Rn. 4 zu Art. 173 EGV, Annacker, EuZW 1995, S. 755 (755); umfassend zur Theorie der Inexistenz, Bergerès, Rtde, Bd. 25 (1989), S. 393 ff.

370 Annacker, EuZW 1995, S. 755 (756).

371 Vgl. nur EuGH, Rs. 15/85, Consorzio Cooperativa d'Abruzzo/Kommission, Slg. 1987, 1005 ff.; EuGH, Rs. 415/93, Jean-Marc Bosmann/Kommission, Slg. 1995 I - 4837 ff., bei denen die Kommission in Verfahren nach Art. 230 EGV jeweils die Inexistenz des von ihr erlassenen Rechtsaktes einwandte.

372 EuGH, verb. Rs. 7/56 u. 3-7/57, Giacomo Algera u.a./Gemeinsame Versammlung, Slg. 1957, 87 ff.; EuGH, verb. Rs. 1/57 u. 14/57, Société des usines à tubes de la Sarre/Hohe Behörde, Slg. 1957, 217 ff.; EuGH, Rs. 6 u. 11/69, Kommission/Frankreich, Slg. 1969, 523 ff.; EuGH, verb. Rs. 15-33, 52, 53, 57-109, 116, 117, 123, 132, 135-137/73, Roswitha Kortner/Rat u.a.; Slg. 1974, 177 ff., EuGH, Rs. 15/85, Consorzio Cooperativa d'Abruzzo/Kommission, Slg. 1987, 1005 ff.; vgl. auch EuG, Rs. T- 156/89, Iñigo Valverde Mordt/Gerichtshof, Slg. 1991, II - 407 ff.; EuG, verb. Rs. T-79, T-84-86, T-89, T-91, T-92, T-94, T-96, T-98, T-102, T-104/89, BASF u.a., Slg. 1992, II - 315 ff.

373 Borchard, in: Lenz, EGV, Rn. 7 zu Art. 173 EGV; Bleckmann, Europarecht, Rn. 542.

374 EuGH, Rs. C-137/92, Kommission/BASF u.a., Slg. 1994, I - 2555 (2556); Gündisch, Rechtsschutz, S. 78.

haftet sind, daß die Gemeinschaftsrechtsordnung ihn nicht tolerieren kann[375]. Bei Vorliegen dieser Kriterien entfaltet der Rechtsakt nicht einmal vorläufige Rechtswirkung und ist rechtlich inexistent.[376]

Ob ein Tätigwerden der Gemeinschaftsorgane im Kompetenzbereich der Mitgliedstaaten einen solchen schweren und offensichtlichen Fehler begründet und damit solche Rechtsakte rechtlich inexistent sind, ist jedoch fraglich.

a) Rechtsprechung des Gerichtshofs

In einem Vertragsverletzungsverfahren gegen Frankreich prüfte der Gerichtshof, ob eine Handlung von Gemeinschaftsorganen in mitgliedstaatlichen Kompetenzbereichen in der Gemeinschaftsrechtsordnung jeder Rechtsgrundlage entbehre und führte aus:

> „Macht ein Staat in einem gegen ihn eingeleiteten Verfahren wegen Vertragsverletzung geltend, die Entscheidung, deren Erfüllung er sich entzogen hat, sei auf einem Gebiet getroffen worden, das zu seiner ausschließlichen Zuständigkeit gehört, so muß der Gerichtshof diese Behauptung selbst dann prüfen, wenn die Entscheidung unanfechtbar geworden ist. Diese Nachprüfung entspricht einem Grunderfordernis der Rechtsordnung, denn erwiese sich die Behauptung als zutreffend, so würde die Entscheidung jeder Rechtsgrundlage in der Gemeinschaftsrechtsordnung entbehren."[377]

Der Gerichtshof kam in seiner Entscheidung zwar letztlich zu dem Ergebnis, daß dieser Rechtsakt jeglicher Rechtsgrundlage in der Gemeinschaftsrechtsordnung entbehre. Trotzdem bezeichnete der Gerichtshof diese Handlung nicht als absolut nichtig.

In einem weiteren Verfahren[378] bejahte der Gerichtshof die seitens der Kommission erhobene Einrede der Unzulässigkeit einer Klage Italiens. Auch in diesem Verfahren bezeichnete er die Handlung des Gemeinschaftsorgans nicht als absolut nichtig. Vielmehr deutete er ein Fernschreiben der Kommission lediglich als Stellungnahme im Rahmen der internen Zusammenarbeit zwischen der Kommission und den innerstaatlichen Stellen und nicht als bindende Verfügung, da aufgrund der fehlenden Kompetenz der Gemeinschaft die Zuständigkeit für dieses Gebiet den innerstaatlichen Behörden unterfalle und deshalb die Handlung der Kommission nicht geeignet sei, irgendwelche Rechtswirkungen zu erzeugen. Dementsprechend wies er die Klage Italiens als unzulässig zurück.

---

375 EuGH, Rs. 226/87, Kommission/Griechische Republik, Slg. 1988, 3611 (3624); EuGH, Rs. C-137/92, Kommission/BASF AG u.a., Slg. 1994, I - 2555 (2656 f.); Wenig, in: Grabitz/Hilf, EU-Kommentar, Rn. 2 zu Art. 184 EGV.

376 EuGH, ebda. 2556 f.

377 EuGH, verb. Rs. 6 u. 11/69, Kommission/Frankreich, Slg. 1969, 523 (540).

378 EuGH, Rs. 151/88, Italien/Kommission, Slg. 1989, 1255 ff.

b) Literatur

Auch die Literatur folgt mehrheitlich der Auffassung des Gerichtshofs und bejaht die rechtliche Inexistenz einer Handlung der Gemeinschaft nur in extremen Sonderfällen. Ein solcher Sonderfall soll danach erst dann vorliegen, wenn durch den Erlaß eines Rechtsaktes grundlegende Kompetenzregeln offensichtlich verletzt werden. [379]

Teilweise wird in der Literatur jedoch auch vertreten, daß, wenn die Gemeinschaft ihre Verbandskompetenzen überschreitet, absolute Unzuständigkeit vorliegt und der entsprechende Rechtsakt damit automatische nichtig ist.[380]

c) Stellungnahme

Die Antwort auf diese Frage muß darauf angelegt sein, die in dieser Konstellation widerstreitenden Interessen der Rechtssicherheit[381] und der Einhaltung der Rechtmäßigkeit zum Ausgleich zu bringen.

In Anbetracht der Schwierigkeit festzustellen, ob ein Rechtsakt der Gemeinschaft Bereiche regelt, die in den ausschließlichen Kompetenzbereich der Mitgliedstaaten fallen, erscheint es sachgerecht, nicht bei jeder Überschreitung der Verbandskompetenzen der Gemeinschaft die Inexistenz des betreffenden Rechtsakts anzunehmen.[382] Insoweit ist die Beschränkung auf die offensichtliche und schwere Verletzung (grundlegender) Kompetenzregeln, die der Gerichtshof in seiner Rechtsprechung vornimmt, ein angemessener Maßstab. Anderenfalls würde man auf gemeinschaftsrechtlicher Ebene die reine „ultra vires"-Theorie einführen, die, wie oben aus völkerrechtlicher Sicht dargestellt, auch auf der völkerrechtlichen Ebene nicht mehr vorherrschend ist und die Rechtsstellung der Gemeinschaft nicht angemessen berücksichtigt. Daneben würde auch der Nichtigkeitsgrund der Unzuständigkeit gem. Art. 230 Abs. 2 EGV in seinem Anwendungsbereich erheblich geschmälert, da dann nur noch Verstöße gegen die Organkompetenzen von der Fallgruppe der Unzuständigkeit gem. Art. 230 Abs. 2 EGV erfaßt würden. Verstöße gegen die Verbandskom-

---

379 Borchardt, in: Lenz, EGV, Rn. 8 zu Art. 173 EGV; ähnlich Annacker, EuZW 1995, S. 755 (757); vgl. auch Wenig, in: Grabitz/Hilf, EU-Kommentar, Rn. 11, 22 zu Art. 173 EGV, der in bezug auf die Organkompetenz einen Nichtakt bereits bei einer klaren Überschreitung dieser Kompetenz annehmen will, bei Überschreitung der Verbandskompetenz der Gemeinschaft jedoch nur in Ausnahmefällen von einem Nichtakt sprechen will; ebenso auch Ahlt, Europarecht, S. 56, der bei absoluter Unzuständigkeit grundsätzlich von einem vernichtbaren Akt ausgeht und nur in Ausnahmefällen einen Nicht-Akt annimmt, ohne jedoch darzulegen, anhand welcher Kriterien die Unterscheidung zu treffen ist.

380 So z.B. Emmert, Europarecht, § 19 Rn. 107, der zwar einerseits davon ausgeht, daß die Überschreitung der Verbandskompetenz der Gemeinschaft zur automatischen Nichtigkeit des so entstandenen Rechtsaktes führt, andererseits aber eine solche Kompetenzüberschreitung gleichwohl als Unterfall der Unzuständigkeit gem. Art. 230 Abs. 2 einzuordnen scheint.

381 Der EuGH, Rs. C-137/92, Kommission/BASF u.a., Slg. 1994, I - 2555 (2557) spricht insoweit von „Stabilität der Rechtsbeziehungen".

382 So auch Wenig, in: Grabitz/Hilf, EU-Kommentar, Rn. 22 zu Art. 173 EGV; Ahlt, Europarecht, S. 56; dies wird auch durch die Entscheidung des EuGH vom 5.10.2000 zur Tabakwerberichtlinie (Rs. C-376/98) bestätigt. Der EuGH erklärte diese Richtlinie zwar für nichtig, da der Gemeinschaftsgesetzgeber auf der Grundlage der von ihm herangezogenen Bestimmungen keine Zuständigkeit für den Erlaß dieser Richtlinie besessen habe, ging jedoch erkennbar nicht von einer Inexistenz aus.

petenzen würden pauschal zur Inexistenz des jeweiligen Rechtsaktes führen und damit als Nichtakt nicht mehr der Rechtmäßigkeitskontrolle des Art. 230 EGV unterfallen. Handlungen, die am Rechtsmangel der Unzuständigkeit leiden, sollen jedoch gem. Art. 230 Abs. 2 EGV vom Gerichtshof erst nach (zulässiger und) begründeter Nichtigkeitsklage gem. Art. 231 EGV für nichtig erklärt werden, so daß auch der EG-Vertrag solche Rechtsakte, die mit dem Rechtsmangel der Unzuständigkeit behaftet sind, grundsätzlich als existent ansieht. Denn nach einhelliger Meinung umfaßt Art. 230 EGV nicht nur die Unzuständigkeit wegen der Verletzung der horizontalen Kompetenzverteilung, sondern auch die Unzuständigkeit wegen der Verletzung der vertikalen Kompetenzverteilung.[383]

Fraglich ist jedoch wiederum, wann von einer offensichtlichen und schweren Verletzung einer grundlegenden Kompetenznorm gesprochen werden kann. Dies ist nicht automatisch bereits dann der Fall, wenn ein Rechtsakt der Gemeinschaft in den ausschließlichen Zuständigkeitsbereich der Mitgliedstaaten eingreift, denn eine solche Kompetenzüberschreitung muß keinesfalls offenkundig sein[384] und führt damit nicht notwendig zu seiner Inexistenz. Vielmehr muß über die (In-)Existenz eines Gemeinschaftsrechtsakts im Einzelfall unter Berücksichtigung der Schwere und Offensichtlichkeit seiner Mangelhaftigkeit befunden werden.[385] Danach kann z.B. ein Rechtsakt der Gemeinschaft, der an einem Fehler leidet, der bei der Lektüre des Rechtsaktes nicht erkennbar ist, nicht als inexistent angesehen werden, auch wenn es sich um eine besonders schwerwiegende Kompetenzverletzung handelt.[386]

Der EuGH selbst hat sich bisher noch nicht genauer zu den Kriterien geäußert, nach denen insbesondere die Schwere des Kompetenzverstoßes zu beurteilen ist, sondern hat lediglich festgestellt, daß auf Grund der Schwere der Folgen, die mit der Feststellung der Inexistenz eines Rechtsakts verbunden sind, der Aspekt der Rechtssicherheit verlange, daß diese Feststellung auf ganz außergewöhnliche Fälle zu beschränken sei.[387] Von einer solchen Verletzung wird man auch hier wiederum nur dann sprechen können, wenn eine offenkundige und eindeutige Verletzung einer grundlegenden Zuständigkeitsregel durch die Gemeinschaft vorliegt.[388] Dies wiederum wird wohl nur in den seltenen Fällen eines Tätigwerdens der Gemeinschaft in Kompetenzbereichen jenseits ihrer Aufgaben und Ziele in Betracht kommen.

---

383 Nicolaysen, Europarecht Bd. 1, S. 192; Ipsen, Europäisches Gemeinschaftsrecht, 43/31; Geiger, EGV-Kommentar, Rn. 30 zu Art. 173 EGV; Rengeling, Rechtsschutz in der EU, S. 97 f.; Borchardt, in: Lenz, EGV, Rn. 62 zu Art. 173 EGV; Hailbronner, in: Hailbronner, Handkommentar, Rn. 38 zu Art. 173 EGV; dies ergibt sich auch aus der Rechtsprechung des Gerichtshofs, wenn er bspsw. in EuGH, Rs. C-173/92, Kommission/BASF u.a., Slg. 1994, I-2555 (2557), feststellt, daß u.a. die Zuständigkeitsfehler der Gemeinschaft bei Erlaß der Entscheidung nicht als so schwer anzusehen seien, daß diese als rechtlich inexistent zu betrachten sei.

384 So auch Annacker, EuZW 1995, S. 755 (757).

385 EuGH, Rs. 15/85, Consorcio Cooperative d'Abbruzzo, Slg. 1987, 1005 ff.; Hailbronner, in: Hailbronner, Handkommentar, Rn. 13 zu Art. 173 EGV.

386 So Annacker, EuZW 1995, S. 755 (758).

387 Exemplarisch dazu die Entscheidung des EuGH, Rs. C-137/92 P, Kommission/BASF u.a., Slg. 1994, I - 2555 ff. in der er eine Entscheidung des EuG (Slg. 1992, II - 315 ff.) aufhob und sich darauf beschränkte festzustellen, daß entgegen der Ansicht des EuG in der Vorinstanz die (Zuständigkeits-)Fehler der Entscheidung „(...) nicht derart schwerwiegend sind, daß diese als rechtlich inexistent betrachtet werden müßte(n)."(ebda., I - 2557).

388 Borchardt, in: Lenz, EGV, Rn. 7 zu Art. 173 EGV.

Somit ist festzuhalten, daß in aller Regel auch ein kompetenzwidriges Handeln der Gemeinschaftsorgane im Zuständigkeitsbereich der Mitgliedstaaten zunächst Rechtswirkung erzeugt. Bis zu ihrer Nichtigkeitserklärung durch den Gerichtshof ist demnach grundsätzlich auch bei Rechtsakten der Gemeinschaftsorgane, die kompetenzwidrig erlassen wurden, von deren Gültigkeit auszugehen.[389]

Die ex tunc wirkende Nichtigerklärung in einer der Verfahrensarten vor dem Gerichtshof[390] führt zur Rechtswidrigkeit aller weiteren, auf dem für nichtig erklärten Rechtsakt beruhenden Handlungen. Diese ex tunc Wirkung der Nichtigerklärung ermöglicht es grundsätzlich, Schadensersatzklage für Schäden zu erheben, die aus der Anwendung des gemeinschaftlichen Rechtsakt bis zu dessen Nichtigerklärung entstanden sind[391], bzw. die Rückzahlung zu Unrecht gezahlter Leistungen zu verlangen, soweit die innerstaatlichen verfahrensrechtlichen Voraussetzungen erfüllt sind.[392]

Etwas anderes gilt jedoch dann, wenn die Kompetenzüberschreitung offensichtlich war und dem Rechtsakt der Gemeinschaft eine schwerwiegende Verletzung einer grundlegenden Kompetenznorm zugrunde liegt. In diesem Fall handelt es sich um einen sogenannten „Nichtakt", der keine Rechtswirkungen entfaltet und automatisch nichtig ist, also nicht erst durch ein Urteil des EuGH nichtig erklärt werden muß. Eine Feststellung der Inexistenz durch den Gerichtshof (bzw. das EuG) ist dann lediglich deklaratorisch.

2. Gerichtliche Nachprüfbarkeit durch den EuGH

Nachdem im vorherigen Abschnitt festgestellt wurde, daß auch bei Rechtsakten, die die Gemeinschaft unter Überschreitung ihrer Verbandskompetenzen erlassen hat, grundsätzlich eine Vermutung für die Gültigkeit der Rechtsakte der Gemeinschaftsorgane spricht, soll nun geprüft werden, ob und inwiefern solche kompetenzwidrigen Rechtsakte einer gerichtlichen Überprüfung vor dem EuGH unterzogen werden können. Dies wird anhand der verschiedenen in Betracht kommenden Verfahrensarten vor dem EuGH dargestellt[393].

a) Nichtigkeitsklage gem. Art. 230 EGV

In der Nichtigkeitsklage gem. Art. 230 EGV ist neben dem Vorabentscheidungsverfahren gem. Art. 234 EGV die wichtigste Konkretisierung des Art. 220 EGV zu sehen.[394] Sie ermöglicht dem Gerichtshof die Überprüfung der Rechtmäßigkeit von Rechtsakten der Gemeinschaftsorgane.

---

389 EuGH, Slg. 1979, 623 (636); Schweitzer/Hummer, Europarecht, S. 113; B/B/P/S, Die Europäische Union, S. 257; Hailbronner, in: Hailbronner, Handkommentar, Rn. 1 zu Art. 174 EGV.

390 Vgl. dazu sogleich unten.

391 EuGH, Slg. 1979, 2955 (2971).

392 EuGH, Slg. 1980, 1887 (1899); Slg. 1978, 1041 (1049); Slg. 1976, 677 (685).

393 Allgemein zum Rechtsschutz in der Europäischen Gemeinschaft vgl. Gündisch, Rechtsschutz, passim.

394 Krück, in: G/T/E, EU-Kommentar, Rn. 1 zu Art. 173 EGV.

aa) Passivlegitimierte Organe

Nach dem Wortlaut des Art. 230 Abs. 1 EGV, der über den Wortlaut des Art. 173 Abs. 1 EWGV weit hinausgeht, überprüft der EuGH die gemeinsamen Handlungen des Europäischen Parlaments und des Rates sowie die Handlungen des Rates, der Kommission und der Europäischen Zentralbank und die Handlungen des Europäischen Parlaments. Die Nichtigkeitsklage ist demnach gegen Rechtsakte dieser Gemeinschaftsorgane zulässig.

bb) Angreifbare Rechtsakte

Erfaßt werden von Art. 230 Abs. 1 EGV alle Handlungen, die nicht Empfehlungen oder Stellungnahmen sind. Demnach erfaßt die Nichtigkeitsklage die hier zu prüfenden Richtlinien und Verordnungen gem. Art. 249 EGV.

Wie oben dargestellt, sind in kompetenzwidrigen Organakten grundsätzlich keine "Nicht-Akte" zu sehen, so daß diese Rechtsakte "Handlungen" im Sinne von Art. 230 EGV darstellen. Aber auch die Feststellung der Inexistenz eines Gemeinschaftsrechtsaktes kann im Rahmen der Nichtigkeitsklage erlangt werden. Da die Gründungsverträge kein eigenständiges Verfahren zur Feststellung der Inexistenz eines Gemeinschaftsrechtsaktes vorsehen, kann diese Feststellung nur inzident erfolgen. Der EuGH deutete dabei die Klagen auf Aufhebung der Gemeinschaftsrechtsakte in Anträge auf Feststellung der Unzulässigkeit der Nichtigkeitsklage um.[395]

cc) Klagebefugnis

Klagebefugt sind gem. Art. 230 Abs. 2 EGV neben den Mitgliedstaaten, dem Rat und der Kommission auch das Europäische Parlament und die Europäische Zentralbank sowie jede natürliche oder juristische Person. Individualklagen sind jedoch nur zulässig gegen an den Kläger ergangene Entscheidungen sowie Entscheidungen, die ihn unmittelbar und individuell[396] betreffen, obwohl sie als Verordnungen oder als eine an eine andere Person gerichtete Entscheidung ergangen sind.

Hinsichtlich solcher Akte der Gemeinschaft, die als inexistent anzusehen sind, ergibt sich das weitere Problem, ob sich nur die Mitgliedstaaten in einem Vertragsverletzungsverfahren auf die Inexistenz des Gemeinschaftsaktes berufen können, nicht aber Individualpersonen und Unternehmen. Denn der Gerichtshof äußerte sich in dem bereits angesprochenen Vertragsverletzungsverfahren der Kommission gegen Frankreich[397] wie folgt:

> „ (...) in einem Verfahren, in dem die Kommission im Interesse der Gemeinschaft gegen einen Verstoß eines Mitgliedstaats einschreitet, ist es aber ein Grunderfordernis der Rechtsordnung, daß der Gerichtshof nach-

---

395 Vgl. Annacker, EuZW 1995, S. 755 (760).

396 Zu den Voraussetzungen der individuellen und unmittelbaren Betroffenheit ausführlich: B/B/P/S, Die Europäische Union, S. 269 ff.; Wenig, in: Grabitz/Hilf, EU-Kommentar, Rn. 52 ff. zu Art. 173 EGV.

397 EuGH, verb. Rs. 6 u. 11/69, Kommission/Frankreich, Slg. 1969, 523 (540).

prüft, ob dies (d.h. ob der Gemeinschaftsakt jeglicher Grundlage entbehrt; der Verfasser) der Fall ist.

Aufgrund dieser Formulierungen wurde in der Literatur früher z.T. vertreten, daß eine Prüfung der Inexistenz von Gemeinschaftsakten auf das Vertragsverletzungsverfahren beschränkt ist.[398] Bleckmann[399] hat aus diesen Formulierungen gefolgert, daß der EuGH die Aktivlegitimation zur Geltendmachung der Inexistenz auf die Mitgliedstaaten beschränkt hat. Einzelpersonen könnten sich danach nicht auf die Inexistenz eines Gemeinschaftsaktes berufen und wären demnach an diesen gebunden.

Es sprechen jedoch eine Anzahl von Argumenten gegen diese Beschränkung. Zum einen findet sich im EG-Vertrag keine positivrechtliche Ermächtigungsgrundlage für eine derartige Beschränkung der Geltendmachung der Inexistenz eines Gemeinschaftsrechtsakts.[400] Des weiteren hat der EuGH sich in seinem Urteil nicht ausdrücklich für eine derartige Beschränkung ausgesprochen, sondern wie jedes Gericht, nur für den Einzelfall entschieden, der in dieser Entscheidung in einem Vertragsverletzungsverfahren der Kommission gegen einen Mitgliedstaat bestand. Dementsprechend mußte der Gerichtshof in diesem Verfahren nicht darüber befinden, ob eine Geltendmachung der Inexistenz eines Gemeinschaftsrechtsakts auch in anderen Verfahren bzw. von anderen Prozeßbeteiligten geltend gemacht werden kann. Selbst wenn der Gerichtshof dem Interesse des Mitgliedstaates an der Gemeinschaftsrechtskonformität dann besondere Relevanz zuspricht, wenn ein Gemeinschaftsorgan gegen diesen Staat eine Klage erhebt, so ist doch nicht erkennbar, daß die Interessenlage eines Unternehmens bzw. eines Unionsbürgers denen seitens der Gemeinschaft ein rechtswidriges Verhalten vorgeworfen wird, derart von der Interessenlage eines Mitgliedstaats abweicht, daß dies eine Andersbehandlung ihrer Befugnis zur Berufung auf die Inexistenz eines Gemeinschaftsrechtsaktes begründen könnte.

Selbst wenn der Gerichtshof in seiner damaligen Entscheidung eine solche Beschränkung im Sinn gehabt haben sollte, so hat er diese zumindest inzwischen wieder aufgegeben. Denn in den zeitlich nachfolgenden Verfahren gegen PVC-Hersteller vor dem EuG[401] und dem EuGH[402] prüften die europäischen Gerichte, ob sich die PVC-Hersteller zu Recht auf die rechtliche Inexistenz der Entscheidung der Kommission beriefen. Das EuG bejahte die rechtliche Inexistenz der Kommissionsentscheidung, während der Gerichtshof die Inexistenz verneinte, jedoch nicht mit der Begründung, daß sich nur Mitgliedstaaten im Vertragsverletzungsverfahren auf die rechtliche Inexistenz eines Gemeinschaftsrechtsakts berufen könnten, sondern vielmehr mit der Begründung, daß die Fehler, die dem Gemeinschaftsrechtsakt zugrundelagen, nicht schwerwiegend und offensichtlich genug seien, um eine rechtliche Inexistenz des Gemeinschaftsrechtsakts zu begründen. Dies zeigt, daß auch Unternehmen und Privatpersonen außerhalb des Vertragsverletzungsverfahrens zumin-

---

398 So z.B. Brinkhorst/Verougstraete, CMLR 1970, S. 485 ff.

399 Europarecht, Rn. 542.

400 Annacker, EuZW 1995, S. 755 (760).

401 EuG, verb. Rs. T-79, T-84-86, T-89, T-91, T-92, T-94, T-96, T-98, T-102, T-104/89, BASF u.a., Slg.1992, II - 315 ff.

402 EuGH, Rs. C-137/92, Kommission/BASF u.a., Slg. 1994, I - 2555 ff.

dest in Fällen, in denen ihnen ein rechtswidriges Verhalten vorgeworfen wird, befugt sind, die rechtliche Inexistenz eines gegen sie gerichteten Gemeinschaftsrechtsaktes geltend zu machen. Eine Beschränkung der Aktivlegitimation ist demnach im Ergebnis abzulehnen.[403]

dd) Klagegründe

Die Nichtigkeitsklage ist begründet, wenn der angefochtene Rechtsakt an einem Fehler leidet, der unter einen der in Art. 230 Abs. 2 EGV aufgeführten Nichtigkeitsgründe fällt. Der Nichtigkeitsgrund der Unzuständigkeit wird von den Gemeinschaftsorganen verwirklicht, wenn sie eine Befugnis ausüben, die ihnen durch das Gemeinschaftsrecht nicht verliehen ist, wobei es nicht darauf ankommt, ob diese Befugnis einem anderen Gemeinschaftsorgan oder den Mitgliedstaaten zusteht.[404] Es ist, wie oben bereits dargestellt, danach irrelevant, ob ein Verstoß gegen die horizontale oder vertikale Kompetenzverteilung vorliegt.

Wenn das Gemeinschaftsorgan im Kompetenzbereich der Mitgliedstaaten handelt, so wird dies als absolute beziehungsweise äußere Unzuständigkeit bezeichnet.[405] Es ist jedoch auch hier zu berücksichtigen, daß die Gemeinschaftsorgane nur dann kompetenzwidrig handeln, wenn sie sich weder auf eine ausdrückliche Kompetenznorm, wozu auch die Generalermächtigung Art. 308 EGV zu zählen ist, noch auf eine implizite Kompetenz berufen können.[406]

ee) Klagefrist

Gem. Art. 230 Abs. 6 EGV ist eine Frist von zwei Monaten nach Bekanntgabe der Verordnung bzw. Richtlinie zu beachten, die aber unter den Voraussetzungen des Art. 241 EGV in dem dort geregelten Verfahren unbeachtlich ist. Bei solchen Gemeinschaftsrechtsakten, die inexistent sind, ist zu beachten, daß die Berufung auf die Inexistenz dieser Gemeinschaftsakte auch außerhalb der Klagfrist möglich ist.[407]

ff) Wirkung der Nichtigerklärung

Ist die Klage begründet, so erklärt der Gerichtshof die angefochtene Handlung gem. Art. 231 EGV für nichtig.[408] Dieses Urteil wirkt ex tunc und erga omnes.[409] Der für nichtig erklärte Rechtsakt wird rückwirkend so angesehen, als habe er niemals existiert.[410] Gem. Art. 233 EGV hat das Gemeinschaftsorgan, dem das für nichtig erklärte Handeln zur Last fällt, die sich aus dem Urteil ergebenden Maßnahmen zu ergrei-

---

403 Ebenso: Bleckmann, Europarecht, Rn. 542; Annacker, EuZW 1995, S. 755 (759 f.).

404 Krück, in: G/T/E, EU-Kommentar, Rn. 73 zu Art. 173 EGV.

405 Wenig, in: Grabitz/Hilf, EU-Kommentar, Rn. 21 f. zu Art. 173 EGV.

406 So auch Krück, in: G/T/E, EU-Kommentar, Rn. 74 zu Art. 173 EGV; kritisch zur Anwendung des Art. 308 EGV BVerfGE 89, 155 ff.

407 Vgl. nur EuG, verb. Rs. T-79, T-84-86, T-89, T-91, T-92, T-94, T-96, T-98, T-102, T-104/89, BASF u.a./Kommission, Slg. 1992, II - 315 (317).

408 Zur Frage, ob Art. 231 EGV für eine „nullité absolue" oder für eine „nullité relative" spricht, vgl. Cahier, RGDIP 1972, S. 645 (660).

409 Borchardt, in: Lenz, EGV, Rn. 3 zu Art. 174 EGV; B/B/P/S, Die Europäische Union, S. 272.

410 EuGH, Rs. 22/70, Kommission/Rat, Slg. 1971, 263 (279).

fen. Der EuGH kann jedoch gem. Art. 231 Abs. 2 EGV teilweise auch die weitere Wirkung einer für nichtig erklärten Verordnung anordnen. Der EuGH hat in einem Urteil über den Wortlaut hinaus Art. 231 Abs. 2 EGV auch auf Richtlinien ausgedehnt.[411] Eine solche Anordnung ist in Betracht zu ziehen, wenn ein Gemeinschaftsorgan eine Verordnung oder Richtlinie erlassen hat, die nur in Teilbereichen in den Kompetenzbereich der Mitgliedstaaten eingreift. Bezüglich der Teilbereiche, die der Rechtsakt EG-Vertragskonform regelt, kann der EuGH somit den Rechtsakt in Geltung belassen.[412]

Kommt der Gerichtshof bzw. das EuG hingegen zu dem Ergebnis, daß es sich bei dem angefochtenen Rechtsakt um einen inexistenten Akt der Gemeinschaft handelt, so ist die Klage zwar als unzulässig abzuweisen.[413] Gleichwohl haben sowohl der EuGH[414] als auch das EuG[415] trotz Abweisung der Klage der beklagten Partei die Kosten des Verfahrens (bzw. den Großteil dieser Kosten) auferlegt, da sie den Kläger dazu veranlaßt habe, zur Wahrung seiner Rechte Klage zu erheben.

b) Vorabentscheidung gem. Art. 234 EGV

Der Gerichtshof entscheidet ferner nach Art. 234 Abs. 1 b) EGV im Wege der Vorabentscheidung auf Vorlage der nationalen Gerichte über Fragen der Auslegung und Gültigkeit von Gemeinschaftsrecht. Folglich ist auch in diesem Verfahren die Gültigkeitskontrolle von Handlungen der Gemeinschaftsorgane, also auch von Richtlinien und Verordnungen, möglich. Bei der Prüfung der Gültigkeit des sekundären Gemeinschaftsrechts greift der EuGH auf die Nichtigkeitsgründe des Art. 230 Abs. 2 EGV zurück.[416] Jedoch erstreckt sich die Feststellung der Gültigkeit bzw. der Ungültigkeit von Gemeinschaftsrechtsakten bei Urteilen im Vorlageverfahren lediglich auf die dem Gerichtshof ausdrücklich vorgetragenen Überprüfungsgesichtspunkte. Daher tritt bei einer Gültigkeitserklärung keine Selbstbindung des EuGH ein, so daß er den überprüften Rechtsakt in jedem anderen Verfahren für ungültig erklären kann.[417]

Fraglich ist, ob die Ungültigkeitserklärung die Aufhebung des Rechtsaktes zur Folge hat. Der Gerichtshof ist der Auffassung, daß aus Rechtssicherheitserwägungen eine Ungültigkeitserklärung für alle mitgliedstaatlichen Gerichte einen Grund darstelle,

---

411 EuGH, Rs. 295/90, Parlament/Rat, Slg. 1992, 4193 ff.

412 Insoweit ergibt sich hier kein Unterschied zu den überwiegend ebenfalls als Verordnung erlassenen Beschlüssen des Rates über den Abschluß von völkerrechtlichen Verträgen, bei denen auch der EuGH lediglich eine teilweise innergemeinschaftliche Undurchführbarkeit annimmt (vgl. S. 68).

413 Vgl. nur EuG, verb. Rs. T-79, T-84-86, T-89, T-91, T-92, T-94, T-96, T-98, T-102, T-104/89, BASF u.a./Kommission, Slg.1992, II - 315 (364); EuGH, verb. Rs. 1/57 u. 14/57, Société des usines à tubes de la Sarre/Hohe Behörde, Slg. 1957, 217 ff.; EuGH, Rs. 15/85, Consorzio Cooperativa d'Abruzzo/Kommission, Slg. 1987, 1005 ff.; kritisch zu dieser Rechtsprechung: Allkemper, Der Rechtsschutz, S. 38 f.

414 EuGH, verb. Rs. 1/57 u. 14/57, Société des usines à tubes de la Sarre/Hohe Behörde, Slg. 1957, 217 (236).

415 EuG, verb. Rs. T-79, T-84-86, T-89, T-91, T-92, T-94, T-96, T-98, T-102, T-104/89, BASF u.a./Kommission, Slg.1992, II - 315 (365).

416 Vgl. Schweitzer/Hummer, Europarecht, S. 126.

417 Schweitzer/Hummer, Europarecht, S. 129.

den betreffenden Rechtsakt ebenfalls als ungültig anzusehen.[418] Somit führt das Vorabentscheidungsverfahren nach Ansicht des Gerichtshofs zu denselben Konsequenzen wie die Nichtigkeitsklage, so daß folglich auch kein Gemeinschaftsorgan den für ungültig erklärten Rechtsakt mehr anwenden darf.[419]

Die Frage der Inexistenz kann sich dem Gerichtshof demnach auch im Wege eines Vorabentscheidungsverfahrens gem. Art. 234 EGV stellen. Fraglich ist jedoch, ob dem Gerichtshof hinsichtlich inexistenter Gemeinschaftsakte überhaupt das Monopol der Feststellung der Inexistenz zukommt oder ob diese Befugnis bei den mitgliedstaatlichen Gerichten verblieben ist. Dies ließe sich damit begründen, daß die Inexistenz eines Gemeinschaftsaktes zur Folge habe, daß dieser von niemandem (und damit auch nicht vom nationalen Richter) beachtet werden müsse. Insofern bietet sich eine Analogie zur „acte-clair-Doktrin" an, die den nationalen Richter von der Vorlagepflicht befreit.[420] Denn hier wie dort stellt sich die Frage, ob die Entscheidung über die Gültigkeit (bzw. im Fall der acte-clair-Doktrin auch die Auslegung) des Gemeinschaftsrechtsaktes so eindeutig und zweifelsfrei ist, daß es dem nationalen Richter überlassen bleiben kann, diese Entscheidung zu fällen. Denn nach der Rechtsprechung des Gerichtshofs kommt die Inexistenz eines Gemeinschaftsrechtsakts nur dann in Betracht, wenn dieser an offensichtlichen und schwerwiegenden Fehlern leidet.

Auch wenn dieser Gedanke dem ersten Anschein nach einleuchtend klingen mag, stehen ihm letztendlich doch gewichtige Argumente entgegen. In der Konsequenz würde diese Auffassung dazu führen, daß der nationale Richter darüber befinden dürfte und müßte, ob die Schwere und die Offensichtlichkeit der Fehler des Gemeinschaftsaktes derart gravierend ist, daß es sich um einen inexistenten Gemeinschaftsakt handelt. Auch erscheint die Analogie zur acte-clair-Doktrin, ganz abgesehen davon, daß diese nach der Rechtsprechung des Gerichtshofs nur in bestimmten Ausnahmesituationen anwendbar ist[421], für die Entscheidung über die Inexistenz eines Gemeinschaftsrechtsaktes nur sehr beschränkt brauchbar. Denn bei der Anwendung der acte-clair-Doktrin durch den nationalen Richter genügt es, wenn dieser sich anhand des Wortlautes der gemeinschaftsrechtlichen Bestimmungen sowie deren Auslegung durch Gerichtshof und Literatur darüber klar wird, ob die betreffende entscheidungserhebliche gemeinschaftsrechtliche Bestimmung nur eine „vernünftige" Auslegung zuläßt. Bei der Frage, ob ein Gemeinschaftsrechtsakt inexistent ist, stellen sich dem nationalen Richter jedoch ungleich schwerere Aufgaben. Zunächst hätte er darüber zu befinden, ob die Gemeinschaft in dem Regelungsbereich des Gemeinschaftsrechtsaktes über die Verbandskompetenz verfügt. Allein dies stellt bereits eine Aufgabe dar, bei deren sachgerechter Erfüllung der nationale Richter oftmals zum Scheitern verurteilt sein wird, da die Frage der Kompetenzüberschreitung zwischen Gemeinschaft und Mitgliedstaaten oftmals sehr umstritten sein wird. Damit aber noch nicht genug, müßte der nationale Richter in einem zweiten Schritt auch noch darüber befinden, ob die Fehlerhaftigkeit des Gemeinschaftsrechtsaktes

---

418 EuGH, Rs. 66/80, International Chemical Corporation/Administrazione delle Finanze dello State, Slg. 1981, 1191 (1215).
419 B/B/P/S, Die Europäische Union, S. 260; Schweitzer/Hummer, Europarecht, S. 127 a.E.
420 Ebenso Bergerès, Rtde, Bd. 25 (1989), S. 647 (662 ff.).
421 EuGH, Rs. 283/81, C.I.L.F.I.T., Slg. 1982, 3415 ff.

derart offenkundig und schwerwiegend ist, daß es sich dabei um eine inexistente Handlung des Gemeinschaftsorgans handelt oder ob es sich bei dem Gemeinschaftsrechtsakt lediglich um einen fehlerhaften Akt handelt, der vom Gerichtshof für nichtig zu erklären ist. Daß der nationale Richter diesen weiteren Schritt durchführen müßte, liegt daran, daß nach der Rechtsprechung des EuGH in seiner Foto Frost-Entscheidung[422], die auch in der Literatur Zustimmung gefunden hat[423], ein nationales Gericht, unabhängig davon, ob seine Urteile noch mit innerstaatlichen Rechtsmitteln angefochten werden können, nicht zuständig ist, die Ungültigkeit eines Gemeinschaftsrechtsakts festzustellen. Damit steht zumindest aus gemeinschaftsrechtlicher Sicht fest, daß ein nationales Gericht nicht befugt ist, darüber zu befinden, ob die Gemeinschaft bei Erlaß des Rechtsakts ihre Verbandskompetenzen überschritten hat und es müßte diese Frage dem Gerichtshof zur Prüfung vorliegen.[424] Dementsprechend müßte der nationale Richter in einem zweiten Schritt prüfen, ob die Unzuständigkeit der Gemeinschaft derart schwerwiegend und offensichtlich ist, daß es sich um einen inexistenten Rechtsakt handelt. Denn dann dürfte er, der Prämisse folgend, daß er zur Entscheidung der Feststellung der Inexistenz eines Gemeinschaftsaktes zuständig ist, diesen als inexistent behandeln, ohne die Frage dem Gerichtshof vorlegen zu müssen. Diese Entscheidung über die Schwere und Offenkundigkeit des Fehlers des Gemeinschaftsaktes kann dem nationalen Richter letztendlich jedoch nicht übertragen werden. Denn schon die unterschiedlichen Einschätzungen von EuG und Gerichtshof in den PVC-Verfahren[425] haben gezeigt, daß selbst ausgewiesene Spezialisten auf dem Gebiet des Gemeinschaftsrechts erhebliche Schwierigkeiten haben, eine einheitliche Linie zu finden, die Schwere und Offenkundigkeit von Fehlern zu bestimmen. Zusätzlich erschwert wird diese Entscheidung dadurch, daß es das EuG und der Gerichtshof bisher versäumt haben, die Kriterien näher zu spezifizieren, bei Vorlage derer ein schwerwiegender und offenkundiger Fehler des Gemeinschaftsaktes zu bejahen ist.

Daneben sprechen auch die Erwägungen, die der Gerichtshof zur Untermauerung seiner Foto-Frost-Entscheidung herangezogen hat, dafür, dem Gerichtshof bzw. dem EuG das Monopol auch über die Feststellung der Inexistenz eines Gemeinschaftsaktes zu übertragen. Denn ebenso wie bei der Ungültigkeit eines Gemeinschaftsrechtsaktes steht auch bei der Feststellung dessen Inexistenz die einheitliche Anwendung des Gemeinschaftsrechts in allen Mitgliedstaaten und die Kohärenz des vom Vertrag geschaffenen Rechtsschutzsystems auf dem Spiel.[426] Daher sprechen die überwiegenden Argumente dafür, dem EuGH auch die ausschließliche Befugnis zur Feststellung der Inexistenz eines Gemeinschaftsaktes zu übertragen und die Foto-Frost-Doktrin auch auf die Inexistenz von Gemeinschaftsakten zu übertragen.[427]

---

422 EuGH, Rs. 314/85, Foto Frost, Slg. 1987, 4199 ff.

423 Vgl. nur Everling, EuR 1990, S. 195 (223); Tomuschat, EuGRZ 1993, S. 489 (494).

424 Vgl. dazu auch noch unten S. 111 f.

425 EuG, verb. Rs. T-79, T-84-86, T-89, T-91, T-92, T-94, T-96, T-98, T-102, T-104/89, BASF u.a./Kommission, Slg.1992, II - 315 (365); EuGH, Rs. C-137/92, Kommission/BASF u.a., Slg. 1994, I - 2555 ff.

426 EuGH Rs. 314/85, Foto Frost, Slg. 1987, 4199 (4200); zum Begriff und zur Bedeutung der Kohärenz vgl. Schmidt-Assmann, in: Beyerlein u.a. (Hrsg.), FS Bernhardt, S. 1283 (1300).

427 Im Ergebnis ebenso Bergerès, Rtde, Bd. 25 (1989), S. 647 (661 ff.); Annacker, EuZW 1995, S. 755 (760).

Dies führt letztendlich dazu, daß ein nationales Gericht erst dann von der Anwendung eines (inexistenten) Gemeinschaftsaktes absehen darf, wenn der Gerichtshof oder das EuG festgestellt haben, daß der betreffende Gemeinschaftsakt an so schwerwiegenden Fehlern leidet, daß er als inexistent anzusehen ist.

c) Inzidentes Normenkontrollverfahren gem. Art. 241 EGV

Art. 241 EGV bestimmt, daß auch nach Ablauf der Klagefrist des Art. 230 Abs. 6 EGV jede Partei die Unanwendbarkeit einer Verordnung[428] wegen des Vorliegens eines der Nichtigkeitsgründe des Art. 230 Abs. 2 EGV in einem Rechtsstreit vor dem EuGH, in dem es auf deren Geltung ankommt, geltend machen kann. Dieses Verfahren komplettiert die Rechtmäßigkeitskontrolle für alle die Fälle, in denen es natürlichen oder juristischen Personen nicht möglich ist, sekundäres Gemeinschaftsrecht mit der Nichtigkeitsklage unmittelbar anzufechten. Jedoch wird selbst bei erfolgreicher Inzidentrüge nicht der "Bestand der (...) Verordnung selbst in Frage gestellt"[429], so daß das rechtswidrige sekundäre Gemeinschaftsrecht lediglich als "inter partes" unanwendbar anzusehen ist.[430]

3. Zwischenergebnis

Von der Gemeinschaft unter Verletzung ihrer Kompetenzen erlassene Verordnungen oder Richtlinien entfalten, abgesehen von der Ausnahme des inexistenten Gemeinschaftsrechtsaktes, grundsätzlich Rechtswirkung. Es gibt jedoch für die Gemeinschaftsorgane, die Mitgliedstaaten und auch für natürliche oder juristische Personen verschiedene Rechtsschutzmöglichkeiten, vor dem EuGH die Nichtigkeit dieser Rechtsakte geltend zu machen. Mit Erklärung der Nichtigkeit durch den EuGH sind diese Rechtsakte je nach Klageart erga omnes beziehungsweise inter partes ex tunc gemeinschaftsrechtlich unwirksam und undurchführbar.

C. Ergebnis

Aus der Sicht des Gemeinschaftsrechts stellt sich insbesondere die Frage nach der innergemeinschaftlichen Gültigkeit und Durchführbarkeit von "ultra vires"-Handlungen der Europäischen Gemeinschaft.

Grundsätzlich ist festzustellen, daß diese Handlungen aufgrund der Gültigkeitsvermutung im Gemeinschaftsrecht bis zur Feststellung der Ungültigkeit durch den EuGH als wirksam anzusehen und damit für die Organe der Gemeinschaft aber auch für die der Mitgliedstaaten verbindlich sind. Erst mit Feststellung der Unvereinbarkeit

---

428 Gem. EuGH, Rs. 92/78, Simmenthal, Slg. 1979, 777 (800), sind unter Verordnung auch solche Rechtshandlungen der Gemeinschaftsorgane zu verstehen, die eine gleichartige Wirkung wie eine Verordnung entfalten, obwohl sie nicht in deren Form ergangen sind.

429 EuGH, verb. Rs. 31 u. 33/62, Wöhrmann/Lütticke, Slg. 1962, 1027 (1042).

430 Wobei jedoch das Organ, das den Rechtsakt erlassen hat, in der Regel von sich aus die Vorschriften ändern wird. So z.B. der Ministerrat im Anschluß an das Urteil des EuGH, Rs. 20/71, Sabbatini, Slg. 1972, 345 ff.

durch den EuGH werden solche Handlungen gemeinschaftsrechtlich (zumindest teilweise) unwirksam und damit undurchführbar.

Eine Ausnahme von diesem Grundsatz bilden gemischte Verträge ohne Aufteilung der Bindungswirkung, bei deren Abschluß sich die Gemeinschaft immer auch im Kompetenzbereich der Mitgliedstaaten völkerrechtlich bindet. Dieses Kompetenzdefizit der Gemeinschaft wird aufgrund des Grundsatzes der Gemeinschaftstreue überwunden, wenn der gemeinsame Vertragsschluß mit den Mitgliedstaaten aufgrund geteilter Zuständigkeit in den Sachbereichen des Abkommens erforderlich ist und das System des EG-Vertrages nicht beeinträchtigt. Ein solcher gemischter Vertrag ist gemeinschaftsrechtlich wirksam und daher für die Gemeinschaftsorgane und die Mitgliedstaaten bindend.

Bei gemeinschaftsrechtlichen Sekundärrechtsakten gibt es zusätzlich die Möglichkeit, daß es sich um einen inexistenten Gemeinschaftsrechtsakt handelt. Ein solcher Gemeinschaftsrechtsakt entfaltet keinerlei Rechtswirkungen. Die Nichtigerklärung eines solchen Gemeinschaftsrechtsaktes hat lediglich deklaratorischen Charakter. Gleichwohl ist in Ausdehnung der Foto-Frost-Doktrin nur der Europäische Gerichtshof und nicht die mitgliedstaatlichen Gerichte dazu befugt, die Inexistenz eines Gemeinschaftsrechtsakts festzustellen.

D. Stellungnahme

Die obigen Ausführungen haben die herausragende Stellung des EuGH in der Gemeinschaftsrechtsordnung deutlich aufgezeigt. Danach ist allein er befugt, gemeinschaftsrechtlich die Kompetenzen der Gemeinschaft verbindlich zu interpretieren. Dies entspricht seiner Funktion als „Wächter des Gemeinschaftsrechts“. Von diesem "Auslegungs- und Anwendungsmonopol"[431] hinsichtlich des Gemeinschaftsrechts hat der Gerichtshof in der Vergangenheit im Sinne eines "Motors der Integration"[432] nachhaltig Gebrauch gemacht. Die dynamische Struktur der Gemeinschaft spiegelt sich in seiner Rechtsprechung wider. Oft hat der Gerichtshof den Grundsatz vertreten, daß die Vertragskompetenzen so auszulegen sind, daß diese ihre nützliche Wirkung voll entfalten können.[433] Hierbei bezieht sich der Gerichtshof maßgeblich auf das "System und die Ziele"[434] des Vertrages und orientiert sich am Kriterium der Sicherung der Funktionsfähigkeit der Gemeinschaft. Indem der Gerichtshof den Gemeinschaftsorganen durch eine teilweise extensive Auslegung der Kompetenznormen diejenigen Handlungsermächtigungen zubilligt, die diese zur Erfüllung ihrer Aufgaben benötigen[435], hat er nachhaltig die Integration gefördert, jedoch auch har-

---

431 So Schweitzer/Hummer, Europarecht, S. 106; a.A. Huber, AöR Bd. 116 (1991), S. 210 (219), der ein Auslegungsmonopol des EuGH verneint, jedoch von einer Auslegungsprärogative und einem Letztentscheidungsrecht spricht.

432 Hallstein, Kieler Vorträge Bd. 37 (1965), S. 9, bezeichnet den Gerichtshof als "Integrationsfaktor erster Ordnung".

433 Vgl. nur EuGH, Rs. 20/59, Slg. 1960, 681 (708).

434 EuGH, Rs. 6/72, Europemballage und Continental Can/Kommission, Slg. 1973, 215 (244).

435 Diese Auslegung hatte zur Folge, daß sich bisher nur vereinzelt Urteile in der EuGH-Rechtsprechung finden lassen, in denen Restriktionen in den Gemeinschaftskompetenzen bejaht wurden, vgl. EuGH, verb. Rs. 281, 283-285 u. 287/85, Bundesrepublik Deutschland

sche Kritik auf sich gezogen. Durch ihre Zustimmung zu den Gründungsverträgen haben die Mitgliedstaaten den EuGH mit der Ausübung dieser Rechtsprechungsgewalt betraut. Aus der Sicht des Europarechts und des EG-Vertrages sind damit die Mitgliedstaaten an die Urteile des EuGH zur Verbandskompetenz der Gemeinschaft gebunden. Dies gilt aus der Sicht des Europarechts auch dann, wenn der EuGH einen kompetenzwidrigen Rechtsakt der Gemeinschaft für rechtmäßig erklärt und damit eine Vertragserweiterung betreibt. Denn die Mitgliedstaaten haben sich durch Ihre Zustimmung zu Art. 220, 230 EG-Vertrag den in den zur Überprüfung von Rechtsakten vorgesehenen Verfahren ergangenen Entscheidungen des EuGH unterworfen. Mit dieser Übertragung der verbindlichen Entscheidungsgewalt auf den EuGH haben die Mitgliedstaaten auch die Verpflichtung übernommen, sich eventuellen Fehlurteilen dieses Gerichts zu beugen.[436]

---

u.a./Kommission, Slg. 1987, 3203 ff.; Rs. 126/86, Giménez Zaera, Slg. 1987, 3697 ff.; Rs. 39/86, Lair, Slg. 1988, 3161 ff.

436 So auch Klein, VVDStRL 50 (1991), S. 56 (66).

3. Kapitel

Rechtsfolgen aus der Sicht des deutschen Verfassungsrechts

Die Darstellung der Sicht des deutschen Verfassungsrechts erfolgt im folgenden ohne Differenzierung zwischen völkerrechtlichen Verträgen einerseits sowie Verordnungen und Richtlinien andererseits. Denn auch die völkerrechtlichen Verträge der Gemeinschaft sind organgeschaffenes Recht und werden durch eine Verordnung innerhalb der Gemeinschaft inkraftgesetzt, so daß sie ebenso wie Richtlinien und Verordnungen zum Sekundärrecht der Gemeinschaft zu zählen sind.[437]

A. Problemstellung

Im vorhergehenden Abschnitt wurde dargelegt, daß kompetenzwidrige Rechtsakte der Gemeinschaftsorgane grundsätzlich solange als gemeinschaftsrechtlich wirksam und damit auch für die Mitgliedstaaten als verbindlich anzusehen sind, bis der Europäische Gerichtshof diese in einem der genannten Verfahren für nichtig erklärt.

Fraglich ist nun, ob diese gemeinschaftsrechtliche Geltung kompetenzwidriger Gemeinschaftsakte in den Mitgliedstaaten auch aus Sicht des innerstaatlichen Rechts Bestand hat, oder ob solche Akte aus Sicht des innerstaatlichen Rechts als nicht bindend anzusehen sind, beziehungsweise durch ein innerstaatliches Gericht für nicht bindend erklärt werden können. Dies soll im folgenden beispielhaft anhand des deutschen Verfassungsrechts dargestellt werden.

Die Beantwortung dieser Frage bestimmt sich aus der Sicht des deutschen Verfassungsrechts insbesondere nach dem durch das Zustimmungsgesetz gem. Art. 23 Abs. 1 GG erteilten nationalen Rechtsanwendungsbefehl.[438]

B. Verhältnis des Europäischen Gemeinschaftsrechts zum nationalen Recht der Bundesrepublik Deutschland

Bevor auf die spezielle Problematik der Kollision von Europäischem Gemeinschaftsrecht und bundesdeutschem Verfassungsrecht eingegangen wird, erscheint es sachdienlich, die verschiedenen Ansätze im grundsätzlichen Verhältnis von Gemeinschaftsrecht und nationalem Recht einführend darzustellen.

Die Gemeinschaftsverträge sind nach ihrer Konzeption darauf angelegt, daß das Gemeinschaftsrecht unmittelbar in den Mitgliedstaaten gilt und gegebenenfalls auch unmittelbar anwendbar ist.[439] Der Europäische Gerichtshof hat dies ausführlich in

---

[437] Grabitz, in: Grabitz/Hilf, EU-Kommentar, Rn. 16, 23 zu Art. 189 EGV; Bleckmann, NVwZ 1993, S. 824 (825).

[438] BVerfGE 89, 155 (190) = EuGRZ 1993, S. 429 (439); so auch Kirchhof, EuR 1991, Beiheft 1, S. 11 (18); a.A. Ipsen, Das Verhältnis des Rechts der Europäischen Gemeinschaften, S. 71.

[439] Vgl. Streinz, Europarecht, Rn. 172.

dem Urteil van Gend & Loos dargelegt.[440] Darin charakterisiert er das Gemeinschaftsrecht als eine

> „neue Rechtsordnung des Völkerrechts (...), zu deren Gunsten die Staaten, wenn auch in begrenztem Rahmen, ihre Souveränitätsrechte eingeschränkt haben".[441]

Nur kurze Zeit später entschied der Gerichtshof im Fall Costa/E.N.E.L.:

> „Zum Unterschied von gewöhnlichen internationalen Verträgen hat der EWG-Vertrag eine eigene Rechtsordnung geschaffen, die bei seinem Inkrafttreten in die Rechtsordnungen der Mitgliedstaaten aufgenommen worden und von ihren Gerichten anzuwenden ist. Denn durch die Gründung einer Gemeinschaft für unbestimmte Zeit, die mit eigenen Organen, mit der Rechts- und Geschäftsfähigkeit und insbesondere mit echten, aus der Beschränkung der Zuständigkeit der Mitgliedstaaten oder der Übertragung von Hoheitsrechten der Mitgliedstaaten auf die Gemeinschaft herrührenden Hoheitsrechten ausgestattet ist, haben die Mitgliedstaaten, wenn auch auf einem begrenzten Gebiet, ihre Souveränität beschränkt und so einen Rechtskörper geschaffen, der für ihre Angehörigen und sie selbst verbindlich ist."[442]

Der Europäische Gerichtshof verfolgt damit das Ziel, den Vorrang des Gemeinschaftsrechts und dessen einheitliche Geltung in den Mitgliedstaaten der Gemeinschaft zu sichern. Dementsprechend führt der Gerichtshof weiter aus:

> „Diese Aufnahme der Bestimmungen des Gemeinschaftsrechts in das Recht der einzelnen Mitgliedstaaten und, allgemeiner, Wortlaut und Geist des Vertrages haben zur Folge, daß es den Staaten unmöglich ist, gegen eine von ihnen auf der Grundlage der Gegenseitigkeit angenommene Rechtsordnung nachträglich einseitige Maßnahmen ins Felde zu führen. Solche Maßnahmen stehen der Anwendbarkeit der Gemeinschaftsrechtsordnung daher nicht entgegen. Denn es würde eine Gefahr für die Verwirklichung der in Artikel 5 Absatz 2 aufgeführten Ziele des Vertrages bedeuten und dem Verbot des Artikels 7 widersprechende Diskriminierungen zur Folge haben, wenn das Gemeinschaftsrecht je nach der nachträglichen innerstaatlichen Gesetzgebung von einem Staat zum anderen verschiedene Geltung haben würde."[443]

Der Vorrang des Gemeinschaftsrechts wird nach Ansicht des Europäischen Gerichtshofs auch durch Art. 249 EGV bestätigt. Zusammenfassend stellt der Gerichtshof fest:

---

[440] EuGH, Rs. 26/62, Algemene Transporten Expeditie Onderneming Van Gend & Loos/Niederländische Finanzverwaltung, Slg. 1963, 1 ff.

[441] EuGH, ebda., 25.

[442] EuGH, Rs. 6/64, Flaminio Costa/E.N.E.L., Slg. 1964, 1253 (1269).

[443] EuGH, ebda., 1269 f.

„Aus alledem folgt, daß dem vom Vertrag geschaffenen, somit aus einer autonomen Rechtsquelle fließenden Recht wegen dieser seiner Eigenständigkeit keine wie immer gearteten innerstaatlichen Rechtsvorschriften vorgehen können, wenn ihm nicht sein Charakter als Gemeinschaftsrecht aberkannt und wenn nicht die Rechtsgrundlage der Gemeinschaft selbst in Frage gestellt werden soll."[444]

An dieser Rechtsprechung, die dem Gemeinschaftsrecht auch einen Geltungsvorrang vor nationalem Verfassungsrecht zuspricht, hat der EuGH unverrückbar festgehalten. So hat er sie in seinem Urteil zu der Frage der Beschäftigung in der öffentlichen Verwaltung[445] noch einmal bestätigt, in dem er zu einer Vorschrift der luxemburgischen Verfassung, die den Zugang zum luxemburgischen Staatsdienst vorwiegend Luxemburgern vorbehielt, ausführte:

„Drittens beruft sich das Großherzogtum Luxemburg auf (...) seine Verfassung (...). Nach ständiger Rechtsprechung würde die Anwendung von innerstaatlichem Recht mit dem Ziel, die Bedeutung des Gemeinschaftsrechts schmälern, im Ergebnis dessen Einheit und Wirksamkeit beeinträchtigen; sie kann daher nicht zugelassen werden."[446]

Die Auffassung von der Gemeinschaft als neuer und vom Recht der Mitgliedstaaten autonomer Rechtsordnung, auf die der einzelne sich gegebenenfalls berufen kann, ist nicht unproblematisch, denn die Frage, ob ein völkerrechtlicher Vertrag unmittelbar gilt und gegebenenfalls unmittelbar anwendbar ist, wird traditionell nach dem Recht der vertragsschließenden Staaten beurteilt.[447] Inzwischen hat sich jedoch auch in den Mitgliedstaaten mit dualistischer Rechtsauffassung wie der Bundesrepublik Deutschland die sog. Vollzugstheorie durchgesetzt, nach der das Zustimmungsgesetz zu dem Gemeinschaftsvertrag dessen innerstaatliche Geltung anordnet, ohne den Inhalt in innerstaatliches Recht zu transformieren.[448] Auch die bundesdeutschen Gerichte haben mittlerweile das Konzept der Gemeinschaftsverträge als unmittelbar geltender Rechtsordnung übernommen und wenden Gemeinschaftsrecht gegebenenfalls unmittelbar an.[449]

Unstreitig ist ein Vorrang des Gemeinschaftsrechts im Verhältnis zu einfachem nationalen Recht der Bundesrepublik. Ob und inwieweit dieser Vorrang des Gemeinschaftsrechts auch gegenüber Verfassungsrecht besteht, ist dagegen nach wie vor umstritten und, bedingt durch das Maastricht-Urteil des Bundesverfassungsgerichts, wieder in den Mittelpunkt des verfassungsrechtlichen Interesses gerückt.[450]

---

444 EuGH, ebda., 1270.

445 EuGH, Rs. C-473/93, Kommission/Luxemburg, Slg. 1996, I - 3207 ff.

446 EuGH, ebda., Tz. 37, 38.

447 B/B/P/S, Die Europäische Union, S. 61; a.A.: Ipsen, Das Verhältnis des Rechts der Europäischen Gemeinschaften, S. 71.

448 B/B/P/S, Die Europäische Union, S. 61.

449 BVerfGE 31, 145 (173 f.).

450 Siehe dazu nur die Maastricht-Entscheidung (BVerfGE 89, 155 ff) und die "Solange"-Entscheidungen des BVerfG in: BVerfGE 37, 271 ff. ("Solange I") und BVerfGE 73, 339 ff. ("Solange II") sowie die in der Literatur erhobene Forderung nach einer "Solange III"-Entscheidung des

Art. 23 Abs. 1 Satz 2 GG ermöglicht dem Bund die Übertragung von Hoheitsrechten durch Gesetz auf die Europäische Union. Dieser verzichtet dadurch auf die Ausschließlichkeit eigener Hoheitsentfaltung im innerstaatlichen Rechtsraum. Art. 23 GG ermächtigt die Europäische Union unter den dort genannten Voraussetzungen zur eigenständigen Ausübung von Hoheitsrechten.[451] Durch diesen Verzicht wird, wie schon durch Art. 24 GG, der bis zur Neufassung des Art. 23 GG die Übertragung von Hoheitsrechten auf die Europäische Gemeinschaft regelte, die Staatlichkeit der Bundesrepublik geöffnet[452] oder, wie Bleckmann es nennt, ihr "Souveränitätspanzer" durchbrochen.[453] Vogel hat aufgrund der Art. 24 (a.F.) bis 26 GG in Verbindung mit der Präambel von einer Verfassungsentscheidung für eine "offene Staatlichkeit" gesprochen.[454]

Bisher ist damit aber lediglich festgestellt, daß das Gemeinschaftsrecht aus verfassungsrechtlicher Sicht eines nationalen Rechtsanwendungsbefehls bedarf, um seine Wirkung in Deutschland zu entfalten. Offen ist hingegen, ob, und wenn ja welche, Grenzen dieser Öffnung des innerstaatlichen Rechtsraumes für europäisches Gemeinschaftsrecht gesetzt sind. Grundsätzlich gilt, daß das Gemeinschaftsrecht solange den gleichen Grenzen unterliegt, denen auch der Rechtsanwendungsbefehl selbst unterworfen ist, wie es eines nationalen Rechtsanwendungsbefehls bedarf, um im innerstaatlichen Rechtsraum seine Wirkung zu entfalten.[455] Ein uneingeschränkter Vorrang des Gemeinschaftsrechts im innerstaatlichen Rechtsraum wäre danach nur dann anzunehmen, wenn die Übertragung von Hoheitsrechten auf die Europäische Union ohne Einschränkung möglich wäre. Nach dem Wortlaut des Art. 24 Abs. 1 GG unterlag die Übertragung von Hoheitsrechten keinerlei Beschränkungen. Bei der Auslegung des Art. 24 Abs. 1 GG wurden der Übertragung jedoch immanente Grenzen gezogen. Eine früher vertretene restriktive Position forderte eine strukturelle Kongruenz, wonach die Ausgestaltung der Rechtsordnung der zwischenstaatlichen Einrichtung den Anforderungen zu entsprechen hat, die das Grundgesetz an die Ausübung von Herrschaftsgewalt durch die Staatsorgane der Bundesrepublik stellt.[456] Dieser Interpretation steht entgegen, daß sie dem in Art. 24 Abs. 1 GG niedergelegten Grundsatz der Integrationsbereitschaft nicht gerecht wird. Die Bundesrepublik könnte nach dieser Auffassung nur mit zwischenstaatlichen Einrichtungen kooperieren, deren Grundrechtsschutz, Rechtsschutzsystem und bundesstaatlicher

---

BVerfG (vgl. einerseits Scholz, in: Friauf/Scholz, Europarecht und Grundgesetz, S. 53 (78 ff.); andererseits Hilf, EuGRZ 1987, S. 1 ff).

451 BVerfGE 89, 155 (172) = EuGRZ 1993, S. 429 (434).

452 Tomuschat, in: Bonner Kommentar, Rn. 16 zu Art. 24 GG; Rojahn, in: v. Münch/Kunig, Grundgesetz-Kommentar, Rn. 17 zu Art. 24 GG; BVerfGE 37, 271 (280); 58, 1 (28); 73, 339 (374 f.).

453 Bleckmann, ZaöRV Bd. 35 (1975), S. 79 (82); ders., GYIL Bd. 18 (1975), S. 300 (309).

454 Vogel, Die Verfassungsentscheidung des Grundgesetzes für eine internationale Zusammenarbeit, S. 42 ff.

455 So die wohl h.M., vgl. nur Streinz, Bundesverfassungsgerichtlicher Grundrechtsschutz, S. 112 ff; a.A. insb. die Vertreter der „Gesamtaktstheorie", die davon ausgehen, daß sich das Gemeinschaftsrecht von seiner völkerrechtlichen Grundlage gelöst habe und die Funktion des Art. 24 Abs. 1 a.F. GG durch die Gründung der Gemeinschaft erledigt sei und dementsprechend die Höherrangigkeit seitdem auf dem Gemeinschaftsrecht selbst beruhe; vgl. dazu Ipsen, Das Verhältnis des Rechts der Europäischen Gemeinschaften, S. 71; Grabitz, Gemeinschaftsrecht bricht nationales Recht, S. 57 f.

456 Der Begriff der "strukturellen Kongruenz" stammt von Kraus, in: Der Kampf um den Wehrbeitrag, Bd. 2, S. 545 (546).

Aufbau ein genaues Spiegelbild der Bundesrepublik wären. Dies würde in der Konsequenz zur Integrationsunfähigkeit der Bundesrepublik führen.[457] Nach heute überwiegender Auffassung darf bei einer Übertragung von Hoheitsrechten nicht die Identität der geltenden Verfassungsordnung der Bundesrepublik Deutschland durch einen Einbruch in ihr Grundgefüge, in die sie konstituierenden Strukturen, aufgegeben werden.[458] Während Einigkeit darüber herrschte, daß nur die Kernsubstanz der Rechtsordnung des Grundgesetzes geschützt werden soll, bestanden unterschiedliche Auffassungen darüber, was im Einzelnen zu diesem Kern gehört.[459]

Die Diskussion über die immanenten Schranken für die Übertragung von Hoheitsrechten ist durch die Neufassung des Art. 23 GG[460] zur Verwirklichung der Europäischen Union weitgehend obsolet geworden, da das nationale Zustimmungsgesetz zu dem Vertrag über die Europäische Union auf der Grundlage des Art. 23 GG verabschiedet wurde, ebenso wie auch alle zukünftigen Zustimmungsgesetze auf dieser Grundlage verabschieden werden. Der Integrationsauftrag in Art. 23 Abs. 1 Satz. 1 GG zielt auf eine Europäische Union, die „demokratischen, rechtsstaatlichen, sozialen und föderativen Grundsätzen und dem Grundsatz der Subsidiarität verpflichtet ist und einen diesem Grundgesetz im wesentlichen vergleichbaren Grundrechtsschutz gewährleistet." Gleichzeitig werden die zur Begründung und Änderung der Europäischen Union erforderlichen Änderungen und Ergänzungen des Grundgesetzes gem. Art. 23 Abs. 1 Satz 3 GG ausdrücklich an die Geltung von Art. 79 Abs. 2 und 3 GG gebunden.[461] Integrationsgesetze dürfen damit nicht die Gliederung des Bundes in Länder, die grundsätzliche Mitwirkung der Länder bei der Gesetzgebung des Bundes sowie die in Art. 1 und 20 GG niedergelegten Grundsätze, zu denen die Achtung und der Schutz der Menschenwürde, das Bekenntnis zu Menschenrechten, die Grundrechtsbindung der öffentlichen Gewalt, das republikanische, demokratische, bundesstaatliche, sozialstaatliche und rechtsstaatliche Prinzip gehören[462], beeinträchtigen.

Damit ist jedoch noch nicht endgültig geklärt, ob diese Schranken des Rechtsanwendungsbefehls auch die Geltung des Gemeinschaftsrechts im innerstaatlichen Raum beschränken. Gegen eine solche Beschränkung der Rechtswirkung des Gemeinschaftsrechts spricht der Wortlaut des Art. 23 Abs. 1 GG. Dieser regelt die Übertragung staatlicher Hoheitsgewalt auf die Europäische Union. Diese Bestimmung spricht dabei lediglich von den Grenzen bei dem Vorgang der Übertragung, nicht hingegen von der Kontrolle und Überprüfung der von den Organen der Europäischen Union später erlassenen Rechtsakte. Dementsprechend wird vertreten, daß in der Übertragung von deutscher Staatsgewalt auf die Europäische Union die Einwilligung in die Einwirkung dieser fremden Hoheitsgewalt in den innerstaatlichen

---

457 So auch BVerfGE 58, 1 (41).
458 BVerfGE 37, 271 (279); 58, 1 (40); 73, 339 (375 f.).
459 Vgl. dazu Tomuschat, in: Bonner Kommentar, Rn. 50 zu Art. 24 GG.
460 Allgemein zum neugefaßten Art. 23 GG vgl. Breuer, NVwZ 1994, S. 417 ff; Everling, DVBl. 1993, S. 936 ff.; Oppermann/Classen, NJW 1993, S. 5 (12); Schwarze, JZ 1993, S. 585 (590).
461 Umfassend dazu Di Fabio, Der Staat Bd. 32 (1993), S. 191 ff.
462 Scheuing, EuR 1997 Beiheft 1, S. 7 (23); zur Frage ob über diese „Verfassungsbestandklausel" die Staatlichkeit der Bundesrepublik Deutschland als solche geschützt wird und die Beteiligung Deutschlands an einem europäischen Bundesstaat zulässig ist, vgl. ebda. S. 23 f. m.w.N.

Rechtsraum der Bundesrepublik zu sehen ist.[463] Gegen diese Auffassung sprechen jedoch Sinn und Zweck der Vorschrift. Diese soll letztendlich ja gerade verhindern, daß die europäische Union durch ihre Handlungen und damit durch ihre Rechtsakte in die durch Art. 23 GG geschützten, die Bundesrepublik konstituierenden, Verfassungsprinzipien verletzend eingreift. Denn es ist weniger die Struktur der Europäischen Union selbst, von der die Gefahr für die von Art. 23 GG geschützten Prinzipien ausgeht, da es sich dabei lediglich um eine abstrakte bzw. potentielle Gefahr handelt. Letztlich entscheidend ist hingegen, ob sich die Rechtsakte der Europäischen Union, die ja erst unmittelbar in der Bundesrepublik wirken, in den von Art. 23 GG vorgegebenen Grenzen halten. Dementsprechend wären die durch Art. 23 GG gesetzten Schranken wirkungslos, wenn der europäische Gesetzgeber unmittelbar nach dem Übertragungsvorgang bei Erlaß der Rechtsakte nicht mehr an diese Schranken gebunden wäre. Dementsprechend gelten die in Art. 23 GG genannten Grenzen nicht ausschließlich für die Übertragung von Hoheitsgewalt auf die Europäische Union, sondern ebenso für die von dieser erlassenen Rechtsakte. Dies Ergebnis wird auch durch Aussagen des Bundesverfassungsgerichts in seiner Maastricht-Entscheidung gestützt, wenn es seine Prüfungskompetenz darüber statuiert, „(...) ob Rechtsakte der europäischen Einrichtungen oder Organe sich in den Grenzen der ihnen eingeräumten Hoheitsrechte halten (...)".[464]

Als Ergebnis bleibt damit vorläufig festzuhalten, daß die in Art. 23 GG aufgeführten Schranken der Übertragung von Hoheitsgewalt auf die Europäische Union sowohl bei dem reinen Übertragungsvorgang als auch gegenüber den von der Union erlassenen Rechtsakten Anwendung finden. Darüber hinaus hat das Bundesverfassungsgericht in seiner Maastricht-Entscheidung jedoch noch eine weitere Schranke für die Geltung von Europäischem Gemeinschaftsrecht statuiert, auf die im Zusammenhang mit seiner Maastricht-Entscheidung noch näher einzugehen ist.[465]

C. Rechtsfolgen eines "ultra vires"-Handelns der Europäischen Gemeinschaft

Nach diesen einführenden Bemerkungen zum Verhältnis von Europäischem Gemeinschaftsrecht und nationalem Recht und zur Übertragung von Hoheitsrechten des Bundes auf die Europäische Union ist nun zu prüfen, welche Rechtsfolgen ein "ultra vires"-Handeln der Europäischen Gemeinschaft aus verfassungsrechtlicher Sicht auslöst.

1. Sicht des Bundesverfassungsgerichts

Das Bundesverfassungsgericht hat in seinem Urteil vom 12.10.1993 zum Vertrag von Maastricht über die Europäische Union[466] ausführlich zu der Integration im Unionsvertrag Stellung genommen. Es maß dabei die weitere Hoheitsübertragung an die Europäische Union ausschließlich an Art. 38 GG. Diesem Artikel entnahm das

---

463 So Frenz, Der Staat, Bd. 34 (1995), S. 587 (591f.).
464 BVerfGE 89, 155 (156, LS 5).
465 Siehe dazu S. 99 f.
466 BVerfGE 89, 155 ff. = EuGRZ 1993, S. 429 ff.

Gericht das subjektive Recht der wahlberechtigten Deutschen, an der Wahl der Abgeordneten des Deutschen Bundestages teilzunehmen und dadurch an der Legitimation der Staatsgewalt durch das Volk auf Bundesebene mitzuwirken und auf ihre Ausübung Einfluß zu nehmen. Im Anwendungsbereich des Art. 23 GG, der die Grundlage für die Übertragung der Hoheitsgewalt bildet, schließt nach Ansicht des Bundesverfassungsgerichts Art. 38 GG aus, die durch die Wahl bewirkte Legitimation und Einflußnahme auf die Ausübung der Staatsgewalt durch die Verlagerung von Aufgaben und Befugnissen des Bundestages so zu entleeren, daß das demokratische Prinzip, soweit es Art. 79 Abs. 3 i.V.m. Art. 20 Abs. 1 u.2 GG für unantastbar erklärt, verletzt wird. Das Bundesverfassungsgericht kommt dabei zu dem Ergebnis, daß die Grenze der Übertragung von Hoheitsgewalt, die in Art. 79 Abs. 3 GG für unantastbar erklärten Grundsätze bilden.

Die unter diesen Gesichtspunkten zulässige Verfassungsbeschwerde hat das Bundesverfassungsgericht als unbegründet zurückgewiesen, da das Zustimmungsgesetz zum Unionsvertrag nicht den Gewährleistungsinhalt des Art. 38 GG verletze. Der Bundestag habe sich seiner Entscheidungs- und Kontrollbefugnisse im Zusammenhang mit dem Unionsvertrag nicht in dem Maße begeben, daß das Demokratieprinzip in seinem nach Art. 79 Abs. 3 GG unantastbaren Gehalt verletzt sei. Die dadurch erfolgte Übertragung von Hoheitsrechten führe zwar zu einem Verlust von politischen Einflußmöglichkeiten des Bundestages und der wahlberechtigten Bürger und bewirke außerdem, daß die Wahrnehmung der übertragenen Hoheitsrechte nicht mehr allein vom Willen der Bundesrepublik als einzelnem Mitglied abhängig sei. Hierdurch das grundgesetzliche Demokratieprinzip als verletzt anzusehen, widerspreche jedoch nicht nur der im Grundgesetz angelegten Integrationsoffenheit, sondern mache einen demokratischen Staat jenseits des Einstimmigkeitsprinzips auch integrationsunfähig.

Gleichwohl hat das Bundesverfassungsgericht in seiner Entscheidung der Integration Deutschlands in die Europäischen Union auch deutliche Grenzen gezogen und sich zugleich Kontrollbefugnisse über diese Grenzen zugesprochen. In mehreren Passagen des Urteils äußert sich das Bundesverfassungsgericht auch zu mit der Problematik von „ultra vires"-Akten der Europäischen Gemeinschaft zusammenhängenden Fragen.

a) „ultra vires"-Handeln der Europäischen Gemeinschaft

Zunächst ist einzugehen auf die vom Bundesverfassungsgericht genannten Kriterien nach denen es bestimmt, ob ein „ultra vires"-Handeln der Gemeinschaft vorliegt.

Durch seine Aussage, es werde zukünftig prüfen, ob „Rechtsakte der europäischen Einrichtungen und Organe sich in den Grenzen der ihnen eingeräumten Hoheitsrechte halten oder aus ihnen ausbrechen"[467], hat das Bundesverfassungsgericht sowohl den Prüfungsgegenstand als auch den zukünftig anzulegenden Prüfungsmaßstab bestimmt. Prüfungsmaßstab der bundesverfassungsgerichtlichen Kontrolle ist danach (auch) das Zustimmungsgesetz, durch das das Gemeinschaftsrecht im innerstaatlichen Rechtsraum Geltung erlangt. Gemeinschaftsrecht kann damit nach An-

---

[467] BVerfGE 89, 155 (156 Ls. 5).

sicht des Bundesverfassungsgerichts nur insoweit in Deutschland Geltung beanspruchen, wie der Rechtsanwendungsbefehl des Zustimmungsgesetzes ihm diese vermittelt. Mit dem Zustimmungsgesetz werden damit auch dem diesen verfassungsrechtlich gesetzten Schranken zum Prüfungsmaßstab. So prüft das Gericht als äußerten Rahmen, ob das Zustimmungsgesetz die Schranken beachtet, die Art. 23 GG statuiert. Art. 23 GG regelt damit nicht nur die Grenzen der Übertragbarkeit von Hoheitsrechten auf die Europäische Union, sondern legt zugleich auch die Grenzen der Wirkung des Gemeinschaftsrechts im innerstaatlichen Rechtsraum fest.

Gleichzeitig hat das Bundesverfassungsgericht die Geltung von Gemeinschaftsrecht im innerstaatlichen Rechtsraum jedoch einer weiteren Einschränkungen unterworfen. Seiner Auffassung nach ist nicht erst dann dem Gemeinschaftsrecht die Geltung in Deutschland zu versagen, wenn dieses gegen die Art. 23 GG genannten Grenzen der Übertragung von Hoheitsgewalt verstößt. Ebenso soll dem Gemeinschaftsrecht die Geltung in Deutschland bereits dann versagt werden, wenn die Organe der Gemeinschaft sich über das durch das Zustimmungsgesetz festgelegte Integrationsprogramm hinwegsetzen, d.h. über die Methode der auch vom Bundesverfassungsgericht als zulässig angesehenen Auslegung und Rechtsfortbildung der übertragenen Kompetenzen hinaus im Wege der Vertragsänderung die vertraglich übertragenen Gemeinschaftskompetenzen überdehnen. Auch wenn diese Überdehnung der Gemeinschaftskompetenzen sich in den von Art. 23 GG festgelegten Grenzen bewegt, nach Ansicht des Bundesverfassungsgerichts aber keine ausreichende Grundlage im deutschen Zustimmungsgesetz findet, will das Bundesverfassungsgericht solchen Rechtsakten der Gemeinschaft die Geltung im innerstaatlichen Rechtsraum versagen. Damit hat das Bundesverfassungsgericht die Grenzen der Geltung des Gemeinschaftsrechts im innerstaatlichen Rechtsraum nicht nur auf das verfassungsrechtlich „Übertragbare“ beschränkt, sondern vielmehr das durch das Zustimmungsgesetz „Übertragene“ als Grenze der Integrationsgewalt bestimmt.[468] Ob sich Gemeinschaftsrechtsakte innerhalb der Grenze des „Übertragenen“ bewegen, soll danach entschieden werden, ob der eindringende Gemeinschaftsrechtsakt durch Auslegung bzw. Rechtsfortbildung der durch das Zustimmungsgesetz übertragenen Kompetenzen gedeckt ist oder aber erst durch eine unzulässige Vertragserweiterung eine ausreichende Rechtsgrundlage gewinnt.

aa) Hinreichende Bestimmbarkeit

Das Bundesverfassungsgericht verlangt, daß das Zustimmungsgesetz, das gem. Art. 23 GG die deutsche Rechtsordnung für die unmittelbare Geltung und Anwendung von Gemeinschaftsrecht öffnet, die Zuständigkeiten der Gemeinschaft hinreichend bestimmbar festlegt.[469] Unter Bezugnahme auf ein früheres Urteil[470] setzt das Bundesverfassungsgericht mit Rücksicht auf den völkerrechtlichen Vertragscharakter, wenn auch nicht die strenge Einhaltung des Bestimmtheitsgebots des Gesetzesvorbehalts, so doch eine bestimmbare Normierung des zukünftigen Vollzugsverlaufs voraus.[471] Damit versucht das Gericht dem Integrationsprozeß der Europäischen

468 Vgl. Pfrang, S. 304 ff.; vgl. zu dieser Frage auch Klein, VVDStRL Bd. 50) 1991, S. 68.
469 BVerfGE 89, 155 (187) = EuGRZ 1993, S. 429 (438); so auch schon BVerfGE 58, 1 (37).
470 BVerfGE 77, 170 (231 f.).
471 Vgl. BVerfGE 58, 1 (37).

Union gerecht zu werden, der auf den in der Präambel und Art. 1 Abs. 2 EUV angestrebten Zustand der immer engeren Union der Völker Europas gerichtet ist. Diese Dynamik ist nicht in festen Grenzen definierbar.[472] Eine Grenze zieht das Bundesverfassungsgericht jedoch insofern, als

> "(...) spätere wesentliche Änderungen des im Unions-Vertrag angelegten Integrationsprogramms und seiner Handlungsermächtigung nicht mehr vom Zustimmungsgesetz zu diesem Vertrag gedeckt sind (...)".[473]

Als Konsequenz einer solchen Grenzüberschreitung statuiert das Bundesverfassungsgericht:

> „Würden etwa europäische Einrichtungen oder Organe den Unions-Vertrag in einer Weise handhaben oder fortbilden, die von dem Vertrag, wie er dem deutschen Zustimmungsgesetz zugrunde liegt, nicht mehr gedeckt wäre, so wären die daraus hervorgehenden Rechtsakte im deutschen Hoheitsgebiet nicht verbindlich. Die deutschen Staatsorgane wären aus verfassungsrechtlichen Gründen gehindert, diese Rechtsakte in Deutschland anzuwenden. Dementsprechend prüft das Bundesverfassungsgericht, ob Rechtsakte der europäischen Einrichtungen und Organe sich in den Grenzen der ihnen eingeräumten Hoheitsrechte halten oder aus ihnen ausbrechen (...)".[474]

bb) Auslegung

Auch hinsichtlich der Auslegung von Befugnisnormen und Aufgaben der Europäischen Union und der ihr zugehörigen Gemeinschaften stellt das Gericht strenge verfassungsrechtliche Vorgaben auf. Da die Auslegung der Vertragsnormen des EG-Vertrages gem. Art. 220 EGV dem Europäischen Gerichtshof zusteht, liegt es nahe, daß sich die Passagen des Maastricht-Urteils, die sich mit der Auslegung von Befugnisnormen befassen, vorwiegend an den Europäischen Gerichtshof wenden. Das Bundesverfassungsgericht umschreibt damit die aus verfassungsrechtlicher Sicht bestehenden Grenzen der Auslegungs- und Rechtsfortbildungskompetenzen des Europäischen Gerichtshofs. So sollen die in der Präambel und in Art. 2 EUV enthaltenen Zielankündigungen aus Sicht des Bundesverfassungsgerichts nicht die Wahrnehmung von Hoheitsrechten rechtfertigen, sondern lediglich politische Absichtserklärungen darstellen.[475]

Das Gericht betont, daß der Unions-Vertrag und insbesondere der EG-Vertrag dem Prinzip der begrenzten Einzelermächtigung folge und danach eine Befugnisnorm zwar mit Blick auf die Vertragsziele ausgelegt werden könne, nicht jedoch das Vertragsziel selbst ausreichende Grundlage ist, um Aufgaben und Befugnisse zu begründen oder zu erweitern.[476] Dabei stellt das Bundesverfassungsgericht insbeson-

---

472 Mosler, in: Isensee/Kirchhof Hrsg.), Handbuch des Staatsrechts Bd. VII, § 175 Rn. 60.
473 BVerfGE 89, 155 (188) = EuGRZ 1993, S. 429 (438).
474 BVerfGE, ebda., S. 188.
475 BVerfGE, ebda., S. 209.
476 BVerfGE, ebda., S. 209.

dere auf den Unterschied zwischen der Wahrnehmung von Befugnisnormen und der in Art. 48 EUV geregelten Vertragsänderung ab. Diese Unterscheidung verdeutlicht seiner Auffassung nach die "Trennlinie zwischen einer Rechtsfortbildung innerhalb der Verträge und einer deren Grenzen sprengenden, vom geltenden Vertragsrecht nicht gedeckten Rechtsetzung."[477] Bei der Auslegung von Befugnisnormen ist die Unterscheidung zwischen Wahrnehmung von Befugnisnormen und Vertragsänderung bzw. Vertragserweiterung dem Gericht zufolge auch für die Handhabung des Art. 308 EGV maßgebend, der zukünftig nicht mehr im Sinne einer "Vertragsabrundungskompetenz" herangezogen werden dürfe. An eine Auslegung von Befugnisnormen, die eine Vertragsänderung darstellt, knüpft das Gericht die Folge der Unverbindlichkeit für die Bundesrepublik Deutschland. Damit äußert sich das Bundesverfassungsgericht erstmalig ausdrücklich zu den Rechtsfolgen eines "ultra-vires"-Handelns eines Gemeinschaftsorgans. Die Rechtsfolge der Unverbindlichkeit lag zwar bereits nach dem BVerfG-Urteil zur unmittelbaren Richtlinienwirkung[478] nahe, in dem das Bundesverfassungsgericht erst nach Prüfung und Bejahung der Rechtsfortbildungskompetenz des Europäischen Gerichtshofs die Bindung des Bundesfinanzhofs an die Vorabentscheidung des Europäischen Gerichtshofs annahm, doch hatte es dies zuvor nie expressis verbis ausgesprochen.

Das Bundesverfassungsgericht erläutert anschließend seine Interpretation des in Art. 5 b Abs. 2 EGV verankerten Subsidiaritätsprinzips als Kompetenzausübungsbegrenzung und verweist den Europäischen Gerichtshof auf seine Überwachungsfunktion hinsichtlich der Einhaltung dieses Prinzips durch die Gemeinschaftsorgane.[479]

cc) Abgrenzung

Zu prüfen ist, wie das Bundesverfassungsgericht die Unterscheidung zwischen einer zulässigen Auslegung bzw. Rechtsfortbildung und einer unzulässigen Vertragserweiterung bestimmt. Um die insoweit „verschärften“ Kriterien deutlich zu machen, soll zunächst ein Blick zurück auf die frühere Rechtsprechung des Bundesverfassungsgerichts geworfen werden.

In seiner Richtlinienentscheidung[480] führte das Bundesverfassungsgericht noch aus, daß es geboten sei, vorhandene Kompetenzen der Gemeinschaft „(...) im Lichte und im Einklang mit den Vertragszielen auszulegen und zu konkretisieren (...)“.[481] Hinsichtlich der Rechtsfortbildung durch den EuGH bestimmte es, daß diese aus verfassungsrechtlicher Sicht nicht zu beanstanden sei, solange sich die Rechtsfindungswege des Gerichtshofs an dem orientierten, was „(...) in jahrhundertelanger, gemeineuropäischer Rechtsüberlieferungen und Rechtskultur ausgeformt worden“[482] sei. Gleichzeitig stellte er in dieser Entscheidung jedoch auch fest, daß dem Gerichtshof

---

477 BVerfGE, ebda., S. 209.
478 BVerfGE 75, 223.
479 BVerfGE 89, 155 (210 f.).= EuGRZ 1993, S. 429 (445).
480 BVerfGE 75, 223 ff.
481 BVerfGE 75, 223 (242).
482 BVerfGE, ebda. S. 242.

keine Befugnis übertragen worden sei, „(...) auf diesem Wege Gemeinschaftskompetenzen beliebig zu erweitern".[483]

In seinem Maastricht-Urteil definiert das Bundesverfassungsgericht die Grenzen der Auslegungs- und Rechtsfortbildungskompetenz neu und im Ergebnis wesentlich enger. Zunächst stellt es fest, daß „spätere wesentliche Änderungen des im Unions-Vertrag angelegten Integrationsprogramms und seiner Handlungsermächtigungen nicht mehr vom Zustimmungsgesetz (...) gedeckt sind"[484], d.h., daß bereits das Zustimmungsgesetz einer in dem Unions-Vertrag angelegten derartigen Entwicklung entgegenstehe. Auch durch Auslegung könne eine solche Entwicklung nicht herbeigeführt werden, da bei der Auslegung von Befugnisnormen durch Einrichtungen und Organe der Gemeinschaften zu beachten sei, daß der Unions-Vertrag grundsätzlich „zwischen der Wahrnehmung einer begrenzt eingeräumten Hoheitsbefugnis und der Vertragsänderung" unterscheide und seine Auslegung im Ergebnis nicht einer Vertragserweiterung gleichkommen dürfe. [485] Bereits die Änderung in der Terminologie von der „beliebigen Kompetenzerweiterung" zu jedweder „Vertragserweiterung" verdeutlicht, daß das Bundesverfassungsgericht höhere Anforderungen an die Zulässigkeit der Rechtsfortbildung durch Gemeinschaftsorgane stellt. Allerdings hält das Gericht insoweit an seiner Richtlinien-Rechtsprechung fest, als eine Kompetenznorm auch weiterhin mit Blick auf die Vertragsziele ausgelegt werden dürfe. Verschärfend ist hingegen dazugekommen, daß eine „dynamische" Handhabung des Vertrages mittels Vertragsschließungskompetenzen (Art. 308 EGV), inhärenter Zuständigkeiten (implied powers) und größtmöglicher Ausschöpfung von Gemeinschaftsbefugnissen (effet utile) ausdrücklich mit der erforderlichen Beachtung der bestehenden Grenzen verknüpft wird, da nach Auffassung des Bundesverfassungsgerichts ansonsten eine unzulässige Vertragserweiterung vorliege.

Von der Auslegung der Kompetenznormen nur schwer zu trennen sind die Feststellungen des Gerichts zum Subsidiaritätsprinzip (Art. 5 b Abs. 2 EGV) und dem Verhältnismäßigkeitsgrundsatz (Art. 5 Abs. 3 EGV). Dem Gerichtshof wird diesbezüglich eine „Überwachungspflicht" auferlegt.

b) Zusammenfassung

Zusammenfassend ist festzuhalten, daß das Bundesverfassungsgericht in zwei Konstellationen die Unverbindlichkeit des Gemeinschaftsrechts in Deutschland als Rechtsfolge eines "ultra-vires"-Handelns der Gemeinschaft bejaht. Zum einen ist dies der Fall, wenn die Gemeinschaftsorgane sich bei dem Erlaß von Rechtsakten nicht an die Grenzen der ihnen durch das deutsche Zustimmungsgesetz eingeräumten Hoheitsrechte halten. Eine Unverbindlichkeit im innerstaatlichen Recht soll jedoch auch dann vorliegen, wenn Gemeinschaftsorgane, insbesondere der Europäische Gerichtshof, eine Auslegung der Befugnisnormen vornehmen, die im Ergebnis einer Vertragsänderung gleichkommt. Das Bundesverfassungsgericht erachtet sich

---

483 BVerfGE, ebda. S. 243.
484 BVerfGE 89, 155 (156 Ls. 5).
485 BVerfGE 89, 155, (156 Ls. 6).

danach für zuständig zu prüfen, ob sich Rechtsakte der Gemeinschaftsorgane in den Grenzen ihrer Befugnisse bewegen.

2. Stellungnahme

Während in den ersten Jahrzehnten des Bestehens der Europäischen Gemeinschaft bei Konflikten zwischen dem Gemeinschaftsrecht und dem nationalem (Verfassungs-) Recht die Grundrechtsproblematik im Vordergrund stand, konzentrieren sich die Auseinandersetzungen der letzten Jahre zunehmend auf die Kompetenzabgrenzung. Die teilweise extensive Inanspruchnahme von Kompetenzen durch die Gemeinschaftsorgane und deren Duldung durch den Europäischen Gerichtshof hatte in der deutschen verfassungsrechtlichen Diskussion insbesondere anläßlich der EG-„Fernsehrichtlinie"[486] und der EG-„Tabakrichtlinie"[487] den Ruf nach einer neuerlichen Entscheidung des Bundesverfassungsgerichts zur Überprüfung von Gemeinschaftsrecht im Bereich des Grundgesetzes laut werden lassen.[488] Diesen Forderungen scheint das Bundesverfassungsgericht mit seinem Maastricht-Urteil zumindest teilweise nachgekommen zu sein. Es ist aber vorab klarzustellen, daß das Bundesverfassungsgericht das deutsche Zustimmungsgesetz zum Unions-Vertrag für verfassungsgemäß erklärt hat. Demzufolge ist Ausgangspunkt der Stellungnahme die Feststellung, daß die im Unions-Vertrag enthaltenen Kompetenzen für die Europäischen Einrichtungen und Organe nicht gegen die in Art. 23 Abs. 1 Satz 3 GG aufgeführte Grenze der Übertragung von Hoheitsrechten des Art. 79 Abs. 3 GG verstoßen.

Ein Handeln "ultra vires" der Gemeinschaft mit der Rechtsfolge der Unverbindlichkeit im innerstaatlichen Recht kann daher aus innerstaatlicher Sicht nur dann vorliegen, wenn die Gemeinschaft Kompetenzen in Anspruch nimmt, die ihr durch den EUV oder den EGV nicht übertragen wurden, beziehungsweise Befugnisnormen so auslegt, daß dies den Rahmen der zulässigen Rechtsfortbildung überschreitet und damit einer Vertragsänderung gleichkommt. In diesen Fällen wäre ein Handeln der Gemeinschaft aus der Sicht des Bundesverfassungsgerichts nicht mehr vom deutschen Zustimmungsgesetz zum Unions-Vertrag gedeckt und mithin für die Bundesrepublik Deutschland unverbindlich.

In früheren Entscheidungen hatte das Bundesverfassungsgericht wiederholt den dynamischen Charakter von internationalen Verträgen betont und damit auch den nationalen Zustimmungsgesetzen eine gewisse Anpassungsfähigkeit zuerkannt. So führte es in seinem Urteil zur Nachrüstung[489] aus:

> "Diese Dynamik kennzeichnet den Sachbereich, den die Bündnisverträge zu regeln übernommen haben. Soll der Bündniszweck erreicht werden, müssen rasche und anpassungsfähige Maßnahmen möglich sein, deren

---

486 ABl. Nr. L 298 vom 3.10.1989, S. 23 ff.; vgl. dazu Kewenig, JZ 1990, S. 458 ff.

487 ABl. Nr. L 359 vom 13.11.1989, S. 1 ff.

488 Vgl. einerseits Scholz, NJW 1990, S. 941 ff.; dagegen Everling, EuR 1990, S. 195 ff.; vgl. auch Hilf, EuGRZ 1987, S. 1 ff.

489 BVerfGE 68, 1.

Inhalt und Rechtsformen sich im voraus nicht vollständig bestimmen lassen."[490]

Im Maastricht-Urteil ist hingegen weniger vom dynamischen Charakter, der der Europäischen Union innewohnt (vgl. Präambel und Art. 1 Abs. 2 EUV), denn von den Grenzen der Anpassung an veränderte Sachverhalte die Rede. Auch hinsichtlich der Auslegung von Befugnisnormen hat das Bundesverfassungsgericht in seinem Maastricht-Urteil den Gemeinschaftsorganen deutliche Grenzen aufgezeigt. Während es in seiner Entscheidung zur unmittelbaren Wirkung von Richtlinien noch ausgeführt hatte, daß es

> "(...) von den Auslegungsregeln für die Gemeinschaftsverträge her nachgerade geboten ist, (...) vorhandene Kompetenzen der Gemeinschaft im Lichte und im Einklang mit den Vertragszielen auszulegen und zu konkretisieren (...)"[491],

läßt seine klare Unterscheidung im Maastricht-Urteil zwischen Auslegung und Vertragsänderung erkennen, daß eine extensive Interpretation von Befugnisnormen durch die Gemeinschaftsorgane nunmehr nicht vom deutschem Zustimmungsgesetz gedeckt ist und somit für Deutschland unverbindlich wäre.

Abgesehen von der Frage, ob die grundsätzlich gebotene Deutlichkeit der Sprache eines Urteils des höchsten nationalen Gerichts in diesem Fall nicht überschritten wurde, wenn das Bundesverfassungsgericht den Europäischen Gerichtshof darauf hinweist, wie er zukünftig die gemeinschaftsrechtlichen (!) Kompetenznormen auszulegen habe damit Rechtsakte der Gemeinschaft in der Bundesrepublik anwendbar sind, wiegt doch viel schwerer die Gefahr, daß die Europäische Gemeinschaft, deren Kompetenzen nicht an bestimmte Sachbereiche anknüpfen, sondern zielorientiert auf die Herstellung von Zuständen ausgerichtet sind,[492] erheblich an Handlungsfähigkeit einbüßen könnte und die Möglichkeit verliert, flexibel auf Änderungen der gesellschaftspolitischen Umwelt zu reagieren. Eine zu strikte Begrenzung der Auslegungsbefugnisse der Kompetenznormen hätte letztendlich zur Konsequenz, daß dem dynamischen Charakter der Europäischen Union, die auf die immer engere Union der Völker Europas gerichtet ist, nicht mehr genügend Rechnung getragen werden könnte. Zudem könnte eine zu strikte Begrenzung der Auslegungsbefugnis insbesondere des Europäischen Gerichtshofs auch genau das Gegenteil dessen bewirken, was das Bundesverfassungsgericht anstrebt. Wenn der Europäische Gerichtshof nur in sehr engen Grenzen zur Auslegung befugt ist, so werden die von ihm vorgenommenen Anstrengungen hinsichtlich des Grundrechtsschutzes, der Rechtsstaatlichkeit und des Abbaus des Demokratiedefizits zukünftig erschwert. Gerade in diesen Bereichen, die auf Betreiben der mitgliedstaatlichen Regierungen ursprünglich nicht in dem Maße im EG-Vertrag angelegt waren, hat der Europäische Gerichtshof durch eine gelegentlich weite Auslegung ein hohes Schutzniveau gewährleistet. Insofern muß dem Europäischen Gerichtshof auch hinsichtlich der Auslegung

---

490 BVerfGE 68, 1 (100).
491 BVerfGE 75, 223 (242).
492 So auch Kirchhof, EuR 1991, Beiheft 1, S. 11 (16).

von Befugnisnormen eine gewisse Flexibilität zugestanden werden, um den an ihn gestellten Anforderungen auch zukünftig gerecht werden zu können. Denn es geht nicht an, einerseits die Einhaltung von Grundsätzen einzufordern, andererseits aber die dazu notwendigen Mittel vorzuenthalten.

Zu beachten ist indes, daß Grenzen des Regelungsbedarfes der Gemeinschaft existieren[493] und damit auch der Auslegung von Kompetenznormen durch den Europäischen Gerichtshof Grenzen gesetzt sind. Insofern betont das Bundesverfassungsgericht zu Recht, daß die Kompetenznormen nicht unbegrenzt ausgelegt werden dürfen, sondern immer noch einen nachvollziehbaren Rückhalt in dem Vertrag haben müssen. Diese vertragliche Grundlage zu verneinen, käme der Zusprechung einer Kompetenz-Kompetenz gleich, die der Europäischen Gemeinschaft jedoch gerade nicht übertragen wurde. Es ist dem Bundesverfassungsgericht auch zuzugeben, daß ein Schluß von den Aufgaben auf die Kompetenz nicht zulässig ist. Jedoch haben die Gemeinschaftsorgane und insbesondere der Gerichtshof die übertragenen Kompetenzen im Lichte der Aufgaben, zu deren Erfüllung sie übertragen wurden, verstanden, so wie es auch der Praxis des Bundesverfassungsgerichts entspricht. Der Rechtsfortbildung durch den Gerichtshof und der Anwendung des Art. 308 EGV sollen nach dem Maastricht-Urteil enge Grenzen gesetzt sein. Auch die Orientierung am effet utile, und damit an der Funktionsfähigkeit der Gemeinschaft, soll künftig nicht mehr zulässig sein.[494] Es ist zwar richtig, daß die Kompetenzen des EG-Vertrages nicht uferlos ausgedehnt werden dürfen. Weiterhin ist richtig, daß der Europäische Gerichtshof in Einzelfällen den Grenzen von Auslegung und Rechtsfortbildung sehr nahe gekommen ist. Doch die im Maastricht-Urteil des Bundesverfassungsgerichts aufgezeigten Grenzen würden den Europäischen Gerichtshof, wenn man diese verfassungsgerichtlichen Vorgaben ernst nimmt, weitgehend handlungsunfähig machen. Der Gerichtshof hat sich zwar bisher als Motor der Integration erwiesen, doch bleibt abzuwarten, ob er in Anbetracht der Einführung des Subsidiaritätsprinzips durch Art. 5 b Abs. 2 EGV und den durch den Unions-Vertrag erreichten hohen Integrationsstand in Zukunft nicht eher als "Hüter" des EG-Vertrages auftreten wird.[495]

Die richtige Richtung wies das Bundesverfassungsgericht in seiner nach dem Maastricht-Urteil ergangenen Entscheidung vom 12.07.1994 zu Auslandseinsätzen der Bundeswehr, wenn es dort feststellt, daß in einem völkerrechtlichen Vertrag bereits angelegte Maßnahmen, die sich „in der praktischen Handhabung entwickelt" haben, gedeckt sind.[496] Dies hat vor dem Hintergrund der integrativen, auf Veränderung gerichteten Zielsetzung der Gemeinschaftsverträge erst recht zu gelten.

---

[493] Dazu ausführlich Everling, EuR 1987, S. 214 (231 ff.).

[494] Vgl. hierzu auch Everling, in: Randelzhofer u.a. (Hrsg.), GS Grabitz, S. 57 (67 mit Fn. 39).

[495] Kritisch dazu Ossenbühl, Landesbericht Bundesrepublik Deutschland, in: ders. (Hrsg.), Föderalismus und Regionalismus in Europa, S. 117 (147): "Auch vom EuGH ist kein Wort gegen den disziplinlosen und willkürlichen Umgang mit Kompetenznormen zu erwarten".

[496] BVerfG in: NJW 1994, S. 2207 (Leitsatz 6, S. 2210).

3. Zuständigkeit des Bundesverfassungsgerichts

Eines der Hauptprobleme[497], die das Maastricht-Urteil aufgeworfen hat, ist die Frage, ob die Reichweite der auf die Europäische Gemeinschaft übertragenen im EG-Vertrag niedergelegten Kompetenzen ausschließlich durch den Europäischen Gerichtshof auf Gemeinschaftsebene zu bestimmen ist oder ob diese Reichweite für den deutschen Rechtsraum konkurrierend und letztverbindlich durch das Bundesverfassungsgericht am Maßstab des mit dem EG-Vertrag inhaltlich identischen Zustimmungsgesetzes bestimmt wird.

Zugespitzt lautet daher die Frage: Wer wacht über die Einhaltung der Kompetenzgrenzen?

a) Sicht des Bundesverfassungsgerichts

Das Bundesverfassungsgericht widmet sich an zwei Stellen des Maastricht-Urteils der Frage seiner eigenen Zuständigkeit. In Abkehr von seinem Eurocontrol-Beschluß[498], in dem das Bundesverfassungsgericht Rechtsakte einer von der Staatsgewalt der Mitgliedstaaten geschiedenen öffentlichen Gewalt einer zwischenstaatlichen Einrichtung nicht als „öffentliche Gewalt“ im Sinne von Art. 19 Abs. 4 GG ansah, stellt es nun fest, daß es den Grundrechtsschutz auch gegenüber Akten der Europäischen Gemeinschaft gewährleistet und solche Gemeinschaftsakte unter seine Jurisdiktion fallen.[499] Damit stellt das Bundesverfassungsgericht klar, daß nicht mehr die Anwendung von Gemeinschaftsrecht durch deutsche Hoheitsträger der Anknüpfungspunkt für den Geltungsanspruch der deutschen Grundrechte und damit der bundesverfassungsgerichtlichen Zuständigkeit ist, sondern nunmehr darüber hinaus auch ein direkter Geltungsanspruch gegenüber von in Deutschland ausgeübtem Gemeinschaftsrecht besteht. Das Bundesverfassungsgericht spricht jedoch hinsichtlich seiner Rechtsprechungsausübung über die Anwendbarkeit von abgeleitetem Gemeinschaftsrecht von einem „Kooperationsverhältnis“ zum Europäischen Gerichtshof, in dem der Europäische Gerichtshof den Grundrechtsschutz im Einzelfall garantiert und sich das Bundesverfassungsgericht auf die "generelle Gewährleistung des unabdingbaren Grundrechtsstandards" beschränkt.[500]

Für die hier zu prüfende bundesverfassungsgerichtliche Zuständigkeit zur Feststellung von Kompetenzüberschreitungen der Gemeinschaftsorgane ist jedoch Leitsatz 5 des Urteils von primärer Relevanz, da sich das Bundesverfassungsgericht vorbehält, darüber zu urteilen, ob sich Rechtsakte der europäischen Einrichtungen und Organe in den Grenzen der ihnen eingeräumten Hoheitsrechte halten oder, so das Gericht, "aus ihnen ausbrechen".[501] Demnach unterfallen nach Auffassung des Bun-

---

497 Everling, in: Randelzhofer u.a. (Hrsg.), GS Grabitz, S. 57 (67) spricht insoweit von dem „Schlüsselproblem“.

498 BVerfGE 58, 1 (27).

499 BVerfGE 89, 155 (175) = EuGRZ 1993, S. 429 (435).

500 Dieser Begriff dürfte auf den von Kirchhof im Zusammenhang mit der "Solange II"-Entscheidung geprägten Begriff des "Kooperationsangebots" zurückgehen, vgl. Kirchhof, in: Merten (Hrsg.), Föderalismus und Europäische Gemeinschaften, S. 109 (115 ff.).

501 BVerfGE 89, 155 (188) = EuGRZ 1993, S. 429 (439); vgl. auch BVerfGE 75, 223 (242).

desverfassungsgerichts auch kompetenzwidrige Rechtsakte der Gemeinschaftsorgane ohne Grundrechtsrelevanz seiner Zuständigkeit.

In seiner Maastricht-Entscheidung hat das Bundesverfassungsgericht hingegen wichtige Fragen in bezug auf seine Zuständigkeit, gemeinschaftsrechtliches Sekundärrecht zu überprüfen, offen gelassen. Insbesondere hat sich das Bundesverfassungsgericht nicht dazu geäußert, ob auch bei Kompetenzüberschreitungen das in bezug auf den Grundrechtsschutz eingeführte „Kooperationsverhältnis" zur Anwendung kommt. Daneben hat das Gericht auch offengelassen, ob für die Instanzgerichte und für es selbst eine Vorlagepflicht gem. 234 EGV vor den EuGH besteht.

aa) Anwendbarkeit des „Kooperationsverhältnisses" auf „ultra vires"-Akte

Es ist fraglich, ob sich aus dem vom Bundesverfassungsgericht in der Maastricht-Entscheidung für den Grundrechtsbereich neu eingeführten und erstmalig verwendeten „Kooperationsverhältnis" (praktische) Einschränkungen der Zulässigkeit eines konkreten Normenkontrollverfahrens gegen „ultra vires"-Akte der Europäischen Gemeinschaft ergeben. Hinsichtlich der Maßgeblichkeit deutscher Grundrechte für Rechtsakte der Europäischen Gemeinschaft bewirkt das „Kooperationsverhältnis" nach Auffassung des Bundesverfassungsgerichts im Maastricht-Urteil, daß sekundäres Gemeinschaftsrecht insoweit nicht am Maßstab deutscher Grundrechte geprüft werden könne, als auf Gemeinschaftsebene ein wirksamer Grundrechtsschutz „generell sichergestellt (ist) und dieser dem vom Grundgesetz als unabdingbar gebotenen Grundrechtsschutz im wesentlichen gleich zu achten ist, zumal den Wesensgehalt der Grundrechte generell verbürgt."[502] Danach garantiert der Europäische Gerichtshof den Grundrechtsschutz in jedem Einzelfall; das Bundesverfassungsgericht beschränkt sich hingegen auf die generelle Gewährleistung der unabdingbaren Grundrechtsstandards. Der Schwerpunkt der Rechtsschutzgarantie verbleibt insoweit beim Europäischen Gerichtshof.[503] Das Bundesverfassungsgericht nimmt demgegenüber lediglich eine Reservezuständigkeit für diejenigen Fälle für sich in Anspruch, in denen Grundrechtsschutz beim Europäischen Gerichtshof nicht erreicht werden kann oder in denen ein Grundrecht allgemein vom Europäischen Gerichtshof nicht geschützt wird.[504] Verfahrenstechnisch bedeutet dies in der Praxis letztlich, daß Verfahren, die sich unmittelbar gegen abgeleitetes Gemeinschaftsrecht richten, unzulässig sein werden.[505] Denn nur für den eher theoretischen Fall, daß der vom Grundgesetz als unabdingbar gebotene Grundrechtsstandard durch die Rechtsprechung des Europäischen Gerichtshofs nicht gewährleistet wird, kann das Bundesverfassungsgericht angerufen werden.[506]

---

502 BVerfGE 89, 155 (174 f.); vgl. auch BVerfGE 73, 339 (786).

503 Winkelmann, Das Maastricht Urteil, S. 55.

504 Winkelmann, a.a.O., S. 55.

505 Klein, Interne Studien Nr. 66/1993, S. 6; ebenso Grimm, RdA 1996, S. 66 (68), für Richtervorlagen und Verfassungsbeschwerden.

506 Vgl. insoweit jetzt den Beschluß des BVerfG zur Verfassungskonformität der Bananenmarktordnung vom 07.06.2000, NJW 2000, S. 3124 ff.

Wenn dieses „Kooperationsverhältnis" auch auf „ultra vires"-Akte der Europäischen Gemeinschaft anzuwenden wäre, so würde dies, wie gerade dargestellt, die Zulässigkeit von Verfahren gegen Gemeinschaftsrechtsakte erheblich einschränken.

(1) 1. Ansicht

Teilweise wird in der Lehre vertreten, daß das Bundesverfassungsgericht ausdrücklich Rechtsschutz gegen jeden Ausbruch aus der Kompetenzordnung der Europäischen Gemeinschaften bieten wolle.[507] Zur Begründung wird insoweit auf die Argumente zurückgegriffen, die schon gegen die Gewährung von bloß generellem Grundrechtsschutz durch das Bundesverfassungsgericht sprechen. Als solche werden angeführt, daß eine Lösung von der Einzelfallprüfung dazu führe, daß das vorlegende Gericht (bzw. bei einer Verfassungsbeschwerde der Beschwerdeführer) darlegen müsse, daß die Europäische Gemeinschaft bzw. deren Gerichtshof schon in einer Reihe von anderen Fällen den vom Grundgesetz geforderten unabdingbaren Grundrechtsstandard unterschritten habe.[508] Auch spreche der Charakter des Grundrechtsschutzes als Individualrechtsschutz gegen ein solches Verständnis[509], denn die Verletzung des Grundrechtsstandards sei kein Häufigkeitsproblem. Schließlich sprächen praktische Erwägungen gegen einen nur generellen Grundrechtsschutz, da das Bundesverfassungsgericht danach bereits im Rahmen der Zulässigkeit prüfen müsse, ob dem konkreten Rechtsstreit bereits in anderen Fällen Grundrechtsverstöße der Europäischen Gemeinschaft bzw. des Europäischen Gerichtshofs vorausgegangen sind und sich bei einer Bejahung solcher Verstöße weiter die Frage stelle, ob das Bundesverfassungsgericht diese bereits abgeschlossenen Fälle zur Entscheidung, ob tatsächlich ein solcher Verstoß vorliegt, dem Europäischen Gerichtshof vorlegen müsse. Auch das hinsichtlich des Grundrechtsschutzes zu beachtende „Kooperationsverhältnis" zwischen dem Bundesverfassungsgericht und dem Europäischen Gerichtshof schränke die „ultra vires"-Kontrolle durch das Bundesverfassungsgericht nicht ein, da sich dieses entsprechend den wissenschaftlichen Vorarbeiten des Berichterstatters des Maastricht-Urteils ausschließlich auf den Grundrechtsbereich beziehe.

---

507 Zuck/Lenz, NJW 1997, S. 1193 (1196); Huber, AöR Bd. 116 (1991), S. 210 (241 ff.); Schröder, DVBl. 1994, S. 316 (324 f.); Scholz, in: Friauf/Scholz, Europarecht und Grundgesetz, S. 53 (85 f., 104 f.), der jedoch anstatt auf die Generalität auf die „Typizität" des Grundrechtsverstoßes abstellt.

508 In diesem Sinne aber Kirchhof, in: Merten (Hrsg.), Föderalismus und Europäische Gemeinschaften, S. 109 (116), der aus der Solange II-Entscheidung folgert, „daß der einzelne Marktbürger, der durch Anwendung von EWG-Recht in seinen Grundrechten betroffen ist, der aber ausreichenden Grundrechtsschutz beim Europäischen Gerichtshof finden kann, sich nicht auf eine fehlerhafte Grundrechtsanwendung durch den Europäischen Gerichtshof im Einzelfall mit der Verfassungsbeschwerde beim Bundesverfassungsgericht wehren kann." Auch auf Nachfrage verneinte dieser Bundesverfassungsrichter ausdrücklich eine Einzelfallprüfung und sprach sich gegen eine gegenteilige Interpretation des von ihm mitgetragenen Beschlusses gegen die Tabakrichtlinie (BVerfG, EuGRZ 1989, S. 399 f.) aus. Anders könne die Entscheidung aber dann ausfallen, wenn nicht nur vorgetragen werde, der Einzelfall sei vom EuGH falsch entschieden worden, sondern dieser Einzelfall betreffe einen Grundrechtstypus, den der Europäische Gerichtshof gar nicht anwenden könne, da er nicht zu seinem Instrumentarium gehöre (So zitiert von Niedobitek, Diskussionsbericht, in: Merten, Föderalismus und Europäische Gemeinschaften, S. 125 (130 f.).

509 Kirchner/Haas, JZ 1993, S. 760 (763); Scholz, NJW 1990, S. 941 (945), ders., in: Friauf/Scholz, Europarecht und Grundgesetz, S. 53 (109 ff.).

(2) 2. Ansicht

Ein anderer Teil der Lehre ist der Auffassung, daß die Aussage des Bundesverfassungsgerichts im Maastricht-Urteil, es prüfe, ob Rechtsakte der Europäischen Einrichtungen und Organe sich in den Grenzen der ihnen eingeräumten Hoheitsrechte halten oder aus ihnen „ausbrechen", nicht dahin verstanden werden dürfe, daß jeder einzelnen Rechtsakt der Union in vollem Umfang auf seine Kompetenzgemäßheit überprüfbar sei.[510] Vielmehr sei der Gedanke des „Kooperationsverhältnisses", also die Beschränkung der Überprüfung von sekundärem Gemeinschaftsrecht durch das Bundesverfassungsgericht auf eine lediglich generelle Gewährleistung des unabdingbaren Grundrechtsstandards, verallgemeinerungsfähig und insbesondere auch auf die Frage der Kompetenzabgrenzung zwischen der Europäischen Gemeinschaft und den Mitgliedstaaten übertragbar.[511] Die normative Grundlage des „Kooperationsverhältnisses" sei Art. 23 Abs. 1 S. 1 GG.[512] Ein sachlicher Grund, dieses Verhältnis dann auf Grundrechtsfragen zu beschränken, sei nicht ersichtlich. Vielmehr sei das „Kooperationsverhältnis" auf alle Rechtsfragen anzuwenden, bei denen es zu Konflikten zwischen dem Bundesverfassungsgericht und dem Europäischen Gerichtshof kommen könne.[513] Die Grenze zwischen Zulässigem und Unzulässigem sei ähnlich zu ziehen wie bei den Grundrechten, auch wenn es bei der Kompetenzabgrenzung nicht um einen Vergleich zweier Rechtsregime gehe, sondern um die Betrachtung ein und derselben gemeinschaftsrechtlichen Kompetenzzuweisung aus unterschiedlichen Blickwinkeln. Die Befugnis, gemeinschaftsrechtliches Sekundärrecht zu überprüfen und gegebenenfalls als in Deutschland für unanwendbar zu erklären, wachse dem Bundesverfassungsgericht erst dann zu, wenn nach seiner Einschätzung ein grober Verstoß gegen die Regeln über die Zuständigkeitsverteilung, ein sog. Exzeß, vorliege.

---

510 Für die Begrenzung auf „strukturelle Defizite" vgl. Everling, EuR 1990, S. 195, 202 f., der jedoch in: Randelzhofer u.a. (Hrsg.), GS Grabitz, S. 57 (63 f.) am Fortbestand dieser Grenze auf Grund des Maastricht-Urteils zweifelt; Klein, VVDStRL 50 (1991), S. 56 (82 f.); ders., in: Randelzhofer u.a. (Hrsg.), GS Grabitz, S. 271 (278); Tomuschat, in: Bonner Kommentar, Rn. 65 f., 96 zu Art. 24 GG.

511 V. Bogdandy/Nettesheim, in: Grabitz/Hilf, EU-Kommentar, Rn. 53 zu Art. 1 EGV; Heintzen, AöR Bd. 119 (1994), S. 564 (585 f.); ähnlich interpretieren Bleckmann/Pieper, RIW 1993, S. 969 (977) das Urteil: „Daß dem Bundesverfassungsgericht letztlich subsidiäre Zuständigkeiten in Hinblick auf die Einhaltung der Kompetenznormen zukommen, kann hierbei parallel zur Rechtsprechung in bezug auf die Einhaltung des Grundrechtsstandards angenommen werden"; ebenso Streinz, in: Ipsen u.a. (Hrsg.), FS Heymanns Verlag, S. 663 (664): „Denn obwohl dieses „Kooperationsverhältnis" im Maastricht-Urteil ausdrücklich auf die Gewährleistung des Grundrechtsschutzes bezogen wurde, muß es wegen dem vom BVerfG mehrfach betonten Erfordernis einer Vorabentscheidung des EuGH in jedem Fall zum Tragen kommen, in dem das BVerfG einen Gemeinschaftsrechtsakt aus verfassungsrechtlichen Gründen für in Deutschland nicht durchführbar hält, also auch dann, wenn das BVerfG eine Kompetenzüberschreitung der Organe der Europäischen Gemeinschaft annimmt"; vgl. auch Gündisch, AnwBl. 1993, S. 590 (593); Zuleeg, JZ 1994, S. 1 (4).

512 Heintzen, a.a.O., AöR Bd. 119 (1994), S. 564 (585).

513 Heintzen, ebda.; für ein „Kooperationsverhältnis" auch hier plädieren: Zuleeg, JZ 1994, S. 1 (4) und Gündisch, AnwBl. 1993, S.590 (593).

(3) Stellungnahme

Für die Ansicht, die eine Anwendung des „Kooperationsverhältnisses" auf „ultra vires"-Akte ablehnt, spricht zunächst, daß sich diese auf den Wortlaut der entsprechenden Passage des Maastricht-Urteils berufen kann. Das Bundesverfassungsgericht erwähnt den Begriff des „Kooperationsverhältnisses" ausschließlich im Zusammenhang mit dem zu gewährenden unabdingbaren Grundrechtsstandard. Ein Hinweis auf das „Kooperationsverhältnis" findet sich in den Passagen über die Kompetenzgrenzen der Gemeinschaft hingegen nicht. Zudem ist zu beachten, daß der Begriff „Kooperationsverhältnis" von dem Berichterstatter des Maastricht-Urteils begründet und in dessen wissenschaftlichen Vorarbeiten jeweils ausschließlich auf den Grundrechtsbereich bezogen war.[514] Es ist davon auszugehen, daß bei einem darüber hinausgehenden Anwendungsbereich des „Kooperationsverhältnisses" dies im Urteil auch ausdrücklich erwähnt worden wäre. Auch andere inhaltliche Anforderungen an die Zulässigkeit der Überprüfung der Kompetenzen finden in dem Urteilstext keinen Rückhalt. Somit muß davon ausgegangen werden, daß das Bundesverfassungsgericht hinsichtlich der verfassungsrechtlichen Überprüfung von „ultra vires"-Akten nicht in einem „Kooperationsverhältnis" mit, bzw. nach dem Sprachgebrauch des Bundesverfassungsgerichts „zum", Europäischen Gerichtshof zusammenarbeiten wird.[515]

bb) Vorlagepflicht gem. Art. 234 EGV

Offengelassen hat das Bundesverfassungsgericht in seinem Maastricht-Urteil auch, ob es selbst und die Instanzgerichte, wenn sie einmal mit der Frage der Anwendbarkeit eines EG-Rechtsaktes befaßt sind, nach Art. 234 EGV zur Vorlage an den EuGH verpflichtet sind. Vor einer Befassung des Bundesverfassungsgerichts haben die deutschen Instanzgerichte - auch die nicht-letztinstanzlichen - stets dem EuGH gem. Art. 234 EGV vorzulegen[516], der den entscheidungserheblichen Gemeinschaftsrechtsakt am Maßstab des gemeinschaftlichen Primärrechts überprüft, was auch die Prüfung der Zuständigkeit der Europäischen Gemeinschaft umfaßt (vgl. Art. 230 Abs. 2 EGV).[517] Das Maastricht-Urteil anders zu interpretieren hieße, dem Bundesverfassungsgericht zu unterstellen, entgegen Art. 234 EGV die deutschen Gerichte nicht nur zu einem vertragswidrigem, sondern auch, da der EuGH gesetzlicher Richter i.S.d. Art. 101 Abs. 1 S. 2 GG ist[518], zu einem verfassungswidrigem Verhalten aufzufordern. Auch ließe sich eine andere Auffassung mit dem vom Bundesverfassungsgericht hervorgehobenen „Kooperationsverhältnis" zum Europäischen Gerichtshof (wenn man dieses nicht lediglich auf den Grundrechtsschutz beschränkt), womit dessen primäre prozessuale Verantwortung im Verfahren nach Art. 234 EGV gemeint ist, kaum vereinbaren.[519] Denn obwohl das „Kooperationsverhältnis" in der Maastricht Entscheidung lediglich auf den Grundrechtsschutz bezogen war, so muß

---

514 Kirchhof, EuR 1991, Beiheft 1, S. 11 (49).

515 So auch Schröder, DVBl. 1994, S. 316 (323 f.); Streinz, in: Ipsen u.a. (Hrsg.), FS Heymanns Verlag, S. 663 (673).

516 EuGH, Rs. 314/85, Foto Frost, Slg. 1987, 4199; Winkelmann, Das Maastricht-Urteil, S. 58.

517 Vgl. Hutka, Prüfungs- und Verwerfungskompetenz, S. 368 m.w.N.

518 Vgl. nur BVerfGE 73, 339 (366 ff.).

519 Hutka, Prüfungs- und Verwerfungskompetenz, S. 368; Streinz, EuZW 1994, S. 329 (331); Pernice, EuZW 1993, S. 649.

es doch aufgrund der in früheren Verfahren[520] vom Bundesverfassungsgericht betonten Erfordernis einer Vorabentscheidung gem. Art. 234 EGV in jedem Fall zum Tragen kommen, in dem das Bundesverfassungsgericht einen Sekundärrechtsakt der Europäischen Gemeinschaft für in Deutschland undurchführbar erachtet. Gründe für eine insoweit unterschiedliche Behandlung sind jedenfalls nicht ersichtlich. Nur dann, wenn der Gerichtshof die Zuständigkeit der Gemeinschaft und damit die Primärrechtskonformität eines entscheidungserheblichen Sekundärrechtsakts der Gemeinschaft bejaht hat, das deutsche Gericht aber an seiner Auffassung von dessen Kompetenzwidrigkeit festhält, kommt eine Befassung des Bundesverfassungsgerichts überhaupt erst in Betracht. Eine Vorlagepflicht nach Art. 234 EGV besteht auch für das Bundesverfassungsgericht selbst.[521] Es ist Gericht i.S. dieser Vorschrift und entscheidet auch über Rechtsstreitigkeiten.[522] Der Sinn und Zweck des Art. 234 EGV besteht darin, die Einheitlichkeit des Gemeinschaftsrechts zu gewährleisten. In Anbetracht dieses Ziels wäre es kontraproduktiv, wenn gerade die nationalen Verfassungsgerichte aus dem Anwendungsbereich des Art. 234 EGV ausgenommen würden. Grundsätzlich sind die Entscheidungen des Europäischen Gerichtshofs auch für das Bundesverfassungsgericht verbindlich.[523] Aus der Maastricht-Entscheidung wird jedoch teilweise gefolgert, daß die Verbindlichkeit der Entscheidungen des Europäischen Gerichtshofs durch die Reichweite des Vorrangs des Gemeinschaftsrechts begrenzt wird.[524] Zur Begründung wird vorgebracht, daß anderenfalls die ausgesprochene Unanwendbarkeit von „ultra vires"-Akten der Gemeinschaft über die Bindungswirkung der Vorabentscheidungen des EuGH „überspielt" werden könne. Zweifel an dem Willen des Bundesverfassungsgerichts, vor einer Entscheidung über die Kompetenzwidrigkeit eines Gemeinschaftsrechtsaktes den Rechtsstreit dem Europäischen Gerichtshof zur Vorabentscheidung gem. Art. 234 EGV vorzulegen, nährte der Richter am Bundesverfassungsgericht Kirchhof auf dem Deutschen Richtertag 1995 in Mainz auf dem er wie folgt zitiert wurde:

> „Dagegen sei es Sache der Mitgliedstaaten, Vertragsänderungen oder -erweiterungen vorzunehmen. Verletze europäisches Recht diese Grenze, so sei es für die nationalen Behörden und Gerichte nicht verbindlich. Für das Bundesverfassungsgericht folge daraus, daß allein ihm und nicht etwa dem EuGH die Feststellung obliege, ob sich eine EU-Norm an das Kom-

---

520 Vgl. nur: BVerfGE 52, 187, LS 2.

521 BVerfGE 37, 271 (282); 52, 187 (201); Everling, in: Randelzhofer u.a. (Hrsg.), GS Grabitz, S. 57 (68); Klein, in: Randelzhofer u.a. (Hrsg.), GS Grabitz, S. 271 (284 f.); Schröder, DVBl. 1994, S. 316 (324); Weber, in: Due u.a. (Hrsg.), FS Everling, S. 1625 (1636); Streinz, in: Ipsen u.a. (Hrsg.), FS Heymanns Verlag, S. 663 (675); Huber, Recht der Europäischen Integration, S. 192; a.A. für den Fall, daß sich der Vorwurf kompetenzwidrigen Verhaltens gegen den EuGH selbst richtet, Gersdorf, DVBl. 1994, S. 674 (684); ähnlich Zuck/Lenz, NJW 1997, S. 1193 (1199 f.) für den Fall, daß das Fachgericht vor Vorlage im Wege des konkreten Normenkontrollverfahrens gem. Art. 100 Abs. 1 GG bzw. einer Verfassungsbeschwerde gem. Art. 93 Abs. 1 Nr. 4 a) GG bereits dem EuGH vorgelegt hat und dieser zur Wahrung der Kompetenzordnung Stellung genommen hat, sowie für den Fall, daß ein Direkturteil des EuGH nach Art. 230-232 EGV Gegenstand des bundesverfassungsgerichtlichen Verfahrens ist.

522 Vgl. Zuck/Lenz, NJW 1997, S. 1193 (1199).

523 BVerfGE 73, 339 (370); 45, 142 (162); 52, 187 (201).

524 Vgl. nur Zuck/Lenz, NJW 1997, S. 1193 (1199).

petenzgefüge halte. Insoweit bestehe für das Bundesverfassungsgericht auch keine Vorlagepflicht nach Art. 177 EGV."[525]

b) Die in der Literatur vertretenen Auffassungen

Der Ausgleich des Spannungsverhältnisses zwischen der Einhaltung der der Gemeinschaft übertragenen Kompetenzen einerseits und der durch Art. 23 GG bewirkten Integrationsoffenheit des Grundgesetzes andererseits wird in der Lehre auf unterschiedliche Art und Weise versucht.

Die vorherrschende Auffassung spricht dem Bundesverfassungsgericht unter bestimmten Voraussetzungen eine Befugnis zur Kontrolle von sekundärem Gemeinschaftsrecht zu. Unterschiedlich werden lediglich die Kriterien festgelegt, bei deren Vorliegen diese Kontrolle eingreift.

aa) Vertretbarkeitskontrolle

Vereinzelt wird in der Literatur vertreten, daß eine bundesverfassungsgerichtliche Prüfung von Gemeinschaftsrechtsakten lediglich im Rahmen einer „Vertretbarkeitskontrolle" möglich sei.[526] Diese Ansicht bezieht sich auf das sog. „Richtlinienurteil" des Bundesverfassungsgerichts.[527] In diesem Urteil hatte das Bundesverfassungsgericht festgestellt:

> „Es ist kein unvertretbarer Schluß, wenn der Gerichtshof aus der Bestimmung des Art. 189 EWGV, daß die Verordnung „unmittelbar" gilt, folgert, daß damit nicht schon eine „unmittelbare" Rechtswirkung der anderen Rechtsakte (Entscheidung, Richtlinie) ausgeschlossen sei. Es ist ferner methodisch nicht unvertretbar, wenn der Gerichtshof (...) ."[528]

Die Berufung auf das „Richtlinien-Urteil" ist jedoch insofern wenig hilfreich, als das Bundesverfassungsgericht keinerlei Kriterien genannt hat, anhand derer die Grenzziehung zwischen der Vertretbarkeit und der Unvertretbarkeit der Auslegung bzw. Rechtsfortbildung des Gerichtshofs in bezug auf die Kompetenzen der Gemeinschaften bzw. die Kompetenzgemäßheit der Handlungen der Gemeinschaftsorgane zu ziehen ist. Denn in diesem Urteil heißt es weiter:

> „Wo insoweit die generellen Grenzen der Reichweite der Gemeinschaftsgewalt verlaufen, kann hier dahinstehen. Die vorliegende Rechtsprechung des Gerichtshofs (...) bleibt weit davon entfernt, diese Grenzen zu überschreiten."[529]

---

525 Vgl. DRiZ, 1995, S. 443.

526 Vgl. Gersdorf, DVBl. 1994, S. 674 (684), dessen Erwartung, daß das Bundesverfassungsgericht in seiner Entscheidung über die „Fernsehrichtlinie" seinen Standpunkt konkretisieren und das beanspruchte Kontrollrecht spezifizieren werde, sich nicht erfüllt hat.

527 BVerfGE 75, 223 (240).

528 BVerfG ebda, S. 240.

529 BVerfG ebda., S. 242.

Diese Ansicht würde zu einer Überprüfung des Gemeinschaftsrechts dahingehend führen, ob dieses sich unter Berücksichtigung des durch das Zustimmungsgesetz abgesteckten „Integrationsprogramms" auf eine vertragliche Kompetenznorm zurückführen läßt. In bezug auf entsprechende Kompetenzentscheidungen des Europäischen Gerichtshofs müßte sich eine Vertretbarkeitskontrolle an der vom Bundesverfassungsgericht bereits im „Richtlinien-Urteil" angesprochenen Grenze der anerkannten Methoden richterlicher Rechtsfortbildung orientieren. Denn im Maastricht-Urteil verweist das Bundesverfassungsgericht auf die entsprechenden Passagen dieses Urteils.

bb) Evidenzkontrolle

Eine andere Ansicht in der Lehre vertritt hingegen die Auffassung, daß anhand einer „Evidenzkontrolle" zu bestimmen sei, ob dem Bundesverfassungsgericht eine Zuständigkeit für die Kontrolle von sekundärem Gemeinschaftsrecht zukomme. Dies bedeutet, daß das Bundesverfassungsgericht nur dann einem Gemeinschaftsrechtsakt die Anwendung in Deutschland untersagen dürfe, wenn sich Gemeinschaftsorgane bei dessen Erlaß „evident" über die vertraglich eingeräumten Kompetenzen hinweggesetzt haben.[530] Diese Ansicht lehnt sich mit dem Kriterium der Evidenz an die stark vertretene völkerrechtliche Lehre der Folgen eines „ultra vires"-Handelns der Europäischen Gemeinschaft an.[531] Danach wäre die Inanspruchnahme einer Gemeinschaftskompetenz dann vom zugrundeliegenden Zustimmungsgesetz und dessen Integrationsprogramms nicht mehr gedeckt, wenn der erlassene Rechtsakt erkennbar so weit von der Kompetenzgrundlage entfernt, daß kein Zusammenhang mit den Zielen und Aufgaben der Europäischen Gemeinschaft mehr erkennbar ist und diese Kompetenzinanspruchnahme damit einer nicht mehr zulässigen Vertragserweiterung gleichkommt.[532]

Einer solchen Evidenzkontrolle ist zwar gegenüber einer in ihrer Reichweite und Intensität weiterreichenden Vertretbarkeitskontrolle der Vorzug zu geben, da sie die notwendige Gestaltungsfreiheit der Organe der Gemeinschaft angemessener berücksichtigt und auch dem Erfordernis der dynamischen Entwicklung einer Integrationsgemeinschaft, die vom Gesetzgeber gewollt und durch Art. 23 GG verfassungsrechtlich auch gedeckt ist, besser gerecht wird. Gleichwohl ist zu berücksichtigen, daß die im Völkerrecht vertretene Lehre nicht allein auf die Evidenz des Verstoßes abstellt, sondern mit dem Verstoß gegen eine Vorschrift von grundlegender Bedeutung zusätzlich ein weiteres Kriterium erfüllt sein muß.

cc) „Schwere" der Kompetenzverletzung

Eine weitere Meinung in der Literatur stellt deshalb auch auf die „Schwere" der Kompetenzüberschreitung durch die Gemeinschaftsorgane ab. Nach dieser Ansicht führen nur „gravierende" bzw. „erhebliche" Kompetenzüberschreitungen der Gemein-

---

530 Ress, in: FS Zeidler, S. 1775 (1782 ff.); Scholz, in: M/D/H/S, GG-Kommentar, Rn. 25 zu Art. 23 GG; Frowein, ZaöRV Bd. 54 (1994), S. 1 (9 f.); vgl. Gersdorf, a.a.O., S. 684.

531 Ress, a.a.O., S. 1782 ff.; vgl. hierzu S. 22 f.

532 Vgl. hierzu Hutka, Prüfungs- und Verwerfungskompetenz, S. 358; Everling, EuR 1990, 195 (224 f.); Ress, a.a.O., S. 1783.

schaft zur Unanwendbarkeit gemeinschaftlicher Rechtsakte im deutschen Rechtsraum.[533] Diese Ansicht kann sich auf eine Passage des bundesverfassungsgerichtlichen Maastricht-Urteils stützen, wonach

> „wesentliche Änderungen des im Unions-Vertrag angelegten Integrationsprogramms und seiner Handlungsermächtigungen nicht mehr vom Zustimmungsgesetz zu diesem Vertrag gedeckt sind.[534]

Nach dieser Auffassung sind Kompetenzüberschreitungen der Europäischen Gemeinschaft dann nicht hinnehmbar und mit einer nicht gedeckten Vertragserweiterung gleichzusetzen, wenn sie „wesentliche Fragen der Integration betreffen"[535], von „erheblichem" Gewicht sind[536] oder einen „qualitativen Sprung gegenüber dem im Zustimmungsgesetz festgelegten Integrationsprogramm" darstellen.[537]

dd) Kombinationslösung

Zum Teil wird in der Literatur in Übertragung der völkervertragsrechtlichen Kollisionsnorm des Art. 46 WVK II auch die Auffassung vertreten, die Kriterien der „Offensichtlichkeit" und „Schwere" seien zu verbinden.[538] Nach dieser Auffassung ist eine von dem deutschen Zustimmungsgesetz zu dem Gemeinschaftsvertrag nicht mehr gedeckte Kompetenzüberschreitung der Gemeinschaft nur dann gegeben, wenn der Kompetenzverstoß offensichtlich und von erheblichem Gewicht ist. Nur in solchen Extremfällen, in denen der Europäische Gerichtshof - würde er die Kompetenzüberschreitung nicht ahnden - aus seiner Rolle als Rechtsprechungsorgan heraustrete und seinen ihm durch den Gemeinschaftsvertrag übertragenen Rechtsschutzauftrag in eklatanter Weise verletze, sei es dem Bundesverfassungsgericht gestattet einzuschreiten.[539] Unterhalb dieser Grenze sei dagegen eine abweichende Rechtsauffassung des Bundesverfassungsgerichts über die Reichweite der auf die Gemeinschaft übertragenen Kompetenzen unbeachtlich und rechtfertige nicht die Nichtanwendung eines Gemeinschaftsrechtsaktes aus Gründen seines kompetenzwidrigen Erlasses. Eine umfassende uneingeschränkte Prüfung des kompetenzgemäßen Erlasses sekundären Gemeinschaftsrechts am Maßstab des deutschen Zustimmungsgesetzes durch deutsche Staatsorgane, einschließlich des Bundesverfassungsgerichts, widerspreche der in der Präambel des Grundgesetzes und in Art. 23 GG verankerten In-

---

533 Jarass, Grundfragen, S. 103: „gravierende Verstöße"; Kokott, AöR Bd. 119 (1994), S. 207 (213 f.): „gravierende ultra-vires Akte der Gemeinschaften" und S. 220: „erhebliche Kompetenzüberschreitungen"; vgl. auch: Everling, EuR 1990, S. 195 (224).

534 BVerfGE 89, 155 (188); vgl. auch: Ress, a.a.O., S. 1775 (1782) unter Bezugnahme auf die insoweit identische Formulierung des Bundesverfassungsgerichts in dessen Eurocontrol-Entscheidung (BVerfGE 58, 1 (37)).

535 Vgl. Ress, a.a.O., S. 1775 (1783 f.): „wesentliche Bestimmungen des Vertrages (tragende, grundlegende Elemente)"

536 Everling, in: Randelzhofer u.a. (Hrsg.), GS Grabitz, S. 57 (71).

537 In diese Richtung wohl Schwarze, NJ 1994, S. 1 (3).

538 So Hutka, Prüfungs- und Verwerfungskompetenz, S. 359; ähnlich: Ress, a.a.O., S. 1775 (1783 f.): „Dies werde den Eigenarten Internationaler Organisationen gerecht"; Everling, in: Randelzhofer u.a. (Hrsg.), GS Grabitz, S. 57 (71): „offensichtliche und anhaltende Kompetenzüberschreitungen von Gewicht (...), die die Substanz der Mitgliedstaaten betreffen".

539 Hutka, a.a.O., S. 359; i.E. ähnlich: Klein, VVDStRL 50 (1991), S. 56 (68) und Frowein, ZaöRV Bd. 54 (1994), S. 1 (8 f.); Meessen, NJW 1994, S. 549 (553).

tegrationsoffenheit des Grundgesetzes und sei aus Sicht des Gemeinschaftsrechts als Vertragsverletzung zu qualifizieren. Denn die Bundesrepublik einschließlich ihrer Organe sei gemeinschaftsrechtlich an Entscheidungen des nach den Gemeinschaftsverträgen zur letztverbindlichen Auslegung des Gemeinschaftsrechts berufenen Europäischen Gerichtshofs gebunden.[540] Diese Bindung greife innerstaatlich lediglich dann nicht durch, wenn es sich um den unwahrscheinlichen Extremfall einer schweren und offensichtlichen Kompetenzüberschreitung handele, was im Ergebnis lediglich dann zu bejahen sei, wenn die verfassungsrechtlichen Grenzen der Integrationsgewalt, hier konkret des Art. 79 Abs. 3 i.V.m. Art. 20 Abs. 1, 2 GG, überschritten seien.[541] Wollte man in Fällen dieser Art Entscheidungen des Europäischen Gerichtshofs in Übertragung völkerrechtlicher Grundsätze nicht sogar als gemeinschaftsrechtlich unbeachtlich qualifizieren, würden gemeinschaftsrechtliche Bindung der Bundesrepublik und innerstaatliche Verfassungslage auseinanderfallen und damit eine Situation herbeiführen, die vergleichbar bei einer Diskrepanz zwischen völkerrechtlicher Verpflichtung und verfassungsrechtlichen Anforderungen entstehe. Eine Lösung diesen Konflikts könne dann lediglich auf politischer Ebene erfolgen.[542]

Gleichwohl steht auch dieser Ansicht entgegen, daß die bloße Übertragung völkerrechtlicher Grundsätze dem Wesen des Gemeinschaftsrechts, in dessen Anwendungsbereich die allgemeinen Grundsätze des Völkerrechts durch die spezielleren Gemeinschaftsrechtsbestimmungen grundsätzlich verdrängt werden[543], kaum gerecht wird.

ee) Keine Einzelfallkontrolle

Ein Teil der Literatur vertritt darüber hinaus zusätzlich einen quantitativen Ansatz und verlangt in Übertragung der für den Grundrechtsbereich geltenden Grundsätze des Kooperationsverhältnisses zusätzlich, daß sich auf Gemeinschaftsebene eine nachhaltige und den Einzelfall überschreitende Tendenz zu offensichtlichen und schweren Kompetenzüberschreitungen zeigen müsse, die den Schluß zulasse, daß der Europäische Gerichtshof allgemein seinen Rechtsschutzauftrag nicht mehr erfülle.[544] Das Bundesverfassungsgericht dürfe daher nur dann tätig werden, wenn „offensichtliche und anhaltende Kompetenzüberschreitungen von erheblichem Gewicht vorliegen, die die Substanz der Mitgliedstaaten betreffen."[545] Kompetenzüberschreitungen

---

540 Everling, in: Randelzhofer u.a. (Hrsg.), GS Grabitz, S. 57 (69); Frowein ZaöRV Bd. 54 (1994), S. 1 (8); Klein, in: Randelzhofer u.a. (Hrsg.), GS Grabitz, S. 271, 284, Fn. 57; Meessen, NJW 1994, S. 549 (553).

541 Klein, VVDStRL 50 (1991), S. 56 (69); Steinberger, in: Hommelhoff/Kirchhof (Hrsg.), Der Staatenverbund, S. 25 (34); Everling, in: Randelzhofer u.a. (Hrsg.), GS Grabitz, S. 57 (70 f.); ders. EuR 1990, S. 195 (224).

542 Steinberger, a.a.O., S. 34; Klein, VVDStRL 50 (1991), S. 56 (69).

543 Vgl. Grabitz, in: Grabitz/Hilf, EU-Kommentar, Rn. 25 zu Art. 189 EGV, Bleckmann, in: Dauses (Hrsg.), Handbuch, Bd. I., Rn. 79.

544 Everling, in: Randelzhofer u.a. (Hrsg.), GS Grabitz, S. 57 (71); ders. EuR 1990, S. 195 (224); ähnlich auch Meessen, NJW 1994, S. 549 (552 f.).

545 Everling, in: Randelzhofer u.a. (Hrsg.), GS Grabitz, S. 57 (71).

im Einzelfall seien hingegen angesichts der Vielzahl von Urteilen des Europäischen Gerichtshofs nicht ausschlaggebend.[546]

Gegen diese Ansicht wird vorgebracht, daß eine Übertragung der vom Bundesverfassungsgericht für den Grundrechtsbereich aufgestellten Grundsätze auf Kompetenzüberschreitungen der Gemeinschaft nicht plausibel sei.[547] Wenn dem Bundesverfassungsgericht, dessen Maastricht-Urteil eine derartige Einschränkung nicht enthalte, ein Einschreiten gegen Kompetenzüberschreitungen der Gemeinschaft erst dann gestattet sei, wenn die Gemeinschaft bzw. der Europäische Gerichtshof eine über den Einzelfall hinausgehende, anhaltende Tendenz zu offensichtlichen und schweren Kompetenzüberschreitungen an den Tag lege, bleibe von der durch das Demokratieprinzip (Art. 79 Abs. 3 i.V.m. Art. 20 Abs. 1, 2 GG) geforderten Einhaltung der auf die Gemeinschaft durch das Zustimmungsgesetz übertragenen Kompetenzen nicht viel übrig.[548] Auch ließen sich Grundrechtseingriffe der Gemeinschaft in Einzelfällen nicht mit der Situation vergleichen, in der entgegen dem Vertrag gegebenenfalls ganze Sachbereiche der Regelungszuständigkeit der Mitgliedstaaten entzogen werden. Würde zudem - was aber unwahrscheinlich sei - der Europäische Gerichtshof den Extremfall einer offensichtlichen und schweren Kompetenzüberschreitung der anderen Gemeinschaftsorgane nicht sanktionieren, ließe das ohne weiteres den Schluß zu, daß der Gerichtshof generell zur Wahrung der Kompetenzgrenzen der Europäischen Gemeinschaft nicht mehr bereit sei.[549]

c) Stellungnahme

Es stellt sich danach die Frage, ob bzw. inwieweit dem Bundesverfassungsgericht die Kompetenz zukommt, die Unverbindlichkeit eines Gemeinschaftsrechtsaktes in der Bundesrepublik Deutschland festzustellen.

Es ist zweifelhaft, ob das Bundesverfassungsgericht die Einhaltung der Grenzen zwischen einer noch zulässigen Kompetenzauslegung und einer Vertragsänderung gleichkommenden Kompetenzüberschreitung im Rahmen eines Verfahrens gegen einen einzelnen Gemeinschaftsrechtsakt seiner Prüfungskompetenz unterwerfen kann. Diese Frage erhebt sich insbesondere, wenn der Europäische Gerichtshof einen kompetenzwidrigen Sekundärrechtsakt der Gemeinschaftsorgane nicht als vertragswidrig ansieht, folglich ein "Fehlurteil" trifft. Gem. Art. 220 EGV obliegt dem Europäischen Gerichtshof die Wahrung des Rechts bei der Anwendung und Auslegung des EG-Vertrages. Wie Art. 234 EGV verdeutlicht, besitzt er insofern das Rechtsprechungsmonopol für das Gemeinschaftsrecht und damit für die Gemeinschaftsrechtsakte. Dies hat das Bundesverfassungsgericht in seinem "Solange II"-Beschluß auch ausdrücklich anerkannt, wenn es dort ausführt:

---

546 Everling, a.a.O., S. 57 (71); ders., EuR 1990, S. 195 (224); vgl. auch Meessen, NJW 1994, S. 549 (552).

547 So Hutka, Prüfungs- und Verwerfungskompetenz, S. 360.

548 Hutka, Prüfungs- und Verwerfungskompetenz, S. 360; vgl. allgemein für die Strukturprinzipien der Verfassung Huber, AöR Bd. 116 (1991), S. 210 (246).

549 Hutka, a.a.O., S. 361.

"Art. 177 EWGV spricht dem Gerichtshof im Verhältnis zu den Gerichten der Mitgliedstaaten die abschließende Entscheidungsbefugnis (...) über die Gültigkeit und die Auslegung der dort genannten abgeleiteten gemeinschaftsrechtlichen Akte zu."[550]

Die Bundesrepublik Deutschland hat diese ausschließliche Zuständigkeit durch das Zustimmungsgesetz zum EG-Vertrag ausdrücklich gebilligt. Dieses Monopol impliziert, wenn auch nicht die Kompetenz[551] des Europäischen Gerichtshofs, so doch die Verbindlichkeit auch seiner "Fehlurteile" für die seiner Rechtsprechungsgewalt unterworfenen Mitgliedstaaten.[552] Demnach muß auch ein "ultra vires"-Handeln des Europäischen Gerichtshofs hingenommen werden.[553]

Es ist jedoch zu erwägen, ob dem Europäischen Gerichtshof nur gemeinschaftsrechtlich diese ausschließliche Zuständigkeit zur Interpretation des Gemeinschaftsrechts zukommt, er aber nicht über die Folgen im innerstaatlichen Bereich entscheiden kann, da diese vom nationalen Rechtsanwendungsbefehl abhängen, für den der Europäische Gerichtshof keine Rechtsprechungsgewalt hat.[554] In diesem Sinne sind wohl die Ausführungen des Bundesverfassungsgerichts im Maastricht-Urteil zu verstehen, wenn es in Leitsatz 5 feststellt: "Das Bundesverfassungsgericht prüft, ob Rechtsakte der europäischen Einrichtungen und Organe sich in den Grenzen der ihnen eingeräumten Hoheitsrechte halten oder aus ihnen ausbrechen."[555] Gegen die Zulässigkeit einer solchen Überprüfung von Gemeinschaftsrechtsakten spricht jedoch, daß über deren Gültigkeit allein nach dem EG-Primärrecht zu entscheiden ist. Die Gemeinschaft verfügt über originäre Hoheitsrechte. Sie sind anderer Rechtsnatur und haben eine andere Regelungsweite als die Hoheitsrechte der Mitgliedstaaten. Sie unterliegen deshalb nicht der Summe der Beschränkungen der Hoheitsgewalten der Mitgliedstaaten.[556] Eine Prüfung des gemeinschaftlichen Sekundärrechts durch das Bundesverfassungsgericht wird der Autonomie des Ge-

---

550 So auch schon BVerfGE 52, 187 (200).

551 So aber Huber, AöR Bd. 116 (1991), S. 210 (219), der ausdrücklich von der "Kompetenz" zu Fehlurteilen spricht.

552 Klein, VVDStRL 50 (1991), S. 56 (66); Everling, EuR 1990, S. 195 (224), der von "Ausrutscher" spricht; Tomuschat, in: Bonner Kommentar, Rn. 95 zu Art. 24 GG, nennt solche Urteile "Pannen".

553 Everling, EuR 1990, S. 195 (224); Tomuschat, in: Bonner Kommentar, Rn. 95 zu Art. 24 GG; Klein, VVDStRL 50 (1991), S. 56 (66), anders hingegen im Hinblick auf den verfassungsrechtlich nicht übertragbaren Bereich (S. 69); a.A. Kirchhof, EuR 1991, Beiheft 1, S. 11 (18 f.); Scholz, in: Friauf/Scholz, Europarecht und Grundgesetz, S. 53 (70 ff.); Schilling, Der Staat Bd. 29 (1990), S. 161 (171 ff.), der zu dem Ergebnis kommt, daß Vorabentscheidungen des EuGH für das BVerfG lediglich gutachtlichen Wert haben und somit die Letztentscheidung über Kompetenzfragen beim BVerfG liegt; auch Streinz, Bundesverfassungsgerichtlicher Grundrechtsschutz, S. 324, verneint die Möglichkeit der Nichtanwendung des Gemeinschaftsrechts bei einem „ultra vires"-Handeln des EuGH mit dem Argument, daß die Berufung auf das „ultra vires"-Handeln "so viele Probleme aufwirft, daß sie kaum praktikabel erscheint."

554 So Kirchhof, EuR 1991, Beiheft 1, S. 11 (18); auch Di Fabio, Der Staat Bd. 32 (1993), S. 191 (215), bejaht eine innerstaatliche Prüfung der Rechtsakte der Gemeinschaft durch das BVerfG am Maßstab dessen, "was verfassungsrechtlich zulässigerweise übertragen worden ist."

555 BVerfGE 89, 155 (188) = EuGRZ 1993, S. 271 (271,439).

556 Tomuschat, in: Bonner Kommentar, Rn. 15 zu Art. 24 GG.

meinschaftsrechts nicht gerecht.[557] Überdies verletzt eine Behinderung der Anwendbarkeit des Gemeinschaftsrechts die Verpflichtungen der Bundesrepublik Deutschland aus dem EG-Vertrag. Hierin hat sie die unmittelbare Geltung von Gemeinschaftsrechtsakten anerkannt. Es würde wenig Sinn machen, den Europäischen Gerichtshof mit einem Entscheidungsmonopol hinsichtlich des Gemeinschaftsrechts auszustatten, dieses Monopol dann aber dadurch zumindest teilweise ins Leere laufen zu lassen, indem man auf mitgliedstaatlicher Ebene die nationalen Gerichte befugt, Akte der Europäischen Gemeinschaften daraufhin zu überprüfen, ob diese kompetenzgemäß ergangen sind.[558] Auch wenn der Europäische Gerichtshof letztinstanzlich einen kompetenzwidrigen Rechtsakt der Gemeinschaft nicht für unwirksam erklärt hat, ist dies keine ausreichende Legitimation für das Bundesverfassungsgericht, eine Nachprüfung am Maßstab des Grundgesetzes vorzunehmen. Eine solche Inanspruchnahme von Rechtsprechungsgewalt müßte von der Gemeinschaft und von den anderen Mitgliedstaaten als Ausdruck permanenten Mißtrauens aufgefaßt werden. Eine solche Wächterrolle, die einem einzelnen Mitgliedstaat nicht zukommen kann, betrifft die in Art. 23 Abs. 1 GG verfassungsrechtlich verankerte Selbständigkeit der Europäischen Gemeinschaft.[559] Auch die Tatsache, daß das Bundesverfassungsgericht nicht die Gültigkeit des Rechtsaktes, sondern lediglich dessen Unanwendbarkeit im Geltungsbereich des Grundgesetzes anordnen würde, vermag an dieser Beurteilung nichts zu ändern.[560] Ein solches Handeln würde im Ergebnis den Vertragszweck der europäischen Integration, der Rechtssicherheit und der Rechtsanwendungsgleichheit und damit die einheitliche Auslegung und Anwendung des Gemeinschaftsrechts vereiteln, die das Ziel von Art. 234 Abs. 3 EGV darstellt.[561]

Diese Auffassung führt auch nicht zu untragbaren Ergebnissen. Zum einen ist es der Bundesrepublik Deutschland jederzeit möglich, durch ihren Vertreter im Rat auf Abhilfe eines solchen Rechtsakts zu drängen. Auch das Bundesverfassungsgericht kann seiner Pflicht als Hüter der Verfassung insofern genügen, als es bei einer Beeinträchtigung des Art. 79 Abs. 3 GG durch diese Rechtsakte befugt ist, die zuständigen Bundesorgane anzuhalten, auf die Einhaltung der Grenzen des Art. 79 Abs. 3 GG in der Gemeinschaft zu achten. Zudem besteht für das Bundesverfassungsgericht die Möglichkeit, bei kontinuierlichen Verstößen gegen Art. 79 Abs. 3 GG, wenn beispielsweise die Eigenstaatlichkeit der Länder durch Rechtsakte der Gemeinschaft kontinuierlich ausgehöhlt würde und damit deren "Hausgut"[562], der unentziehbare Kern eigener Aufgaben, beeinträchtigt würde, die Verfassungswidrigkeit des Zustimmungsgesetzes zum EG-Vertrag festzustellen. Der fortwährende Verstoß gegen

---

557 Die von Gersdorf, DVBl. 1994, S. 674 (680 f.), vorgeschlagene Lösung, unter Anwendung des Prinzips der praktischen Konkordanz dem Bundesverfassungsgericht stets eine Prüfung des Gemeinschaftsrechts auf dessen Vereinbarkeit mit dem nationalen Recht zuzugestehen, im Konfliktfall aber eine Aufhebung des Gemeinschaftsrechts auszuschließen, erscheint wenig hilfreich, da eine Kontrolle, die im Konfliktfall de facto ausfällt, wenig Sinn macht, gleichzeitig aber allein durch die Existenz einer solchen nationalen Kontrollschranke die Gültigkeit des Gemeinschaftsrechts in Frage gestellt wird. Vgl. insoweit auch: Frenz, Der Staat Bd. 34 (1995), S. 587 (595).

558 So Gersdorf, a.a.O., S. 683.

559 So auch Hilf, EuGRZ 1987, S. 1 (5).

560 Vgl. Tomuschat, in: Bonner Kommentar, Rn. 97 zu Art. 24 GG.

561 Vgl. Hilf, EuGRZ 1987, S. 1 (4 ff.).

562 BVerfGE 34, 9 (19 f.).

Art. 79 Abs. 3 GG durch die Organ- oder Gerichtspraxis der Gemeinschaft wäre in diesem Fall dem Zustimmungsgesetz zuzurechnen.[563]

Somit beschränkt sich die Prüfungskompetenz des Bundesverfassungsgerichts auf die fortwirkende Kontrolle des Zustimmungsgesetzes zum Gemeinschaftsvertrag, nicht jedoch auf die Kontrolle der unmittelbar anwendbaren Gemeinschaftsrechtsakte selbst. Diesem verfassungsrechtlich gebotenen und daher vorzugswürdigen Weg der Lösung der dargestellten Konfliktlage hat das Bundesverfassungsgericht jedoch in seinem Maastricht-Urteil allem Anscheine nach die Gefolgschaft verweigert.

Die hier vertretene Auffassung von dem Ausschluß einer direkten nationalen Kontrolle von Gemeinschaftsrechtsakten hat nunmehr auch im gemeinschaftlichen Primärrecht seinen Niederschlag gefunden. Im Rahmen der 1994 eingeleiteten Regierungskonferenz zur Reform der Europäischen Union beschloß der Europäische Rat in Amsterdam im Jahre 1997 das „Protokoll über die Anwendung der Grundsätze der Subsidiarität und der Verhältnismäßigkeit“[564]. Dieses enthält in Punkt 2 S. 1 auch eine Bestimmung zum Vorrang des Gemeinschaftsrechts:

> „Die Grundsätze der Subsidiarität und der Verhältnismäßigkeit werden unter Beachtung der allgemeinen Bestimmungen und der Ziele des Vertrages angewandt, insbesondere unter voller Wahrung des gemeinschaftlichen Besitzstands und des institutionellen Gleichgewichts; dabei werden die vom Gerichtshof aufgestellten Grundsätze für das Verhältnis zwischen einzelstaatlichem Recht und Gemeinschaftsrecht nicht berührt (...)“.

Mit dieser Bestimmung, die auch vom Europäischen Parlament ausdrücklich begrüßt wurde[565], wird in Erfüllung von Art. 2 5. Spiegelstrich EUV gewährleistet, daß das Vorrangprinzip als wesentlicher Bestandteil des acquis communautaire nicht unter Berufung auf das Subsidiaritätsprinzip „ausgehebelt“ wird. Damit dürfte für die Zukunft Angriffen von nationaler (verfassungsgerichtlicher) Seite ein noch deutlicherer Riegel vorgeschoben worden sein.

4. Ergebnis

Ein "ultra vires"-Handeln der Europäischen Gemeinschaft kann zu einem Konflikt mit der grundgesetzlichen Identität führen, den Art. 23 GG gerade zu verhindern sucht. Ein solches Handeln der Gemeinschaft kann jedoch wegen des Rechtsanwendungsmonopols des Europäischen Gerichtshofs für Gemeinschaftsrecht gem. Art.

---

563 So auch Hilf, EuGRZ 1987, S. 1 (6); Tomuschat, in: Bonner Kommentar, Rn. 93 zu Art. 24 GG.

564 ABlEG 1997 Nr. C 340, S.105 ergänzt durch Erklärung Nr. 43, ABlEG 1997 Nr. C 340, S. 140 und durch die von der Konferenz zur Kenntnis genommene Erklärung Deutschlands, Österreichs und Belgiens, ABlEG 1997 Nr. C 340, S. 143. Das Vertragswerk enthält neben dem Protokoll über die Anwendung des Subsidiaritätsprinzips noch 12 weitere Protokolle. Alle diese Protokolle sind Anlagen zum Vertrag und über die Schlußakte Bestandteil des Vertrags und als solche rechtsverbindlich (vgl. Streinz, EuZW 1998, S.137, 144).

565 Vgl. die „Entschließung des Europäischen Parlaments zu den Beziehungen zwischen dem Völkerrecht, dem Gemeinschaftsrecht und dem Verfassungsrecht der Mitgliedstaaten“, abgedruckt in: EuZW 1998, S. 165.

220 EGV allein von diesem festgestellt werden. Auch wenn dieser "ultra vires" handelt, indem er Kompetenzüberschreitungen der Gemeinschaftsorgane als mit dem EGV vereinbar erklärt, ist die Feststellung der innerstaatlichen Unverbindlichkeit solcher Rechtsakte durch das Bundesverfassungsgericht unzulässig. Dem Gericht verbleibt jedoch die Möglichkeit der fortschreitenden Kontrolle des Zustimmungsgesetzes zum Gründungsvertrag.

Im Maastricht-Urteil ist das Bundesverfassungsgericht diesem Lösungsweg nicht gefolgt. Es hat angedeutet, zukünftig eine direkte Kontrolle der Rechtsakte der Gemeinschaft vorzunehmen, und diese bei Unvereinbarkeit mit dem Zustimmungsgesetz für innerstaatlich unverbindlich zu erklären.

3. Teil

Bundesverfassungsgerichtlicher Rechtsschutz gegen „ultra vires"-Handeln der Europäischen Gemeinschaft

Auch wenn das Ergebnis des vorhergehenden Kapitels lautet, daß das Bundesverfassungsgericht keine Befugnis besitzt, gemeinschaftsrechtliche Rechtsakte seiner Prüfung zu unterziehen, so kann doch nicht unberücksichtigt bleiben, daß nach Ansicht des Bundesverfassungsgerichts und der vorherrschenden Ansicht in der Literatur eine solche Kontrolle möglich ist. Voraussetzung einer solchen Kontrolle ist jedoch, daß überhaupt Verfahrensarten zur Verfügung stehen, durch die das Bundesverfassungsgericht diese Kontrolle ausüben kann. Ob es mittels der im Katalog des Art. 93 Abs. 1 GG aufgeführten Verfahrensarten möglich ist, „ultra vires"-Rechtsakte der Europäischen Gemeinschaft einer bundesverfassungsgerichtlichen Prüfung zu unterziehen, soll daher in diesem abschließenden Teil untersucht werden.

1. Kapitel

Bundesverfassungsgerichtlicher Rechtsschutz gegen „ultra vires"-Rechtsakte der Europäischen Gemeinschaft

Theoretisch kommen zwei generelle Rechtsschutzmöglichkeiten gegen Europäisches Gemeinschaftsrecht in Betracht: die unmittelbare und die mittelbare Überprüfung von Gemeinschaftsrecht durch das Bundesverfassungsgericht. [566]

A. Das Gemeinschaftsrecht als unmittelbarer Prüfungsgegenstand

Es ist zu prüfen, ob eine der Verfahrensarten vor dem Bundesverfassungsgericht eine unmittelbare Überprüfung von „ultra vires" erlassenem Gemeinschaftsrecht ermöglicht. Eine solche Kontrolle ist nicht von vornherein auf die Verfassungsbeschwerde und die Normenkontrollverfahren beschränkt. Vielmehr kommen auch Bund-Länder-Streitigkeiten und Organstreitverfahren zur direkten Überprüfung von sekundärem Gemeinschaftsrecht in Betracht.

1. Konkrete Normenkontrolle

a) Gegenstand des Verfahrens

Gem. Art. 100 Abs. 1 GG kommt das konkrete Normenkontrollverfahren in Betracht, wenn ein bundesdeutsches Fachgericht eine formalgesetzliche Rechtsnorm, auf de-

---

566 Die gleiche Einteilung nehmen vor: Streinz, Bundesverfassungsgerichtlicher Grundrechtsschutz, S. 141 ff., S. 154 ff., sowie Rengeling, Rechtsschutz in der EU, Rn. 992 ff.

ren Gültigkeit es für die Entscheidung eines bei ihm anhängigen Verfahrens ankommt, wegen eines Verstoßes gegen das Grundgesetz für verfassungswidrig hält.

Bei dem Verfahren der konkreten Normenkontrolle ist zu differenzieren zwischen dem gemeinschaftsrechtlichen Primär- und Sekundärrecht.

b) Primäres Gemeinschaftsrecht

Eine direkte verfassungsgerichtliche Überprüfung des primären Gemeinschaftsrechts im Verfahren der konkreten Normenkontrolle scheidet aus zwei Erwägungen aus. Zum einen stellt das gemeinschaftsrechtliche Primärrecht kein „Gesetz" i.S. des Art. 100 Abs. 1 GG dar.[567] Dies wird zu Recht damit begründet, daß die Gründungsverträge als völkerrechtliche Verträge lediglich Beziehungen sowie Rechte und Pflichten zwischen den beteiligten Vertragsstaaten begründen.[568] Für diese Ansicht spricht ebenfalls, daß Sinn und Zweck des konkreten Normenkontrollverfahrens ist, den Willen des parlamentarischen Bundes- oder Landesgesetzgebers als repräsentatives Organ der Volksvertretung vor dem Vorwurf eines jeden Instanzgerichts zu schützen, Gesetze erlassen zu haben, die mit der Verfassung nicht in Einklang stehen.[569] Die Tatsache, daß sich der europäische Gesetzgeber, vornehmlich als Rat und Kommission, weitgehend als Exekutivorgan darstellt, läßt damit die Hauptaufgabe des konkreten Normenkontrollverfahrens bei Primärrecht der Europäischen Gemeinschaften entfallen, da es an einem parlamentarischen Gesetzgeber fehlt, den zu schützen das Bundesverfassungsgericht zur Aufgabe des konkreten Normenkontrollverfahrens gemacht hat.[570] Auch hinsichtlich derjenigen Normen des gemeinschaftsrechtlichen Primärrechts, denen unmittelbare Wirkung im Verhältnis zum Gemeinschaftsbürger zukommt (vor allem die Grundfreiheiten des Gemeinsamen Marktes Art. 23, 25, 28, 39, 43, 49 Abs. 1 und 50 Abs. 3, aber auch Art. 249 Abs. 2 EGV), kann im Ergebnis nichts anderes gelten. Nach der (früheren) Rechtsprechung des Bundesverfassungsgerichts und der Lehre sind als „Gesetz" i.S.d. Art. 100 Abs. 1 GG nur deutsche Gesetze anzusehen, d.h. Art. 100 Abs. 1 GG erfaßt nur von einem dem Grundgesetz verpflichteten Gesetzgeber erlassene Gesetze.[571] Als Teil der autonomen Gemeinschaftsrechtsordnung ist dies jedoch bei dem primären Gemeinschaftsrecht gerade nicht der Fall. Das Bundesverfassungsgericht hat dementsprechend auch entschieden, daß eine Prüfung des gemeinschaftsrechtlichen Primärrechts durch das Bundesverfassungsgericht im Verfahren des Art. 100 Abs. 1 GG

> „nur statthaft (ist), wenn insoweit das deutsche Zustimmungsgesetz zum Vertrag Prüfungsgegenstand ist. Denn es ist das Zustimmungsgesetz zum Vertrag, das den Rechtsanwendungsbefehl für die Geltung des sog. pri-

---

567 Vgl. Rengeling, a.a.O., Rn. 996; ebenso auch Streinz, a.a.O., S. 142.

568 Anstatt vieler: Streinz, a.a.O., S. 142.

569 BVerfGE 1, 184 (197); 4, 45 (48 f.); es würde die Volksvertretung als ein Grundelement des demokratischen Staats in seiner Autorität erheblich herabsetzen, wenn jedes Instanzgericht sich über das unmittelbar demokratisch legitimierte Gesetzgebungsorgan hinwegsetzen könnte; näher dazu: Fuß, Grundrechtsschutz, S. 151; Stern, in: Bonner Kommentar, Rn. 72 zu Art. 100 GG; BVerfGE 10, 124 (127).

570 Vgl. Eibach, Das Recht der Europäischen Gemeinschaften, S. 36.

571 BVerfGE 1, 184 (197); 37, 271 (300 f.); Maunz, in: M/D/H/S, GG-Kommentar, Rn. 11 zu Art. 100 GG; Meyer, in: v. Münch/Kunig, GG-Kommentar, Rn. 20 zu Art. 100 GG.

mären Gemeinschaftsrechts für den Hoheitsbereich der Bundesrepublik Deutschland erteilt hat."[572]

Weiter führte das Bundesverfassungsgericht aus, daß Art. 100 Abs. 1 GG, §§ 80 ff. BVerfGG dem Bundesverfassungsgericht nicht eine Gerichtsbarkeit darüber verleihen, Normen des primären Gemeinschaftsrechts im Widerspruch zu dem Inhalt, den der Europäische Gerichtshof diesen im Rahmen einer Vorabentscheidung desselben Ausgangsverfahrens gegeben hat, für den Hoheitsbereich der Bundesrepublik Deutschland als anwendbar festzustellen.[573] Diese Ausführungen des Bundesverfassungsgerichts scheinen auf den ersten Blick den Aussagen des Maastricht-Urteils zu widersprechen. Während der Richter am Bundesverfassungsgericht Kirchhof einerseits mehrmals von der „Prüfung von sekundärem Gemeinschaftsrecht am Maßstab der Grundrechte"[574] und der Kontrolle der Verfassungsgerichtsbarkeit über die Anwendbarkeit von abgeleitetem Gemeinschaftsrecht[575] spricht, betont er unter Berufung auf die Rechtsprechung des Bundesverfassungsgerichts[576] andererseits, daß die Unanwendbarkeit von gemeinschaftlichem Primärrecht im Wege der konkreten Normenkontrolle nur insoweit überprüft werden könne, als das deutsche Zustimmungsgesetz zum Prüfungsgegenstand gemacht werde.[577] Dies spricht dafür, daß für die Zulässigkeit eines konkreten Normenkontrollverfahrens nach Ansicht des Bundesverfassungsgerichts letztlich entscheidend ist, ob primäres oder sekundäres Gemeinschaftsrecht anhand der Verfassung überprüft werden soll.

Anderer Auffassung scheint Kokott[578] zu sein. Ihrer Ansicht nach ist eine Unterscheidung zwischen Verordnungen und sonstigen unmittelbar anwendbaren Gemeinschaftsrechtsnormen hinsichtlich der Zulässigkeit des konkreten Normenkontrollverfahrens nicht sinnvoll. Da nach der Rechtsprechung des Bundesverfassungsgerichts Verordnungen der Europäischen Gemeinschaft gesetzliche Vorschriften im Sinne der Verfahrensvorschriften des Bundesverfassungsgerichts seien, müsse dasselbe auch für die sonstigen unmittelbar anwendbaren Rechtsnormen gelten.[579] Für eine solche entsprechende Anwendung auf unmittelbar anwendbare Gemeinschaftsrechtsnormen lassen sich der Maastricht-Entscheidung jedoch keine Anhaltspunkte entnehmen. Der Aussage des Gerichts, es prüfe, ob Rechtsakte der europäischen Einrichtungen und Organe sich in den Grenzen der ihnen eingeräumten Hoheitsrechte halten oder aus ihnen ausbrechen, läßt sich jedenfalls eine derartige Vorlagemöglichkeit des gemeinschaftsrechtlichen Primärrechts im Wege der konkreten Normenkontrolle nicht entnehmen, da sich diese Aussage eindeutig auf Rechtsakte und damit lediglich auf Sekundärrecht, nicht jedoch auf das gemeinschaftsrechtliche Primärrecht bezieht.[580] Dementsprechend ist davon auszugehen, daß das Bundesver-

---

572 BVerfGE 52, 187 (199).

573 BVerfG, a.a.O., 187, Ls. 2.

574 Kirchhof, in: Isensee/Kirchhof (Hrsg.), Handbuch des Staatsrechts, Bd. VII, § 183, Rn. 66.

575 Kirchhof, in: Merten (Hrsg.), Föderalismus und Europäische Gemeinschaften, S. 109 (115).

576 BVerfG a.a.O., 187 (199).

577 Kirchhof, JZ 1989, S. 453 (454).

578 in: AöR Bd. 119 (1994), S. 207 (221).

579 Kokott, a.a.O., S. 221.

580 A.A. wohl Zuck, BVerfGG, Rn. 25 zu § 80 BVerfGG, der zwar im Ergebnis ebenfalls eine Vorlagefähigkeit des gemeinschaftsrechtlichen Primärrechts zumindest grundsätzlich verneint, dies jedoch mit der Begründung, daß das Gericht in dieser Passage des Urteils lediglich etwas über

fassungsgericht in der Maastricht-Entscheidung insoweit an seiner bisherigen Rechtsprechung festgehalten hat, als primäres Gemeinschaftsrecht nur dann im Wege des konkreten Normenkontrollverfahrens gem. Art. 100 Abs. 1 GG verfassungsgerichtlich überprüft werden könne, wenn Prüfungsgegenstand das deutsche Zustimmungsgesetz ist.[581] Eine direkte Überprüfung des gemeinschaftsrechtlichen Primärrechts ist danach im Wege des konkreten Normenkontrollverfahrens nicht möglich.

c) Sekundäres Gemeinschaftsrecht

Da auch die aufgrund der vertraglichen Ermächtigungsgrundlage ergangenen Rechtsakte einen Teil der autonomen Gemeinschaftsrechtsordnung bilden, müßte eigentlich Einigkeit darüber bestehen, daß auch das gemeinschaftsrechtliche Sekundärrecht nicht Prüfungsgegenstand eines konkreten Normenkontrollverfahrens sein kann. Gleichwohl erachtet das Bundesverfassungsgericht eine unmittelbare Überprüfung des gemeinschaftlichen Sekundärrechts als zulässig.

aa) Die Rechtsprechung des Bundesverfassungsgerichts

(1) Zulässigkeit des konkreten Normenkontrollverfahrens

Bei sekundärem Gemeinschaftsrecht erachtet das Bundesverfassungsgericht im Grundrechtsbereich eine unmittelbare Überprüfung mit dem Ziel als zulässig, zwar nicht die Verfassungswidrigkeit oder Ungültigkeit, so aber zumindest die Unanwendbarkeit des gemeinschaftlichen Rechtsakts in Deutschland festzustellen. Nach Ansicht des Bundesverfassungsgerichts ist eine Kontrolle des sekundären Gemeinschaftsrechts im Wege der konkreten Normenkontrolle durch das Bundesverfassungsgericht notwendig, weil zum einen dem sekundären Gemeinschaftsrecht gegenüber dem deutschen Verfassungsrecht kein schrankenloser Vorrang zukomme[582] und zum anderen aus den gleichen verfassungsrechtlichen Gründen, die zum Verwerfungsmonopol des Bundesverfassungsgerichts gem. Art. 100 Abs. 1 GG führen, sowie auch „im Interesse der Gemeinschaft und ihres Rechts" eine Konzentration der Entscheidung über Kollisionsfälle zwischen sekundärem Gemeinschaftsrecht und deutschem Verfassungsrecht beim Bundesverfassungsgericht erforderlich sei.[583] Diese Rechtsansicht vertrat das Bundesverfassungsgericht hinsichtlich der Grundrechte erstmals in seinem „Solange I" - Beschluß[584] und bestätigte sie im „Solange

---

den möglichen Prüfungsgegenstand und den Prüfungsmaßstab gesagt habe, jedoch nichts darüber, ob primäres Gemeinschaftsrecht auch ein möglicher Vorlagegegenstand sein könne. Vielmehr gilt seiner Ansicht nach für primäres Gemeinschaftsrecht der Kooperationsgrundsatz insoweit, als das Bundesverfassungsgericht erst dann eingreife, wenn der Europäische Gerichtshof gegen den EG-Vertrag verstoße. Für die „Normallage" gebe es hingegen keine Verwerfungskompetenz des Bundesverfassungsgerichts.

581 Ebenso: Scholz, in: M/D/H/S, GG-Kommentar, Rn. 24 zu Art. 23 GG; Kirchhof, JZ 1989, S. 453 (454); Streinz, in: Isensee/Kirchhof (Hrsg.), Handbuch des Staatsrechts, Bd. VII, § 182 Rn. 76; Leibholz/Rinck/Hesselberger, GG-Kommentar, Rn. 81 zu Art. 24 GG; vgl. hierzu auch unten S. 160 ff.

582 BVerfGE 37, 271 (278 ff.).

583 BVerfGE, a.a.O., 284 f.

584 BVerfGE, a.a.O., 278 ff.

II"- Beschluß.[585] Einer Bestätigung der Solange I-Rechtsprechung durch den Solange II-Beschluß steht auch nicht entgegen, daß das Bundesverfassungsgericht die entsprechende Richtervorlage gem. Art. 100 Abs. 1 GG, die Verfahrensgegenstand des Solange II - Beschlusses war, als unzulässig ansah, da dies nicht als Verzicht auf den von ihm geltend gemachten Überprüfungsanspruch über sekundäres Gemeinschaftsrecht gewertet werden kann. Denn in der Begründung des Beschlusses wird nicht auf die fehlende Zulässigkeit der Vorlage des sekundären Gemeinschaftsrechts abgestellt, sondern auf den zwischenzeitlich auf Gemeinschaftsebene erreichten Grundrechtsstandard verwiesen. Eine unmittelbare verfassungsgerichtliche Kontrolle des Verordnungsrechts der Gemeinschaft wird dadurch nicht ausgeschlossen, sondern lediglich einer auflösenden Bedingung unterstellt.[586] Wörtlich führt das Bundesverfassungsgericht in dieser Entscheidung hierzu aus:

> „Solange die Europäischen Gemeinschaften (...) einen wirksamen Schutz der Grundrechte gegenüber der Hoheitsgewalt der Gemeinschaft generell gewährleisten, der dem vom Grundgesetz als unabdingbar gebotenen Grundrechtsschutz im wesentlichen gleichzuachten ist (...) wird das Bundesverfassungsgericht seine Gerichtsbarkeit über die Anwendbarkeit von abgeleitetem Gemeinschaftsrecht (...) nicht mehr ausüben und dieses Recht mithin nicht mehr am Maßstab des Grundgesetzes überprüfen."[587]

Danach kann ein nationales Gericht dem Bundesverfassungsgericht die Frage der Anwendbarkeit sekundären Gemeinschaftsrechts lediglich dann vorlegen, wenn die auflösende Bedingung eingetreten ist und der Europäische Gerichtshof generell keinen zureichenden Grundrechtsschutz mehr gewährleistet, nicht jedoch bereits dann, wenn lediglich in einem Einzelfall selbst der Wesensgehalt deutscher Grundrechte verletzt ist.[588] Mit dem Erfordernis des Eintritts der auflösenden Bedingung hat das Bundesverfassungsgericht damit de facto eine zusätzliche Zulässigkeitsvoraussetzung für das konkrete Normenkontrollverfahren gem. Art. 100 Abs. 1 GG gegen sekundäres Gemeinschaftsrecht eingeführt.

(2) Bestätigung und Ausweitung durch das Maastricht-Urteil

Hinsichtlich des Grundrechtsschutzes hat das Bundesverfassungsgericht im Maastricht-Urteil[589] durch die ausdrückliche Bezugnahme auf den „Solange II"-Beschluß seine Solange-Rechtsprechung bestätigt.[590] Die ausdrückliche Abkehr von seiner bisherigen Rechtsprechung hat das Bundesverfassungsgericht nämlich lediglich in bezug auf seine Eurocontrol-Entscheidung und nicht auf seine Solange II Rechtspre-

---

585 BVerfGE 73, 339.

586 Vgl. Cremer, Der Staat Bd. 34 (1995), S. 268 (280); Streinz, Bundesverfassungsgerichtlicher Grundrechtsschutz, S. 150 f., 293 f., 298 f.

587 BVerfGE 73, 339 (387).

588 BVerfGE 73, 339 (387) und insbesondere: BVerfG, NJW 1987, S. 3077.

589 BVerfGE 89, 155 ff. = EuGRZ 1993, S. 429 ff.

590 Klein, Interne Studien, Nr. 66/1993, S. 1 (5); ebenso Bleckmann/Pieper, RIW 1993, S. 969 (972); Zuleeg, JZ 1994, S. 1 (3) unter Berufung auf BVerfGE 85, 191 (204); Götz, JZ 1993, S. 1081 (1083); vgl. auch Trautwein, JuS 1997, S. 893 (894); a.A.: Tomuschat, EuGRZ 1993, S. 489 (490); Schroeder, ZfRV 1994, S. 143 (154 f.); Horn, DVBl. 1995, S. 89 (91 f.); Tietje, JuS 1994, S. 197 (201 f.).

chung vorgenommen.[591] Das Bundesverfassungsgericht spricht davon, daß durch die Akte einer supranationalen Organisation seine „Aufgabe“ berührt sei. Wenn das Bundesverfassungsgericht die Überprüfung solcher Akte jedoch als seine „Aufgabe“ ansieht, so muß insoweit auch die Möglichkeit bestehen, es mit dieser Prüfung zu befassen.[592] Dementsprechend wird die Entscheidung des Bundesverfassungsgerichts überwiegend dahin interpretiert, daß es eine solche Vorlage als zulässig ansehen werde.[593]

Teilweise wird die Maastricht-Entscheidung in der Literatur jedoch einschränkend dahingehend interpretiert, daß sich die Grundrechtsbetroffenheit der Grundrechtsberechtigten nur bei solchen Akten einer besonderen, von der Staatsgewalt der Mitgliedstaaten geschiedenen öffentlichen Gewalt einer supranationalen Organisation ergeben kann, die ohne einen nationalen Transformationsakt innerstaatlich wirken können.[594] Bei den übrigen Rechtsakten, die nur dadurch unmittelbar auf die deutsche Rechtsordnung einwirken, als sie die nationalen Behörden zu einem bestimmten Verhalten verpflichten, sind es dieser Ansicht zufolge erst die nationalen Vollzugsakte, die in die individuelle Rechtspositionen eingreifen. Für eine solche einschränkende Interpretation lassen sich der Entscheidung jedoch keine Anhaltspunkte entnehmen. Die Berufung darauf, daß es dem Bundesverfassungsgericht um die Anwendbarkeit von abgeleitetem Gemeinschaftsrecht in Deutschland gehe[595], spricht allein nicht zwingend dafür, daß das Bundesverfassungsgericht zukünftig gemeinschaftliches Sekundärrecht, das zu seiner innerstaatlichen Wirksamkeit eines nationalen Transformationsaktes bedarf, nicht als zulässigen Prüfungsgegenstand der bundesverfassungsgerichtlichen Kontrolle ansehen wird.

In Fortführung der Solange Rechtsprechung hat das Bundesverfassungsgericht zusätzlich noch den Terminus „Kooperationsverhältnis“[596] eingeführt. Die Anforderungen an eine Vorlage durch die Fachgerichte in bezug auf den Grundrechtsschutz sind durch die „Maastricht“-Entscheidung des Bundesverfassungsgerichts insoweit nicht aufgehoben worden. Denn das Bundesverfassungsgericht beschränkt sich nach dem Inhalt des „Kooperationsverhältnisses“ auf die generelle Gewährleistung des unabdingbaren Grundrechtsstandards während der Europäische Gerichtshof den Grundrechtsschutz in jedem Einzelfall für das gesamte Gebiet der Europäischen Gemeinschaften garantiert.[597]

---

591 Trautwein, a.a.O., S. 894.

592 ebda.

593 So interpretiert auch Konzen, EuZW 1995, S. 39 (49) das Maastricht-Urteil; wohl auch Jarass, DVBl. 1995, S. 954 (961, Fn. 113); der Auffassung des Bundesverfassungsgerichts folgend: Burgi, DVBl. 1995, S. 772 (773); Huber, Europäische Integration, S. 190; Häde, EuZW 1995, S. 284 (285); Schröder, DVBl. 1994, S. 316 (324); a.A.: Streinz, Europarecht, Rn. 214 a;

594 So Frenz, Der Staat Bd. 34 (1995), S. 587 (587).

595 Frenz, ebda., unter zutreffender Berufung auf BVerfGE 89, 155 (175).

596 Vgl. zum Begriff des „Kooperationsverhältnisses“ bereits Kirchhof, JZ 1989, S. 453 (454), der davon spricht, deutsche Gerichtsbarkeit beanspruche weiterhin die Kompetenz und Befugnis zum Grundrechtsschutz auch gegenüber dem Gemeinschaftsrecht, ziehe sich aber in *kooperationsbereitem* Vertrauen auf die Grundrechtsgewährleistung durch den Europäischen Gerichtshof zurück.

597 Vgl. hierzu jetzt auch: BVerfG, Beschluß vom 07.06.2000, NJW 2000, S. 3124ff.

(3) Übertragung dieser Rechtsprechung auf „ultra vires"-Handeln

Das Bundesverfassungsgericht hat in seiner Maastricht-Entscheidung seine Prüfungskompetenz insofern erweitert, als er die bisher auf den unabdingbaren Grundrechtsschutz beschränkte Überprüfung von gemeinschaftlichem Sekundärrecht zukünftig auch hinsichtlich der Frage der Kompetenzeinhaltung bzw. des „Ausbrechens" aus der Kompetenzordnung wahrnimmt.

(a) Argumente dafür

Die Anwendung des Art. 100 Abs. 1 GG ließe sich mit dem im Solange I Beschluß hervorgehobenen Grundgedanken des Art. 100 GG - Schutz des Gesetzgebers und der von ihm beschlossenen Gesetze - begründen. Denn es wäre - die Richtigkeit der Rechtsprechung des Bundesverfassungsgerichts hinsichtlich des Grundrechtsschutzes vorausgesetzt - nicht einzusehen, weshalb den Gerichten der Zugang zum Bundesverfassungsgericht im Wege des konkreten Normenkontrollverfahrens zwar hinsichtlich der dem Gemeinschaftsrecht durch die unabdingbaren deutschen Grundrechtsstandards gezogenen Grenzen, nicht jedoch bei Kompetenzüberschreitungen der Gemeinschaft eröffnet sein sollte, also im ersten Fall ein Verwerfungsmonopol des Bundesverfassungsgerichts bestehen solle, im zweiten Fall hingegen nicht.

(b) Argumente dagegen

(aa) Fehlender Verfassungsverstoß

Die Ausführungen des Bundesverfassungsgerichts im Maastricht-Urteil könnten jedoch auch gegen eine Zulässigkeit der Überprüfung von sekundärem Gemeinschaftsrecht im Wege des konkreten Normenkontrollverfahrens sprechen.[598] Denn nach den Ausführungen des Bundesverfassungsgerichts in der Maastricht-Entscheidung ist Prüfungsmaßstab eines solchen Verfahrens das deutsche Zustimmungsgesetz.[599] Dementsprechend prüft das Bundesverfassungsgericht, wie oben bereits dargestellt, nicht mehr primär, ob ein Gemeinschaftsrechtsakt sich innerhalb der Schranken des Art. 79 Abs. 3 GG bewegt, sondern vielmehr, ob dieser sich im Rahmen des deutschen Zustimmungsgesetzes hält. Es ist dann jedoch zweifelhaft, ob eine Kompetenzüberschreitung der Gemeinschaft, deren Vorliegen sich nach Ansicht des Bundesverfassungsgerichts nach der Reichweite der durch die deutschen Zustimmungsgesetze übertragenen Hoheitsrechte und des in ihnen festgelegten Integrationsprogramms bemißt, zugleich einen Verfassungsverstoß darstellt, wie ihn Art. 100 Abs. 1 GG verlangt.[600]

Eine Ansicht in der Lehre folgert daher offensichtlich unter Verzicht auf die Annahme des Verfassungsverstoßes aus der Maastricht-Entscheidung, daß Kompetenzüberschreitungen der Gemeinschaft ausschließlich einen Verstoß gegen das betreffende deutsche Zustimmungsgesetz darstellten, dies aber allein Prüfungsmaßstab im

---

598 Vgl. Kokott, AöR Bd. 119 (1994), S. 207, (221 f.).

599 Vgl. oben S. 99 f.; kritisch hierzu Pernice, in: Isensee/Kirchhof (Hrsg.), Handbuch des Staatsrechts, Bd. VIII, § 191, S. 269 in Fn. 278.

600 Dies bezweifelt Streinz, EuZW 1994, S. 329 (331).

Rahmen einer konkreten Normenkontrolle sei.[601] Dieser Ansicht ist zugegeben, daß das Vorliegen einer Kompetenzüberschreitung der Gemeinschaft aus verfassungsrechtlicher Sicht nicht unmittelbar am Maßstab des Grundgesetzes, sondern am Maßstab des die Kompetenzgrenzen der Gemeinschaften aus deutscher Sicht bestimmenden deutschen Zustimmungsgesetzes zu prüfen ist. Näher liegt es nach der vom Bundesverfassungsgericht im Maastricht-Urteil gewählten Konstruktion jedoch, Kompetenzüberschreitungen der Gemeinschaft mangels hinreichender Legitimation durch das deutsche Zustimmungsgesetz zugleich und unmittelbar als Verstoß gegen das Demokratieprinzip (Art. 79 Abs. 3 i.V.m. Art. 20 Abs. 1, 2 GG) anzusehen, dessen Grundgehalt auch durch Art. 38 GG gewährleistet ist.[602]

Anderer Ansicht nach ist das konkrete Normenkontrollverfahren deshalb einschlägig, weil die Zustimmungsgesetze zu den EG-Verträgen ja nach Art. 23, 24 GG materiell die Verfassung änderten und deshalb materiell Verfassungsrecht seien.[603]

Unabhängig von den gegebenen Begründungen, spricht für eine Bejahung der Zulässigkeit des konkreten Normenkontrollverfahrens gegen kompetenzwidriges gemeinschaftliches Sekundärrecht durch das Bundesverfassungsgericht insbesondere, daß eine Rücknahme der Prüfungskompetenzen dem Grundton des Bundesverfassungsgerichts in der Maastricht-Entscheidung widerspräche und ganz im Gegensatz zu seinen sonstigen Äußerungen hinsichtlich der Zuständigkeit des Bundesverfassungsgerichts zur Überprüfung sekundären Gemeinschaftsrechts stünde.[604] Die Aussagen im Maastricht-Urteil deuten vielmehr darauf hin, daß das Bundesverfassungsgericht eine solche Prüfungskompetenz gemeinschaftlichen Sekundärrechts in Anspruch nehmen will.

(bb) Verwerfungsmonopol

Gegen die Zulässigkeit einer Vorlage gem. Art. 100 GG läßt sich auch einwenden, daß das Bundesverfassungsgericht sich nicht explizit dazu geäußert hat, ob Instanzgerichte bzw. die nationale Verwaltung Sekundärrechtsakte der Europäischen Gemeinschaft, wenn sie diese für „ultra vires" ergangen erachten, verwerfen können, oder ob diese Kompetenz, wenn überhaupt, lediglich dem Bundesverfassungsgericht zukommt.[605]

Das Maastricht-Urteil des Bundesverfassungsgerichts erweckt hinsichtlich der Überprüfung der Kompetenzgrenzen den Eindruck, als sei jedes Fachgericht befugt, Sekundärrecht der Europäischen Gemeinschaft nicht anzuwenden, wenn es der Auffassung sei, daß es sich dabei um einen „ultra vires"-Akt handele. Denn die Formulierung „Die deutschen Staatsorgane wären aus verfassungsrechtlichen Gründen

---

601 So offenbar Klein, in: Randelzhofer u.a. (Hrsg.), GS Grabitz, S. 271 (283); Meessen, NJW 1994, S. 549 (552); Ähnlich Grimm, RdA 1996, S. 66 (70), der die analoge Anwendung des Art. 100 GG damit begründet, daß das Zustimmungsgesetz für sich genommen „inhaltsleer" sei und es seinen Inhalt vielmehr aus den Vertragsbestimmungen ziehe, denen die Zustimmung erteilt worden sei. Damit erfüllten die Verträge für die Europäischen Gemeinschaften die Funktion, die innerstaatlich die Verfassung erfülle.

602 Vgl. Streinz, EuZW 1994, S. 329 (331), nur unter Hinweis auf Art. 38 GG.

603 So Kokott, a.a.O., S. 222.

604 Vgl. auch Kokott, a.a.O., S. 222.

605 Vgl. hierzu ausführlich: Hutka, Prüfungs- und Verwerfungskompetenz, passim.

gehindert, diese Rechtsakte in Deutschland anzuwenden"[606] kann und wird durchaus dahin verstanden, daß deutsche Hoheitsträger bis hin zur letzten Verwaltungsbehörde selbst beurteilen könnten, ob der gemeinschaftliche Sekundärrechtsakt „ultra vires" erlassen und deshalb unanwendbar ist.[607] Diesbezügliche Zweifel nährte das Bundesverfassungsgericht als es in einem nach dem Maastricht-Urteil ergangenen Beschluß, in dem es um eine Verfassungsbeschwerde gegen die gemeinschaftsrechtliche Bananenmarktordnung ging, feststellte:

> „Soweit die Nichtanwendbarkeit von EG-Recht in Deutschland behauptet wird, ist jedenfalls die Prüfungskompetenz der Fachgerichte eröffnet. Deshalb kann dahingestellt bleiben, ob und unter welchem Gesichtspunkt dem BVerfG in diesem Zusammenhang ein Verwerfungsmonopol zukommen sollte."[608]

Überwiegend wird die Passage des Maastricht-Urteils jedoch nicht in Sinne einer Verwerfungskompetenz jedes Fachgerichts bzw. jeder Behörde verstanden. Diese Auffassung wird teilweise damit begründet, daß man „(...) bei vernünftiger Auslegung des Urteils (...) dem Bundesverfassungsgericht eine solche extreme Auffassung nicht unterstellen dürfe(n), zumal sie nicht in die Leitsätze übernommen wurde."[609] Klein[610] spricht in diesem Zusammenhang von einer Fehlinterpretation der Maastricht-Entscheidung, die „der Willkür Tür und Tor öffnen und das Ende der Gemeinschaft bedeuten (würde)."

Gegen eine Verwerfungskompetenz der Fachgerichte und der Verwaltung spricht, daß das Bundesverfassungsgericht unmittelbar im Anschluß an den Satz „Die deutschen Staatsorgane wären aus verfassungsrechtlichen Gründen gehindert, diese Rechtsakte in Deutschland anzuwenden"[611] fortfährt: „Dementsprechend prüft das *Bundesverfassungsgericht*, ob Rechtsakte der Europäischen Einrichtungen und Organe sich in den Grenzen der ihnen eingeräumten Hoheitsrechte halten oder aus ihnen ausbrechen (...)."[612] Ein Richter des Bundesverfassungsgerichts, der selbst an dem Maastricht-Urteil nicht beteiligt war, ist dementsprechend auch der Auffassung, daß es nahe liege, die Frage nach der Unanwendbarkeit gemeinschaftsrechtlichen Sekundärrechts in Anlehnung an das innerstaatliche Recht zu beantworten, was für die Gerichte zur (entsprechenden) Anwendung des Art. 100 Abs. 1 GG und damit zur Vorlagepflicht an das Bundesverfassungsgericht führe.[613] Voss[614] begründet die-

---

606 BVerfGE, a.a.O., S. 188.

607 In diesem Sinne König, ZaöRV Bd. 54 (1994), S. 17 (44); ebenso Zuck, BVerfGG, Rn. 27 ff. zu § 80 BVerfGG, vgl. aber auch Rn. 31; Tomuschat, EuGRZ 1993, S. 489 (494); Ipsen, EuR 1994 S. 1 (11); Weber, in: Rengeling (Hrsg.), Europäisierung des Rechts, S. 21 (30); einschränkend für den Fall evidenter Grundrechts- oder Kompetenzverstöße, ders., in: Due u.a. (Hrsg.), FS Everling, S. 1625 (1638). Hirsch, NJW 1996, S. 2457 (2460), weist anhand von zahlreichen Beispielen nach, daß zumindest einige Gerichte die Aussage des Bundesverfassungsgericht beim Wort genommen haben und gemeinschaftliches Sekundärrecht auf Kompetenzverstöße hin untersucht haben.

608 BVerfG, EuZW 1995, 412 (413).

609 So Everling, in: Randelzhofer u.a. (Hrsg.), GS Grabitz, S. 57 (68).

610 Klein, in: Randelzhofer u.a. (Hrsg.), GS Grabitz, S. 271 (282).

611 BVerfGE 89, 155 (188).

612 BVerfGE 89, 155 (188); Hervorhebung durch den Verfasser.

613 Grimm, RdA 1996, S. 66 (70).

se Ansicht damit, daß das Bundesverfassungsgericht anderenfalls den EG-Vertrag modifiziere und sich eine Kompetenz anmaße, die nicht einmal dem Parlament zustehe. Für diese Ansicht spricht auch, daß sie mit dem Grundgedanken des Art. 100 GG, zu verhindern, daß jedes deutsche Gericht sich über den Willen des (nationalen oder gemeinschaftsrechtlichen) Normgebers hinwegsetzt, eher zu vereinbaren ist.[615] Denn wesentlicher Zweck des Verwerfungsmonopols des Bundesverfassungsgerichts ist es, so weitreichende Entscheidungen, wie sie die Nichtigerklärung eines Parlamentsgesetzes oder die Anerkennung einer allgemeinen Regel des Völkerrechts darstellen, bei der gerichtlichen Instanz zu konzentrieren, die auch eine ausreichende Folgenberücksichtigung vornehmen kann. Wenn dies bereits auf innerstaatlicher Ebene angestrebt wird, so muß dies um so mehr für den Fall gelten, daß ein deutsches Staatsorgan einen gemeinschaftsrechtlichen Sekundärrechtsakt für in Deutschland unanwendbar erklären will. Denn eine derartige Entscheidung kann einen außenpolitischen Konflikt sowohl mit der Europäischen Gemeinschaft als auch mit den weiteren Mitgliedstaaten der Gemeinschaft verursachen.[616] Gleichzeitig wäre ein Außerachtlassen gemeinschaftlichen Sekundärrechts durch Verwaltungsbehörden und Fachgerichte unvereinbar mit der Kooperationspflicht, die die Mitgliedstaaten gem. Art. 10 EGV eingegangen sind und die alle ihre Organe und Behörden bindet.[617] Eine derartige Vorgehensweise würde auch der vom Bundesverfassungsgericht in der Entscheidung zur Absatzfondsabgabe[618] ausdrücklich anerkannten Foto-Frost-Doktrin des Europäischen Gerichtshofs[619] widersprechen. Entscheidende Voraussetzung der Nichtanwendbarkeit von Gemeinschaftsrecht muß daher bleiben, daß ihre Nichtanwendbarkeit vorher letztverbindlich festgestellt wird. Die Gefahren einer anderen Interpretation hat Zuleeg zutreffend mit den Worten zusammengefaßt: Der „Zusammenhalt der Gemeinschaft, rechtsstaatliche Grundsätze wie die Rechtssicherheit und die Gleichheit vor dem Gesetz (wären) unmittelbar gefährdet."[620] In Anbetracht der Tragweite dieser Aussagen wären entsprechende Erläuterungen des Bundesverfassungsgerichts hierzu im Urteil sehr hilfreich gewesen.

Auch die Rechtssicherheit und die Rechtsanwendungsgleichheit sprechen dagegen, den Fachgerichten sowie den Verwaltungsbehörden eine eigene Verwerfungskompetenz hinsichtlich nach ihrer Überzeugung unter Überschreitung der Kompetenzgrenzen erlassenem gemeinschaftlichem Sekundärrecht zuzubilligen, sondern erfordern es vielmehr, die Entscheidung beim Bundesverfassungsgericht im Wege des konkreten Normenkontrollverfahrens gem. Art. 100 Abs. 1 GG zu konzentrieren.[621] Denn Kompetenzüberschreitungen der Gemeinschaftsorgane werden, zumal die

---

614 in: RIW 1996, S. 324 (325).

615 Kokott, AöR Bd. 119 (1994), S. 207 (218 f.).

616 Vgl. zu dieser Gefahr auch: BVerfGE 80, 74 ff.

617 So Schockweiler, EuR 1996, S. 123 (128); ebenso Zuck/Lenz, NJW 1997, S. 1193 (1197 f.).

618 BVerfGE 82, 159 (194).

619 EuGH, Rs. 314/85, Foto Frost, Slg. 1987, 4199 (4225).

620 Zuleeg, JZ 1994, S. 1 (1); ebenso Jamrath, Normenkontrolle der Verwaltung und Europäisches Verwaltungsrecht, S. 87; Winkelmann, Das Maastricht-Urteil, S. 56.

621 Everling, in: Randelzhofer u.a. (Hrsg.), GS Grabitz, S. 57 (68); Gersdorf, DVBl. 1994, S. 674 (684); Götz, JZ 1993, S. 1081 (1086); Klein, in: Randelzhofer u.a. (Hrsg.), GS Grabitz, S. 271 (282 ff.); Kokott, AöR Bd. 119 (1994), S. 207 (218 f.); Schröder, DVBl. 1994, S. 316 (324); Steinberger, in: Hommelhoff/Kirchhof (Hrsg.), Der Staatenverbund, S. 25 (33); Zuleeg, JZ 1994, S. 1 (3).

Beurteilung der Reichweite der übertragenen Hoheitsrechte außerordentlich schwierig ist und das Bundesverfassungsgericht die von ihm postulierte Grenzziehung zwischen zulässiger Vertragsauslegung und einer unzulässigen Vertragserweiterung offen gelassen hat, meist umstritten und unklar sein. Unterschiedliche Entscheidungen der Instanzgerichte, die wegen der materiellen Rechtskraft richterlicher Entscheidungen nachträglich kaum mehr zu korrigieren wären, ließen sich nicht vermeiden. Eine Beeinträchtigung der Rechtssicherheit gegebenenfalls ein regelrechtes „Rechtsanwendungschaos"[622] wäre die Folge.[623]

(c) Das Urteil zur EG-"Fernsehrichtlinie"

Fraglich ist hingegen, ob der Entscheidung des Bundesverfassungsgerichts im Verfahren über die „Fernsehrichtlinie"[624], die der Maastricht-Entscheidung zeitlich nachfolgte, Anhaltspunkte für oder gegen die Zulässigkeit von Normenkontrollverfahren direkt gegen kompetenzwidriges sekundäres Gemeinschaftsrecht entnommen werden können. Obwohl die Entscheidung in einem Bund-Länder-Streitverfahren erging, enthält die Entscheidung nach Auffassung von Häde[625] derartige Hinweise. Diese Hinweise entnimmt Häde der Entscheidung wie folgt: das Bundesverfassungsgericht sei nicht darauf beschränkt gewesen, allein die Zulässigkeitsvoraussetzungen des Bund-Länder-Streitverfahrens gem. Art. 93 Abs. 1 Nr. 3 GG zu prüfen. Denn das Gericht könne Antragsänderungen zulassen und sogar von Amts wegen prüfen, ob ein Antrag, der in der gewählten Verfahrensart unzulässig ist, in einer anderen Verfahrensart zur Sachentscheidung gebracht werden könnte."[626] Wenn das Bundesverfassungsgericht den Antrag dennoch als unzulässig zurückweise, so könne es so entschieden haben, weil es in der bloßen Existenz der Richtlinie keine Gefahr für die Rechte des Antragstellers gesehen habe. Da eine solche Gefahr aber bereits in der (verfassungsrechtlichen) Pflicht des Antragstellers zur Umsetzung dieser Richtlinie liege und somit zusätzliche Maßnahmen nicht mehr erforderlich seien, sei anzunehmen, daß das Bundesverfassungsgericht keine Verfahrensart für den Antragsteller sah, das Antragsziel zu erreichen. Dieser Argumentation ist nicht zu folgen. Das Bundesverfassungsgericht stellt in seiner Entscheidung deutlich heraus, daß es nicht der europäische Rechtsakt sei, der als Maßnahme i.S. der §§ 64, 69 BVerfGG dem Bund zugerechnet werden könne, da der Erlaß dieses Rechtsakts nicht in der Rechtsmacht des Bundes, sondern in der der Europäischen Gemeinschaft stehe. Allein schon deshalb waren die Anträge gerichtet auf die Erklärung der Nichtanwendbarkeit der Richtlinie abzuweisen. Über den zur Entscheidung anstehenden Einzelfall hinaus können allgemeine Schlüsse aus dieser Entscheidung des Bundesverfassungsgerichts allenfalls insoweit gezogen werden, als der Erlaß eines Rechtsaktes durch die Europäischen Gemeinschaft allein keine Maßnahme des Bundes (der Bundesregierung) i.S. der §§ 64, 69 BVerfGG darstellen kann. Für das Verfahren der konkreten Normenkontrolle hat diese Feststellung des Bundesverfassungsgerichts jedoch keine Bedeutung, da es bei dem Normenkontrollverfahren keinen

---

622 Hättke, Prüfungs- und Verwerfungskompetenz, S. 362.

623 Gersdorf, DVBl. 1994, S. 674 (684); Kokott, AöR Bd. 119 (1994), S. 207 (218 f.); Klein, in: Randelzhofer u.a. (Hrsg.), GS Grabitz, S. 271 (282 f.).

624 BVerfG in EuZW 1995, S. 277 ff.

625 Anm. zu BVerfG in EuZW 1995, S. 277 ff, EuZW 1995, S. 284 (285).

626 Vgl. BVerfGE 13, 54 (94).

Antragsgegner gibt, d.h. es nicht erforderlich ist, daß der Antragsteller durch eine Maßnahme des Antragsgegners in seinen Rechten verletzt wird. Bei dem konkreten Normenkontrollverfahren handelt es sich nicht um ein kontradiktorisches Verfahren, bei dem die Parteien um subjektive Rechte und Pflichten streiten, sondern vielmehr um ein objektives Verfahren zum Schutze der Einheit der Verfassung.[627]

(4) Ergebnis

Kompetenzwidrig ergangene Gemeinschaftsrechtsakte können danach nach Auffassung des Bundesverfassungsgerichts im Rahmen einer konkreten Normenkontrolle gerügt werden. Ob ein solcher Verstoß vorliegt, bemißt sich nach Auffassung des Bundesverfassungsgerichts nach der Reichweite der durch das Zustimmungsgesetz übertragenen Hoheitsrechte und des in ihm festgelegten Integrationsprogramms.

Als Ergebnis läßt sich damit festhalten: Folgt man der Rechtsprechung des Bundesverfassungsgerichts im Maastricht-Urteil, kommt verfassungsprozessual eine Anwendung des konkreten Normenkontrollverfahrens gem. Art. 100 Abs. 1 GG zur Überprüfung kompetenzwidrigen gemeinschaftlichen Sekundärrechts in Betracht.

bb) Auffassung des Schrifttums

Während die unmittelbare Kontrolle gemeinschaftsrechtlichen Sekundärrechts durch das Bundesverfassungsgericht im Solange I - Beschluß in der Literatur auf Kritik gestoßen war[628], fand der Solange II - Beschluß zumindest im Ergebnis vorwiegend Zustimmung[629]. Das Maastricht-Urteil, das die verfassungsgerichtliche Kontrolle von gemeinschaftsrechtlichem Sekundärrecht nunmehr auch noch auf die Einhaltung der Kompetenzordnung ausweitet, ist diesbezüglich heftig kritisiert worden.[630] Dem Bundesverfassungsgericht werden hinsichtlich seiner Rechtsprechung grundsätzliche Mängel in der dogmatischen Begründung vorgeworfen. Die darin liegende richterliche Rechtsfortbildung des Verfahrensrechts wird als auf einer höchst problematischen erweiternden Auslegung des Art. 100 Abs. 1 GG beruhend angesehen. Des weiteren habe das Bundesverfassungsgericht die materielle Frage nach dem Rangverhältnis zwischen dem sekundären Gemeinschaftsrecht und deutschem Verfassungsrecht mit der rein prozessualen Frage der Zulässigkeit eines konkreten Normenkontrollverfahrens vermengt und damit unzulässig eine Zuständigkeit des Bundesverfassungsgerichts begründet.[631] Darüber hinaus bedeute die Beanspruchung von Jurisdiktionsgewalt über sekundäres Gemeinschaftsrecht eine unzulässige „Usurpation einer Wächterrolle"[632], die durch den Solange II - Beschluß lediglich abgemildert worden sei.

---

627 Kley/Rühmann, in: Umbach/Clemens, BVerfGG, Rn. 13 vor § 80 BVerfGG; BVerfGE 1, 184 (197 ff.); 2, 124 (128 ff.); 6, 55 (63); 30, 170 (172).

628 Vgl. die Übersicht über ablehnende und zustimmende Äußerungen bei Hilf, EuGRZ 1987, S. 1 in Fn. 5; vgl. auch: Streinz, Bundesverfassungsgerichtlicher Grundrechtsschutz, S. 144, m.w.N. in Fn. 19.

629 Vgl. Rengeling, Rechtsschutz in der EU, Rn. 1002, m.w.N. in Fn. 21.

630 Vgl. Grimm, RdA 1996, S. 66 (69), m.w.N. in Fn. 22.

631 Vgl. Streinz, Bundesverfassungsgerichtlicher Grundrechtsschutz, S. 145.

632 Stettner, AöR Bd. 111 (1986), S. 537 (561).

Dementsprechend wird in der Literatur zum Teil eine andere Konstruktion befürwortet. Ihrer Ansicht nach kann der kompetenzwidrige Erlaß gemeinschaftlichen Sekundärrechts im konkreten Normenkontrollverfahren gem. Art. 100 Abs. 1 GG nur über das deutsche Zustimmungsgesetz zum betreffenden Gemeinschaftsvertrag angegriffen werden.[633] Danach kann sekundäres Gemeinschaftsrecht als solches wegen der Eigenständigkeit der Gemeinschaftsrechtsordnung niemals, auch nicht über die Konstruktion des Solange I - Beschlusses[634], Prüfungsgegenstand eines verfassungsgerichtlichen Verfahrens sein.[635] Die Prüfung eines Gemeinschaftsrechtsaktes im Rahmen der verfassungsgerichtlichen Kontrolle am Maßstab des Verfassungsrechts habe mittelbar über die deutschen Begründungs- und Vollzugsakte, insbesondere über das Zustimmungsgesetz zu den Gemeinschaftsverträgen sowie die legislativen und administrativen Ausführungsakte des Gemeinschaftsrechts zu erfolgen.[636] Verstoße unmittelbar anwendbares Sekundärrecht gegen die nach dem Grundgesetz unabdingbaren Grundrechtsstandards, so sei dieser Verstoß im konkreten Normenkontrollverfahren über das deutsche Zustimmungsgesetz zu dem betreffenden Gemeinschaftsvertrag zu rügen, das als deutsches Gesetz unstreitig zulässiger Prüfungsgegenstand eines verfassungsgerichtlichen Verfahrens sein könne.[637] Überträgt man diese Grundsätze auf kompetenzwidrig ergangenes gemeinschaftliches Sekundärrecht[638], wäre das deutsche Zustimmungsgesetz im Rahmen einer konkreten Normenkontrolle darauf zu befragen, ob es eine Übertragung der als Grundlage für den entscheidungserheblichen Gemeinschaftsrechtsakt dienenden Hoheitsgewalt angeordnet hat, den Umfang der Übertragung hinreichend bestimmbar umschrieben hat und sich sein Rechtsanwendungsbefehl daher auch auf diesen Rechtsakt erstreckt. Wäre dies nicht der Fall, könnte das Bundesverfassungsgericht das Zustimmungsgesetz insoweit für verfassungswidrig erklären und dem Gemeinschaftsrechtsakt damit die innerstaatliche Anwendbarkeit nehmen, da das Zustimmungsgesetz die Übertragung entsprechender Hoheitsrechte jedenfalls nicht hinreichend bestimmbar festgelegt hat und daher mit dem Demokratieprinzip gem. Art. 79 Abs. 3 GG i.V.m. Art. 20 Abs. 1, 2 GG bzw. dem seinen Grundgehalt gewährleistenden Art. 38 GG unvereinbar ist. Diese prozessuale Konstruktion mag zwar etwas „kompliziert" sein[639], sie hat jedoch den Vorteil, daß sie einen unstreitig zulässigen Prüfungsgegenstand gewährleistet.[640] Auch das Argument, es sei nur schwerlich nachvollziehbar, wieso das ursprünglich verfassungsgemäße deutsche Zustimmungsgesetz durch den Erlaß eines kompetenzwidrigen Gemeinschaftsrechtsaktes

---

633 So insb. Streinz, Bundesverfassungsgerichtlicher Grundrechtsschutz, S. 160 ff.; ebenso Klein, VVDStRL 50 (1991), S. 56 (82 f.); Pernice, NJW 1990, S. 2409 (2417 f.); Randelzhofer, in: M/D/H/S, GG-Kommentar, Rn. 151 ff zu Art. 24 GG.

634 BVerfGE 37, 271 (283 ff.).

635 Huber, AöR Bd. 116 (1991), S. 210 (230); Tomuschat, in: Bonner Kommentar, Rn. 95, 97 zu Art. 24 GG; Streinz, Bundesverfassungsgerichtlicher Grundrechtsschutz, S. 143 ff., 192, 471; Klein, VVDStRL 50 (1991), S. 56 (82); Randelzhofer, in: M/D/H/S, GG-Kommentar, Rn. 152 zu Art. 24 GG; siehe hierzu auch noch unten, S. 99 ff.

636 Klein, VVDStRL 50 (1991), S. 56 (82); Randelzhofer, in: M/D/H/S, GG-Kommentar, Rn. 152 zu Art. 24 GG; Streinz, Bundesverfassungsgerichtlicher Grundrechtsschutz, S. 160 ff.

637 Pernice, NJW 1990, S. 2409 (2417 f.); Klein, VVDStRL 50 (1991), S. 56 (83); Randelzhofer, in: M/D/H/S, GG-Kommentar, Rn. 151 f. zu Art. 24 GG; Streinz, Bundesverfassungsgerichtlicher Grundrechtsschutz, S. 149, 160 ff.

638 So Schröder, DVBl. 1994, S. 316 (324).

639 Dies räumt Streinz, EuZW 1994, S. 329 (331) selbst ein.

640 Dies gesteht auch Hutka, Prüfungs- und Verwerfungskompetenz, S. 364 zu.

nachträglich wie ein ursprünglich (teilweise) verfassungswidriges Gesetz zu behandeln ist[641], überzeugt nicht. Denn diese Auffassung übersieht, daß bei Erlaß des Zustimmungsgesetzes noch nicht bekannt ist, welche Auslegung die Rechtsprechung des Europäischen Gerichtshofs den Normen des Vertragswerks geben wird und sich die Verhältnisse im Laufe des Vertragsbestandes ändern können.[642]

cc) Stellungnahme

Angesichts der klaren Regelung des Art. 100 Abs. 1 GG ist es in der Tat dogmatisch zumindest fragwürdig, wie sekundäres Gemeinschaftsrecht zulässiger Gegenstand eines konkreten Normenkontrollverfahrens sein und unmittelbarer verfassungsgerichtlicher Überprüfung unterliegen soll. Denn sekundäres Gemeinschaftsrecht läßt sich nicht als „Gesetz" i.S. des Art. 100 Abs. 1 GG qualifizieren. Nach der (früheren) ständigen Rechtsprechung des Bundesverfassungsgerichts beschränkt sich die konkrete Normenkontrolle lediglich auf formelle Gesetze.[643] Für seine Rechtsprechung führt das Bundesverfassungsgericht zunächst den unklaren Wortlaut der Norm und den Umstand an, daß sowohl Entstehungsgeschichte des Art. 100 GG als auch die historische Entwicklung des richterlichen Prüfungsrechts keine sicheren Anhaltspunkte für die Auslegung des Wortes „Gesetz" in Art. 100 GG ergeben. Dementsprechend könne dieser nur aus der Bedeutung der gesamten Normenkontrolle im Rahmen des Grundgesetzes und der dem Bundesverfassungsgericht dafür zugewiesenen Aufgabe entnommen werden.[644] Das Bundesverfassungsgericht geht in seiner Argumentation davon aus, daß bei der abstrakten Normenkontrolle die Aufgabe des Bundesverfassungsgerichts als „Hüter der Verfassung" im Vordergrund steht, die hingegen bei der konkreten Normenkontrolle zurücktritt.[645] Damit ist die richterliche Verwerfungskompetenz bei nationalen Verordnungen nicht zwangsläufig eine Aufgabe des Bundesverfassungsgerichts, sondern kann auch durch jedes einzelne in der Rechtssache befaßte Gericht wahrgenommen werden, indem es eine solche Rechtsverordnung wegen Verfassungswidrigkeit oder Unvereinbarkeit mit Bundesrecht unangewendet läßt. Bei der Überprüfung von sekundärem Gemeinschaftsrecht im Rahmen der konkreten Normenkontrolle hat das Bundesverfassungsgericht hingegen weder die Aufgabe, den Willen des parlamentarischen Gesetzgebers als repräsentatives Organ der Volksvertretung vor dem Vorwurf eines jeden Instanzgerichts zu schützen[646], verfassungswidrige Gesetze erlassen zu haben, noch kann ein solcher Rechtsakt aufgrund seiner gemeinschaftsrechtlichen Herkunft als „deutsches" Gesetz angesehen werden, wie es Art. 100 Abs. 1 GG fordert. Selbst wenn man dem Bundesverfassungsgericht insoweit folgen wollte, als Verordnungen und Richtlinien mit unmittelbarer Wirkung wegen der im Gemeinschaftsrecht fehlenden Unterscheidung zwischen Vorschriften eines förmlichen Gesetzes und hierauf gestützten Verordnungen als „Gesetze" i.S.d. Art. 100 Abs. 1 GG anzusehen sind, sind

641 Vgl. nur Hutka, Prüfungs- und Verwerfungskompetenz, S. 364.
642 So ausdrücklich Streinz, Bundesverfassungsgerichtlicher Grundrechtsschutz, S. 161.
643 BVerfGE 1, 184 (201), ständige Rspr.
644 BVerfG, ebda., 195; vgl. hierzu auch Eibach, Das Recht der Europäischen Gemeinschaften, S. 34 Fn. 50.
645 BVerfG, a.a.O., 195 ff.
646 BVerfGE 22, 373 (78), 68, 337 (344 f.); kritisch zu diesem Zweck: Schlaich, Das Bundesverfassungsgericht, Rn. 130 m.w.N.

sie jedenfalls keine „deutschen" Gesetze. Die auf sekundärrechtliche Bestimmungen beruhenden Ausführungsakte deutscher Behörden und Gerichte, auf die das Bundesverfassungsgericht in diesem Zusammenhang abstellt, sind zwar zweifelsfrei Akte der deutschen Hoheitsgewalt, sind aber eben ebenso zweifelsfrei und unbestritten keine Gesetze.

Auch die Möglichkeit einer analogen Anwendung des Art. 100 Abs. 1 GG die das Bundesverfassungsgericht in seiner Maastricht-Entscheidung insofern andeutet, als es genügen läßt, daß der Normanwender, bzw. nach seiner Terminologie der „Normbetroffene", und nicht der Normsetzende „deutsch" ist, scheidet aus. Eine Analogie könnte nur dann gerechtfertigt sein, wenn ohne die Erweiterung der konkreten Normenkontrolle auch auf die Frage der Anwendbarkeit sekundären Gemeinschaftsrechts eine planwidrige Lücke im Rechtsschutzsystem entstünde. Eine solche Lücke ist jedoch nicht ersichtlich. Denn bei sekundärem Gemeinschaftsrecht gibt es für den einzelnen neben der unter bestimmten Ausnahmen möglichen Nichtigkeitsklage gemäß Art. 230 Abs. 4 EGV noch den indirekten Rechtsschutz der inzidenten Normenkontrolle gemäß Art. 241 EGV und die Schadensersatzklage nach Art. 288 EGV vor dem Europäischen Gerichtshof. Daneben besteht auch die Möglichkeit einer konkreten Normenkontrolle vor dem Bundesverfassungsgericht. Vorlagegegenstand ist dabei aber immer das Zustimmungsgesetz zum entsprechenden Vertrag zur Gründung der Europäischen Gemeinschaften, der die Setzung des gemeinschaftsrechtlichen Sekundärrechtsakts ermöglichte.[647] Ob diese Verfahren den fehlenden direkten Rechtsschutz kompensieren können, ist zwar umstritten.[648] Selbst wenn man die insofern bestehenden Bedenken teilen sollte, so darf man dabei jedoch nicht außer Acht lassen, daß es sich bei Gemeinschaftsrechtsakten um Legislativakte der Europäischen Gemeinschaft handelt. Direkte Klagerechte gegen Rechtsetzungsakte sind jedoch auch in den Mitgliedstaaten der Europäischen Union - so auch in Deutschland - die Ausnahme.[649] Das Gemeinschaftsrecht spiegelt insofern auf der europäischen Ebene die Rechtslage in den nationalen Rechtssystemen wider.[650] Darüber hinaus ist die Erweiterung der Zuständigkeiten des Bundesverfassungsgerichts durch Analogien verfassungsrechtlich sehr problematisch, da die Zuständigkeiten des Bundesverfassungsgerichts im Grundgesetz und im Bundesverfassungsgerichtsgesetz abschließend geregelt sind.

Schließlich steht die Überprüfung sekundären Gemeinschaftsrechts mit einem weiteren Grundgedanken des Normenkontrollverfahrens gem. Art. 100 Abs. 1 GG nicht in Einklang. Ausgangspunkt für die Legitimation der gerichtlichen Kontrolle von Gesetzen ist die Bindung des Gesetzgebers gem. Art. 1 Abs. 3, 20 Abs. 3 GG an die Verfassung. Dem Bundesverfassungsgericht kommt dabei die Aufgabe zu, letztverbindlich zu entscheiden, ob der Gesetzgeber die ihm von der Verfassung gesetzten

---

647 Vgl. dazu unten S. 161 ff.

648 Eher bejahend Schwarze, in: v. Münch (Hrsg.), FS Schlochauer, S. 927 (945); zweifelnd hingegen Oppermann, Europarecht, Rn. 647.

649 Vgl. schon Hallstein, in: FS Ophüls, 1965, S.11; auch Bleckmann, in: Erichsen u.a. (Hrsg.), FS Menger, 1985, S. 871 (873), weist auf die deutsche Rechtslage hin.

650 So Neßler, DVBl. 1993, S. 1240 (1243); anders Bleckmann, in: Erichsen u.a. (Hrsg.), FS Menger, 1985, S. 871 (884 f.), der zumindest für den Fall von Grundrechtsverletzungen die Möglichkeit direkter gerichtlicher Nachprüfung einfordert.

Grenzen eingehalten hat.[651] Auf diese Weise soll sichergestellt werden, daß die Bindung des Gesetzgebers an die verfassungsmäßige Ordnung nicht ins Leere läuft. Dieser Gedanke läßt sich nicht auf die Überprüfung sekundären Gemeinschaftsrechts übertragen. Denn die Organe der Europäischen Gemeinschaft sind bei der Gesetzgebung nicht an die deutsche Verfassung gebunden, sondern lediglich an das Gemeinschaftsrecht.

Es ist auch zu bedenken, daß die Kompetenzfrage in manchen Fällen gar nicht erst vor ein Gericht gelangt, z.B. dann wenn eine Behörde sekundäres Gemeinschaftsrecht zugunsten eines Bürgers nicht anwendet, weil sie der Ansicht ist, daß sich der Gemeinschaftsrechtsakt nicht in den Grenzen der Kompetenzzuweisung an die Europäische Gemeinschaft bewegt. In einem solchen Fall bliebe danach die Anwendbarkeit eines europäischen Hoheitsaktes dieser nationalen Behörde überlassen.

dd) Ergebnis

Es bleibt festzuhalten, daß eine direkte Überprüfung gemeinschaftlichen Sekundärrechts durch das Bundesverfassungsgericht im Wege des konkreten Normenkontrollverfahrens gem. Art. 100 Abs. 1 GG nicht möglich ist.

2. Abstrakte Normenkontrolle

a) Gegenstand des Verfahrens

Gem. Art. 93 Abs. 1 Nr. 2 GG und § 13 Nr. 6 BVerfGG ist die abstrakte Normenkontrolle statthafte Verfahrensart bei Meinungsverschiedenheiten und Zweifeln über die förmliche und sachliche Vereinbarkeit von Bundes- und Landesrecht mit dem Grundgesetz oder die Vereinbarkeit von Landesrecht mit sonstigem Bundesrecht.[652] Schon frühzeitig hat sich auch das Bundesverfassungsgericht zur Funktion der abstrakten Normenkontrolle geäußert.[653] Danach hat es in diesem Verfahren darüber zu wachen, ob Rechtsvorschriften des Bundes oder der Länder formell oder materiell höherrangiges Recht verletzen.

b) Primäres Gemeinschaftsrecht

Rechtsakte europäischer Organe entstammen jedoch einer von der deutschen getrennten Rechtsordnung.[654] Denn das Gemeinschaftsrecht gehört nicht der bundesdeutschen, sondern der insoweit autonomen Gemeinschaftsrechtsordnung an.[655] Allein aus diesem Grunde müßten das primäre und sekundäre Gemeinschaftsrecht als Prüfungsgegenstand des abstrakten Normenkontrollverfahrens ausscheiden.[656]

---

651 Stern, in: Bonner Kommentar, Rn. 7 ff. zu Art. 100 GG; Maunz, in: M/D/H/S, GG-Kommentar, Rn. 2 f. zu Art. 100 GG.

652 Vgl. Benda/Klein, Verfassungsprozeßrecht, Rn. 643.

653 BVerfGE 1, 184 (195); BVerfGE 1, 396 (413); BVerfGE 3, 225 (236).

654 Frenz, Der Staat, Bd. 34 (1995), S. 587 (589).

655 Vgl. Streinz, a.a.O., S. 141; Rengeling, Rechtsschutz in der EU, Rn. 994.

656 Vgl. nur Meyer, in: v. Münch/Kunig, Grundgesetz-Kommentar, Rn 37 zu Art. 93 GG i.V.m. Rn. 12 zu Art. 100 GG, der jedoch hinsichtlich des sekundären Gemeinschaftsrechts die Einschränkung „derzeit" macht.

Für das Primärrecht wird dies auch weitgehend von der Literatur anerkannt. Auch für die Rechtsprechung dürfte dies gelten, da nicht davon auszugehen ist, daß das Bundesverfassungsgericht das gemeinschaftliche Primärrecht im Wege der abstrakten Normenkontrolle als zulässigen Prüfungsgegenstand ansehen wird, während es im Wege der konkreten Normenkontrolle nur über den Umweg des deutschen Zustimmungsgesetzes geprüft werden kann. Insoweit kann hier auf die Ausführungen zum konkreten Normenkontrollverfahren verwiesen werden.

c) Sekundäres Gemeinschaftsrecht

Umstritten ist hingegen, ob das abstrakte Normenkontrollverfahren auf gemeinschaftsrechtliches Sekundärrecht angewendet werden kann.

aa) Rechtsprechung des Bundesverfassungsgerichts

Diesbezügliche Rechtsprechung des Bundesverfassungsgerichts existiert nicht, da bisher noch kein abstraktes Normenkontrollverfahren unmittelbar gegen Gemeinschaftsrecht eingeleitet wurde.

Eine Befassung des Bundesverfassungsgerichts im Wege des abstrakten Normenkontrollverfahrens käme nur dann in Betracht, wenn man gemeinschaftsrechtliches Sekundärrecht, insbesondere Verordnungen gem. Art. 249 Abs. 2 EGV, dem Bundesrecht gleichstellen und Art. 93 Abs. 1 Nr. 2 GG damit analog anwenden würde.[657] Eine solche Annahme ist bei Zugrundelegung der Rechtsprechung des Bundesverfassungsgerichts, das im „Solange I" Beschluß[658] unter Hinweis auf die funktionelle Gleichheit mit einem Gesetz und die mit ihr verbundene Ausübung deutscher Staatsgewalt die Vorlage einer Verordnung im konkreten Normenkontrollverfahren gem. Art. 100 Abs. 1 GG als zulässig erachtete, nicht ausgeschlossen.[659]

bb) Literatur

In der Literatur wird einer analogen Anwendung des Art. 93 Abs. 1 Nr. 2 GG hinsichtlich des gemeinschaftlichen Sekundärrechts teilweise das Wort geredet.[660] Dies wird damit begründet, daß eine Überprüfung gemeinschaftsrechtlicher Rechtsakte in jedem Fall möglich sein müsse, da ihr Geltungsgrund in der Bundesrepublik im Zustimmungsgesetz zu den Gemeinschaftsverträgen zu suchen sei.[661] Teilweise wird die analoge Anwendung des Art. 93 Abs. 1 Nr. 2 GG auch aus der Bindung von Bundestag und Bundesregierung gem. Art. 20 Abs. 3 GG an das Grundgesetz und das im Zustimmungsgesetz niedergelegte Integrationsprogramm hergeleitet. Da Bundestag und Bundesregierung eine besondere Verantwortung für die Beachtung dieser Maßstäbe trügen, müsse es ihnen auch möglich sein, die Beachtung dieser Maßstäbe einer (verfassungs-)gerichtlichen Klärung zuzuführen. Da andere Verfah-

---

657 Vgl. Bleckmann/Pieper, RIW 1993, S. 969 (977).

658 BVerfGE 37, 271 (283 f.).

659 So Hutka, Prüfungs- und Verwerfungskompetenz, S. 370.

660 Huber, Recht der Europäischen Integration, § 12 Rn. 10; Bleckmann/Pieper, RIW 1993, S. 969 (977).

661 Bleckmann/Pieper, ebda. S. 977.

ren nicht zur Verfügung stünden, sei die analoge Anwendung des Art. 93 Abs. 1 Nr. 2 GG der sachgerechte Weg.[662] Teilweise wird die analoge Anwendung auch damit begründet, daß wenn die deutschen Staatsorgane entsprechend der Maastricht-Entscheidung des Bundesverfassungsgerichts gehindert seien, kompetenzwidrige Gemeinschaftsrechtsakte anzuwenden, auch den Exekutivspitzen die Möglichkeit eröffnet sein müsse, eine Klärung des kompetenzgemäßen Erlasses des Sekundärrechtsaktes durch das Bundesverfassungsgericht im Wege des abstrakten Normenkontrollverfahrens, das als objektives Verfahren dem Schutz der Verfassung dient, herbeizuführen.[663]

cc) Stellungnahme

Für eine Erweiterung des abstrakten Normenkontrollverfahrens auf die Prüfung sekundären Gemeinschaftsrechts spricht, daß das Bundesverfassungsgericht als Ziel des Art. 93 Abs. 1 Nr. 2 GG ansieht, jede Rechtsnorm, die an der Verfassung gemessen werden muß, zu erfassen[664], um so den Vorrang der Verfassung zu sichern.[665] Bejaht man danach entsprechend dem Maastricht-Urteil die Notwendigkeit einer Überprüfung von sekundärem Gemeinschaftsrecht, ließe sich seine Einbeziehung in den Anwendungsbereich von Art. 93 Abs. 1 Nr. 2 GG aufgrund des Normzwecks damit rechtfertigen, daß man auf den der Wirkung von Bundes- und Landesrecht vergleichbaren Effekt abstellt.[666] Daß eine solche analoge Anwendung nach Auffassung des Bundesverfassungsgerichts statthaft ist, hat das Gericht im Solange I-Beschluß unter Hinweis auf die funktionelle Gleichheit mit einem Gesetz und der mit ihr verbundenen Ausübung deutscher Staatsgewalt für die Vorlage einer Verordnung im konkreten Normenkontrollverfahren verdeutlicht. Eine Bejahung der Zulässigkeit eines abstrakten Normenkontrollverfahrens wäre insoweit nach der Rechtsprechung des Bundesverfassungsgerichts auch konsequent. Denn sind Kompetenzüberschreitungen der Gemeinschaft verfassungsrechtlich erheblich und sind die deutschen Staatsorgane „aus verfassungsrechtlichen Gründen gehindert, kompetenzwidrige Rechtsakte der Gemeinschaft anzuwenden", so muß in der Konsequenz auch den Spitzen der Exekutive die Möglichkeit eröffnet werden, eine Klärung des kompetenzgemäßen Erlasses gemeinschaftlichen Sekundärrechts herbeizuführen.[667]

Auch hier ist die Ansicht Hädes, daß die Entscheidung des Bundesverfassungsgerichts im Verfahren über die „Fernsehrichtlinie"[668] Aussagen zur generellen Zulässigkeit von Normenkontrollverfahren direkt gegen sekundäres Gemeinschaftsrecht enthalte, obwohl die Entscheidung in einem Bund-Länder-Streitverfahren erging, abzu-

---

662 Vgl. zum Vorstehenden Huber, Recht der Europäischen Integration, § 12 Rn. 10, der ein Vorgehen im Wege des Organstreitverfahrens und der Bund-Länder-Streitigkeit aufgrund ihres kontradiktorischen Charakters ablehnt.

663 Hutka, Prüfungs- und Verwerfungskompetenz, S. 370.

664 BVerfGE 4, 157 (162); 20, 56 (89).

665 BVerfGE 1, 184 (195 f.); Klein, AöR Bd. 108 (1983), S. 561 (572).

666 Vgl. Frenz, a.a.O., S. 587 (590).

667 So Hutka, Prüfungs- und Verwerfungskompetenz, S. 370.

668 BVerfG, EuZW 1995, S. 277 ff.

lehnen.[669] Für das Verfahren der abstrakten Normenkontrolle hat die Feststellung des Bundesverfassungsgerichts, daß es nicht der europäische Rechtsakt sei, der als Maßnahme i.S. der §§ 64, 69 BVerfGG dem Bund zugerechnet werden könne, da diesen zu erlassen nicht in der Rechtsmacht des Bundes, sondern in der der Europäischen Gemeinschaft stehe[670], keine Bedeutung, da es bei dem Normenkontrollverfahren lediglich einen Antragsteller, aber keinen Antragsgegner gibt, d.h., es nicht erforderlich ist, daß der Antragsteller durch eine Maßnahme des Antragsgegners in seinen Rechten verletzt wird. Bei dem abstrakten Normenkontrollverfahren handelt es sich um kein kontradiktorisches Verfahren, bei dem die Parteien um subjektive Rechte und Pflichten streiten. Die Antragsberechtigung im abstrakten Normenkontrollverfahren ist unter dem Gesichtspunkt der gegenseitigen Kontrolle im Verhältnis des Bundes zu den Ländern zu sehen. Es dient damit nicht dem Schutz einer Rechtsstellung des Antragstellers.[671] Vielmehr geht es um die Sicherung des Vorrangs der Verfassung und des Bundesrechts, d.h. um die Wahrung des Stufenbaus der Rechtsordnung[672], oder anders ausgedrückt, um die Beachtung der übergeordneten Rechtsebene. Es dient so als objektives Verfahren dem Schutz der Rechtsordnung und dem Rechtsfrieden[673]. Anders als bei der konkreten Normenkontrolle nach Art. 100 Abs. 1 GG soll hier auch nicht die Autorität des parlamentarischen Gesetzgebers vor Übergriffen der dritten Gewalt geschützt werden.[674]

Es sprechen jedoch gewichtige Argumente gegen die Zulässigkeit der Überprüfung gemeinschaftsrechtlicher Rechtsakte im Wege des abstrakten Normenkontrollverfahrens durch das Bundesverfassungsgericht.

Zunächst spricht der Wortlaut des Art. 93 Abs. 1 Nr. 2 GG gegen die Zulässigkeit des abstrakten Normenkontrollverfahrens bei der Prüfung von Gemeinschaftsrechtsakten. Eine Erweiterung der Prüfungsgegenstände auf Europäisches Gemeinschaftsrecht begegnet verfassungsrechtlichen Bedenken. In einer Entscheidung aus dem Jahre 1967 über eine Verfassungsbeschwerde gegen eine Verordnung der Europäischen Gemeinschaft hat das Bundesverfassungsgericht zutreffend festgestellt:

> „Die Zuständigkeit des Bundesverfassungsgerichts würde auch durch ein noch so dringendes rechtspolitisches Bedürfnis nicht erweitert werden können (...). Namentlich ginge es nicht an, das Rechtsschutzsystem der EWG, weil ihm bestimmte prozessuale Institute des deutschen Rechts fehlen, als unzulänglich anzusehen und es deshalb auf dem Weg über die deutsche Gerichtsbarkeit zu ergänzen (...).“[675]

---

669 Anm. zu BVerfG, EuZW 1995, S. 277 ff., EuZW 1995, S. 284 (285); siehe dazu ausführlich oben.

670 Vgl. BVerfGE 13, 54 (94).

671 So Leibholz/Rinck/Hesselberger, Grundgesetz-Kommentar, Rn. 62 zu Art. 93 GG.

672 Stern, Staatsrecht, Bd. 1, S. 80 ff.

672 Meyer, in: v. Münch/Kunig, Grundgesetz-Kommentar, Rn. 32 zu Art 93 GG, Ulsamer, in: M/Sch/K/U, BVerfGG, Rn. 37 zu § 76 BVerfGG.

673 BVerfGE 1, 396 (407); BVerfGE 40, 356 (361); Stern, in: Bonner Kommentar, Rn. 202 zu Art. 93 GG; vgl. auch Eibach, Das Recht der Europäischen Gemeinschaften, S. 38 m.w.N.

674 Meyer, in: v. Münch/Kunig, Grundgesetz-Kommentar, Rn. 32 zu Art. 93 GG.

675 BVerfGE 22, 293 (298).

Damit spricht bereits die eigene (frühere) Rechtsprechung des Bundesverfassungsgerichts gegen eine Erweiterung der Zuständigkeit des Bundesverfassungsgerichts, im Rahmen des abstrakten Normenkontrollverfahrens über das Bundes- und Landesrecht hinaus auch über Sekundärrechtsakte der Europäischen Gemeinschaft zu entscheiden. Denn diese Rechtsakte stellen keine Bundes- oder Landesgesetzgebung dar, die allein das Bundesverfassungsgericht zur Wahrung des innerstaatlichen Stufenbaus zur Überprüfung mit höherrangigem Recht heranziehen kann. Als möglicher Prüfungsgegenstand einer abstrakten Normenkontrolle kommt demzufolge nur eine Rechtsnorm in Betracht, die unter der Geltung der innerstaatlichen Rechtsordnung erlassen wurde. Überlegungen eines Vorranges einer bestimmten Rechtsnorm bzw. Rechtsordnung müssen hierbei außer Betracht bleiben. Solche Überlegungen setzen Kollisionen innerhalb einer Stufenfolge voraus, die wegen der insoweit vorhandenen Eigenständigkeit der Rechtsordnung der Europäischen Gemeinschaft im Verhältnis zu den Rechtsordnungen der Mitgliedstaaten nicht auftreten können. Dementsprechend werden Gemeinschaftsrechtsakte auch zurecht nach stark vertretener Ansicht nicht als tauglicher Prüfungsgegenstand eines abstrakten Normenkontrollverfahrens angesehen.[676]
Des weiteren spricht gegen die Zulässigkeit des Verfahrens der abstrakten Normenkontrolle, daß der Bundesrat nicht antragsberechtigt ist. Gerade für ihn wäre es aufgrund zunehmender Kompetenzverluste der Bundesländer wichtig, das Antragsrecht zu haben. Insbesondere unter Berücksichtigung der Maßstäbe, die das Bundesverfassungsgericht in seiner Entscheidung zur EG-„Fernsehrichtlinie" zur Zulässigkeit des Bund-Länder-Streitverfahrens zur Kontrolle gemeinschaftsrechtlichen Sekundärrechts aufgestellt hat, wäre der Bundesrat als Organ der bundesdeutschen Verfassung von der Einleitung einer verfassungsrechtlichen Kontrolle ausgeschlossen, ein Ergebnis, das sich nur schwerlich mit dem föderalen Charakter Deutschlands vereinbaren läßt. Daran ändert auch die Tatsache nichts, daß Landesregierungen für das Verfahren des Art. 93 Abs. 1 Nr. 2 GG antragsberechtigt sind. Auch eine Erweiterung der Antragsberechtigung der abstrakten Normenkontrolle auf den Bundesrat ist abzulehnen. Das Bundesverfassungsgericht selbst hat sich nicht als zur Ausweitung des Kreises der Antragsberechtigten gem. Art. 93 Abs. 1 Nr. 2 GG befugt angesehen. Seiner Auffassung nach würde die Erweiterung seiner Zuständigkeiten

> „die der Verfassungsgerichtsbarkeit vom Grundgesetz gezogenen Grenzen durch Zulassung neuer Verfassungsstreitigkeiten überschreiten und so von einer wichtigen Grundentscheidung des Verfassungsgebers abweichen".[677]

dd) Ergebnis

Als Ergebnis ist festzuhalten, daß Rechtsnormen außerhalb der staatlichen Rechtsordnung des GG kein zulässiger Gegenstand eines abstrakten Normenkontrollverfahrens sind. Vielmehr muß es sich um Gesetze eines deutschen (d.h. dem GG un-

---

676 Frenz, a.a.O., S. 587 (589); Eibach, Das Recht der Europäischen Gemeinschaften, S. 38 f.; Benda/Klein, Verfassungsprozeßrecht, Rn. 657; Rengeling, Rechtsschutz in der EU, Rn. 994; Streinz, Bundesverfassungsgerichtlicher Grundrechtsschutz, S. 141.

677 BVerfGE 21, 52 (53 f.).

terworfenen) Rechtsetzungsorgans handeln. Sekundäres Gemeinschaftsrecht steht außerhalb der Normenhierarchie, die das BVerfG zu wahren hat.[678]

3. Individualverfassungsbeschwerde

a) Gegenstand des Verfahrens

Gemäß Art. 93 Abs. 1 Nr. 4 a GG, § 90 BVerfGG kann Prüfungsgegenstand einer Verfassungsbeschwerde jede Maßnahme der „öffentlichen Gewalt" sein, durch die der Beschwerdeführer möglicherweise in seinen im Grundgesetz aufgeführten Rechten verletzt ist. Während sich die Rechtsprechung des Bundesverfassungsgerichts und die überwiegende Ansicht in der Lehre hinsichtlich der Zulässigkeit der Verfassungsbeschwerde gegen gemeinschaftsrechtliches Primärrecht weitgehend einig zu sein scheinen, bestehen in bezug auf sekundärrechtliche Gemeinschaftsakte unterschiedliche Auffassungen zwischen dem Bundesverfassungsgericht und der herrschenden Ansicht in der Lehre, so daß zwischen diesen zu differenzieren ist.

b) Primäres Gemeinschaftsrecht

Hinsichtlich der Zulässigkeit der Verfassungsbeschwerde gegen gemeinschaftliches Primärrecht bestehen zwischen der herrschenden Lehre und der Rechtsprechung des Bundesverfassungsgerichts kaum Differenzen. Eine unmittelbare bundesverfassungsgerichtliche Überprüfung des primären Gemeinschaftsrechts im Verfahren der Verfassungsbeschwerde wird sowohl von der herrschenden Lehre als auch von der Rechtsprechung des Bundesverfassungsgerichts abgelehnt. Hinsichtlich eines konkreten Normenkontrollverfahrens hat das Bundesverfassungsgericht entschieden, daß eine Prüfung des gemeinschaftsrechtlichen Primärrechts durch das Bundesverfassungsgericht

> „nur statthaft (ist), wenn insoweit das deutsche Zustimmungsgesetz zum Vertrag Prüfungsgegenstand ist. Denn es ist das Zustimmungsgesetz zum Vertrag, das den Rechtsanwendungsbefehl für die Geltung des sog. primären Gemeinschaftsrechts für den Hoheitsbereich der Bundesrepublik Deutschland erteilt hat."[679]

Es ist nicht ersichtlich, warum für das Verfahren der Verfassungsbeschwerde andere Maßstäbe gelten sollten.

Auch der Maastricht-Entscheidung des Bundesverfassungsgerichts lassen sich keine gegensätzlichen Schlüsse entnehmen. Zum einen bezieht sich die ausdrückliche Abkehr von der Eurocontrol-Entscheidung lediglich auf „Akte" der Europäischen Gemeinschaft und damit auf gemeinschaftliches Sekundärrecht. Und auch der Euro-

---

678 So auch Stern, in: Bonner Kommentar, Rnrn. 241, 244 f. zu Art. 93 GG sowie Rn. 78 zu Art. 100 GG; folgte man hingegen der sog. Hypothekentheorie (vgl. zu dieser Horn, DVBl. 1995, S. 89 (94 f.)), die eine Bindung des Europäischen Rechtsetzungsorgans an das Grundgesetz und die Grundrechte annimmt, so ließe sich durchaus eine Zulässigkeit einer abstrakten Normenkontrolle bejahen.

679 BVerfGE 52, 187 (199).

control-Beschluß des Bundesverfassungsgerichts, der durch die Maastricht-Entscheidung abgeändert wurde, betraf lediglich sekundäres Gemeinschaftsrecht. Dementsprechend ist davon auszugehen, daß auch nach Ansicht des Bundesverfassungsgerichts die Überprüfung gemeinschaftlichen Primärrechts lediglich dann im Wege der Verfassungsbeschwerde erfolgen kann, wenn Prüfungsgegenstand das nationale Zustimmungsgesetz ist.[680] Eine Verfassungsbeschwerde unmittelbar gegen Primärrecht der Europäischen Gemeinschaften teilt danach ebenso wie ein entsprechendes Normenkontrollverfahren das Schicksal der Unzulässigkeit. Dementsprechend hat das Bundesverfassungsgericht in seiner Maastricht-Entscheidung insoweit an seiner bisherigen Rechtsprechung festzuhalten, als primäres Gemeinschaftsrecht nur dann verfassungsgerichtlich überprüft werden könne, wenn Prüfungsgegenstand das deutsche Zustimmungsgesetz ist.[681] Eine direkte Überprüfung des gemeinschaftsrechtlichen Primärrechts ist danach nicht im Wege der Verfassungsbeschwerde möglich. Dies spricht dafür, daß für die Zulässigkeit letztlich entscheidend ist, ob primäres oder sekundäres Gemeinschaftsrecht anhand der Verfassung überprüft werden soll. In bezug auf die unmittelbare Überprüfung gemeinschaftlichen Primärrechts ergeben sich zwischen Literatur und Rechtsprechung des Bundesverfassungsgerichts demnach kaum Differenzen. Größtenteils wird auch in der Lehre der mittelbaren Kontrolle durch Überprüfung des nationalen Zustimmungsgesetzes der Vorzug vor einer unmittelbaren Kontrolle gegeben.

c) Sekundäres Gemeinschaftsrecht

Das Bundesverfassungsgericht hat in seiner Maastricht-Entscheidung hinsichtlich der Zulässigkeit einer Verfassungsbeschwerde gegen gemeinschaftsrechtliches Sekundärrecht ausdrücklich eine Kehrtwende gegenüber seiner früheren Rechtsprechung vollzogen. Aus diesem Grunde soll zunächst die frühere Rechtsprechung dargestellt werden, bevor auf die in der Maastricht-Entscheidung vorgenommenen Änderungen eingegangen wird.

aa) Die frühere Rechtsprechung des Bundesverfassungsgerichts

Vor dem Maastricht-Urteil, zuletzt ausdrücklich im Eurocontrol I -Beschluß[682] aus dem Jahre 1981, hatte das Bundesverfassungsgericht Hoheitsakte einer supranationalen Organisation nicht als „Akte öffentlicher Gewalt" i.S.d. Art. 19 Abs. 4, Art. 93 Abs. 1 Nr. 4a GG, § 90 Abs. 1 BVerfGG qualifiziert, so daß eine Verfassungsbeschwerde unmittelbar gegen Sekundärrechtsakte der Europäischen Gemeinschaften nicht zulässig war. Begründet hatte das Bundesverfassungsgericht dies insbesondere damit, daß das Grundgesetz nur für die von ihm verfaßte Staatsgewalt, begrenzt auf das Gefüge der deutschen Staatsorganisation, gelte und diese Rechtsauffassung mit dem Sinn und Zweck der Ermächtigung des damaligen Art. 24 GG unter-

---

680 Ebenso interpretiert Streinz, in: Ipsen u.a. (Hrsg.), FS Heymanns-Verlag, S. 663 (670), das Maastricht-Urteil des Bundesverfassungsgerichts.

681 Ebenso: Scholz, in: M/D/H/S, GG-Kommentar, Rn. 24 zu Art. 23 GG; Kirchhof, a.a.O., JZ 1989, S. 453 (454); Streinz in: Isensee/Kirchhof (Hrsg.), Handbuch des Staatsrechts, Bd. VII, § 182 Rn. 76; Leibholz/Rinck/Hesselberger, GG-Kommentar, Rn. 81 zu Art. 24 GG; vgl. hierzu auch unten 161 ff.

682 BVerfGE 58, 1 ff.

mauert. Dementsprechend wurden als verfassungskontrollfähige Maßnahmen nur solche der deutschen, an das Grundgesetz gebundenen öffentlichen Gewalt angesehen.[683] Bereits in einer früheren Entscheidung hatte das Bundesverfassungsgericht festgestellt, für die Zuständigkeit des Bundesverfassungsgerichts nach § 90 BVerfGG entscheide

> „allein die formale Qualifikation des (Rechtsetzungs-)Organs; (...) ein Organ, das außerhalb des Gefüges der deutschen Staatsorganisation steht, übt keine deutsche öffentliche Gewalt aus".[684]

Die von den Gemeinschaftsorganen kompetenzgemäß erlassenen Rechtsvorschriften bildeten eine eigene Rechtsordnung, deren Normen weder als Völkerrecht noch als nationales Recht der Mitgliedstaaten zu qualifizieren seien. Europäisches Gemeinschaftsrecht und innerstaatliches Recht stellten „zwei selbständige, voneinander getrennte Rechtsordnungen dar", so daß eine Verfassungsbeschwerde direkt gegen europarechtliche Normen unzulässig sei.[685]

In der Eurocontrol-Entscheidung wiederholte das Bundesverfassungsgericht seine Rechtsprechung und stellte fest:

> „Akte einer besonderen, durch völkerrechtlichen Vertrag geschaffenen, von der Staatsgewalt der Mitgliedstaaten geschiedenen öffentlichen Gewalt einer zwischenstaatlichen Einrichtung im Sinne des Art. 24 Abs. 1 GG fallen hierunter nicht. Ein Organ, das außerhalb des Gefüges der deutschen Staatsorganisation steht, nimmt grundsätzlich nicht deutsche Staatsgewalt wahr."[686]

bb) Die neue Rechtsprechung des Bundesverfassungsgerichts

Im Maastricht-Urteil hat das Bundesverfassungsgericht hinsichtlich der unmittelbaren Überprüfung gemeinschaftlichen Sekundärrechts eine ausdrückliche Abkehr von seiner bisherigen Rechtsprechung vollzogen und diese wie folgt korrigiert:

> „Auch Akte einer besonderen von der Staatsgewalt der Mitgliedstaaten geschiedenen öffentlichen Gewalt einer supranationalen Organisation betreffen die Grundrechtsberechtigten in Deutschland. Sie berühren damit die Gewährleistung des Grundgesetzes und die Aufgaben des Bundesverfassungsgerichts, die den Grundrechtsschutz in Deutschland und insoweit nicht nur gegenüber deutschen Staatsorganen zum Gegenstand haben (Abweichung von BVerfGE 58, 1 (27)). Allerdings übt das Bundesverfassungsgericht seine Rechtsprechung über die Anwendbarkeit von abgeleitetem Gemeinschaftsrecht in Deutschland in einem „Kooperationsverhältnis" zum Europäischen Gerichtshof aus."[687]

---

683 BVerfGE, ebda., 26 ff. m.w.N.
684 BVerfGE 22, 293 (297).
685 BVerfG, ebda., 296.
686 BVerfGE 58, 1 (27).
687 BVerfGE 89, 155 (175).

Rechtsakte der Europäischen Gemeinschaft zählen danach nunmehr zur „öffentlichen Gewalt" i.S. des Grundgesetzes, weil das Bundesverfassungsgericht seine Aufgaben nicht mehr auf den Grundrechtsschutz gegenüber deutschen Staatsorganen beschränkt sieht, sondern im „Grundrechtsschutz in Deutschland" erkennt. Das Bundesverfassungsgericht begründet damit unmittelbar seine Kontrollkompetenz und seine Befugnis gegenüber der in Deutschland wirkenden europäischen Hoheitsgewalt, ohne daß ein Akt der deutschen Staatsgewalt vorliegen müsse.

Aus dieser Rechtsprechung folgt, daß im „Kooperationsverhältnis" des Bundesverfassungsgerichts „zum" Europäischen Gerichtshof die Kompetenzverteilung nicht (mehr) nach dem Streitgegenstand erfolgt.[688] Aus deutscher Sicht beantwortet sich die Frage, welches Gericht überhaupt Rechtsschutz wegen einer behaupteten Grundrechtsverletzung durch oder aufgrund europäischen Gemeinschaftsrechts zu gewähren hat, nach Ansicht des Bundesverfassungsgerichts nunmehr unabhängig von der Herkunft des Rechtsakts. Für die Kontrolle sekundären Gemeinschaftsrechts am Grundrechtsmaßstab ist nach Ansicht des Bundesverfassungsgerichts nicht mehr nur der Europäische Gerichtshof, sondern auch das Bundesverfassungsgericht selbst zuständig

Zur dogmatischen Begründung seiner Kehrtwende, die ohnehin nur sehr kursorisch erfolgt, führt das Bundesverfassungsgericht an, daß die grundgesetzliche Offenheit für eine europäische Integration dazu führe, daß die Akte der Gemeinschaftsgewalt die Grundrechtsberechtigten in Deutschland „betreffe"; damit würden die Gewährleistungen des Grundgesetzes berührt.[689] Die vom Bundesverfassungsgericht vorgenommene Kompetenzausweitung gewinnt letztlich aber keine aktuelle Bedeutung.[690] Denn für den Grundrechtsbereich hat das Bundesverfassungsgericht das „Kooperationsverhältnis" in der Maastricht-Entscheidung eingeführt. Es bleibt danach dabei, daß das Bundesverfassungsgericht die von ihm beanspruchte Rechtsprechungskompetenz auf die „generelle Gewährleistung des unabdingbaren Grundrechtsstandards"[691] beschränkt. Gleichwohl wirkt sich die Nichtaufgabe der Prüfungsbefugnis auch prozessual aus. So ist die Verfassungsbeschwerde an das Bundesverfassungsgericht nach der Maastricht-Entscheidung nur dann unzulässig, wenn Grundrechtsverstöße im Einzelfall geltend gemacht werden[692]. Wird hingegen dargelegt, daß der unabdingbare Grundrechtsstandard verfehlt worden sei, ist die Verfassungsbeschwerde zulässig.[693] Da das „Kooperationsverhältnis", wie bereits erörtert, nach der Rechtsprechung des Bundesverfassungsgerichts lediglich auf den Grundrechtsschutz beschränkt bleibt und nicht auf „ultra vires"-Akte angewendet werden

---

688 So aber Streinz, Bundesverfassungsgerichtliche Kontrolle, 1990, S. 18; ders. jetzt, EuZW 1994, S. 329 (331).

689 BVerfGE 89, 155 (175).

690 Grimm, RdA 1996, S. 66 (68).

691 BVerfGE 89, 155 (175) = EuGRZ 1993, S. 429 (439).

692 So Grimm, a.a.O., S. 68; ebenso Frenz, a.a.O., S. 587 (588 f.); a.A. Zuck/Lenz, NJW 1997, S. 1193 (1195), die für eine einzelfallbezogene Prüfung gemeinschaftlichen Sekundärrechts durch das Bundesverfassungsgericht plädieren; ebenso: Weber, in: Due u.a. (Hrsg.), FS Everling, S. 1625 (1634); Horn, a.a.O., S. 95; Streinz, Europarecht, Rn. 217.

693 Grimm, a.a.O., S. 68; vgl. hierzu jetzt auch BVerfG, Beschluß vom 07.06.2000, NJW 2000, S. 3124 ff..

kann[694], stellt sich die Frage, ob damit Verfassungsbeschwerden gegen „ultra vires"-Akte der Europäischen Gemeinschaft nach der Rechtsprechung des Bundesverfassungsgerichts in seiner Maastricht-Entscheidung als generell zulässig anzusehen sind. Ausdrücklich spricht das Bundesverfassungsgericht dies nicht aus. Doch wenn das Bundesverfassungsgericht davon spricht, daß auch „Akte einer besonderen, von der Staatsgewalt der Mitgliedstaaten geschiedenen öffentlichen Gewalt einer supranationalen Organisation die Grundrechtsberechtigten in Deutschland betreffen"[695], erscheint diese Feststellung unschwer auch auf den Rechtsschutz gegen kompetenzwidrige Rechtsakte übertragbar.[696] Die Zulässigkeit einer Verfassungsbeschwerde auch gegen „ultra vires"-Akte der Europäischen Gemeinschaft ließe sich dogmatisch damit begründen, daß der Beschwerdeführer geltend machen könne, der „ultra vires"-Akt verletze sein Grundrecht auf allgemeine Handlungsfreiheit gem. Art. 2 Abs. 1 GG.[697] Denn dieses verbürgt nach allgemeiner Ansicht in der verfassungsrechtlichen Literatur die Freiheit des Grundrechtsträgers vor jedem rechtswidrigen staatlichen Zwang und damit auch vor der Verletzung der Kompetenzaufteilung zwischen der Europäischen Gemeinschaft und den Mitgliedstaaten.[698] Die Verletzung des Kompetenzgefüges verstoße (zumindest) gegen das Zustimmungsgesetz zu den Verträgen als dem Rechtsanwendungsbefehl für Gemeinschaftsrecht in Deutschland, so daß der Rechtsakt sich nicht im Rahmen der „verfassungsmäßigen Ordnung" bewege und daher keine Grundlage für Belastungen des Bürgers darstellen könne.

Daß das Bundesverfassungsgericht grundsätzlich gewillt ist, zukünftig im Wege der Verfassungsbeschwerde gemeinschaftliches Sekundärrecht zu überprüfen, hat es in einer nach dem Maastricht-Urteil ergangenen Entscheidung aufgezeigt. Mit Beschluß vom 26.04.1995[699] hat das Gericht eine Verfassungsbeschwerde gegen eine Verordnung zur Ausführung der Bananenmarktorganisation der Europäischen Union zwar abgewiesen. Die Abweisung hat es jedoch mit dem Argument begründet, der Rechtsweg sei nicht erschöpft, nicht hingegen damit, daß eine Verordnung der Europäischen Union kein zulässiger Beschwerdegegenstand einer Verfassungsbeschwerde sei.

cc) Die Auffassung in der Lehre

Hinsichtlich der Überprüfung von gemeinschaftlichem Sekundärrecht im Wege der Verfassungsbeschwerde bestehen im Gegensatz zum Primärrecht der Europäischen Gemeinschaften erhebliche Differenzen zwischen Teilen der Literatur und der Rechtsprechung des Bundesverfassungsgerichts.

---

694 A.A.: Bleckmann/Pieper, RIW 1993, S. 969 (977).
695 BVerfGE 89, 155 (175) = EuGRZ 1993, S. 429 (439).
696 So Weber, in: Rengeling (Hrsg.), Europäisierung des Rechts, S. 21 (29 f.).
697 So Kokott, AöR Bd. 119 (1994), S. 207 (222); Weber, a.a.O., S. 30; ebenso Streinz, EuZW 1994, S. 329 (330) hinsichtlich der Überprüfung des Zustimmungsgesetzes im Wege der Verfassungsbeschwerde.
698 Vgl. nur: Kunig, in: v. Münch/Kunig, Grundgesetz-Kommentar, Rn. 15 zu Art. 2 GG m.w.N.
699 BVerfG, EuZW 1995, S. 412 ff.

Während die h.M. in der Lehre nach der Solange II-Entscheidung mit dem Bundesverfassungsgericht konform ging, daß zumindest praktisch keine (direkte) Überprüfung sekundären Gemeinschaftsrechts durch das Bundesverfassungsgericht mehr stattfinde, mußte sich das Bundesverfassungsgericht nach seiner diesbezüglichen Kehrtwende im Maastricht Urteil teilweise harsche Kritik gefallen lassen.[700] Zwar wird anerkannt, daß aufgrund dieser Kehrtwende der „Zaubertrick" des Bundesverfassungsgerichts über den Weg des konkreten Normenkontrollverfahrens nunmehr an Bedeutung verloren hat, da sekundäres Gemeinschaftsrecht nach Ansicht des Bundesverfassungsgerichts als Akt der öffentlichen Gewalt nunmehr im Wege der Verfassungsbeschwerde angegriffen werden kann. Gleichwohl lehnt die herrschende Meinung in der Literatur die generelle Zulässigkeit einer unmittelbaren Überprüfung sekundären Gemeinschaftsrechts durch das Bundesverfassungsgericht ab.

dd) Stellungnahme

Insoweit kann auf die Argumentation zur entsprechenden Problematik beim konkreten Normenkontrollverfahren verwiesen werden.[701] Zwar ist das Bundesverfassungsgericht durch diese Änderung seiner Rechtsprechung einerseits nicht mehr gezwungen, wie in den beiden Solange-Beschlüssen[702], auf das „Zauberkunststück" zurückzugreifen, sekundäres Gemeinschaftsrecht in der Anwendung durch deutsche Behörden und Gerichte zu „deutschen" Gesetzen i.S.d. Art. 100 Abs. 1 GG zu „verwandeln". Zudem entfällt die Notwendigkeit, die komplizierte, wenn auch dogmatisch einwandfreie, Konstruktion der Überprüfung von Gemeinschaftsrechtsakten über das deutsche Zustimmungsgesetz, dessen Rechtsanwendungsbefehl dem Sekundärrecht erst seine innerstaatliche Geltung verschafft, zu wählen.[703]

Zusätzlich zu den bei der Prüfung der konkreten Normenkontrolle aufgeführten Argumenten spricht aber speziell gegen die Zulässigkeit der Verfassungsbeschwerde gegen europäische Gemeinschaftsrechtsakte, daß der Schluß von der tatsächlichen Betroffenheit in grundrechtlich thematisierten Lebensbereichen auf die rechtliche Geltung der Grundrechtsverbürgungen dogmatisch angreifbar ist. In einer Entscheidung aus dem Jahre 1967 über eine Verfassungsbeschwerde gegen eine Verordnung der Europäischen Gemeinschaft hat das Bundesverfassungsgericht selbst zutreffend in bezug auf seine Zuständigkeit festgestellt:

> „Die Zuständigkeit des Bundesverfassungsgerichts würde auch durch ein noch so dringendes rechtspolitisches Bedürfnis nicht erweitert werden können (...). Namentlich ginge es nicht an, das Rechtsschutzsystem der EWG, weil ihm bestimmte prozessuale Institute des deutschen Rechts fehlen, als unzulänglich anzusehen und es deshalb auf dem Weg über die deutsche Gerichtsbarkeit zu ergänzen und zu verbessern. Das würde (...) zu ungleichmäßigem Rechtsschutz in den Mitgliedstaaten führen."[704]

---

700 Zu den verschiedenen Reaktionen in der Literatur vgl. Winkelmann, Das Maastricht-Urteil, S. 62.
701 Vgl. oben S. 136 ff.
702 BVerfGE 37, 271 ff. und BVerfGE 73, 339 ff.
703 So Streinz, Bundesverfassungsgerichtlicher Grundrechtsschutz, S. 143 ff.
704 BVerfGE 22, 293 (298).

Diese Aussagen des Bundesverfassungsgerichts sprechen gegen eine Erweiterung der Zuständigkeit des Bundesverfassungsgerichts, im Rahmen der Verfassungsbeschwerde auch über sekundäres Gemeinschaftsrecht zu entscheiden.

Weiter spricht gegen die Zulässigkeit der Verfassungsbeschwerde, daß davon auszugehen ist, daß die für die Zulässigkeit der Verfassungsbeschwerde erforderliche gegenwärtige und unmittelbare Betroffenheit des Beschwerdeführers[705] bei der Kontrolle sekundären Gemeinschaftsrechts nur in den seltensten Fällen vorliegen wird. Eine unmittelbare Betroffenheit liegt nämlich nur dann vor, wenn der Rechtsakt selbst die behauptete Grundrechtsbetroffenheit ohne Zwischenschaltung eines anderen Hoheitsaktes herbeiführt.[706] Dies ist bereits im nationalen Recht bei Verfassungsbeschwerden gegen Rechtsakte problematisch. Zwar modifiziert das Bundesverfassungsgericht die Bedeutung der Unmittelbarkeit der Grundrechtsbetroffenheit, wenn dies prozeßrechtlich zweckmäßig ist.[707] Dies ist jedoch grundsätzlich dann nicht möglich, wenn noch ein Vollziehungsakt rechtlich notwendig ist.[708] Eine Ausnahme von diesem Grundsatz macht das Bundesverfassungsgericht dann, wenn die Exekutive schlicht das Gesetz zu vollziehen hat und hierbei kein Ermessen ausüben kann und sich auch keinerlei Auslegungsfragen stellen[709] sowie dann, wenn die bestehende Regelung hinreichend konkrete Vorwirkungen für den Beschwerdeführer entfaltet.[710] Das Fehlen jeglicher Ermessensausübung durch die Mitgliedstaaten bei der Umsetzung ist jedoch zumindest bei Richtlinien die Ausnahme. Dem nationalen Transformationsgesetzgeber verbleibt bei der Umsetzung der Richtlinien grundsätzlich ein sog. Umsetzungsspielraum, was sich schon daran zeigt, daß die nationalen Umsetzungsakte in zwei Mitgliedstaaten der Europäischen Union auch dann, wenn sie auf die selbe Richtlinie zurückgehen, durchaus unterschiedlich sein können. Danach scheiden auf Grund der fehlenden unmittelbaren Betroffenheit zumindest solche Normen des Primär- und Sekundärrechts der Europäischen Gemeinschaften als Gegenstand einer Verfassungsbeschwerde aus, die vor ihrer Wirksamkeit in den Mitgliedstaaten der nationalen Umsetzung bedürfen, insbesondere also Richtlinien.[711]

---

705 Siehe bereits BVerfGE 1, 97 (101 f.), st. Rspr.

706 Vgl. Meyer, in v. Münch/Kunig, Grundgesetz-Kommentar, Rn. 58 zu Art. 93 GG.

707 So z.B. BVerfGE 70, 35 ff.

708 So Meyer, in v. Münch/Kunig, a.a.O., Rn. 58 zu Art. 93 GG; Leibholz/Rinck/Hesselberger, GG-Kommentar, Rn. 605 ff. zu Art. 93 GG.

709 Vgl. Benda/Klein, Verfassungsprozeßrecht, Rn. 508.

710 BVerfGE 65, 1 (37); Kley/Rühmann, in: Umbach/Clemens, BVerfGG, Rn. 72, 101 zu § 90 BVerfGG; Schneider, AöR Bd. 119 (1994) S. 294 ff., bejaht solche Vorwirkungen bei EG-Richtlinien, wenn es sich um detaillierte Richtlinienbestimmungen ohne Umsetzungsspielraum des nationalen Gesetzgebers handelt, wenn die Umsetzungsfrist besonders kurz ist, der nationale Gesetzgeber bereits einen großen Teil der Umsetzungsfrist hat verstreichen lassen oder aber solche Tätigkeiten geregelt werden, die besonders langfristige Vorplanungen erfordern. In einem solchen Fall würde nach seiner Ansicht ein Fall der „strukturellen Schwäche des europäischen Rechtsschutzes" vorliegen, die eine Zulässigkeit einer Verfassungsbeschwerde vor dem Bundesverfassungsgericht begründen könne.

711 Anderes kann trotz der in Art. 249 Abs. 3 EGV vorgesehenen Verbindlichkeit nur für die Mitgliedstaaten für solche Richtlinien gelten, die, da sie inhaltlich unbedingt und hinreichend genau sind, bei nicht fristgerechter oder unzulänglicher Umsetzung in nationales Recht direkte Wirkung entfalten (EuGH, Becker, Slg. 1982, 53 (70); Kolpinghuis, Slg. 1987, 3969 (3985); EuGH, EuZW 1994, S. 282 (283) - Abfallrichtlinie). Zu den Ausnahmen vgl. EuGH, Frankovich, Slg. 1991, I-5357 ff. und hierzu Wehlau, Die Rechtsprechung des Gerichtshofes, S. 29 ff.

Auch hinsichtlich der Zulässigkeitsvoraussetzung der gegenwärtigen Betroffenheit werden sich in aller Regel Zweifel ergeben. Denn für die Gegenwärtigkeit genügt nicht die bloße Möglichkeit, daß der Beschwerdeführer in der Zukunft einmal von der Rechtsnorm betroffen sein wird. Vielmehr muß die Betroffenheit bereits bei Erhebung der Verfassungsbeschwerde vorliegen.[712] Voraussetzung ist danach, daß die Gemeinschaftsrechtsnorm bereits zu diesem Zeitpunkt in geschützte Rechte des Beschwerdeführers eingreift. Auch aus diesem Grunde ist daher die Verfassungsbeschwerde gegen Rechtsnormen der Gemeinschaft ausgeschlossen, die zu ihrer innerstaatlichen Wirksamkeit der Transformation in nationales Recht bedürfen.

Weiter ist zu berücksichtigen, daß Verfassungsbeschwerden gegen Richtlinien bei Zugrundelegung der diesbezüglichen Rechtsprechung des Europäischen Gerichtshofs in der Praxis voraussichtlich nicht vorkommen werden. Denn Richtlinien, soweit ihre Vorschriften überhaupt unmittelbar anwendbar sind, wirken nach ständiger Rechtsprechung des EuGH sowieso nur zugunsten der Unionsbürger.[713] Eine horizontale Direktwirkung von Richtlinienvorschriften, die auch zu Lasten von Unionsbürgern wirken würde, hat der EuGH bisher abgelehnt.[714] Hinsichtlich des danach insbesondere in Betracht kommenden Prüfungsgegenstandes der EG-Verordnung ist ebenfalls Zulässigkeitsvoraussetzung einer Verfassungsbeschwerde, daß der Beschwerdeführer durch die Verordnung selbst, gegenwärtig und unmittelbar betroffen ist. Dementsprechend kommen auch insoweit lediglich solche Verordnungen in Betracht, die keines nationalen Vollzugsaktes mehr bedürfen (sog. self-executing-Verordnungen).[715] Gleichwohl ist auch hinsichtlich dieser Verordnungen zu beachten, daß die Verfassungsbeschwerde subsidiär ist. Dementsprechend muß zunächst der Rechtsweg vor dem EuG bzw. dem EuGH beschritten werden[716], was jedoch nur gegen solche Verordnungen möglich ist, die sich entweder an einen geschlossenen Adressatenkreis richten oder bei deren Normsetzung auf EG-Ebene der Beschwerdeführer mitgewirkt hat.[717] Wenn der Beschwerdeführer jedoch eine Direktklage vor den Europäischen Gerichten nicht zulässigerweise erheben kann, so spricht gegen die Zulässigkeit einer Verfassungsbeschwerde gleichwohl, daß das Bundesverfassungsgericht in ständiger Rechtsprechung verlangt, daß ihm ein tatsächlich und rechtlich aufbereiteter Rechtsstreit präsentiert wird. Dies umfaßt im allgemeinen, daß dem Bundesverfassungsgericht insbesondere die rechtliche Einschätzung der Fach-

---

712 Maunz, in: M/D/H/S, GG-Kommentar, Rn. 67 zu Art. 93 GG.

713 St. Rspr. seit EuGH, Grad, Slg. 1970, 825 (838 f.); Foster, Slg. 1990, 3343.

714 EuGH, Marshall I, Slg 1986, 723 (749); Faccini Dori, Slg. 1994 I-3325; zuletzt bestätigt durch EuGH Urteil vom 26.9.1996, Rs. C 168/95, Arcaro, EuZW 1997, S. 318; a.A. Pechstein, EWS 1996, S. 261, der die EuGH-Rechtsprechung i.S. einer faktischen Anerkennung der horizontalen Direktwirkung interpretiert.

715 Anders bei Verordnungen, die als sog. „Grund-Verordnung" ergehen und von vornherein auf eine Konkretisierung durch weitere Rechtsakte angelegt sind (vgl. EuGH, Politi, Slg. 1971, 1039 (1049); Leonesio, Slg. 1972, 287 (294).

716 So in bezug auf „ultra vires"-Akte der Europäischen Gemeinschaft auch Weber, in: Due u.a. (Hrsg.), FS Everling, S. 1625 (1638), der unter Berufung auf das „Kooperationsverhältnis" eine Verfassungsbeschwerde gegen gemeinschaftsrechtliches Sekundärrecht nur bei mittelbaren Vollzug, also gegen nationale Vollzugsakte, als zulässig ansieht; vgl. auch: Zuck/Lenz, NJW 1997, S. 1193 (1199).

717 Vgl. hierzu Geiger, EGV-Kommentar, Rn. 27 f. zu Art. 173 EGV, sowie EuGH, Codorniu, Slg. 1994, I - 1879 ff.; SAMAD, Slg. 1991, I -3187.

gerichte vermittelt wird, was jedoch aufgrund der Unzulässigkeit der Direktklage vor dem EuG bzw. EuGH ja gerade nicht der Fall ist.[718]

ee) Ergebnis

Als Ergebnis bleibt festzuhalten, daß auch die Möglichkeit einer Verfassungsbeschwerde unmittelbar gegen Sekundärrecht der Europäischen Gemeinschaft abzulehnen ist.

4. Bund-Länder-Streitverfahren

In der Literatur wird dem Bund-Länder-Streit teilweise eine besondere Bedeutung für die Überprüfung solchen Gemeinschaftsrechts zugesprochen, das auf einer nicht mehr vom Zustimmungsgesetz gedeckten Kompetenzauslegung beruht. Grund für die besondere Bedeutung ist dieser Ansicht zufolge, daß es den deutschen Bundesländern nicht gelungen sei, auf Gemeinschaftsebene eine eigene Klagebefugnis durchzusetzen.[719]

a) Gegenstand des Verfahrens

Im Bund-Länder-Streit gem. Art. 93 Abs. 1 Nr. 3 GG entscheidet das Bundesverfassungsgericht „bei Meinungsverschiedenheiten über Rechte und Pflichten des Bundes und der Länder". §§ 69, 64 BVerfGG statuieren daneben die zusätzliche Voraussetzung des Vorliegens einer Maßnahme des Antragsgegners. Der Bund-Länder-Streit ist das verfassungsgerichtliche Verfahren, in dem die bundesstaatliche Ordnung verdeutlicht werden kann.[720]

b) Primäres Gemeinschaftsrecht

Ein solches Verfahren zur Überprüfung des primären Gemeinschaftsrechts der Gründungsverträge auf ihre Vereinbarkeit mit dem Kompetenzgefüge zwischen Mitgliedstaat und der Gemeinschaft kann heute schon auf Grund der Frist des § 64 Abs. 3 i.V.m. § 69 BVerfGG nicht mehr eingeleitet werden. Gegen zukünftige Vertragsänderungen könnte hingegen, die Zulässigkeit einer unmittelbaren verfassungsgerichtlichen Kontrolle europäischen Gemeinschaftsrechts vorausgesetzt, unter Wahrung der Frist des § 64 Abs. 3 i.V.m. § 69 BVerfGG im Wege des Bund-Länder-Streitverfahrens vorgegangen werden.

Jedoch ist auch insoweit zu beachten, daß eine unmittelbare Überprüfung des primären Gemeinschaftsrechts durch das Bundesverfassungsgericht generell abzulehnen ist.[721] Dementsprechend hat das Bundesverfassungsgericht für den Fall der konkre-

---

718 Dementsprechend wollen Zuck/Lenz, NJW 1997, S. 1193 (1199) auf dieses Erfordernis verzichten, weil und wenn der Beschwerdeführer im Fall einer Verordnung der Europäischen Gemeinschaft von sich aus kein gerichtliches Verfahren vor den europäischen „Fachgerichten" erreichen kann.

719 Vgl. Bleckmann/Pieper, RIW 1993, S. 969 (977).

720 Meyer, in: v. Münch/Kunig, Grundgesetz-Kommentar, Rn. 42 zu Art. 93 GG.

721 Vgl. oben, S. 160 ff.

ten Normenkontrolle auch entschieden, daß eine Prüfung des gemeinschaftsrechtlichen Primärrechts durch das Bundesverfassungsgericht im Verfahren des Art. 100 Abs. 1 GG nur statthaft ist, wenn insoweit das deutsche Zustimmungsgesetz zum Vertrag Prüfungsgegenstand ist."[722] Diese Rechtsprechung läßt sich durchaus über den Anwendungsbereich der konkreten Normenkontrolle hinaus auch auf das Bund-Länder-Streitverfahren übertragen, da auch insoweit aus verfassungsrechtlicher Sicht erst das deutsche Zustimmungsgesetz den Rechtsanwendungsbefehl für das primäre Gemeinschaftsrecht erteilt. Auch aus der Maastricht-Entscheidung kann nichts gegensätzliches geschlossen werden. Der Aussage des Gerichts, es prüfe, ob Rechtsakte der europäischen Einrichtungen und Organe sich in den Grenzen der ihnen eingeräumten Hoheitsrechte halten oder aus ihnen ausbrechen, läßt sich jedenfalls eine Kontrolle des gemeinschaftsrechtlichen Primärrechts nicht entnehmen, da diese Passage sich eindeutig auf Rechtsakte und damit lediglich auf Sekundärrecht, nicht jedoch auf das gemeinschaftsrechtliche Primärrecht bezieht.[723] Insoweit hat das Bundesverfassungsgericht in seiner Maastricht-Entscheidung an seiner bisherigen Rechtsprechung festgehalten, daß primäres Gemeinschaftsrecht nur dann in einem Verfahren vor dem Bundesverfassungsgericht überprüft werden könne, wenn Prüfungsgegenstand das deutsche Zustimmungsgesetz ist.[724] Eine direkte Überprüfung des gemeinschaftsrechtlichen Primärrechts ist danach nicht möglich. Selbst wenn man diesem Urteil einen Verzicht des Bundesverfassungsgerichts auf die Kontrolle des primären Gemeinschaftsrechts nicht entnehmen wollte, so ist doch auch die im Bund-Länder-Streitverfahren hinsichtlich gemeinschaftlichen Sekundärrechts ergangene bundesverfassungsgerichtliche Entscheidung zur EG-„Fernsehrichtlinie"[725] zu berücksichtigen. Wenn das Bundesverfassungsgericht dort ausführt, daß der Erlaß eines europäischen Rechtsakts durch die Europäische Gemeinschaft nicht als Maßnahme i.S. der §§ 64, 69 BVerfGG dem Bund zugerechnet werden könne, so muß davon ausgegangen werden, daß das Bundesverfassungsgericht auch das gemeinschaftliche Primärrecht nicht als „Maßnahme" i.S.d. §§ 64, 69 BVerfGG ansehen wird und demnach eine direkte Überprüfung des gemeinschaftlichen Primärrechts im Wege des Bund-Länder-Streits nicht als zulässig ansehen wird.

c) Sekundäres Gemeinschaftsrecht

Im Zusammenhang mit der „ultra vires"-Problematik von sekundärem Gemeinschaftsrecht kommen zwei Konstellationen in Betracht, über die im Wege des Bund-Länder-Streitverfahrens vor dem Bundesverfassungsgericht geklagt werden könnte. Zum einen könnten die Bundesländer, wenn diese nach der innerstaatlichen Kompetenzverteilung zur Umsetzung einer „ultra vires"-Richtlinie der Europäischen Gemeinschaft verpflichtet sind, das Bundesverfassungsgericht mit der Begründung anrufen, diese Umsetzung halte sich nicht mehr im Rahmen des Zustimmungsgesetzes zu den Gemeinschaftsverträgen, um so ihre Nichtverpflichtung zur Umsetzung einer

---

722 BVerfGE 52, 187 (199).

723 A.A. wohl Zuck, BVerfGG, Rn. 25 zu § 80 BVerfGG, vgl. Fußnote 580.

724 Ebenso: Scholz, in: M/D/H/S, GG-Kommentar, Rn. 24 zu Art. 23 GG; Kirchhof, JZ 1989, S. 453 (454); Streinz, in: Isensee/Kirchhof (Hrsg.), Handbuch des Staatsrechts, Bd. VII, § 182 Rn. 76; Leibholz/Rinck/Hesselberger, GG-Kommentar, Rn. 81 zu Art. 24 GG.

725 BVerfG, EuZW 1995, 277 ff. m. Anm. Häde; ausführlich Pechstein, Jura 1995, S. 581 ff.

„ultra vires“ erlassenen Richtlinie feststellen zu lassen.[726] Daneben könnte der Bund, der aus gemeinschaftsrechtlicher Sicht aus den Gemeinschaftsverträgen verpflichtet ist, eine entsprechende Verpflichtung der Bundesländer zur Umsetzung der Richtlinie beim Bundesverfassungsgericht einklagen, um einer Aufsichtsklage gem. Art. 226 EGV zu entgehen.

aa) Rechtsprechung des Bundesverfassungsgerichts

Ob eine derartige direkte Überprüfung sekundären Gemeinschaftsrechts durch das Bundesverfassungsgericht im Wege des Bund-Länder-Streitverfahrens zulässig ist, hat das Bundesverfassungsgericht in seiner Maastricht-Entscheidung weder explizit ausgeschlossen noch ausdrücklich bejaht. Es hat zwar seine Prüfungskompetenz für gemeinschaftliches Sekundärrecht bejaht, nicht aber dargelegt, in welchem bundesverfassungsgerichtlichen Verfahren es eine solche Überprüfung als zulässig ansehen wird.

In seiner Entscheidung zur „EG-Fernsehrichtlinie“[727] hat das Bundesverfassungsgericht dann in einem Bund-Länder-Streitverfahren u.a. über die Zulässigkeit der seitens der antragstellenden Bayerischen Staatsregierung begehrten Feststellung befunden, die „Fernsehrichtlinie“ im Bereich der Bundesrepublik für nicht anwendbar zu erklären, bzw. diese nicht umsetzen zu müssen. Unter Heranziehung des Maßnahmeerfordernisses nach §§ 64, 69 BVerfGG wies das Bundesverfassungsgericht die darauf gerichteten Anträge zurück. Wörtlich führt es insoweit aus:

> „Geht es um die Setzung von Rechtsakten der EWG, die durch ihren Anwendungsvorrang die Ausübung der innerstaatlichen Kompetenzen beschränken, so ist es nicht der europäische Rechtsakt, der als Maßnahme i.S. der §§ 64, 69 BVerfGG dem Bund zugerechnet werden kann. Diesen zu erlassen oder nicht zu erlassen steht nicht in der Rechtsmacht des Bundes, sondern in der der EWG. Die Mitgliedschaft der Bundesrepublik Deutschland in der EWG vermittelt allerdings dem Bund Beteiligungs- und Mitwirkungsrechte innerhalb der Gemeinschaft und ihrer Organe. Sie stehen dem Bund auch dann zu, wenn der Rechtsakt Kompetenzen der Länder berührt. Die Wahrnehmung dieser Mitwirkungsrechte durch die Bundesregierung kann eine im Organstreitverfahren angreifbare Maßnahme sein.“[728]

und weiter

> „Der Bund-Länder-Streit ist durch §§ 69, 64 BVerfGG nur bei schlüssiger Darlegung eröffnet, daß das Land durch eine getroffene Maßnahme oder ein aktuelles Unterlassen bereits in seinen Rechten oder Pflichten unmittelbar gefährdet ist (...). Die Bayerische Staatsregierung begehrt mit ihrem Antrag (...) gegenüber dem Bund die Unanwendbarkeit der Fernsehrichtli-

---

726 So der Antrag der Bayerischen Staatsregierung im Verfahren vor dem Bundesverfassungsgericht über die EG-„Fernsehrichtlinie“.

727 BVerfG, a.a.O., 277 ff. m. Anm. Häde; ausführlich Pechstein, Jura 1995, S. 581 ff.

728 BVerfG, a.a.O., 277 (279).

nie festzustellen, obwohl eine Maßnahme der Bundesregierung mit dem Ziel, das Land zur Umsetzung der Richtlinie zu veranlassen, weder getroffen noch überhaupt absehbar ist. Damit liegt der Antrag außerhalb des Rahmens, in dem der Bund-Länder-Streit durch §§ 69, 64 BVerfGG zugelassen ist.
Auch der hilfsweise gestellte Antrag, den Bund, handelnd durch die Bundesregierung, zur Anerkennung zu verpflichten, daß die Fernsehrichtlinie nicht anwendbares Recht sei, ist nicht zulässig. Es ist schon nicht erkennbar, inwiefern die Bundesregierung insoweit Rechte des Landes bereits verletzt oder unmittelbar gefährdet haben könnte." [729]

Mit diesen Ausführungen hat das Bundesverfassungsgericht angedeutet, daß es den Bund-Länder-Streit nicht als das geeignete Verfahren ansieht, die Nichtanwendbarkeit sekundären Gemeinschaftsrechts direkt geltend zu machen. Die Richtlinie als solches kann nach Auffassung des Gerichts nicht der Bundesregierung zugerechnet werden. Vielmehr kommt ein Verhalten des Bundes, das die Rechte der Bundesländer gefährden könnte, erst dann in Betracht, wenn der Bund eine Maßnahme ergreift mit dem Ziel, die Bundesländer zur Umsetzung der Richtlinie zu verpflichten. Als solche Maßnahme käme beispielsweise der Bundeszwang gem. Art. 37 GG in Betracht.[730] Das Urteil läßt erkennen, daß das Bundesverfassungsgericht nicht gewillt ist, eine direkte Überprüfung gemeinschaftsrechtlichen Sekundärrechts im Bund-Länder-Streitverfahren zuzulassen.[731] Vielmehr soll erst eine nationale Maßnahme, die die Bundesländer zur Vollziehung der Vorgaben der Richtlinie verpflichtet, eine Handlung sein, die im Rahmen eines Bund-Länder-Streitverfahrens vom Bundesverfassungsgericht auf ihre Rechtmäßigkeit überprüft werden kann. Erst dieser deutsche Akt ist ein zulässiger Prüfungsgegenstand des verfassungsgerichtlichen Verfahrens.

Zweifelhaft könnte dieser Lösungsweg jedoch insofern sein, als im Falle einer solchen nationalen Maßnahme deren Rechtmäßigkeit letztendlich (auch) davon abhängig ist, ob die zugrundeliegende Richtlinie mit der Verfassung in Einklang steht und insofern wiederum, wenn auch „in anderem Gewande", eine direkte Überprüfung des gemeinschaftlichen Sekundärrechtsaktes durch das Bundesverfassungsgericht stattfindet, was, wie bereits oben dargestellt, abzulehnen ist.[732]

Fraglich ist weiter, ob sich die Rechtsauffassung des Bundesverfassungsgerichts auf gemeinschaftliche Richtlinien beschränkt oder ebenfalls auf andere Sekundärrechtsakte der Europäischen Gemeinschaft anzuwenden ist, denen es zu ihrer innerstaatlichen Wirksamkeit keines besonderen nationalen Umsetzungsaktes bedarf.
Für die Beantwortung dieser Frage ist die Urteilspassage der Entscheidung über die „Fernsehrichtlinie" heranzuziehen, in der das Bundesverfassungsgericht ganz allgemein von „(...) Rechtsakten der EWG, die durch ihren Anwendungsvorrang die Ausübung der innerstaatlichen Kompetenzen beschränken" spricht. Das Bundesverfas-

---

729 Ebda., 277 (279 f.).

730 Vgl. Weber, Rechtsfragen der Durchführung, S. 31; Grabitz, AöR Bd. 111 (1986), S. 1 (29 ff.).

731 Vgl. Häde, EuZW 1995, S. 284 (285); ebenso Streinz, Bundesverfassungsgerichtlicher Grundrechtsschutz, S. 153.

732 Siehe hierzu auch noch unten S. 171 ff.

sungsgericht spricht also lediglich allgemein von Rechtsakten, die durch ihren Anwendungsvorrang die Ausübung staatlicher Kompetenzen begrenzen. Dieser Anwendungsvorrang des Sekundären Gemeinschaftsrechts besteht jedoch nicht nur bei Richtlinien, sondern ebenso bei solchen Sekundärrechtsakten, die zu ihrer innerstaatlichen Wirksamkeit keines nationalen Umsetzungsaktes benötigen. Die fehlende Differenzierung zwischen ausführungsbedürftigen und unmittelbar anwendbaren Gemeinschaftsrechtsakten spricht dafür, daß das Bundesverfassungsgericht hinsichtlich der Zulässigkeit eines Bund-Länder-Streitverfahrens nicht danach differenziert, ob die Zustimmung zu einer gemeinschaftsrechtlichen Verordnung oder zu einer Richtlinie erfolgte, sondern daß es vielmehr das Bund-Länder-Streitverfahren gegen gemeinschaftliches Sekundärrecht generell als unzulässig ansieht.

bb) Auffassung in der Literatur

In der Literatur wird teilweise die Zulässigkeit des Bund-Länder-Streitverfahrens bei der Geltendmachung der Nichtanwendbarkeit gemeinschaftsrechtlichen Sekundärrechts für den Fall bejaht, daß die Bundesländer nach der grundgesetzlichen Kompetenzverteilung Verpflichtungsadressaten von Gemeinschaftsrechtsakten sind.[733]

cc) Stellungnahme

Die Ansicht, die eine Überprüfung des sekundären Gemeinschaftsrechts im Wege des Bund-Länder-Streitverfahrens befürwortet, erscheint insofern zweifelhaft, als für die Zulässigkeit des Bund-Länder-Streitverfahrens die Verpflichtung der Bundesländer zur innerstaatlichen Vollziehung des gemeinschaftlichen Sekundärrechts allein nicht ausreicht, um die Zulässigkeit eines Bund-Länder-Streitverfahrens zu begründen. Vielmehr muß der Antragsteller in diesem Verfahren die Verletzung eigener vom Grundgesetz übertragener Rechte und Pflichten durch den Antragsgegner geltend machen.[734] Wie beim Organstreitverfahren verlangt das Bundesverfassungsgericht, daß

> „Antragsteller und Antragsgegner in einem verfassungsrechtlichen Rechtsverhältnis zueinander stehen müssen, aus dem sich Rechte und Pflichten ergeben, die sie gegenseitig achten müssen und die zwischen ihnen streitig geworden sind."[735]

Der kontradiktorische Charakter, den auch das Bundesverfassungsgericht dem Bund-Länder-Streitverfahren zuspricht, spricht gegen die Zulässigkeit der Überprüfung von gemeinschaftlichem Sekundärrecht. In diesem Verfahren stehen die gegenseitigen Rechte und Pflichten der Verfahrensbeteiligten im Vordergrund.[736] Dabei muß der Antragsgegner mit einer Maßnahme oder Unterlassung in Rechtspositionen

---

733 Bleckmann/Pieper, RIW 1993, S. 969 (977); i.E. ebenso Klein, in: Randelzhofer u.a. (Hrsg.), GS Grabitz, S. 271 (285).

734 Benda/Klein, Verfassungsprozeßrecht, Rn. 981.

735 St. Rspr., vgl. BVerfGE 20, 18 (23 f.), unter Berufung auf BVerfGE 1, 14 (30 f.); 1, 208 (222); 2, 143 (150 ff.); 8, 122 (129); 13, 54 (72 f.).

736 So auch Huber, Recht der Europäischen Integration, S. 191.

bzw. Kompetenzen des Antragstellers eingegriffen haben.[737] Der seitens des Bundesverfassungsgerichts in seiner „Fernsehrichtlinien"-Entscheidung geäußerten Rechtsauffassung, daß der Erlaß eines gemeinschaftlichen Sekundärrechtsaktes, der durch seinen Anwendungsvorrang die Ausübung der innerstaatlichen Kompetenzen der Länder beschränkt, keine Maßnahme des Bundes i.S. der §§ 69, 64 BVerfGG darstellt, ist zuzustimmen. Zwar ist der Begriff „Maßnahme" weit auszulegen und umfaßt Normen, Einzelrechtsakte sowie Realakte[738], so daß der Erlaß sekundären Gemeinschaftsrechts als eine „Maßnahme" i.S. der §§ 69, 64 BVerfGG angesehen werden könnte. Doch fordert das Bundesverfassungsgericht in ständiger Rechtsprechung[739] für die Zulässigkeit des Bund-Länder-Streitverfahrens weiterhin, daß die Maßnahme dem Antragsgegner zweifelsfrei zuzuordnen sein muß. Der Erlaß des gemeinschaftlichen Sekundärrechtsakts erfolgt jedoch gerade nicht durch die Bundesregierung sondern durch die Europäische Gemeinschaft und kann somit nicht der Bundesregierung zugerechnet werden. Dementsprechend fehlt es der Bundesregierung insoweit an der passiven Prozeßführungsbefugnis[740] für ein solches Verfahren. Die Europäische Gemeinschaft selbst kann ebenfalls nicht Antragsgegner eines Bund-Länder-Streits sein, da sie nicht dem Grundgesetz und damit nicht der bundesverfassungsgerichtlichen Jurisdiktion unterworfen ist.

Auch das Prinzip der Bundestreue, aus dem sich verfassungsrechtliche Rechte und Pflichten ergeben können[741], eignet sich zur Geltendmachung im Verfahren des Art. 93 Abs. 1 Nr. 3 GG nur dann, wenn es im Rahmen eines verfassungsrechtlichen Verhältnisses zur Anwendung gelangt. Denn das Prinzip als solches formt nicht automatisch jedes Rechtsverhältnis, in dem es sich auswirkt, zu einem verfassungsrechtlichen Verhältnis um.[742] Entscheidend ist daher letztlich, ob Art. 23 GG ein solches Verfassungsrechtsverhältnis zwischen Bund und Ländern begründet, daß es auch die Frage der Nichtanwendung von gemeinschaftsrechtlichen Sekundärrechtsakten erfaßt. In der Literatur wird das teilweise bejaht.[743] Selbst wenn man dieser Ansicht folgen wollte, ist jedoch gleichwohl daran festzuhalten, daß der Erlaß von gemeinschaftlichem Sekundärrecht nicht als Maßnahme i.S.d. §§ 69,64 BVerfGG dem Bund zugerechnet werden kann. Als solche Maßnahmen kommen lediglich solche Handlungen in Betracht, die die Bundesregierung im Rahmen ihrer Mitwirkungs- und Beteiligungsrechte innerhalb der Europäischen Gemeinschaft vornimmt.

---

737 Benda/Klein, Verfassungsprozeßrecht, Rn. 941.

738 Benda/Klein, ebda., Rn. 951, Rn. 995 m.w.N.

739 BVerfGE 68, 1 (74); 73, 1 (30); 73, 40 (67).

740 Mit diesem Begriff erfaßt das Bundesverfassungsgericht diese Situation in seiner neueren Rechtsprechung, vgl. Benda/Klein, Verfassungsprozeßrecht, Rn. 953.

741 Vgl. Leibholz/Rinck/Hesselberger, GG-Kommentar, Rn. 332 zu Art. 93 GG; Benda/Klein, Verfassungsprozeßrecht, Rn. 991 m.w.N.

742 BVerfGE 42, 103 (117 f.); Benda/Klein, Verfassungsprozeßrecht, Rn. 991; Pestalozza, Verfassungsprozeßrecht, § 9 II, Rn. 7; Löwer, in: Isensee/Kirchhof (Hrsg.), Handbuch des Staatsrechts, Bd. II, S. 737 (762).

743 So Klein, in: Randelzhofer u.a. (Hrsg.), GS Grabitz, S. 271 (285); i.E. ebenso: Bleckmann/Pieper, RIW 1993, S. 969 (977).

dd) Ergebnis

Im Ergebnis ist festzuhalten, daß eine direkte Kontrolle eines Rechtsakts der Europäischen Gemeinschaft durch das Bundesverfassungsgericht im Wege des Bund-Länder Streitverfahrens nicht möglich ist.[744]

5. Organstreitverfahren

a) Gegenstand des Verfahrens

Nach Art. 93 Abs. 1 Nr. 1 GG, § 13 Nr. 5 BVerfGG entscheidet das Bundesverfassungsgericht über die Auslegung des Grundgesetzes aus Anlaß von Streitigkeiten über den Umfang der Rechte und Pflichten eines obersten Bundesorgans oder anderer Beteiligter, die durch das Grundgesetz oder in der Geschäftsordnung eines obersten Bundesorgans mit eigenen Rechten ausgestattet sind.[745]

b) Primäres Gemeinschaftsrecht

Ein solches Verfahren zur Überprüfung des primären Gemeinschaftsrechts der Gründungsverträge auf ihre Vereinbarkeit mit dem Kompetenzgefüge zwischen Mitgliedstaat und der Gemeinschaft kann heute schon auf Grund der Frist des § 64 Abs. 3 i.V.m. § 69 BVerfGG nicht mehr eingeleitet werden. Gegen zukünftige Vertragsänderungen könnte hingegen, die generelle Zulässigkeit einer unmittelbaren verfassungsgerichtlichen Kontrolle europäischen Gemeinschaftsrechts vorausgesetzt, unter Wahrung der Frist des § 64 Abs. 3 i.V.m. § 69 BVerfGG im Wege des Organstreitverfahrens vorgegangen werden.

Jedoch ist auch insoweit zu beachten, daß eine unmittelbare Überprüfung des primären Gemeinschaftsrechts durch das Bundesverfassungsgericht generell abzulehnen ist.[746] Dementsprechend hat das Bundesverfassungsgericht für den Fall der konkreten Normenkontrolle auch entschieden, daß eine Prüfung des gemeinschaftsrechtlichen Primärrechts durch das Bundesverfassungsgericht im Verfahren des Art. 100 Abs. 1 GG nur statthaft ist, wenn insoweit das deutsche Zustimmungsgesetz zum Vertrag Prüfungsgegenstand ist.[747] Diese Rechtsprechung ist über den Anwendungsbereich der konkreten Normenkontrolle hinaus auch auf das Organstreitverfahren zu übertragen, da auch insoweit erst das deutsche Zustimmungsgesetz den Rechtsanwendungsbefehl für das primäre Gemeinschaftsrecht erteilt.

Auch aus der Maastricht-Entscheidung kann, wie im Rahmen des Bund-Länder-Streitverfahrens dargestellt, nichts Gegenteiliges geschlossen werden.[748] Selbst wenn man dieser Entscheidung einen Verzicht des Bundesverfassungsgerichts auf die Kontrolle des primären Gemeinschaftsrechts nicht entnehmen wollte, so ist doch

---

[744] Ebenso Zuleeg, JZ 1995, S. 673 (674).
[745] Vgl. Pestalozza, Verfassungsprozeßrecht, § 7 I Rn. 1 sowie Fn. 1 m.w.N.
[746] Vgl. oben S. 124 ff.
[747] BVerfGE 52, 187 (199).
[748] Vgl. oben S. 152.

auch die im Bund-Länder-Streitverfahren hinsichtlich gemeinschaftlichen Sekundärrechts ergangene bundesverfassungsgerichtliche Entscheidung zur „EG-Fernsehrichtlinie“[749] zu berücksichtigen. Wenn das Bundesverfassungsgericht dort ausführt, daß der Erlaß eines europäischen Rechtsakts durch die Europäische Gemeinschaft nicht als Maßnahme i.S. der §§ 64, 69 BVerfGG dem Bund zugerechnet werden kann, da diesen zu erlassen nicht in der Rechtsmacht des Bundes, sondern in der Rechtsmacht der Europäischen Gemeinschaft steht, so muß davon ausgegangen werden, daß das Bundesverfassungsgericht auch das gemeinschaftliche Primärrecht nicht als „Maßnahme“ i.S.d. §§ 64, 69 BVerfGG ansehen wird und demnach eine direkte Überprüfung des gemeinschaftlichen Primärrechts auch im Wege des Organstreitverfahrens nicht als zulässig ansehen wird.

c) Sekundäres Gemeinschaftsrecht

aa) Rechtsprechung

In seiner Entscheidung zur „Fernsehrichtlinie“ hat das Bundesverfassungsgericht die direkte Kontrolle des sekundären Gemeinschaftsrechts wegen dessen fehlenden Maßnahmecharakters im Rahmen eines Bund-Länder-Streitverfahrens abgelehnt. Dieser Grundsatz dürfte auch auf das Organstreitverfahren übertragbar sein. Nach dieser Entscheidung kann zulässiger Prüfungsgegenstand eines Organstreitverfahrens jedoch die Frage sein, ob die Bundesregierung ihre Mitwirkungs- und Beteiligungsrechte beim Entstehen des gemeinschaftlichen Rechtsaktes nicht in Einklang mit der Verfassung und insbesondere den Länderrechten wahrgenommen bzw. ausgeübt hat. Nur diese Handlungen und Unterlassungen können nach Auffassung des Bundesverfassungsgerichts Maßnahmen i.S.d. §§ 64, 69 BVerfGG sein.

bb) Literatur

In der Literatur wird teilweise vertreten, daß ein Organstreitverfahren im Regelfall schon deshalb nicht möglich sei, da es bereits an der passiven Prozeßführungsbefugnis fehle, da es nicht der denkbare Antragsgegner, die Bundesregierung, sei, die den Antragsteller in einem diesem vom Grundgesetz selbst übertragenen Recht verletze.[750]

Nach einer anderen Ansicht scheidet die Überprüfung des gemeinschaftlichen Sekundärrechts im Wege des Organstreitverfahrens aufgrund des kontradiktorischen Charakters des Verfahrens aus. Denn beim Organstreitverfahren handele es sich um ein Verfahren, bei dem ebenso wie beim Bund-Länder-Streit die Rechte und Pflichten der Beteiligten Verfahrensgegenstand seien, so daß ein Rechtsakt der Europäischen Gemeinschaft nicht im Wege des Organstreitverfahrens überprüft werden könne.[751]

---

749 BVerfG, EuZW 1995, 277 ff. m. Anm. Häde; ausführlich dazu: Pechstein, Jura 1995, S. 581 ff.

750 Klein, in: Randelzhofer u.a. (Hrsg.), GS Grabitz, S. 271 (285).

751 So Huber, Europäische Integration, S. 191.

Teilweise wird in der Literatur jedoch auch vertreten, daß eine Überprüfung gemeinschaftlichen Sekundärrechts möglich sein müsse, da der Geltungsgrund des Sekundärrechts im Rahmen des Verfassungsrechts im Zustimmungsgesetz zum Unionsvertrag begründet liege. Halte sich ein Sekundärrechtsakt nicht an den Rahmen des Zustimmungsgesetzes, so gebe es für ihn keine verfassungsrechtliche Rechtsgrundlage und dementsprechend keine rechtliche Bindung der Organe der Bundesrepublik.[752] Dementsprechend könne im Rahmen eines Organstreitverfahrens auch geltend gemacht werden, daß das Grundgesetz mit seinen Art. 23 und 24 keine Pflicht zur Befolgung solcher Rechtsakte beinhalte, die wegen Kompetenzüberschreitung nicht vom Zustimmungsgesetz gedeckt sind.[753]

cc) Stellungnahme

Eine direkte Überprüfung des sekundären Gemeinschaftsrechts im Wege des Organstreitverfahrens ist abzulehnen.

Die Verpflichtung der Bundesländer zur innerstaatlichen Vollziehung gemeinschaftlichen Sekundärrechts allein reicht nicht aus, um die Zulässigkeit eines Organstreitverfahrens zu begründen. Vielmehr muß der Antragsteller in diesem Verfahren die Verletzung eigener vom Grundgesetz übertragener Rechte und Pflichten durch den Antragsgegner geltend machen.[754] Dementsprechend verlangt das Bundesverfassungsgericht, daß

> „Antragsteller und Antragsgegner in einem verfassungsrechtlichen Rechtsverhältnis zueinander stehen müssen, aus dem sich Rechte und Pflichten ergeben, die sie gegenseitig achten müssen und die zwischen ihnen streitig geworden sind."[755]

Dieser kontradiktorische Charakter des Organstreitverfahrens spricht, wie oben im Rahmen des Bund-Länder-Streitverfahrens dargestellt, gegen die Zulässigkeit der Überprüfung von gemeinschaftlichem Sekundärrecht in diesem Verfahren.[756]

Die Europäische Gemeinschaft selbst kann nicht als Antragsgegner eines Organstreitverfahrens auftreten, da sie nicht dem Grundgesetz und damit nicht der bundesverfassungsgerichtlichen Jurisdiktion unterworfen ist.

dd) Ergebnis

Im Ergebnis bleibt daher festzuhalten, daß eine direkte Kontrolle eines Sekundärrechtsakts der Europäischen Gemeinschaft durch das Bundesverfassungsgericht auch im Wege des Organstreitverfahrens nicht möglich ist.[757]

---

752 So Bleckmann/Pieper, RIW 1993, S. 969 (977).
753 Bleckmann/Pieper, ebda.
754 Benda/Klein, Verfassungsprozeßrecht, Rn. 981.
755 St. Rspr., vgl. BVerfGE 20, 18 (23 f.), unter Berufung auf BVerfGE 1, 14 (30 f.); 1, 208 (222); 2, 143 (150 ff.); 8, 122 (129); 13, 54 (72 f.).
756 Vgl. oben S. 155.
757 Ebenso Zuleeg, JZ 1995, S. 673 (674).

6. Ergebnis

Die Ausführungen zu den verschiedenen bundesverfassungsgerichtlichen Verfahrensarten haben gezeigt, daß erhebliche dogmatische Bedenken gegen die Bejahung einer direkten Kontrolle von Gemeinschaftsrecht, sei dieses primärer oder sekundärer Natur, sprechen. Aus diesem Grunde wird im folgenden untersucht, ob eine indirekte Kontrolle von Gemeinschaftsrecht möglich ist.

B. Das Gemeinschaftsrecht als mittelbarer Prüfungsgegenstand

Nach der Ablehnung einer unmittelbaren Kontrolle von primärem und sekundärem Gemeinschaftsrecht durch das Bundesverfassungsgericht stellt sich weiter die Frage, ob eine mittelbare Überprüfung des Gemeinschaftsrechts in Betracht kommt, die eine Aktualisierung des sich aus der Integrationsermächtigung ergebenden Verfassungsvorbehalts gegenüber „ultra vires"-Handlungen der Europäischen Gemeinschaften ermöglicht. Da die Teilnahme der Bundesrepublik an den Europäischen Gemeinschaften auf die Ermächtigung des Art. 24 GG bzw. die Teilnahme an der Europäischen Union auf die Ermächtigung des Art. 23 GG und die Verpflichtung nationaler Organe zur Anwendung des Gemeinschaftsrechts aus verfassungsrechtlicher Sicht auf den Zustimmungsgesetzen zu den Verträgen beruht, die den innerstaatlichen Anwendungsbefehl erteilen[758], erscheint es folgerichtig, die bundesverfassungsgerichtliche Kontrolle auf eben diesen Rechtsanwendungsbefehl zu beschränken. Im Schrifttum wird dementsprechend auch vertreten, daß Gemeinschaftsrecht lediglich mittelbar, nämlich durch Prüfung der Verfassungsgemäßheit der Zustimmungsgesetze, vom Bundesverfassungsgericht geprüft werden kann.[759] Denn die Zustimmungsgesetze zu den Gründungsverträgen und zum Unionsvertrag unterlägen als deutsche Gesetze grundsätzlich wie jedes nationale Gesetz den Schranken des Grundgesetzes und seien daher generell als tauglicher Prüfungsgegenstand der bundesverfassungsgerichtlichen Verfahren anzusehen.[760] Das Zustimmungsgesetz sei dabei daraufhin zu überprüfen, ob es als Grundlage des in Frage stehenden Gemeinschaftsrechts tauge und sich der in ihm enthaltene Rechtsanwendungsbefehl daher auch auf die streitige Rechtsnorm erstrecke.[761] Das Bundesverfassungsgericht könne dies verneinen und das Zustimmungsgesetz, insoweit als es die innerstaatliche Geltung solchen Gemeinschaftsrechts ermögliche, für mit dem Grundgesetz unvereinbar erklären.[762]

---

758 Vgl. nur BVerfGE 73, 339 (375).

759 Eibach, Das Recht der Europäischen Gemeinschaften, S. 55 ff.; Hilf, EuGRZ 1987, S. 1 (5); ders., in: Schmidt (Hrsg.), Vielfalt des Rechts, S. 223 (234); Streinz, Bundesverfassungsgerichtlicher Grundrechtsschutz, S. 154; ders., EuZW 1994, S. 329 (331); Neßler, DVBl. 1993, S. 1240 (1242); Gerstner/Goebel, Jura 1993, S. 626 (631); Scherer, JA 1987, S. 483 (488 f.); Maidowski, JuS 1988, S. 114 (118); Jarass, in: Jarass/Pieroth, GG-Kommentar, Rn. 10 zu Art. 24 GG; Zuleeg, in: Alternativ GG-Kommentar, Rn. 45 zu Art. 24 GG.

760 BVerfGE 52, 187 (199); Streinz, Bundesverfassungsgerichtlicher Grundrechtsschutz, S. 154; ders., EuZW 1994, S. 329 (331); Pestalozza, Verfassungsprozeßrecht, S. 661 m.w.N.

761 Klein, VVDStRL 50 (1991), S. 56 (83).

762 Streinz, Bundesverfassungsgerichtlicher Grundrechtsschutz, S. 164 ff., der eine bloße Verfassungswidrigerklärung des Zustimmungsgesetzes als weiteren Ausnahmetatbestand vom

1. Primäres Gemeinschaftsrecht

Prüfungsgegenstand können zunächst die Zustimmungsgesetze zu den Gemeinschaftsverträgen sein, da diese ihrem Ursprung nach völkerrechtliche Verträge sind, die die politischen Beziehungen des Bundes regeln und sich zudem allein schon wegen Art. 23 Abs. 1 GG auf Gegenstände der Bundesgesetzgebung beziehen und daher gem. Art. 59 Abs. 2 GG der Zustimmung des Bundestages in Form eines Bundesgesetzes bedürfen. Nach ständiger Rechtsprechung des Bundesverfassungsgerichts unterliegen die Zustimmungsgesetze zu völkerrechtlichen Verträgen der Kontrolle auf ihre Verfassungsgemäßheit.[763] Verfahrensgegenstand ist das Zustimmungsgesetz jedoch lediglich in formeller Hinsicht. Materiellrechtlich ist der völkerrechtliche Vertrag, dem die innerstaatliche Zustimmung zuteil wurde, Prüfungsgegenstand, da dieser den Inhalt des Zustimmungsgesetzes bestimmt. Danach prüft das Bundesverfassungsgericht das Zustimmungsgesetz dahingehend, ob es den verfassungsrechtlichen Anforderungen insoweit genügt, als es der gemeinschaftsrechtlichen Norm wegen seines Anwendungsbefehls zur innerstaatlichen Wirksamkeit verhilft.[764] Dieser mittelbaren Überprüfung des primären Gemeinschaftsrechtes kann nicht entgegengehalten werden, daß es sich bei dem Gemeinschaftsrecht um eine autonome Rechtsordnung handelt, denn dies könnte lediglich dann einen Ausschluß der Überprüfung des Zustimmungsgesetzes begründen, wenn sich die Gemeinschaftsrechtsordnung völlig von seiner völker- und verfassungsrechtlichen Grundlage gelöst hätte. Daß dies nicht der Fall ist, betont in ständiger Rechtsprechung auch das Bundesverfassungsgericht, das sich nach wie vor zur Wahrung der Schranken der Integrationsermächtigung berufen hält.[765] Auch steht der mittelbaren Überprüfung nicht entgegen, daß keine ernsthaften Zweifel an der Verfassungsgemäßheit der Zustimmungsgesetze bestehen und deshalb eine Überprüfung „schlechthin irreal" sei[766], da dieser Einwand, seine Richtigkeit vorausgesetzt, lediglich eine Frage der materiellen Begründetheit, nicht aber eine der Zulässigkeit der entsprechenden Verfahren sein kann.

2. Sekundäres Gemeinschaftsrecht

Es ist umstritten, ob die verfassungsgerichtliche Kontrolle der Zustimmungsgesetze auch die mittelbare Prüfung von gemeinschaftsrechtlichem Sekundärrecht umfaßt. Die bisher vom Bundesverfassungsgericht vorgenommene Differenzierung zwischen der Prüfung von primärem und sekundärem Gemeinschaftsrecht berücksichtigt nicht, daß das Zustimmungsgesetz zwar als verfassungsgebundener Akt der unmittelbaren

---

Grundsatz der (Teil-)Nichtigerklärung für ausreichend hält. Eine verfassungskonforme Auslegung des Zustimmungsgesetzes, für die sich offensichtlich Klein, VVDStRL 50 (1991), S. 56 (83), ausspricht, dürfte unter Berücksichtigung des vertraglich fixierten Auslegungsmonopols des Europäischen Gerichtshofs gem. Art. 220 EGV nicht möglich sein, vgl. Streinz, a.a.O., S. 164.

763 BVerfGE 1, 396 (410 ff.); 36, 1 (13); 89, 155 ff.; ebenso A. Weber, Rechtsfragen der Durchführung, S. 5 ff. m.w.N.

764 Streinz, Bundesverfassungsgerichtlicher Grundrechtsschutz, S. 154; Rengeling, Rechtsschutz in der EU, Rn 1010.

765 Vgl. nur das Maastricht-Urteil (BVerfGE 89, 155 ff.); kritisch hierzu Schwarze, NJ 1994, S. 1 ff.; Zuleeg, JZ 1994, S. 1 ff.

766 So aber Ipsen, Europäisches Gemeinschaftsrecht, S. 290.

Kontrolle des Bundesverfassungsgerichts unterliegt[767], daß dieser Akt jedoch seinen konkreten Inhalt nicht nur durch die Ausgestaltung der EG-Verträge erfährt. Denn die inhaltliche Substanz der Verträge erfolgt insbesondere durch das gemeinschaftliche Sekundärrecht und die Auslegung des Primärrechts durch den EuGH, so daß das sekundäre Gemeinschaftsrecht ebenso wie das primäre Gemeinschaftsrecht als für das Zustimmungsgesetz „inhaltsfüllend" heranzuziehen ist.

Hiergegen wird teilweise eingewandt, daß sich die Vertragsgesetze lediglich auf die zur Zeit des Erlasses bestehenden primärrechtlichen Bestimmungen beziehen könnten, nicht jedoch auf die nicht voraussehbaren zukünftigen sekundären Rechtsetzungsakte der Gemeinschaft aufgrund der vertraglichen Ermächtigungsnormen.[768] Dagegen ist mit Streinz[769] einzuwenden, daß sich auch die verfassungsrechtliche Beurteilung des Primärrechts oft erst zu einem späteren Zeitpunkt, zumeist durch die Auslegung des Europäischen Gerichtshofs, erschließt. Auch kann sich, dies hat nicht zuletzt das Maastricht-Urteil[770] des Bundesverfassungsgerichts gezeigt, auch die Beurteilung der Verfassungsgemäßheit des gemeinschaftsrechtlichen Primärrechts ändern. Im Solange II - Beschluß[771] führte das Bundesverfassungsgericht bereits aus, daß es bei Vorliegen einer generellen Verweigerung rechtlichen Gehörs durch den Europäischen Gerichtshof in Betracht kommen könne,

> „die weitere Verfassungsmäßigkeit der Zustimmungsgesetze zu den Gemeinschaftsverträgen (...) in Zweifel zu ziehen."[772]

Ein weiterer Einwand gegen die Einbeziehung des gemeinschaftsrechtlichen Sekundärrechts in die Kontrolle des Zustimmungsgesetzes wiegt hingegen ungleich schwerer. Danach müsse das Zustimmungsgesetz wegen eines einzelnen Verstoßes gegen das Grundgesetz nicht verfassungswidrig sein, zumal im Falle des Widerspruchs zwischen sekundärem Gemeinschaftsrecht und den unaufgebbarem Verfassungsrecht die Möglichkeit der Abwendung durch die deutschen Staatsorgane im Wege der entsprechenden Auslegung der Kollisionsregel (Gemeinschaftsrecht geht nationalem Recht vor, nicht aber unaufgebbarem Verfassungsrecht) bestehe.[773] Diese Kollisionsregel könne von jedem Fachgericht angewandt werden, so daß es keiner Anrufung des Bundesverfassungsgerichts bedürfe.[774] Es soll danach eher eine vereinzelte Nichtanwendung des sekundären Gemeinschaftsrechts durch die Fachgerichte hingenommen werden als eine (teilweise) Verfassungswidrigerklärung des Zustimmungsgesetzes durch das Bundesverfassungsgericht mit den damit verbundenen integrationspolitischen Folgeproblemen. Da nach dieser Ansicht der Europäische Gerichtshof jedoch die Grundrechte und Verfassungsgrundsätze zunehmend in ausreichendem Maße sichere, sei die Anwendung dieser Kollisionsregel eher theore-

---

767 Vgl. Tomuschat, in: Bonner Kommentar, Rn. 65 zu Art. 24 GG m.w.N.
768 So früher Ehle, NJW 1964, 321 (325); in jüngerer Zeit ebenso Ress/Ukrow, EuZW 1990, S. 499 (505).
769 Streinz, Bundesverfassungsgerichtlicher Grundrechtsschutz, S. 161; ebenso Rengeling, Rechtsschutz in der EU, Rn. 1017.
770 BVerfGE 89, 155 ff.
771 BVerfGE 73, 339 ff.
772 BVerfG, ebda., 372.
773 Zuleeg, Das Recht der Europäischen Gemeinschaften, S. 167 f.
774 Zuleeg, in: Alternativ GG-Kommentar, Rn. 71 zu Art. 24 Abs. 1 GG.

tischer Natur.[775] Zwar läßt sich für diese Auflösung der Kollisionsproblematik anführen, daß sie rechtspolitisch auf den ersten Blick als wünschenswert erscheint, da der europäische „Flurschaden" bei einer (teilweisen) Verfassungswidrigerklärung des Zustimmungsgesetzes durch das Bundesverfassungsgericht ungleich größer sein dürfte, als wenn ein Fachgericht eine einzelne Norm des gemeinschaftlichen Sekundärrechts für in Deutschland unanwendbar erklärt. Doch ist diese Lösung aus verfassungsrechtlicher Sicht bedenklich. Die Nichtanwendung des sekundären Gemeinschaftsrechts bedeutet gleichzeitig einen Verstoß gegen den Rechtsanwendungsbefehl des Zustimmungsgesetzes zu den Gemeinschaftsverträgen, das die unmittelbare Geltung des Sekundärrechts vorschreibt. Gemäß Art. 100 Abs. 1 GG muß ein Fachgericht, wenn es beabsichtigt, wegen seiner Ansicht nach gegebener Verfassungswidrigkeit ein deutsches nachkonstitutionelles Gesetz - und dazu gehören auch die Zustimmungsgesetze - nicht anzuwenden, die Entscheidung des Bundesverfassungsgerichts einholen. Dies spricht dagegen, die Nichtanwendung von gemeinschaftsrechtlichem Sekundärrecht im Einzelfall den Fachgerichten zu überlassen.[776]

3. Ergebnis

Lediglich indirekt, und zwar durch die verfassungsrechtliche Überprüfung des nationalen Zustimmungsgesetzes, ist es möglich, gemeinschaftliches Primär- und Sekundärrecht einer verfassungsgerichtlichen Kontrolle zu unterziehen. Dabei hat die mittelbare verfassungsgerichtliche Kontrolle gemeinschaftlichen Sekundärrechts in der Weise zu erfolgen, daß das Bundesverfassungsgericht prüft, ob das Zustimmungsgesetz wegen Verstoßes gegen die der Integrationsermächtigung gesetzten Grenzen insoweit verfassungswidrig ist, als es über die Rechtsetzungsermächtigung in den Verträgen zu einer „ultra vires"-Vorschrift des Sekundärrechts der Gemeinschaft geführt hat. Bestätigt sich im Rahmen dieser Prüfung ein relevanter Verfassungsverstoß, so führt dies zur Verfassungswidrigkeit des insoweit maßgeblichen Teils des nationalen Zustimmungsgesetzes, nicht jedoch zur Gesamtnichtigkeit desselben.[777]

4. Verfahrensarten

Im folgenden soll nun kurz dargestellt werden, welche der verfassungsgerichtlichen Verfahrensarten zur mittelbaren Überprüfung des Europäischen Gemeinschaftsrechts durch Überprüfung der Zustimmungsgesetze in Betracht kommen.

---

775 Zuleeg, ebda., Rn. 71.

776 So auch Streinz, Bundesverfassungsgerichtlicher Grundrechtsschutz, S. 163; Rengeling, Rechtsschutz in der EU, Rn. 1017.

777 BVerfGE 22, 134 (152); Rengeling, Rechtsschutz in der EU, Rn. 1018; ähnlich Hilf, EuGRZ 1987, S. 5, der von einer „partiellen Korrektur des Zustimmungsgesetzes" spricht; zu den daraus resultierenden Rechtsproblemen eingehend Streinz, Bundesverfassungsgerichtlicher Grundrechtsschutz, S. 164 ff.

a) Normenkontrollverfahren

Die deutschen Zustimmungsgesetze zu den Gemeinschaftsverträgen sowie zu künftigen Vertragsänderungen können sowohl im Wege der abstrakten Normenkontrolle gem. Art. 93 Abs. 1 Nr. 2 GG, als auch mit der konkreten Normenkontrolle gem. Art. 100 Abs. 1 GG überprüft werden.

Hinsichtlich der Zustimmungsgesetze zu den Gemeinschaftsverträgen steht der Zulässigkeit dieser Verfahrensarten nicht entgegen, daß seit Erlaß derselben eine erhebliche Zeit vergangen ist. Denn diese Verfahrensarten sind an keine Frist verbunden. Zwar mag aus integrationspolitischer Sicht eine teilweise Verfassungswidrigerklärung dieser Zustimmungsgesetze nach so langer Zeit problematisch sein,[778] an der Zulässigkeit dieser Verfahren vermag dies jedoch nichts zu ändern.[779]

b) Individualverfassungsbeschwerde

Eine Individualverfassungsbeschwerde gem. Art. 93 Abs. 1 Ziff. 4 a GG kommt grundsätzlich auch gegen die Zustimmungsgesetze zu den Gemeinschaftsverträgen in Betracht.[780] Dabei ist jedoch die Beschwerdefrist von einem Jahr gem. § 93 Abs. 2 BVerfGG zu beachten. Dementsprechend können nur noch Zustimmungsgesetze zu zukünftigen Vertragsänderungen in zulässiger Weise von einer beschwerdebefugten Person mit der Individualverfassungsbeschwerde angegriffen werden. Die Zustimmungsgesetze zu den Gemeinschaftsverträgen können nur noch inzident im Rahmen einer Verfassungsbeschwerde mit einem zulässigen Prüfungsgegenstand angegriffen werden.[781]

c) Organstreit/Bund-Länder-Streit

Zustimmungsgesetze können Gegenstand eines Organstreits gem. Art. 93 Abs. 1 Nr. 1 GG und eines Bund-Länder-Streits gem. Art. 93 Abs. 1 Nr. 3 GG sein, doch ist auch hier wiederum die Jahresfrist des § 64 Abs. 3 i.V.m. § 69 BVerfGG zu beachten, so daß insoweit auf die Ausführungen zur Individualverfassungsbeschwerde verwiesen werden kann.

---

778 Hieran erinnert Constantinesco, Recht der Europäischen Gemeinschaften, Bd. 1, S. 667 (704).

779 Ebda., S. 705; vgl. auch: Streinz, Bundesverfassungsgerichtlicher Grundrechtsschutz, S. 158.

780 Vgl. nur: BVerfGE 89, 155 ff.

781 Vgl. dazu: Streinz, ebda, S. 159, mit einem Beispiel aus der Rechtsprechung des Bundesverfassungsgerichts.

2. Kapitel

Bundesverfassungsgerichtlicher Rechtsschutz gegen nationale Ausführungs- und Vollzugsakte

A. Problemstellung

Wie im letzten Abschnitt aufgezeigt wurde, bestehen für das Bundesverfassungsgericht nur in sehr eingeschränktem Maße Möglichkeiten, gemeinschaftsrechtliches Sekundärrecht zu überprüfen, wobei eine direkte Kontrolle des Sekundärrechts abzulehnen ist.[782] Eine mittelbare Kontrolle über die Zustimmungsgesetze als verfassungsgerichtlichem Prüfungsgegenstand ist lediglich im Rahmen der oben aufgezeigten Grenzen zulässig. Das Bundesverfassungsgericht hat in seiner Maastricht-Entscheidung jedoch entschieden, daß Rechtsakte der Gemeinschaft, die „ultra vires" erlassen wurden, für deutsche Staatsorgane nicht verbindlich sind. Dementsprechend stellt sich die Frage, ob und wie sich dies auf nationale Umsetzungsakte, die zur Ausführung oder Vollziehung von „ultra vires" erlassenem sekundären Gemeinschaftsrecht ergehen, auswirkt.

B. Nationale Ausführungs- und Vollziehungsakte

Einige der primärrechtlichen Bestimmungen des Gemeinschaftsrechts legen den Mitgliedstaaten Handlungsgebote auf, deren Erfüllung wegen des Gesetzesvorbehalts den Erlaß von Gesetzen erfordert.[783] Im Bereich des gemeinschaftsrechtlichen Sekundärrechts sind es insbesondere die Rechtsangleichungsrichtlinien, die Rechtsetzungspflichten für die Mitgliedstaaten begründen. Daneben können auch gemeinschaftsrechtliche Verordnungen und mitgliedstaatengerichtete Entscheidungen Rechtsetzungspflichten für die Mitgliedstaaten begründen. Verordnungen gelten gem. Art. 249 Abs. 2 EGV zwar unmittelbar in jedem Mitgliedstaat, gleichwohl können auch bei ihnen nationale Ergänzungsnormen notwendig sein.

Da es hier regelmäßig um eine gemeinschaftsrechtlich veranlaßte Rechtsetzungstätigkeit der Mitgliedstaaten geht, stellt sich die Frage, ob und in welchem Maße deutsche Rechtsetzungsakte, die zur Ausführung von „ultra vires" ergangenem Gemeinschaftsrecht ergangen sind, der Überprüfung durch das Bundesverfassungsgericht unterliegen.

Daneben liegt in aller Regel auch die Vollziehung des Gemeinschaftsrechts in den Händen der Mitgliedstaaten. Nur in Ausnahmefällen, in denen eine gemeinschaftsunmittelbare Vollziehung entweder im primären Gemeinschaftsrecht vorgeschrieben ist bzw. durch sekundäres Gemeinschaftsrecht eingeführt wurde, vollziehen die Ge-

---

782 Vgl. oben S. 136 ff.

783 Vgl. Bünten, Staatsgewalt und Gemeinschaftshoheit, S. 20 f.; Zuleeg, Das Recht der Europäischen Gemeinschaften, S. 225 f.

meinschaftsorgane das Gemeinschaftsrecht selbst.[784] Auch insoweit stellt sich die Frage, ob nationale Vollziehungsakte, die „ultra vires" ergangenes Gemeinschaftsrecht vollziehen, der Überprüfung durch das Bundesverfassungsgericht unterliegen.

1. Normative Ausführungsakte

Zunächst soll anhand der normativen Ausführung von „ultra vires"-Gemeinschaftsrecht aufgezeigt werden, inwieweit die darauf beruhenden nationalen Umsetzungsnormen der bundesverfassungsgerichtlichen Kontrolle unterliegen.

a) Generelle Zulässigkeit der Bundesverfassungsgerichtlichen Überprüfung normativer Ausführungsakte

In der Lehre wird teilweise vertreten, daß Verfassungsbeschwerden und konkrete Normenkontrollen gegen nationale Normen, die das sekundäre Gemeinschaftsrecht ausführen, generell unzulässig sind.[785]

Zur Begründung wird vorgebracht, daß eine Verfassungsverletzung gar nicht möglich sei, da der Vorrang des Gemeinschaftsrechts auch Verstöße des Ausführungsrechts gegen die Verfassung decke[786], bzw. deutsche Organe bei Vollzug des Gemeinschaftsrechts keine deutsche Staatsgewalt ausübten.[787]

Gegen diese Auffassung spricht, daß eine absolute Freistellung des deutschen Integrationsgesetzgebers von den Bindungen des Grundgesetzes, die dafür Voraussetzung wäre, abzulehnen ist.[788] Auch verkennt diese Ansicht, daß Ausführungsgesetze, die zwar hinsichtlich des gemeinschaftsrechtlich bedingten Regelungsinhalts verfassungsrechtlich unbedenklich sind, auch wegen solcher Mängel verfassungswidrig sein können, die nicht im Gemeinschaftsrecht begründet liegen.[789] Darüber hinaus übersieht diese Ansicht, daß die Frage, ob das Gemeinschaftsrecht Verstöße des Ausführungsgesetzes gegen das nationale Verfassungsrecht zu decken vermag, keine Frage der Zulässigkeit eines verfassungsgerichtlichen Verfahrens sondern eine der Begründetheit ist, da der gemeinschaftsrechtliche Vorrang nur für den Prüfungsmaßstab von Relevanz ist.[790]

---

784 Schweitzer, Die Verwaltung Bd. 17 (1984), S. 137 (139 ff.).

785 Vgl. nur Ipsen, Europäisches Gemeinschaftsrecht, S. 737.

786 Ipsen, ebda, S. 737; Riegel, NJW 1974, S. 1585 (1589).

787 Riegel, BayVBl. 1978, S. 289 (292 ff.); Erichsen, in: VerwArch Bd. 66 (1975), S. 177 (181).

788 Vgl. Streinz, Bundesverfassungsgerichtlicher Grundrechtsschutz, S. 190 f.; ders., in: Isensee/Kirchhof (Hrsg.), Handbuch des Staatsrechts Bd. VII, § 182 Rn. 31 m.w.N.; Klein, VVDStRL, Bd. 50 (1991), S. 56 (79 ff), Kloepfer, in: JZ 1988, S. 1089 ff; Steinberger, in: Hailbronner (Hrsg.), FS Doehring, S. 951 (960 f.); Herdegen, EuGRZ 1989, S. 309 ff.; Kirchhof, EuR 1991, Beiheft 1, S. 11 (17 ff.); Friauf, in: Friauf/Scholz, Europarecht und Grundgesetz, S. 11 (22 ff.); a.A.: Grabitz, Diskussionsbeitrag, in: VVDStRL, Bd. 50 (1991); S. 155 (156).

789 Als Beispiele seien hier nur genannt: Verstoß gegen formelle Vorschriften des Grundgesetzes bzw. über Zuständigkeit oder Verfahren.

790 Bünten, Staatsgewalt und Gemeinschaftshoheit, S. 133; Streinz, Bundesverfassungsgerichtlicher Grundrechtsschutz, S. 181; Rengeling, Rechtsschutz in der EU, Rn. 1030.

Diese Auffassung ist letztlich auch deshalb abzulehnen, weil es bei legislativen (und exekutiven) Maßnahmen nicht auf den Urheber des dabei angewendeten Rechts, sondern auf die Zuordnung zu einem bestimmten Hoheitsträger ankommt.[791] Danach unterliegt diese nationale Ausführungsgesetzgebung als Akt der deutschen, an das Grundgesetz gebundenen, Gewalt grundsätzlich der verfassungsgerichtlichen Kontrolle in den dafür vorgesehenen Verfahren.[792]

b) Prüfungsmaßstab

Nachdem die generelle Zulässigkeit der bundesverfassungsgerichtlichen Überprüfung von nationalen Umsetzungsakten bejaht wurde, stellt sich weiter die Frage des Umfangs und des Prüfungsmaßstabs dieser Kontrolle. Dies ist nach wie vor umstritten.

aa) Rechtsprechung des Bundesverfassungsgerichts

Das Bundesverfassungsgericht hat sich insbesondere in seinen Entscheidungen zur EG-„Tabakrichtlinie" der Gemeinschaft zur Zulässigkeit der verfassungsgerichtlichen Kontrolle von Richtlinien bzw. deren nationalen Umsetzungsakten geäußert, wobei sich beide Entscheidungen zwar primär auf die Grundrechtsproblematik beziehen, jedoch auch wichtige Schlußfolgerungen für die „ultra vires"-Problematik ermöglichen.

(1) Der erste Beschluß zur EG-„Tabakrichtlinie"

In seinem ersten Beschluß zur „Tabakrichtlinie"[793] hat das Bundesverfassungsgericht keinen Zweifel daran gelassen, daß es das zur Umsetzung einer Richtlinie ergangene deutsche Ausführungsrecht einer verfassungsgerichtlichen Überprüfung unterziehen will. Es hat in dieser Entscheidung abgelehnt, im Wege der einstweiligen Anordnung nach § 32 BVerfGG der Bundesregierung im Rat die Zustimmung zu dieser Gemeinschaftsrichtlinie zu untersagen, weil es die beabsichtigte Verfassungsbeschwerde als unzulässig ansah und hat klargestellt, daß der Grundrechtsträger erst durch den selbständig angreifbaren Rechtsetzungsakt der deutschen Staatsgewalt in seinen Grundrechten betroffen wird. Zu dessen Angreifbarkeit äußert sich das Bundesverfassungsgericht wie folgt:

> „Die Etikettierungs-Richtlinie verpflichtet die Mitgliedstaaten, ihren Inhalt in nationales Recht umzusetzen, und eröffnet dabei einen erheblichen Gestaltungsspielraum. Der nationale Gesetzgeber ist bei der Umsetzung an

---

791 Ipsen, Europäisches Gemeinschaftsrecht, S. 218 ff.; Frowein, in: Starck (Hrsg.), FS Bundesverfassungsgericht, Bd. II, S. 187 (209); Streinz, Bundesverfassungsgerichtlicher Grundrechtsschutz, S. 189; ders., in: Isensee/Kirchhof (Hrsg.), Handbuch des Staatsrechts, Bd. VII, § 182 Rn. 31.

792 Everling, EuR 1990, 195 (213); Huber, AöR Bd. 116 (1991), S. 221 (241); zu den einzelnen Verfahrensarten vgl. auch die eingehenden Darstellungen bei Streinz, a.a.O., S. 180, m.w.N. in Fn. 190, sowie Rengeling, a.a.O., Rn. 1031 ff.

793 BVerfG, NJW 1990, S. 974 ff.; vgl. hierzu nun auch den Beschluß des BVerfG zu der Verfassungsbeschwerde gegen die nationale Umsetzungsnorm (BVerfG, NJW 1997, S. 2871 ff.) und sogleich unter (2).

die Vorgaben des Grundgesetzes gebunden. Die Frage, ob er bei der Umsetzung im Rahmen des ihm von der Richtlinie eingeräumten Gestaltungsspielraums Grundrechte oder grundrechtsgleiche Rechte der Antragstellerinnen verletzt, unterliegt in vollem Umfang der verfassungsgerichtlichen Überprüfung.
Soweit die Richtlinie den Grundrechtsstandard des Gemeinschaftsrechts verletzen sollte, gewährt der EuGH Rechtsschutz. Wenn auf diesem Weg der vom Grundgesetz als unabdingbar gebotene Grundrechtsstandard nicht verwirklicht werden sollte, kann das BVerfG angerufen werden.[794]

Das Bundesverfassungsgericht hat es versäumt, in seinen Entscheidungsgründen abschließend zu klären, ob es die Möglichkeit einer Überprüfung hinsichtlich der gesamten Richtlinie annimmt oder nur hinsichtlich des Teils, bei dem dem nationalen Gesetzgeber ein Gestaltungsspielraum bei der Umsetzung der Gemeinschafts-Richtlinie verbleibt.[795] Die Formulierung, der Gesetzgeber sei bei der Umsetzung im Rahmen des ihm eingeräumten Gestaltungsspielraums an die verfassungsrechtlichen Vorgaben des Grundgesetzes gebunden, spricht jedoch dafür, daß die Verfassungsbindung und damit die Zulässigkeit bundesverfassungsgerichtlicher Überprüfung nur hinsichtlich derjenigen Bestimmungen besteht, deren Übernahme dem nationalen Gesetzgeber freigestellt ist.[796]

Diese Einschränkung erscheint aus rechtspolitischer Sicht auch zutreffend, da ansonsten entgegen der Solange II - Rechtsprechung des Bundesverfassungsgerichts - auf die sich das Gericht auch im Maastricht-Urteil ausdrücklich bezieht - über den Umweg der Kontrolle des nationalen Umsetzungsakts letztendlich wieder die Pflicht zur Beachtung des Gemeinschaftsrechts ausgehöhlt würde.[797] Durch eine solche Kontrolle würde sich die deutsche Verfassung letztlich wiederum gegen das europäische Gemeinschaftsrecht durchsetzen. Dies Ergebnis läßt sich auch mit der Funktion des Art. 23 GG (Art. 24 GG a.F.) begründen. Dieser nationale Rechtsanwendungsbefehl bewirkt, daß der ausführungsbedürftige Gemeinschaftsrechtsakt in den innerstaatlichen Rechtsraum als geltendes Recht hereingelassen wird. Dieser Rechtsakt verpflichtet den nationalen Gesetzgeber zum Erlaß des nationalen Umsetzungsaktes und befreit ihn zugleich, jedenfalls im gemeinschaftsrechtlich zwingendem Bereich, von den verfassungsrechtlichen Bindungen bis zur Grenze des Identitätsvorbehaltes.[798]

---

794 BVerfG, NJW 1990, S. 974.

795 Vgl. Fischer, Europarecht, S. 107; Rickert, Grundrechtsgeltung, S. 140 ff.; Nicolaysen, EuR 1989, S. 215 (220 f.), interpretiert diese Passage im letzteren Sinne.

796 Vgl. dazu BVerwGE 81, 49 (50 f.); ebenso Nicolaysen, EuR 1989, S. 215 (221 ff.); Everling, in: Stern (Hrsg.), 40 Jahre Grundgesetz, S. 167 (174 ff.); Fischer, a.a.O., S. 107; Klein, VVDStRL, Bd. 50 (1991), S. 56 (83); Ehlermann, EuR 1991, Beiheft 1, S. 27 (29); v. Simson/Schwarze, Europäische Integration, S. 31.

797 Klein, a.a.O., S. 56 (83); a.A.: Streinz, DVBl. 1990, S. 949 (957); Scholz, in: Friauf/Scholz, Europarecht und Grundgesetz, S. 53 (62); Kirchhof, in: Merten (Hrsg.), Föderalismus und Europäische Gemeinschaften, S. 109 (117).

798 Ebenso: Weber, Rechtsfragen der Durchführung, S. 124; Everling, EuR 1990, S. 196 (212); Klein, a.a.O., S. 56 (83 f.); a.A.: Herdegen, EuGRZ 1989, S. 309 (311).

(2) Der zweite Beschluß zur EG-„Tabakrichtlinie"

In seinem Beschluß zu der Verfassungsbeschwerde gegen die deutsche Umsetzungsnorm der „Tabakrichtlinie"[799] scheint das Bundesverfassungsgericht auf den ersten Blick einen anderen Weg zu beschreiten. In diesem Beschluß beurteilt das Gericht die Verfassungskonformität der nationalen Umsetzungsnorm völlig losgelöst von der dieser Norm zugrundeliegenden EG-Richtlinie und unterscheidet nicht zwischen dem Umsetzungsspielraum, der dem nationalen Gesetzgeber bei der Richtlinienumsetzung verblieben ist und dem Teil der Richtlinie, der den Mitgliedstaaten zwingend vorgegeben ist, sondern prüft den nationalen Umsetzungsakt zur Gänze an deutschen Grundrechten. Wörtlich führt es insoweit aus:

> „Die angegriffenen Kennzeichnungspflichten beruhen auf der - vom EG-Recht unabhängigen - Ermächtigungsgrundlage des § 21 LMBG, sie sind auch Bestandteil des allgemeinen Wettbewerbsrechts in Deutschland (...) und genügen auf dieser Geltungsgrundlage den Anforderungen der vom Grundgesetz gewährleisteten Grundrechte. Deshalb kommt es im Ergebnis bei der verfassungsrechtlichen Prüfung des § 3 TabKTHmV durch das Bundesverfassungsgericht nicht darauf an, ob die zur Umsetzung der entsprechenden Kennzeichnungsvorschriften verpflichtenden EG-Richtlinien gemeinschaftsrechtlich gültig sind, welche innerstaatlichen Verbindlichkeiten sie begründen, ob die Beschwerdeführer beim EuGH ein Verfahren der konkreten Normenkontrolle anhängig machen können und welcher grundrechtliche Maßstab auf abgeleitetes Gemeinschaftsrecht anwendbar ist."[800]

Der Beschluß wird dementsprechend teilweise auch dahin interpretiert, daß das Bundesverfassungsgericht eine nationale Norm, auch wenn diese zur Umsetzung einer EG-Richtlinie erfolgt, grundsätzlich vollständig und nicht lediglich hinsichtlich des seitens des Rechtsaktes gewährten Umsetzungsspielraums an den deutschen Grundrechten prüft.[801] Diese Interpretation des Beschlusses spricht gegen die Auffassung, daß dem Bundesverfassungsgericht eine Prüfung des nationalen Umsetzungsaktes nur hinsichtlich derjenigen Regelungen der Umsetzungsnorm zusteht, die die Richtlinie nicht zwingend vorschreibt, hinsichtlich derer den Mitgliedstaaten also ein Umsetzungsspielraum verbleibt.

Der Beschluß läßt sich jedoch auch in einer Art und Weise interpretieren, die dieser Auffassung nicht widerspricht. Die Äußerungen des Bundesverfassungsgerichts können nämlich auch so verstanden werden, daß das Gericht nur deshalb, weil es zu dem Ergebnis kommt, nationale Grundrechte seien durch den nationalen Umsetzungsakt der EG-„Tabakrichtlinie" nicht verletzt, keine Einschränkung der Grundrechtskontrolle auf bestimmte Teile der Umsetzungsnorm vornimmt. Denn dann ist es unerheblich, ob die zur Umsetzung verpflichtende EG-Richtlinie gemeinschaftsrechtlich gültig ist, welche innerstaatlichen Verbindlichkeiten sie begründet, ob nur

---

799 BVerfG, NJW 1997, S. 2871 ff.

800 BVerfG, a.a.O., S. 2871.

801 In diese Richtung interpretiert Di Fabio, NJW 1997, S. 2863 (2864), den Beschluß; ebenso Stein, EuR 1997, S. 169 (171 f.).

solche Regelungen verfassungsgerichtlich überprüft werden können, hinsichtlich derer den Mitgliedstaaten ein Umsetzungsspielraum belassen bleibt und welcher grundrechtliche Maßstab auf abgeleitetes Gemeinschaftsrecht anwendbar ist. Erst dann, wenn das Bundesverfassungsgericht zu dem Ergebnis kommt, daß deutsche Grundrechte durch die nationale Umsetzungsnorm verletzt sind, wird es sich zu diesem Problemkreis äußern müssen. An dem Beschluß läßt sich demnach als gesicherte Erkenntnis nur festmachen, daß sich das Bundesverfassungsgericht zumindest generell als befugt ansieht, nationales Umsetzungsrecht von EG-Richtlinien an der deutschen Verfassung zu prüfen.

Gleichwohl steht zu befürchten, daß das Bundesverfassungsgericht im Rahmen der verfassungsrechtlichen Prüfung des nationalen Umsetzungsaktes der Tatsache durchaus Bedeutung beimißt, ob es den ausführungsbedürftigen Gemeinschaftsrechtsakt als gemeinschaftsrechtlich gültig erachtet oder nicht.

bb) Die in der Literatur überwiegend vertretene Ansicht

Eine stark vertretene Auffassung in der Literatur überträgt die vom Bundesverfassungsgericht in seinem „Solange II"-Beschluß hinsichtlich des unmittelbar anwendbaren sekundären Gemeinschaftsrechts begründeten Grundsätze auch auf ausführungsbedürftiges Sekundärrecht der Gemeinschaft. Der aus Art. 24 Abs. 1 GG (bzw. 23 Abs. 1 GG n.F.) hergeleitete Vorrang des Gemeinschaftsrechts gelte auch für Richtlinien.[802] Denn die Vorrangwirkung von sekundärem Gemeinschaftsrecht sei nicht abhängig von dessen unmittelbarer Wirkung in den Mitgliedstaaten. Vielmehr sei ausschlaggebend, daß die Richtlinie in bezug auf ihre Zielsetzung gem. Art. 249 Abs. 3 EGV nicht zur Disposition der Mitgliedstaaten stehe. Von dieser Vorrangwirkung der Richtlinie werde auch der nationale Umsetzungsakt erfaßt.[803] Eine Andersbehandlung der nationalen Ausführungsnorm sei insofern problematisch, als eine verfassungsgerichtliche Kontrolle der deutschen Umsetzungsnorm eine dauerhafte Beeinträchtigung der einheitlichen und gleichmäßigen Wirksamkeit der gemeinschaftsrechtlichen Vorgabe bedeuten würde. Handele der deutsche Ausführungsgesetzgeber im Einklang mit der gemeinschaftsrechtlichen Vorgabe, dann bedeute eine Kollision der deutschen Ausführungsnorm mit der Verfassung zwangsläufig indirekt eine Kollision mit der gemeinschaftsrechtlichen Umsetzungsverpflichtung. Der Vorrang der Richtlinien vor deutschem Recht müsse deshalb auch in der gerichtlichen Überprüfung der nationalen Umsetzungsakte seinen Niederschlag finden. Das Gemeinschaftsrecht werde zwar bei der Kontrolle der es ausführenden Gesetze nicht in der Form mittelbar geprüft, wie dies bei der Kontrolle über das Zustimmungsgesetz

---

802 Oppermann, Europarecht, Rn. 528 ff.; Gersdorf, DVBl. 1994, S. 674 (677 f.); Everling, EuR 1990, S. 195 (213); Bleckmann, Europarecht, Rn. 164; Schneider, AöR Bd. 119 (1994), S. 294 (299); Klein, VVDStRL 50 (1991), S. 56 (83 f.); anders Jarass, Grundfragen, S. 104 f.; Di Fabio, NJW 1990, S. 947 (952), der den Vorrang des Gemeinschaftsrechts auf unmittelbar anwendbares Gemeinschaftsrecht beschränken will. Sein Argument, Art. 24 GG ordne nur den Vorrang an, wenn dies für die Funktionsfähigkeit der Europäischen Gemeinschaft unerläßlich sei und beziehe sich daher nur auf unmittelbar anwendbares Gemeinschaftsrecht, überzeugt nicht. Denn auch die unterlassene Umsetzung einer Richtlinie gefährdet die Funktionsfähigkeit der Europäischen Gemeinschaft.

803 Vgl. Schneider, AöR Bd. 119 (1994), S. 294 (299); Gersdorf, DVBl. 1994, S. 674 (677 f.); Weber, Rechtsfragen der Durchführung, S. 17.

der Fall sei. Dort sei das Zustimmungsgesetz nur formell Prüfungsgegenstand und der materiellrechtliche Inhalt erst den Gemeinschaftsverträgen und dem Sekundärrecht zu entnehmen. Hier hingegen sei das nationale deutsche Ausführungsgesetz formell und materiell Verfahrensgegenstand, da es selbst einen materiellrechtlichen Regelungsgehalt aufweist. Gleichwohl müsse berücksichtigt werden, daß das Gemeinschaftsrecht durch die Überprüfung des nationalen Umsetzungsaktes berührt werden könne. Der mit der Richtlinie verbundene gemeinschaftsrechtliche Zweck, europaeinheitliche Regeln zu veranlassen, gebiete insoweit, die im Solange II - Beschluß für gemeinschaftsrechtliche Verordnungen entwickelten Grundsätze auf Richtlinien und auch auf ihre Umsetzungsakte zu übertragen.[804] Diese Ansicht verkennt gleichzeitig nicht den Unterschied zwischen einer unmittelbar anwendbaren EG-Verordnung und einer umsetzungsbedürftigen EG-Richtlinie. Denn sie erkennt an, daß diese nationalen Umsetzungsakte Akte deutscher Staatsgewalt sind, die grundsätzlich der Bindung nach Art. 1 Abs. 3 GG unterfallen. Dementsprechend befürwortet sie die Verfassungsbindung für denjenigen Teil des Umsetzungsaktes, hinsichtlich dessen der nationale Gesetzgeber „frei" sei, d.h. ihm die Richtlinie einen eigenen Gestaltungsspielraum beläßt.[805] Für den Teil der Umsetzungsnorm hingegen, der dem nationalen Gesetzgeber zwingend durch die EG-Richtlinie vorgegeben ist, bei dessen Umsetzung dem nationalen Gesetz- und Verordnungsgeber also kein eigenständiger Gestaltungsspielraum verbleibt, stellt nach dieser Ansicht die auszuführende Gemeinschaftsrechtsnorm den nationalen Gesetzgeber von der strikten Bindung an Art. 1 Abs. 3, 20 Abs. 3 GG frei.[806] Gleichwohl gebe es auch für diese Freistellung Grenzen. Diese sei dort erreicht, wo die verfassungsrechtlichen Grenzen, die der Integrationsermächtigung gezogen sind, erreicht werden. Wobei die Mehrheit der Vertreter dieser Ansicht, zumindest für den Bereich des Grundrechts-

---

804 Vgl. Schneider, AöR Bd. 119 (1994), S. 294 (299); Gersdorf, DVBl. 1994, S. 674 (677 f.); Weber, Rechtsfragen der Durchführung, S. 17; ebenso hinsichtlich der Grundrechtsbindung der nationalen Ausführungsakte Tomuschat, EuR 1990, S. 340 (343 ff.): „Die Trennung von normativen Vorrang einerseits, grundrechtsgebundenen Vollzug andererseits würde die Zuerkennung des Vorrangs vollständig ihrer rechtlichen Bedeutung entkleiden" und „Rechtsgeltung ohne Rechtsvollzug wäre ein nullum, eine zum Schein aufgestellte Attrappe, der kein Realitätsgehalt zukäme." (ebda. S. 344); vgl. hierzu auch Streinz, Bundesverfassungsgerichtlicher Grundrechtsschutz, S. 227 ff., 253 ff. m.w.N.; Neßler, a.a.O., DVBl. 1993, S. 1240 (1244) spricht unter (fragwürdiger) Berufung auf die Vorgenannten sogar davon, daß die gemeinschaftsrechtlich bedingte Verfassungswidrigkeit eines deutschen Gesetzes oder einer Rechtsverordnung von einem deutschen Gericht überhaupt nicht überprüft werden könne, da das Grundgesetz nicht Prüfungsmaßstab für ein deutsches Gesetz sein könne, soweit es den Inhalt einer Richtlinie in deutsches Recht transformiere; hiergegen: Di Fabio, NJW 1990, S. 947 (947); Herdegen, EuGRZ 1989, 309 (311).

805 Weber, Rechtsfragen der Durchführung, S. 98 f.; Streinz, in: Isensee/Kirchhof (Hrsg.), Handbuch des Staatsrechts, Bd. VII, § 182 Rn. 33; Ehlermann, EuR 1991, Beiheft 1, S. 27 (29); Gersdorf, DVBl. 1994, S. 674 (678); Schneider, AöR Bd. 119 (1994), S. 294 (298); Rengeling, Rechtsschutz in der EU, S. 190; Klein, VVDStRL Bd. 50 (1991), S. 56 (83); Everling, EuR 1990, S. 195 (213); ders. ZGR 1992, S. 376 (388); Huber, AöR Bd. 116 (1991), S. 210 (234); Nicolaysen, EuR 1989, S. 215 (220 f.); Everling, EuR 1990, S. 195 (212 ff.); Henrichs, EuGRZ 1990, S. 413 (419).

806 Klein, VVDStRL Bd. 50 (1991), S. 56 (83); Everling, EuR 1990, S. 195 (213); Huber, AöR Bd. 116 (1991), S. 210 (234); Nicolaysen, EuR 1989, S. 215 (220 f.); Everling, EuR 1990, S. 195 (212 ff.); Tomuschat, EuR 1990, S. 340 (343 ff.); vgl. hierzu auch Streinz, Bundesverfassungsgerichtlicher Grundrechtsschutz, S. 227 ff., 253 ff. m.w.N.; Neßler, a.a.O., DVBl. 1993, S. 1240 (1244); a.A.: Di Fabio, NJW 1990, S. 947 (947); Herdegen, EuGRZ 1989, S. 309 (311).

schutzes, hierfür auf die unabdingbaren Strukturen der Verfassung gem. Art. 79 Abs. 3 GG abstellt. [807]

Diese Schlußfolgerung ist nur konsequent, da insoweit die „offene Staatlichkeit", wie sie in Art. 24 GG bzw. Art. 23 GG (n.F.) verfassungsrechtlich festgeschrieben ist, zum Tragen kommt. Die Öffnung des Grundgesetzes für den Prozeß der europäischen Integration erlaubt die Ausübung deutscher Staatsgewalt auf der Grundlage des Gemeinschaftsrechts auch dann, wenn diese mit deutschem Verfassungsrecht nicht vollständig übereinstimmt. Denn der Verfassungsgeber hat das Gemeinschaftsrecht innerhalb bestimmter Grenzen von den Bindungen der Verfassung freigestellt. Diese Freistellung könne sich folgerichtig nicht nur auf das mit Durchgriffswirkung versehene Gemeinschaftsrecht beziehen, sondern müsse ebenso das ausführungsbedürftige Gemeinschaftsrecht mitumfassen. Ansonsten würde dessen einheitliche Geltung und die Funktionsfähigkeit der Gemeinschaft (indirekt) dadurch beeinträchtigt, daß die ausführende Stelle vollen Umfangs den grundsätzlichen Anforderungen der staatlichen Verfassung unterworfen wird.[808] Eine Andersbetrachtung dieser Problematik hätte noch einen weiteren Nachteil. Würde man die Einschränkung der Verfassungsbindung ablehnen und diese nur für den Fall des unmittelbar wirkenden Sekundärrechts bejahen, so hätte dies zur Konsequenz, die Variante des gemeinschaftsrechtlichen Normerlasses zurückzudrängen, die den Mitgliedstaaten den größeren Spielraum zu eigener Gestaltung beläßt.[809]

Diese Auffassung führt auch nicht zu unvertretbaren Rechtsschutzlücken. Die Frage, ob die dem deutschen Umsetzungsakt zugrundeliegende Richtlinie dem primären Gemeinschaftsrecht entspricht, kann dem Europäischen Gerichtshof gem. Art. 234 Abs. 2 EGV von jedem deutschen Gericht vorgelegt werden.[810] Stellt der Europäische Gerichtshof einen Verstoß gegen Gemeinschaftsrecht fest, erklärt er die Richtlinie für ungültig.[811]

cc) Übertragung auf „ultra vires"-Akte der Europäischen Gemeinschaft

Zu prüfen bleibt, ob diese zur Grundrechtsproblematik entwickelten Grundsätze von Rechtsprechung und Literatur auch auf die Kontrolle von „ultra vires" erlassenem ausführungsbedürftigen Gemeinschaftsrecht und deren nationale Umsetzungsakte angewendet werden können.

(1) Grundproblematik

Fraglich ist zunächst, ob die in der Literatur vorgenommene Differenzierung zwischen gemeinschaftsrechtlich zwingenden Vorgaben und den Teilen der Umsetzungsnorm, hinsichtlich derer dem nationalen Umsetzungsgesetzgeber ein Gestal-

---

807 Zu den Grenzen der Integrationsgewalt vgl. schon oben S. 96 ff.

808 Grabitz, in: Grabitz/Hilf, EU-Kommentar, Rn. 27 zu Art. 189 EGV; Ipsen, Europäisches Gemeinschaftsrecht, S. 280 ff.; Everling, a.a.O., S. 213; Tomuschat, a.a.O., S. 343 ff.; Weber, Rechtsfragen der Durchführung, S. 17.

809 Tomuschat, a.a.O., S. 345.

810 Klein, a.a.O., S. 84.

811 Vgl. hierzu EuGH, Slg. 1992, I - 4227 (Tz. 41 ff.); vgl. auch Röttinger, EuZW 1993, S. 117 (120).

tungsspielraum verbleibt, bei einem „ultra vires"-Handeln der Gemeinschaft überhaupt möglich und sachgerecht ist. Bei einem reinen „ultra vires"-Handeln der Gemeinschaft besteht die verfassungsrechtliche Problematik nicht darin, daß der ausführungsbedürftige Inhalt des Gemeinschaftsrechtsaktes verfassungswidrig ist, sondern liegt allein in der Tatsache begründet, daß es die Gemeinschaft war, die einen Rechtsakt erlassen hat, obwohl sie nach der Kompetenzverteilung zwischen der Gemeinschaft und den Mitgliedstaaten keine Zuständigkeit für den streitigen Rechtsakt besitzt. Der innerstaatliche Gesetzgeber hingegen hätte diesen Rechtsakt aufgrund seiner Gesetzgebungszuständigkeit ohne weiteres erlassen können. Dementsprechend kann im Falle eines „ultra vires"-Handelns der Gemeinschaft nicht davon gesprochen werden, daß die Europäische Gemeinschaft dem innerstaatlichen Gesetzgeber verfassungswidrige zwingende (inhaltliche) Vorgaben macht, die dieser aufgrund seiner gemeinschaftsrechtlichen Verpflichtung in eine nationale Norm umzusetzen hat. Nach der Rechtsprechung des Bundesverfassungsgerichts in seiner Maastricht-Entscheidung entfalten „ultra vires"-Rechtsakte der Europäischen Gemeinschaft jedoch in Deutschland keine Bindungswirkung, und die deutschen Staatsorgane wären aus verfassungsrechtlichen Gründen gehindert, diese Rechtsakte in Deutschland anzuwenden.[812] Das bedeutet, daß nach Ansicht des Bundesverfassungsgerichts der deutsche Gesetzgeber kraft deutschen Verfassungsrechts diese Gemeinschaftsrechtsakte nicht berücksichtigen darf.

Daher ist zu überlegen, ob die Kompetenzüberschreitung der Europäischen Gemeinschaft beim Richtlinienerlaß zugleich und notwendig die Verfassungswidrigkeit des deutschen Umsetzungsgesetzes zur Folge hat.

Insoweit besteht bei nationalen Umsetzungsakten ein signifikanter Unterschied zwischen der Grundrechtsproblematik und der „ultra vires"-Problematik. Während hinsichtlich der Grundrechtsproblematik zu prüfen ist, ob die in der nationalen Umsetzungsnorm enthaltenen Regelungen mit den deutschen Grundrechten in Einklang stehen[813], ist die Fragestellung bei „ultra vires"-Rechtsakten der Europäischen Gemeinschaft eine gänzlich andere. Denn auf den ersten Blick hat hier die Frage, ob die Europäische Gemeinschaft bei Erlaß des gemeinschaftsrechtlichen Rechtsaktes in den Grenzen ihrer Zuständigkeiten gehandelt hat, nichts mit der Frage zu tun, ob der nationale Umsetzungsakt verfassungsgemäß ist. Denn bei der Frage der Verfassungsgemäßheit des nationalen Umsetzungsaktes hat das Bundesverfassungsgericht, wie bei der Prüfung der Verfassungsgemäßheit eines jeden Gesetzes, einzig die formelle und materielle Verfassungsgemäßheit des Gesetzes zu prüfen. Hinsichtlich der Zuständigkeit wird in diesem nationalen Verfahren danach lediglich geprüft, ob der Bund bzw. die Länder als Gesetzgeber des nationalen Umsetzungsaktes zum Erlaß dieses Rechtsaktes überhaupt die Gesetzgebungskompetenz besaßen. Die Zuständigkeit der Europäischen Gemeinschaft zum Erlaß des ausführungsbedürftigen Gemeinschaftsrechtsaktes ist hingegen nicht Prüfungsgegenstand des verfassungsgerichtlichen Verfahrens hinsichtlich des nationalen Umsetzungsaktes.

---

812 BVerfGE 89, 155 (188).

813 Wobei hier zur Deutlichmachung der Unterschiede der Fragestellung noch außer Betracht bleiben soll, hinsichtlich welcher Teile des nationalen Umsetzungsaktes überhaupt eine Grundrechtsprüfung vorgenommen werden kann und ob der vollständige Prüfungsmaßstab der deutschen Grundrechte angewandt werden kann.

Damit stellt sich die Frage, ob im Rahmen der verfassungsgerichtlichen Kontrolle des nationalen Umsetzungsaktes überhaupt die Möglichkeit besteht, zu prüfen, ob die Europäische Gemeinschaft beim Erlaß des gemeinschaftsrechtlichen Rechtsaktes „ultra vires" gehandelt hat und wenn ja, ob dies Konsequenzen für den an den nationalen Umsetzungsakt gestellten verfassungsrechtlichen Prüfungsmaßstab hat.

Hierzu werden verschiedene Ansichten vertreten.

(2) Relevanz des „ultra vires"-Handelns

Überwiegend wird vertreten, daß sich das „ultra vires"-Handeln der Europäischen Gemeinschaft auf die Frage der Verfassungsgemäßheit des nationalen Umsetzungsrechtsaktes auswirkt. Über die Folgen dieses Zustandes ist sich die Literatur jedoch uneins.

(a) Keine Einschränkung des Prüfungsmaßstabes

Nach einer in der Literatur vertretenen Ansicht[814] besteht für den Fall, daß sich die Europäische Gemeinschaft beim Erlaß des ausführungsbedürftigen Sekundärrechtsaktes nicht in den Grenzen ihrer Kompetenzen bewegt, die ansonsten mit einem ausführungsbedürftigen Gemeinschaftsrechtsakt verbundene gemeinschaftsrechtliche Pflicht zur Anpassung des innerstaatlichen Rechts an die gemeinschaftsrechtlichen Vorgaben mangels verfassungsrechtlicher Legitimation für Deutschland nicht.[815] Der nationale Gesetzgeber müsse dementsprechend die gemeinschaftsrechtliche Umsetzungspflicht nicht befolgen.[816] Diese Auffassung kann sich auf das Maastricht-Urteil des Bundesverfassungsgerichts berufen, in der das Gericht festgestellt hat, daß „ultra vires"-Rechtsakte in Deutschland keine Bindungswirkung entfalten[817] und dementsprechend auch den nationalen Gesetzgeber nicht zur Umsetzung des ausführungsbedürftigen Gemeinschaftsrechtsaktes verpflichten können.

Wenn damit die gemeinschaftsrechtliche Umsetzungspflicht kraft des deutschen Verfassungsrechts für den jeweiligen nationalen Gesetzgeber „unbeachtlich" ist, so bedeutet dies dieser Ansicht nach jedoch nicht, daß eine gleichwohl erfolgte Umsetzung in das nationale Recht zur Folge habe, daß der nationale Rechtsakt zwangsläufig verfassungswidrig sei. Denn die nationale Regelung finde ihre Ermächtigungsgrundlage und Legitimation sogar dann nicht in dem Gemeinschaftsrechtsakt selbst,

---

814 Hutka, Prüfungs- und Verwerfungskompetenz, S. 384 ff.

815 Dies zumindest, wenn man mit Hutka, a.a.O., S. 384 ff., der Doktrin des Bundesverfassungsgerichts in seinem Maastricht-Urteil (BVerfGE 89, 155 ff.) folgt. Hiergegen spricht aus der Sicht des Gemeinschaftsrechts, daß der nationale Gesetzgeber gemeinschaftsrechtlich so lange zur Umsetzung des Gemeinschaftsrechtsaktes verpflichtet ist (und der Gemeinschaftsrechtsakt damit also doch nicht „unbeachtlich" ist), bis der EuGH den „ultra vires"-Rechtsakt im Rahmen einer der Verfahrensarten aufgehoben hat (vgl. Nicolaysen, EuR 1989, S. 215 (222)).

816 Wobei dies dieser Ansicht zufolge nur in solchen Fällen in Betracht komme, in denen die Europäische Gemeinschaft offensichtlich und schwer gegen ihre Kompetenzgrenzen verstoßen habe.

817 BVerfGE 89, 155 (210).

wenn ihr Erlaß gemeinschaftsrechtlich veranlaßt ist.[818] Vielmehr finde sie ihre Rechtsgrundlage und Legitimation in der Rechtsetzungsgewalt des jeweilig zuständigen nationalen Gesetzgebers. Gemeinschaftsrechtliche Veranlassung und verfassungsrechtliche Legitimation des nationalen Umsetzungsaktes seien dabei strikt zu trennen.

Die Tatsache, daß der dem nationalen Umsetzungsakt zugrundeliegende Gemeinschaftsrechtsakt „ultra vires" ergangen ist, darf jedoch nach dieser Auffassung nicht völlig unberücksichtigt bleiben. Dementsprechend soll die Unbeachtlichkeit der gemeinschaftsrechtlichen Umsetzungsverpflichtung dazu führen, daß in diesem Fall die Verfassungsbindung des Gesetzgebers, die ansonsten im Zusammenhang mit Gemeinschaftsrecht bis zur Grenze des Art. 79 Abs. 3 GG relativiert sei[819], auch hinsichtlich der zwingenden gemeinschaftsrechtlichen Vorgaben unbeschränkt gelte.[820]

(b) Primärrechts- bzw. Verfassungswidrigkeit des Umsetzungsaktes

Teilweise wird vertreten, daß ein ausführungsbedürftiger Sekundärrechtsakt der Gemeinschaft, der aufgrund eines Handelns „ultra vires" der Gemeinschaft primärrechtswidrig (und damit auch verfassungswidrig) ist, notwendig zur Folge habe, daß auch der deutsche Umsetzungsakt rechtswidrig bzw. nichtig ist.[821]

Diese Ansicht wird damit begründet, daß es dem nationalen Rechtsakt damit an einer „gültigen gemeinschaftsrechtlichen Ermächtigung" fehle.[822]

(3) Stellungnahme

Es liegt nahe, daß es für das Ergebnis der verfassungsgerichtlichen Kontrolle einer auf einem ausführungsbedürftigen Gemeinschaftsrechtsakt beruhenden nationalen Umsetzungsnorm überhaupt keinen Unterschied macht, ob der ausführungsbedürftige Sekundärrechtsakt der Gemeinschaft „ultra vires" erlassen wurde oder nicht. Denn die Kompetenz des Gemeinschaftsgesetzgebers kann nicht Prüfungsgegenstand des verfassungsgerichtlichen Verfahrens gegen die nationale Umsetzungsnorm sein. Wenn hingegen behauptet wird, die gemeinschaftliche Primärrechtswidrigkeit der Richtlinie führe notwendig auch zur Rechtswidrigkeit der deutschen Umsetzungsnorm, so wird diese Ansicht dem Wesen der Umsetzung von Gemeinschaftsrichtlinien nicht gerecht. Ein deutsches Gesetz, das vom deutschen Gesetzgeber zur Umsetzung eines ausführungsbedürftigen Sekundärrechtsaktes der Gemeinschaft erlassen wurde, ist trotz der, zumindest bei Richtlinien bestehenden, ge-

---

818 Streinz, Bundesverfassungsgerichtlicher Grundrechtsschutz, S. 180; Bleckmann, Grundgesetz und Völkerrecht, S. 330: Hutka, Prüfungs- und Verwerfungskompetenz, S. 385; a.A.: Weber, Rechtsfragen der Durchführung, S. 76; Scholz, in: Friauf/Scholz, Europarecht und Grundgesetz, S. 53 (64): Sei eine Richtlinie kompetenzwidrig ergangen, fehle es „an der gemeinschaftsrechtlichen Ermächtigung".

819 Vgl. oben S. 171 ff.

820 So Hutka, Prüfungs- und Verwerfungskompetenz, S. 386.

821 So für den Fall, daß die Richtlinie durch den EuGH nach Art. 231 Abs. 1 EGV für nichtig erklärt wurde, bzw. aus einem anderen Grund entfallen sei, Weber, Rechtsfragen der Durchführung, S. 75 f., ders., EuR 1986, S. 1 (26); ähnlich auch Scholz, in: Friauf/Scholz, Europarecht und Grundgesetz, S. 53 (64).

822 Scholz, in: Friauf/Scholz, Europarecht und Grundgesetz, S. 53 (64).

meinschaftsrechtlichen Umsetzungspflicht ein Akt der deutschen (legislativen) Gewalt.[823] Dieser Rechtsakt findet seine Legitimation und seine Rechtsgrundlage, unabhängig davon, ob der Erlaß gemeinschaftsrechtlich veranlaßt ist oder nicht, nämlich nicht in der EG-Richtlinie selbst, sondern in der Rechtsetzungsgewalt des nach Art. 70 ff. GG jeweils zuständigen Bundes- oder Landesgesetzgebers. Dementsprechend kann die fehlende Kompetenz der Europäischen Gemeinschaft auch keinen Einfluß auf die Verfassungsgemäßheit der nationalen Umsetzungsnorm haben. Daraus kann man wiederum schließen, daß deshalb die Prüfung der nationalen Umsetzungsnorm, wenn lediglich die Kompetenz der Europäischen Gemeinschaft zum Erlaß des ausführungsbedürftigen Gemeinschaftsrechtsaktes im Streit steht, völlig losgelöst von dem gemeinschaftlichen Sekundärrechtsakt erfolgt.[824]

An dieser Ausgangslage ändert sich auch nichts dadurch, daß das Bundesverfassungsgericht in ständiger Rechtsprechung die Verfassungswidrigkeit eines Gesetzes gleichzeitig als eine Verletzung gegen das durch Art. 2 Abs. 1 GG gewährleistete Grundrecht der allgemeinen Handlungsfreiheit ansieht.[825] Denn der nationale Umsetzungsakt ist für sich betrachtet, nicht verfassungswidrig, wenn die (nationalen) Zuständigkeitsanforderungen beachtet wurden. Und das insoweit verfassungswidrige Gesetz, nämlich der ausführungsbedürftige Gemeinschaftsrechtsakt, ist nicht Prüfungsgegenstand des verfassungsgerichtlichen Verfahrens und richtet sich zudem als nicht-self-executing Rechtsnorm mit seinen Verpflichtungen auch lediglich an den Staat, nicht jedoch an die Grundrechtsträger.

Auch die Aussagen des Maastricht-Urteils sprechen nicht zwingend gegen diese Auffassung. Denn danach ist es den Staatsorganen zwar verwehrt, "ultra vires"-Rechtsakte anzuwenden. Dementsprechend muß bzw. darf eine solche Richtlinie nach der Feststellung[826], daß diese „ultra vires“ erlassen wurde, nicht mehr in deutsches Recht umgewandelt werden, weil die deutschen Staatsorgane und damit auch der nationale Gesetzgeber aufgrund des fehlenden Rechtsanwendungsbefehls nicht mehr zur Umsetzung verpflichtet bzw. befugt ist. Gleichwohl heißt das nicht, daß ein bereits existierender nationaler Umsetzungsakt bzw. eine dennoch erfolgte Umsetzung mit der Feststellung der Unanwendbarkeit der Richtlinie gleichfalls jegliche Wirkkraft verliert. Insoweit ist die Entscheidung darüber, ob die nationale Norm beibehalten, abgeändert oder aufgehoben wird, dem nationalen Gesetzgeber zu überlassen. Diese Situation ist zu unterscheiden von derjenigen eines „ultra vires“ ergangenen unmittelbar anwendbaren Sekundärrechtsakts. Denn bei diesem läßt sich die Unanwendbarkeit des Rechtsakts in Deutschland mit der fehlenden Legitimation der Hoheitsgewalt, die den Rechtsakt erlassen hat, begründen, während dies bei einem nationalen Umsetzungsakt nicht der Fall ist. Diese Differenzierung ist auch sachgerecht. Denn erkennt der Gesetzgeber, daß ein von ihm bereits in nationales Recht umgesetzter Gemeinschaftsrechtsakt von der Hoheitsgewalt der Gemeinschaft nicht

---

823 Ebenso Röttinger, EuZW 1993, S. 117 (120).

824 Daß es solche „Fälle ohne Gemeinschaftsbezug“ gibt, die von den mitgliedstaatlichen Gerichten allein und nur mit innerstaatlichem Recht bewältigt werden können, erkennt, wenn auch mit anderen Folgerungen, Nicolaysen, EuR 1989, S. 215 (220 f.).

825 Vgl. hierzu oben S. 147.

826 Es kann hier dahingestellt bleiben, ob nur der EuGH oder daneben auch das BVerfG zu dieser Feststellung berufen ist.

gedeckt ist, so ist es interessengerecht, wenn es in das Ermessen des nationalen Gesetzgebers gestellt wird, ob er den nationalen Umsetzungsakt, dessen Anwendung sich in Deutschland ja vielleicht schon lange bewährt hat, beibehält oder diesen aufhebt. Mit Bleckmann kann daher festgestellt werden:

> „Fraglich ist dagegen die Rechtswidrigkeit des nationalen Vollzugs europarechtswidrigen Europarechts. Ein solcher Vollzug ist jedenfalls dann nicht rechtswidrig, wenn er nach deutschem, vom Europarecht nicht verdrängten, Recht rechtmäßig ist. So kann etwa der deutsche Gesetzgeber nach deutschem Recht den europäischen Direktiven entsprechende Niederlassungsrechte auch dann gewähren, wenn die europäischen Richtlinien rechtswidrig wären. Allerdings ist es auch möglich, daß das deutsche Gesetz, das nur die Richtlinien durchführen wollte, mit der Nichtigkeit der Richtlinien selbst außer Kraft tritt, so daß auf das deutsche Gesetz gestützte deutsche Verwaltungsakte rechtswidrig wären, wenn sie einer gesetzlichen Grundlage bedürften".[827]

Dementsprechend ist eine Interpretation des Urteils des Bundesverfassungsgerichts zur „Tabakrichtlinie"[828] dergestalt, daß sich die Gültigkeit der Richtlinie auf das Ergebnis der verfassungsrechtlichen Prüfung der nationalen Umsetzungsnorm auswirkt, zumindest für den hier interessierenden Bereich eines Handelns „ultra vires" der Gemeinschaft abzulehnen.

Die Annahme, daß die Primärrechtswidrigkeit bzw. die Nichtigerklärung einer EG-Richtlinie notwendig und stets auch die Rechtswidrigkeit oder Nichtigkeit der deutschen Umsetzungsnorm zur Folge habe, würde die Unterscheidung zwischen der Legitimationsgrundlage deutscher Umsetzungsgesetze und der gemeinschaftsrechtlichen Veranlassung verkennen. Darüber hinaus sprechen gegen diese Ansicht auch rechtspraktische Erwägungen. Es ist nur schwer nachzuvollziehen, wieso eine (nationale) Rechtsnorm, die einst zur Umsetzung einer Richtlinie ergangen ist und sich über Jahre hinweg bewährt hat, nur deswegen rechtswidrig und nicht mehr anwendbar sein soll, weil sich u.U. erst Jahre später herausstellt, daß die dieser nationalen Norm zugrundeliegende Richtlinie wegen einer Kompetenzüberschreitung der Gemeinschaft primärrechtswidrig (und damit auch verfassungswidrig) ist, bzw. vom EuGH für nichtig erklärt wurde. Völlig ad absurdum geführt wird diese Konsequenz jedoch dann, wenn bereits bei Erlaß der (primärrechtswidrigen) Richtlinie eine deutsche Norm existiert, die die in der Richtlinie gemeinschaftsrechtlich verpflichtenden Vorgaben bereits erfüllt, so daß eine separate Richtlinienumsetzung nicht notwendig war. Sollte auch eine solche nationale Norm nunmehr rechtswidrig und folglich nicht mehr anwendbar sein? Und, falls in diesem Fall nicht, kann die oftmals vom Zufall abhängige Frage, ob die nationale Norm vor oder nach Erlaß der EG-Richtlinie erlassen wurde, über das Schicksal der nationalen Norm entscheiden? Insoweit stößt diese Ansicht auf ernsthafte Bedenken.

---

827 Bleckmann, Europarecht, Rn. 712.
828 BVerfG, NJW 1997, S. 2871 ff.

Somit bleibt festzuhalten, daß die Rechtswidrigkeit bzw. die Nichtigerklärung einer Richtlinie nicht zugleich die Rechtswidrigkeit bzw. Nichtigkeit des nationalen Umsetzungsgesetzes zur Folge hat.[829] Folge der Nichtigerklärung durch den EuGH gem. Art. 231 Abs. 1 EGV ist zunächst allein, daß ihre Verbindlichkeit für die Mitgliedstaaten und damit die gemeinschaftsrechtliche Pflicht der Mitgliedstaaten zur innerstaatlichen Umsetzung bzw. Beachtung entfällt. Der nationale Gesetzgeber (und mit ihm alle anderen Staatsorgane) ist damit an die Vorgaben der Richtlinie nicht mehr gebunden. Dementsprechend ist der Gesetzgeber „frei", das zur Umsetzung der Richtlinie ergangene Umsetzungsrecht aufzuheben, abzuändern, aber auch, dieses beizubehalten. Etwas anderes gilt nur dann, wenn der EuGH in (analoger) Anwendung des Art. 231 Abs. 2 EGV bestimmt, daß einzelne Bestimmungen einer für nichtig erklärten Richtlinie bis zur Neuregelung durch die zuständigen Gemeinschaftsorgane vorübergehend als fortgeltend zu betrachten sind.[830]

Welche Rechtsfolgen sich aus der Nichtigerklärung einer Richtlinie für das deutsche Umsetzungsgesetz ergeben, insbesondere ob auch dessen Anwendungsbefehl kraft deutschen Verfassungsrechts gem. Art. 20 Abs. 3 GG entfällt, ist zunächst eine Frage des deutschen Rechts. Hierbei ist davon auszugehen, daß das deutsche Umsetzungsgesetz grundsätzlich in Kraft bleibt.[831] Dies ist auch sachgerecht, da dadurch der Gesetzgeber entsprechend seiner exklusiven Verantwortung für die Ausgestaltung des Rechts für jeden Einzelfall entscheiden kann, wie mit der deutschen Umsetzungsnorm zu verfahren ist.

Damit bleibt festzuhalten, daß es zwar grundsätzlich möglich ist, die Verfassungsgemäßheit nationaler Umsetzungsnormen in den dafür vorgesehenen Verfahren bundesverfassungsgerichtlich prüfen zu lassen. Ein Handeln „ultra vires" der Gemeinschaft bei Erlaß des ausführungsbedürftigen Sekundärrechtsakts kann jedoch nicht im Wege der Überprüfung der nationalen Umsetzungsnorm verfassungsgerichtlich festgestellt werden. Denn für die Verfassungsgemäßheit des nationalen Umsetzungsaktes ist es irrelevant, ob die Gemeinschaft sich bei Erlaß der Umsetzungsnorm innerhalb ihrer Zuständigkeitsgrenzen bewegt hat. Dies ist nicht Prüfungsgegenstand der verfassungsgerichtlichen Kontrolle des nationalen Umsetzungsaktes. Dementsprechend kann es dahingestellt bleiben, ob der Prüfungsmaßstab, den das Bundesverfassungsgericht an die Umsetzungsnorm anzulegen hat, vollständiger oder lediglich eingeschränkter Natur ist. Dies ist lediglich für die Vereinbarkeit der nationalen Umsetzungsnorm mit deutschen Grundrechten von Interesse, da sich die Grundrechtswidrigkeit des ausführungsbedürftigen Gemeinschaftsrechtsaktes auch auf den Inhalt der nationalen Umsetzungsnorm auswirken kann, was, wie dargelegt, bei „ultra vires"-Sekundärrechtsakten der Europäischen Gemeinschaft gerade nicht der Fall ist.

---

829 Ebenso Nicolaysen, EuR 1989, S. 215 (222 f.); Steindorff, EG-Kompetenzen, S. 110.

830 Vgl. EuGH, Rs. C-295/90, Europäisches Parlament/Rat, Slg. 1992, I-4193; siehe hierzu auch Röttinger, EuZW 1993, S. 117 ff.; freilich wird das bei einem Handeln „ultra vires" der Gemeinschaft nur schwerlich möglich sein, da dieses nur dann vorliegt, wenn die geregelte Materie überhaupt nicht in die Gemeinschaftskompetenz fällt.

831 Zu den hier nicht weiter interessierenden Ausnahmen siehe Hutka, Prüfungs- und Verwerfungskompetenz, S. 335, insb. Fn. 1229.

dd) Ergebnis

Die Prüfung einer nationalen Umsetzungsnorm auf ein Handeln „ultra vires" der Gemeinschaft bei Erlaß des der nationalen Umsetzungsnorm zugrundeliegenden ausführungsbedürftigen Gemeinschaftsrechtsaktes ist nicht möglich.

2. Administrative Vollzugsakte

Das Gemeinschaftsrecht wird nur in den seltensten Fällen von den Gemeinschaftsorganen selbst vollzogen.[832] Abgesehen von den Fällen, in denen diese Art der Vollziehung im primären Gemeinschaftsrecht vorgesehen ist oder durch sekundäres Gemeinschaftsrecht eingeführt wird, sind es die Mitgliedstaaten die das Gemeinschaftsrecht vollziehen. Soweit das primäre und sekundäre Gemeinschaftsrecht unmittelbar anwendbar ist, wird es von den nationalen Behörden als Gemeinschaftsrecht vollzogen (sog. unmittelbare mitgliedstaatliche Vollziehung[833]). Aber auch soweit das Gemeinschaftsrecht nationaler Ausführungsnormen bedarf, die nationalen Behörden also nationales Recht vollziehen (sog. mittelbare mitgliedstaatliche Vollziehung[834]), geht der gemeinschaftsrechtliche Bezug nicht verloren. Denn die nationale Vollziehung muß die gemeinschaftsrechtliche Norm einhalten und in Zweifelsfällen entsprechend dieser handeln, sowie das primäre Gemeinschaftsrecht berücksichtigen.[835]

a) Prüfungsmaßstab

Sowohl bei der unmittelbaren als auch bei der mittelbaren mitgliedstaatlichen Vollziehung handelt es sich um Akte der deutschen öffentlichen Gewalt, die als deutsche Akte grundsätzlich der verfassungsgerichtlichen Kontrolle[836] unterliegen.[837] Dementsprechend können durch einen nationalen Vollzugsakt begründete Verfassungsverstöße auch in den Verfahren vor dem Bundesverfassungsgericht geltend gemacht werden, in denen dann die Wahrung der verfassungsrechtlichen Bindungen überprüft wird.

Im Falle des mittelbar vollzogenen Gemeinschaftsrechts ist bei der Prüfung des nationalen Vollzugsaktes eine Prüfung der Kompetenzeinhaltung der Gemeinschaft bei Erlaß des Gemeinschaftsrechtsaktes nicht möglich. Denn entsprechend des zur Prüfung einer nationalen Umsetzungsnorm Gesagten, ist auch hier einzig die Verfassungsgemäßheit des Vollzugsaktes Verfahrensgegenstand. Dieser wiederum findet

---

832 Vgl. Schweitzer, Die Verwaltung Bd. 17 (1984), S. 137 (139 ff.).

833 So der von Streinz, Bundesverfassungsgerichtlicher Grundrechtsschutz, S. 188, verwendete Begriff.

834 Streinz, ebda., S. 188.

835 Vgl. Streinz, ebda. S. 188.

836 Klagen gegen Vollzugsakte werden vorwiegend vor den allgemeinen oder besonderen Verwaltungsgerichten stattfinden. Gegen die letztinstanzlichen Urteile ist dann die Verfassungsbeschwerde vor dem Bundesverfassungsgericht möglich (Tomuschat, in: Bonner Kommentar, Rn. 98 zu Art. 24 GG; Zuleeg, in: Alternativ GG-Kommentar, Rn. 72 zu Art. 24 GG.

837 Vgl. Huber, AöR Bd. 116 (1991), S. 210 (233f.); Pernice, NJW 1990, S. 2409 (2417); Streinz, a.a.O., S. 188 f. m.w.N., auch zur insoweit vertretenen Minderansicht, daß es sich bei der Vollziehung von Gemeinschaftsrecht nicht um Akte der deutschen öffentlichen Gewalt handele.

seine Legitimationsgrundlage in dem nationalen Ausführungsgesetz. Da das nationale Umsetzungsgesetz, wie im letzten Kapitel dargelegt, trotz seiner Veranlassung durch einen „ultra vires"-Rechtsakt der Gemeinschaft, verfassungsgemäß ist, beruht damit der nationale Vollzugsakt auf einer verfassungsgemäßen Rechtsgrundlage und ist insoweit auch selbst verfassungsgemäß. Die Frage, ob die Europäische Gemeinschaft beim Erlaß des Gemeinschaftsrechtsaktes gegen die Kompetenzgrenzen verstoßen hat, ist hingegen nicht Prüfungsgegenstand des verfassungsgerichtlichen Verfahrens in bezug auf den nationalen Vollzugsakt und kann somit nicht in dem Verfahren geltend gemacht werden.[838] Dementsprechend erübrigt sich auch hier eine Darstellung der möglichen verfassungsgerichtlichen Verfahren in denen ein nationaler Vollzugsakt bundesverfassungsgerichtlich überprüft werden kann, da eine Kontrolle des „ultra vires"-Rechtsaktes der Gemeinschaft in diesem Verfahren nicht möglich ist.

Anders stellt sich die Situation hingegen im Falle des unmittelbaren mitgliedstaatlichen Vollzuges dar. Bei dieser Variante des Vollzuges findet der nationale Vollzugsakt seine unmittelbare Legitimationsgrundlage in dem gemeinschaftlichen Rechtsakt. Zwar handelt es sich auch bei diesem nationalen Vollzugsakt um einen Akt der deutschen öffentlichen Gewalt. Es fehlt insofern jedoch an einer zwischengeschalteten mitgliedstaatlichen Rechtsnorm, die dem Vollzugsakt eine, vom Gemeinschaftsrecht unabhängige, nationale Legitimationsgrundlage verschaffen könnte.

Wenn nun der EuGH die gemeinschaftsrechtliche Rechtsnorm wegen eines „ultra vires"-Handelns der Gemeinschaft bei Erlaß des Rechtsakts in einem der dafür vorgesehenen Rechtsakte für nichtig erklärt, entfällt die für den nationalen Vollzugsakt notwendige Ermächtigungsgrundlage. In diesem Fall wäre das Bundesverfassungsgericht befugt, die Verfassungswidrigkeit des nationalen Vollzugsaktes wegen fehlender Ermächtigungsgrundlage festzustellen. Anderes hat jedoch dann zu gelten, wenn eine solche Nichtigerklärung durch den EuGH trotz des „ultra vires"-Handelns der Gemeinschaft nicht erfolgt. Aus verfassungsrechtlicher Sicht erscheint es zwar durchaus gerechtfertigt, einem nationalen Vollzugsakt, und damit einem Akt der deutschen öffentlichen Gewalt, wegen des „ultra vires"-Handelns der Gemeinschaft bei Erlaß der gemeinschaftsrechtlichen Ermächtigungsgrundlage für den Vollzugsakt für verfassungswidrig zu erklären. Dies kann jedoch nicht hingenommen werden. Denn hier setzt sich trotz der Eigenschaft des nationalen Vollzugsaktes als Akt der deutschen öffentlichen Gewalt wiederum die Bindung der deutschen Organe an die Rechtsprechung des Europäischen Gerichtshofs durch. Denn die gleichen Gründe, die es dem Bundesverfassungsgericht verwehren, gemeinschaftliches Sekundärrecht selbst für Deutschland die Anwendung zu versagen, hindern das Bundesverfassungsgericht auch, die Verfassungswidrigkeit des nationalen Vollzugsaktes festzustellen. Ansonsten könnte das Bundesverfassungsgericht über diesen Umweg die zuvor als nicht hinnehmbar festgestellte direkte Kontrolle gemeinschaftsrechtlichen Sekundärrechts umgehen, indem sie den durch die Gemeinschaftsrechtsnorm legitimierten Vollzugsakt wegen der „ultra vires"-Eigenschaft der Legitimationsgrundlage für verfassungswidrig erklärt. Dies würde dazu führen, daß das Bundesverfassungsgericht indirekt die Anwendung des Gemeinschaftsrechts in Deutschland doch ver-

---

[838] Vgl. insoweit oben S. 175 ff.

hindern könnte, wenn es die zur Vollziehung des Gemeinschaftsrechts notwendigen nationalen Vollzugsakte für verfassungswidrig erklären könnte. Daß diese Befugnis dem Bundesverfassungsgericht nicht zusteht, wurde oben bei der bundesverfassungsgerichtlichen Kontrolle des Gemeinschaftsrechts selbst ausführlich dargelegt. An diesem Verbot ändert in diesem Fall auch nicht, daß der nationale Vollzugsakt ein Akt der deutschen öffentlichen Gewalt ist und damit grundsätzlich der verfassungsgerichtlichen Kontrolle des Bundesverfassungsgerichts unterliegt. Nicht verboten ist es dem Bundesverfassungsgericht hingegen, einen solchen Vollzugsakt wegen anderer, nicht in dem „ultra vires"-Handeln der Gemeinschaft bei Erlaß der gemeinschaftsrechtlichen Legitimationsgrundlage begründeten, Mängeln für verfassungswidrig zu erklären.

b) Ergebnis

Es ist dem Bundesverfassungsgericht sowohl bei der unmittelbaren als auch bei der mittelbaren Vollziehung verwehrt, nationale Vollzugsakte deshalb für verfassungswidrig zu erklären, weil die Europäische Gemeinschaft bei Erlaß des zu vollziehenden Gemeinschaftsrechts „ultra vires" gehandelt hat. Bei der mittelbaren mitgliedstaatlichen Vollziehung scheitert dies bereits daran, daß der nationale Vollzugsakt seine Legitimationsgrundlage in einer nationalen Ausführungsnorm findet, die insoweit vom Gemeinschaftsrecht unabhängig ist, als ihre Verfassungsgemäßheit nicht von der Verfassungsgemäßheit der Gemeinschaftsrechtsnorm abhängt.

Bei der unmittelbaren mitgliedstaatlichen Vollziehung findet der nationale Vollzugsakt seine Legitimationsgrundlage hingegen im Gemeinschaftsrecht. Dies hat zur Folge, daß er dann, wenn der EuGH die gemeinschaftsrechtliche Norm für nichtig erklärt hat, seine Ermächtigungsgrundlage verliert und dann als Akt der deutschen öffentlichen Gewalt durch das Bundesverfassungsgericht auch für verfassungswidrig erklärt werden darf. Wenn der EuGH jedoch zu der Ansicht gelangt, daß die Gemeinschaftsrechtsnorm von der Zuständigkeit der Gemeinschaft gedeckt ist, bzw. er noch nicht über die Gemeinschaftsrechtskonformität der Gemeinschaftsrechtsnorm entschieden hat, ist es dem Bundesverfassungsgericht verwehrt, den nationalen Vollzugsakt wegen eines seiner Auffassung nach vorliegenden „ultra vires"-Handelns der Gemeinschaft bei Erlaß der Gemeinschaftsrechtsnorm für verfassungswidrig zu erklären.

C. Ergebnis

Die Prüfung einer nationalen Umsetzungsnorm auf ein Handeln „ultra vires" der Gemeinschaft bei Erlaß des der nationalen Umsetzungsnorm zugrundeliegenden ausführungsbedürftigen Gemeinschaftsrechtsaktes ist nicht möglich.

Ebenso ist es dem Bundesverfassungsgericht sowohl bei der unmittelbaren als auch bei der mittelbaren Vollziehung von Gemeinschaftsrecht verwehrt, nationale Vollzugsakte deshalb für verfassungswidrig zu erklären, weil die Europäische Gemeinschaft bei Erlaß des zu vollziehenden Gemeinschaftsrechtsaktes „ultra vires" gehandelt hat. Etwas anderes gilt bei der unmittelbaren mitgliedstaatlichen Vollziehung dann, wenn der EuGH die gemeinschaftsrechtliche Norm für nichtig erklärt hat, da der nationale Vollzugsakt dadurch seine Ermächtigungsgrundlage verliert und in diesem Fall als Akt der deutschen öffentlichen Gewalt durch das Bundesverfassungsgericht auch für verfassungswidrig erklärt werden darf.

3. Kapitel

Bundesverfassungsgerichtliche Kontrolle der Mitwirkung der Vertreter der Bundesrepublik Deutschland im Rat der Europäischen Union

Es wurde bisher aufgezeigt, daß lediglich über die Kontrolle des Zustimmungsgesetzes eine indirekte Rechtsschutzmöglichkeit vor dem Bundesverfassungsgericht besteht, „ultra vires"-Rechtsakte der Europäischen Gemeinschaft verfassungsgerichtlich zu überprüfen.[839] Da die deutschen Staatsorgane nicht nur an der innerstaatlichen Umsetzung von Gemeinschaftsrechtsakten, sondern auch an deren Begründung beteiligt sind, wird daher teilweise geltend gemacht, daß eine verfassungsgerichtliche Prüfung von Sekundärrechtsakten bereits im Rechtsetzungsverfahren möglich sein müsse.[840] Begründet wird dies damit, daß sich dort die letzte Möglichkeit biete, vor der Verabschiedung des Rechtsaktes nationale verfassungsrechtliche Maßstäbe einzubringen und geltend zu machen.

Dementsprechend ist zu prüfen, ob und inwieweit die Mitwirkung deutscher Staatsorgane beim Entstehen von „ultra vires"-Gemeinschaftsrecht der bundesverfassungsgerichtlichen Kontrolle unterliegt.[841] Wenn eine derartige Kontrolle zu bejahen wäre, so könnte dies, insbesondere wenn insoweit einstweiliger Rechtsschutz vor dem Bundesverfassungsgericht erlangt werden kann[842], die mißliche Situation verhindern, daß „ultra vires"-Gemeinschaftsrecht überhaupt erst entsteht.

A. Mitwirkungsformen nationaler Organe

Deutsche Staatsorgane wirken sowohl bei der Begründung von Primärrecht als auch an der Begründung von Sekundärrecht mit. Das Primärrecht wurde und wird durch völkerrechtliche Verträge zwischen den Mitgliedstaaten begründet[843] und kann auch nur durch solche Verträge geändert werden. Auch an dem Zustandekommen des gemeinschaftlichen Sekundärrechts sind nationale Organe beteiligt, nämlich die Regierungen der einzelnen Mitgliedstaaten, die den Europäischen Rat bilden. In diesem Rahmen besteht die Möglichkeit, vor der Entstehung verbindlichen Gemeinschaftsrechts nationale Vorstellungen und damit auch die Maßstäbe nationaler Verfassungen einzubringen. Dies ist auch gemeinschaftsrechtlich zulässig, da in Abkehr vom EGKS-Vertrag ein aus weisungsgebundenen Regierungsvertretern zusammengesetzter Rat als Hauptrechtsetzungsorgan der Europäischen Gemeinschaften einge-

---

839 Vgl. hierzu oben S. 161 ff.

840 Scholz, NJW 1990, S. 941 (945); Friauf, in: Friauf/Scholz, Europarecht und Grundgesetz, S. 11 ff; Streinz, Bundesverfassungsgerichtliche Kontrolle, passim; ders., Bundesverfassungsgerichtlicher Grundrechtsschutz, S. 206 ff.

841 Unter Mitwirkung wird im folgenden lediglich die ratsinterne Mitwirkung der deutschen Vertreter und nicht die externen staatlichen Mitwirkungsakte bei der Ausführung des Gemeinschaftsrechts verstanden.

842 Siehe zur Möglichkeit der Gewährung einstweiligen Rechtsschutzes durch das Bundesverfassungsgericht unten S. 197 ff.

843 Ipsen, in: Isensee/Kirchhof (Hrsg.), Handbuch des Staatsrechts, Bd. VII, § 181 Rn. 1.

richtet wurde.[844] Dies entsprang der Erkenntnis, daß die Europäischen Gemeinschaften in den wichtigen Fragen vom Willen der Mitgliedstaaten getragen sein müssen. Die Grenze ist dabei die aus Art. 10 Abs. 1 EGV folgende Pflicht zu konstruktiver Zusammenarbeit, die auch gegenseitige Rücksichtnahme und Kompromißbereitschaft erfordert.

B. Bundesverfassungsgerichtliche Rechtsschutzmöglichkeiten

Es bleibt zu prüfen, ob und wenn ja in welchen Verfahren eine bundesverfassungsgerichtliche Kontrolle über die deutsche Mitwirkung im Rat erreicht werden kann.

1. Rechtsprechung des Bundesverfassungsgerichts

Das Bundesverfassungsgericht hat sich bisher in vier Verfahren mit der bundesverfassungsgerichtlichen Kontrolle der Mitwirkung der Bundesregierung an der Entstehung sekundären Gemeinschaftsrechts bzw. der Zustimmung des deutschen Vertreters im Rat zu solchem Gemeinschaftsrecht befaßt.

a) Der erste Beschluß zur EG-"Tabakrichtlinie"

In seinem ersten Beschluß zur „Tabakrichtlinie"[845] hat das Bundesverfassungsgericht zwar die Möglichkeit bejaht, das zur Umsetzung einer Richtlinie ergangene deutsche Ausführungsrecht einer verfassungsgerichtlichen Überprüfung zu unterziehen. Das Gericht hat es aber gleichzeitig abgelehnt, im Wege der einstweiligen Anordnung nach § 32 BVerfGG der Bundesregierung im Rat die Zustimmung zu dieser Gemeinschafts-Richtlinie zu untersagen, weil die beabsichtigte Verfassungsbeschwerde gegen die Mitwirkung der Bundesregierung an der Entstehung sekundären Gemeinschaftsrechts unzulässig sei. Die Unzulässigkeit folge daraus, daß die Zustimmung der Bundesregierung (zum Gemeinsamen Standpunkt des Rates) kein den Antragsteller unmittelbar beschwerender Hoheitsakt sei. Weiter führt das Bundesverfassungsgericht aus:

> „Die Mitwirkung der Bundesregierung ist kein Akt öffentlicher Gewalt gegenüber den Antragstellern, sondern trägt lediglich zum Entstehen einer Richtlinie bei, die erst nach Inkrafttreten und nach ihrer Umsetzung in nationales Recht die Antragsteller beschwert. Die Verfassungsbeschwerde wäre auch nicht im Hinblick darauf zulässig, daß die Zustimmung als Akt der deutschen Hoheitsgewalt die bestimmende Ursache der geltend gemachten Grundrechtsverletzung sein könnte. Mag auch die Zustimmung der letzte von der deutschen Staatsgewalt gesetzte Mitwirkungsakt für eine - möglicherweise Grundrechte verletzende – Richtlinie sein, so erreichen die Regelungen der Richtlinie den Grundrechtsträger doch erst

---

[844] Dazu bereits Friauf, Die Staatenvertretung in supranationalen Gemeinschaften, S. 7 f. und passim.

[845] BVerfG, NJW 1990, S. 974.

> durch einen selbständig angreifbaren Rechtsetzungsakt der deutschen Staatsgewalt."[846]

b) Feinschnittrollen-Beschluß

In einem Urteil aus dem Jahre 1992[847], in dem wiederum die Zustimmung der Bundesregierung zu einem Richtlinienvorschlag der Kommission Verfahrensgegenstand war, stellte das Bundesverfassungsgericht erneut die Unzulässigkeit einer Verfassungsbeschwerde gegen die Mitwirkung der Bundesregierung an der Entstehung gemeinschaftsrechtlichen Sekundärrechts fest und bestätigte seine Rechtsprechung aus dem „Tabakrichtlinien"-Beschluß. Unter ausdrücklicher Berufung auf diesen stellte es fest, daß die Zustimmung der Bundesregierung zu gemeinschaftsrechtlichem Sekundärrecht keinen die Beschwerdeführerin unmittelbar beschwerenden Hoheitsakt darstelle, da sie kein Akt öffentlicher Gewalt gegenüber der Beschwerdeführerin sei, sondern lediglich zum Entstehen einer Richtlinie beitrage, die erst nach ihrem Inkrafttreten und nach ihrer Umsetzung in nationales Recht die Beschwerdeführerin beschweren könne.[848] Im Unterschied zum „Tabakrichtlinien"-Beschluß war der Streitgegenstand in diesem Verfahren jedoch insoweit anders gelagert, als nach dem Vortrag der Beschwerdeführerin die zukünftige Richtlinie dem deutschen Gesetzgeber bei der Umsetzung keinen Spielraum beließ. Da die Bundesregierung ihre Zustimmung zu dieser Richtlinie jedoch von der Gewährung einer Übergangsfrist für die Bundesrepublik Deutschland abhängig gemacht habe, bestand nach Auffassung des Bundesverfassungsgerichts in diesem Rahmen die Möglichkeit, etwaigen verfassungsrechtlichen Rechtspositionen der Beschwerdeführerin Rechnung zu tragen. Ob der Gesetzgeber diese Rechte beachtet habe, unterliege nach Verabschiedung des deutschen Umsetzungsaktes in vollem Umfang der bundesverfassungsgerichtlichen Überprüfung.[849]

c) Beschluß zur EG-„Fernsehrichtlinie"

Im selben Jahr wie die Entscheidung zur „Tabakrichtlinie" wies das Bundesverfassungsgericht im Verfahren gegen die EG-„Fernsehrichtlinie" den Antrag auf Erlaß einer einstweiligen Anordnung auf Feststellung zurück, die Bundesregierung habe durch ihre beschlossene grundsätzliche Zustimmung zu dieser Richtlinie die Rechte des Freistaates Bayern verletzt. Das Bundesverfassungsgericht wies den Antrag jedoch nicht als unzulässig zurück, sondern im Rahmen der Folgenabwägung der Entscheidungsalternativen.[850] Insoweit stellte das Bundesverfassungsgericht insbesondere darauf ab, die Bundesregierung könne

> „ihren integrationspolitischen Handlungsspielraum ohne die einstweilige Anordnung situationsgerecht in den Beratungen (im Rat; der Verfasser) nutzen".[851]

---

846 BVerfG, a.a.O., S. 974.
847 BVerfG, DÖV 1992, S. 1010.
848 BVerfG, ebda., S. 1010.
849 BVerfG, ebda., S. 1010.
850 Vgl. Scholz, in: Friauf/Scholz, Europarecht und Grundgesetz, S. 53 (58).
851 BVerfG, EuR 1989, 166 (170).

d) Urteil zur EG-„Fernsehrichtlinie"

In seinem Urteil zur „Fernsehrichtlinie"[852] hat das Bundesverfassungsgericht dann in einem Bund-Länder-Streitverfahren über Zulässigkeit und Begründetheit der seitens der antragstellenden Bayerischen Staatsregierung begehrten Feststellung, durch die Zustimmung der Bundesregierung zur EG-„Fernsehrichtlinie" in ihren Rechten verletzt worden zu sein sowie über die Zulässigkeit der weiteren Anträge befunden, die „Fernsehrichtlinie" im Bereich der Bundesrepublik für nicht anwendbar zu erklären, bzw. festzustellen, daß Bayern diese Richtlinie nicht umsetzen müsse.

Die letzteren zwei Anträge wies das Bundesverfassungsgericht unter Heranziehung des Maßnahmeerfordernisses nach §§ 64, 69 BVerfGG als unzulässig zurück. Wörtlich führt es insoweit aus:

> „Geht es um die Setzung von Rechtsakten der EWG, die durch ihren Anwendungsvorrang die Ausübung der innerstaatlichen Kompetenzen beschränken, so ist es nicht der europäische Rechtsakt, der als Maßnahme i.S. der §§ 64, 69 BVerfGG dem Bund zugerechnet werden kann. Diesen zu erlassen oder nicht zu erlassen steht nicht in der Rechtsmacht des Bundes, sondern in der der EWG. Die Mitgliedschaft der Bundesrepublik Deutschland in der EWG vermittelt allerdings dem Bund Beteiligungs- und Mitwirkungsrechte innerhalb der Gemeinschaft und ihrer Organe. Sie stehen dem Bund auch dann zu, wenn der Rechtsakt Kompetenzen der Länder berührt. Die Wahrnehmung dieser Mitwirkungsrechte durch die Bundesregierung kann eine im Organstreitverfahren angreifbare Maßnahme sein."[853]

Hinsichtlich der vorgetragenen Rechtsverletzung durch die Zustimmung der Bundesregierung bejahte das Bundesverfassungsgericht eine Rechtsverletzung der Antragstellerin. In bezug auf die in der „Fernsehrichtlinie" besonders umstrittene Quotenregelung habe die Bundesregierung durch die Art der Wahrnehmung der Mitgliedstaatsrechte der Bundesrepublik Deutschland im Rat die Rechte der Bundesländer verletzt, da sie den gemeinsam mit den Ländern entwickelten Rechtsstandpunkt, der Gemeinschaft fehle diesbezüglich eine Kompetenz gem. Art. 47 i.V.m. 55 EGV, nicht konsequent vertreten habe.[854] Denn nach den in dieser Entscheidung erstmals näher festgelegten verfassungsrechtlichen Maßstäben für die Sachwaltereigenschaft des Bundes für die Länder, wenn diese innerstaatlich die Rechtsetzungskompetenz besitzen, sei es der Bundesregierung nicht gestattet, sich über den gemeinsamen Standpunkt hinwegzusetzen, auch wenn sie der Auffassung sei, daß der gemeinschaftsrechtliche Eingriff in die Gesetzgebungszuständigkeit der Länder dadurch abgemildert werde bzw. dadurch ein gemeinschaftsrechtlicher Kompromiß über den Inhalt des Gemeinschaftsrechts erzielt werde, der den Vorstellungen der Länder über den Inhalt der Regelung entgegenkomme. Vielmehr habe es ihr darum zu ge-

---

852 BVerfG, EuZW 1995, S. 277 ff. m. Anm. Häde = JZ 1995, S. 669 ff. m. Anm. Zuleeg; vgl. auch: Pechstein, Jura 1995, S. 581 ff.

853 BVerfG, EuZW 1995, S. 277 (279).

854 BVerfGE 92, 203 (243).

hen, den Eingriff gänzlich zu vermeiden.[855] Nur dann, wenn ausnahmsweise zwingende außen- und integrationspolitische Gründe es der Bundesregierung angezeigt erscheinen lassen, den gemeinsamen Standpunkt zum Nachteil der Länder zu revidieren, könne insoweit etwas anderes gelten. Doch selbst in diesem Fall sei die Bundesregierung verpflichtet, frühzeitig die Verständigung mit dem Bundesrat zu suchen.[856] Andererseits verlangt das Bundesverfassungsgericht jedoch nicht, daß sich die Bundesregierung im Falle eines übereinstimmend angenommenen Fehlens einer Gemeinschaftskompetenz der Beteiligung an den Beratungen auf der Gemeinschaftsebene gänzlich enthalten muß. Vielmehr sei sie verpflichtet, sich mit den ihr zur Verfügung stehenden Mitteln für ein kompetenzgemäßes Verhalten der Gemeinschaftsorgane einzusetzen, wobei sie sich für den Fall, daß das Gemeinschaftsrecht eine Mehrheitsentscheidung vorsehe, diese aber das Verfassungsprinzip der Bundesstaatlichkeit verletzen würde, nötigenfalls auf das aus der Gemeinschaftstreue folgende Gebot der wechselseitigen Rücksichtnahme berufen müsse.[857] Falls gleichwohl eine kompetenzrechtlich nicht gedeckte, die Gesetzgebungszuständigkeit der Länder beeinträchtigende Regelung verabschiedet würde, so setze sich auch nach deren Erlaß die Pflicht der Bundesregierung fort, für eine Aufhebung bzw. verfassungskonforme Änderung des Rechtsaktes einzutreten.[858] Einzig für den Fall, daß das Bestehen oder die Reichweite der Gemeinschaftskompetenz zwischen der Bundesregierung und den Ländern streitig sei, dürfe die Bundesregierung von dem Rechtsstandpunkt des Bundesrates abweichen, und zwar dann, wenn ihre Rechtsauffassung mit einer gefestigten Vertragsauslegung des Europäischen Gerichtshofs in Einklang stehe.[859]

2. Auffassungen in der Literatur

a) Verfassungsbindung des deutschen Vertreters im Rat

In der Literatur wird von einer stark vertretenen Ansicht eine verfassungsgerichtliche Kontrolle der deutschen Mitwirkung am Entstehen von Gemeinschaftsrecht befürwortet.[860] Begründet wird dies vorwiegend damit, daß nach der Solange II - Rechtsprechung des Bundesverfassungsgerichts die Möglichkeit, Rechtsschutz gegen gemeinschaftsrechtliches Sekundärrecht vor dem Bundesverfassungsgericht zu erlangen, nur sehr eingeschränkt möglich sei. Da zudem die Rechtsschutzmöglichkeiten vor dem EuGH nur recht schwach ausgebildet seien, gebiete es Art. 19 Abs. 4 GG, wenigstens die Mitwirkung der nationalen Staatsorgane bei der Entstehung des Sekundärrechts verfassungsgerichtlich überprüfen lassen zu können.[861] Eine solche verfassungsgerichtliche Kontrolle der Bundesregierung bzw. ihres Vertreters bei der

---

855 BVerfG, ebda., 203 (236).
856 BVerfG, ebda., 203 (236 f.).
857 BVerfG, ebda., 203 (237).
858 BVerfG, ebda., 203 (237).
859 BVerfG, ebda., 203 (237 f.).
860 Vgl. Rengeling, Rechtsschutz in der EU, Rn. 1053 ff.; Streinz, Bundesverfassungsgerichtlicher Grundrechtsschutz, S. 208 ff.; ders., Bundesverfassungsgerichtliche Kontrolle, S. 54 ff.; ders., in: Isensee/Kirchhof (Hrsg.), Handbuch des Staatsrechts, Bd. VII, § 182 Rn. 49; ebenso Friauf, in: Friauf/Scholz, Europarecht und Grundgesetz, S. 11 (41 ff.); ebenso Scholz, ebda., S. 53 (92 ff.).
861 Vgl. Scholz, in: Friauf/Scholz, Europarecht und Grundgesetz, S. 53 (93).

Mitwirkung im Rahmen der Gemeinschaftsorgane sei auch verfassungsrechtlich geboten, da diese bei der Mitwirkung an das nationale Verfassungsrecht gebunden seien.[862] Wenn diese Mitwirkungshandlungen mithin Akte der deutschen Staatsgewalt seien, bestehe kein Grund, diese Mitwirkungshandlungen nicht generell der bundesverfassungsgerichtlichen Überprüfung zu unterziehen.[863] Die Mehrheit dieser Autoren postuliert jedoch keine vollständige Bindung der Vertreter im Rat, sondern nimmt gewisse „Relativierungen" an der Verfassungsbindung vor, um die Kooperationsfähigkeit Deutschlands in der Gemeinschaft zu gewährleisten.[864] Zwar wird der grundsätzlichen Verfassungsbindung zugestimmt und daraus auch gefolgert, daß der deutsche Vertreter im Rat grundsätzlich nur solchen Vorschlägen zustimmen dürfe, die verfassungskonform seien. Dies könne aber nicht ohne Einschränkung gelten. Wenn Art. 24 GG (a. F.) die Möglichkeit einräume, die Rechtsordnung Deutschlands für das Recht der supranationalen Organisation zu öffnen, und die Verfassung damit eine Relativierung der Verfassungsbindung erlaube, so müsse dies auch für den vorgelagerten Entscheidungsprozeß im Rat gelten.[865] Der deutsche Vertreter dürfe danach insoweit von den verfassungsrechtlichen Maßstäben abweichen, als sich die gemeinschaftsrechtliche Zielsetzung nicht auf verfassungskonforme Art erreichen ließe. Dementsprechend könne er unter Umständen befugt sein, im Gemeinschaftsinteresse einer Regelung zuzustimmen, die gemessen am Maßstab der deutschen Verfassung verfassungswidrig sei. Die Grenze verlaufe auch hier wiederum da, wo der Vorbehaltsbereich gem. Art. 79 Abs. 3 GG betroffen ist.[866]

b) Keine Verfassungsbindung des deutschen Vertreters im Rat

Nach einer anderen Ansicht in der Literatur wird der nationale Vertreter im Rat lediglich in seiner Funktion als Mitglied eines Gemeinschaftsorgans tätig. Dementsprechend sei er überhaupt nicht an die mitgliedstaatliche Verfassung gebunden, sondern lediglich an das Gemeinschaftsrecht.[867] Dies wird damit begründet, daß der Rat gem. Art. 7 Abs. 1 EGV ein Gemeinschaftsorgan ist und die Zustimmung des deutschen Vertreters ein Akt der Mitwirkung an gemeinschaftsrechtlichen Normerlaß. Dementsprechend sei der Rechtsetzungsakt und damit auch die Mitwirkung des

---

862 Friauf, in: Friauf/Scholz, Europarecht und Grundgesetz, S. 11 ff., passim; Herdegen, EuGRZ 1989, S. 309 (313 f.); Scholz, in: Friauf/Scholz, Europarecht und Grundgesetz, S. 53 (88 f.); ders., NJW 1990, S. 941 (945 f.); Streinz, Bundesverfassungsgerichtliche Kontrolle, S. 23 ff.; ders., Bundesverfassungsgerichtlicher Grundrechtsschutz, S. 206 ff.; von einer Doppelfunktion des deutschen Vertreters im Rat gehen aus: Harnier, in: G/T/E, EU-Kommentar, Rn. 1 zu Art. 146 EGV; Hilf, EuGRZ 1987, S. 1 (5 f.); Huber, AöR Bd. 116 (1991), S. 210 (230 ff.); Schweitzer, in: Grabitz/Hilf, EU-Kommentar, Rn. 1 f. zu Art. 146 EGV.

863 So Scholz, in: Friauf/Scholz, Europarecht und Grundgesetz, S. 53 (92).

864 Vgl. nur: Huber, ebda., S. 232; Streinz, Bundesverfassungsgerichtliche Kontrolle, S. 26 ff.; a.A.: insoweit konsequent: Friauf, ebda., S. 11 (51).

865 Streinz, Bundesverfassungsgerichtliche Kontrolle, S. 25 ff; Rojahn, in: v. Münch/Kunig, Grundgesetz-Kommentar, Rn. 54 zu Art. 23 GG; Huber, ebda., S. 232; Herdegen, EuGRZ 1989, S. 309 (314); Tomuschat, EuR 1990, S. 344 (347); Klein, VVDStRL Bd. 50 (1991), S. 56 (85); Gersdorf, DVBl. 1994, S. 674 (678).

866 Klein, VVDStRL Bd. 50 (1991), S. 56 (85 f.).

867 Nicolaysen, EuR 1989, S. 215 (218 f.), ders., Europarecht Bd. 1, S. 82; ebenso Heintzen, Der Staat Bd. 31 (1992), S. 367 (384 ff.); Ipsen, EuR 1979, S. 223 (237 f.); Henrichs, EuGRZ 1990, S. 413 (415); dagegen Tomuschat, EuR 1990, S. 340 (346 f.).

deutschen Vertreters nur an das Gemeinschaftsrecht gebunden.[868] Nach dieser Auffassung kann demnach die Vermeidung von Konflikten zwischen dem deutschen Verfassungsrecht und „ultra vires“ erlassenem Gemeinschaftsrecht nicht im Rechtsetzungsverfahren gefunden werden.

c) Stellungnahme

Das Argument, daß direkt gegen gemeinschaftsrechtliches Sekundärrecht im allgemeinen kein Rechtsschutz vor dem Bundesverfassungsgericht gegeben sei, mag für den Bereich des Grundrechtsschutzes wegen des in der Maastricht-Entscheidung eingeführten Kooperationsverhältnisses des Bundesverfassungsgerichts „zu“ dem Europäischen Gerichtshof zutreffen. Für „ultra vires“-Akte der Gemeinschaft hat das Bundesverfassungsgericht in der Maastricht-Entscheidung[869] hingegen deutlich gemacht, daß es sehr wohl gewillt ist, auch im Einzelfall Rechtsschutz gegen Gemeinschaftsrechtsakte zu gewähren.

Gegen das Argument, es handele sich bei den Mitwirkungshandlungen der deutschen Bundesregierung bzw. ihres Vertreters in den Gemeinschaftsorganen um Akte der deutschen öffentlichen Gewalt, läßt sich hingegen schwer etwas sagen, es sei denn, man wollte der insbesondere von Nicolaysen[870] vertretenen Ansicht folgen, wonach die Zustimmung der Bundesregierung im Rat ein Akt der gemeinschaftsrechtlichen, also nicht-deutschen Rechtsetzung sei.[871] Diese Ansicht vernachlässigt jedoch, daß den Vertretern im Rat eine Doppelfunktion zukommt.[872] Als Gemeinschaftsorgan ist der Rat zwar auf die Ziele des EG-Vertrages verpflichtet. Dementsprechend müssen sich die nationalen Vertreter als Teil des Gemeinschaftsorgans dafür einsetzen, das dem nationalen Interesse der Mitgliedstaaten übergeordnete Gemeinschaftsinteresse bei der Rechtsetzung durchzusetzen. Gleichzeitig muß aber auch berücksichtigt werden, daß sich der Rat, im Gegensatz zu der Europäischen Kommission, nicht aus Organwaltern der Gemeinschaft, sondern aus Vertretern der Mitgliedstaaten zusammensetzt, die als Entsandte der Mitgliedstaaten[873] nach Weisung und im Interesse der national zuständigen Staatsorgane tätig werden.[874] Die jeweiligen Abgesandten treten dabei als „verlängerter Arm“ der nationalen Hoheitsgewalt auf.[875] Dementsprechend müssen aufgrund dieser nationalen Rückbindung die Grundsätze auf das Handeln der im Rat auftretenden Vertreter angewandt werden, die für die Ausübung hoheitlicher Befugnisse gelten.[876] Das heißt, daß die Ver-

---

868 Nicolaysen, EuR 1989, S. 215 (218 f.); ders., Europarecht Bd. 1, S. 82.

869 BVerfGE 89, 155 ff.

870 EuR 1989, S. 215 ff.

871 Nicolaysen, ebda., S. 218.

872 Ebenso: Schweitzer, in: Grabitz/Hilf, EU-Kommentar, Rn. 2 zu Art. 146 EGV; Harnier, in: G/T/E, EGV, Rn. 1 zu Art. 146 EGV; Randelzhofer, in: M/D/H/S, GG-Kommentar, Rn. 163 zu Art. 24 Abs. 1 GG; Rickert, Grundrechtsgeltung, S. 187.

873 Schloh, in: Röttinger/Weyringer, Handbuch, S. 134 (135).

874 BVerfGE 51, 222 (239); Schweitzer, in: Grabitz/Hilf, EU-Kommentar, Rn. 2 zu Art. 146 EGV; Harnier, in: G/T/E, EU-Kommentar, Rn. 1 zu Art. 146 EGV; Randelzhofer, in: M/D/H/S, GG-Kommentar, Rn. 163 zu Art. 24 Abs. 1 GG; Streinz, Bundesverfassungsgerichtlicher Grundrechtsschutz, S. 23; Friauf, in: Friauf/Scholz, Europarecht und Grundgesetz, S. 11 (39 f., 42).

875 Herdegen, EuGRZ 1989, S. 309 (313); Bleckmann, Europarecht, Rn. 42.

876 Tomuschat, EuR 1990, S. 340 (347); Bleckmann, Europarecht, Rn. 42; Huber, AöR Bd. 116 (1991), S. 210 (232); Randelzhofer, in: M/D/H/S, GG-Kommentar, Rn. 163 zu Art. 24 Abs. 1 GG.

treter die grundsätzliche Pflicht haben, das nationale Verfassungsrecht zu schützen.[877]

Wenn danach eine Verfassungsbindung des deutschen Vertreters im Rat bei der Mitwirkung an der Rechtsetzung von Gemeinschaftsrecht grundsätzlich zu bejahen ist, so stellt sich weiter die Frage des Maßstabs der Verfassungsbindung und in einem zweiten Schritt auch die Frage, inwieweit diese Mitwirkungshandlungen bundesverfassungsgerichtlich überprüfbar sind.

Bei der Beantwortung dieser Frage ist wiederum Art. 23 GG zu berücksichtigen. Eine reine Bindung des deutschen Vertreters an die Verfassung, wie sie bei rein innerstaatlichem Handeln zwingend ist, kann bei der Mitwirkung an der Entstehung von Gemeinschaftsrecht nicht postuliert werden. Denn wenn das Grundgesetz in Art. 23 GG die Möglichkeit einräumt, die Rechtsordnung der Bundesrepublik für das Recht einer supranationalen Organisation zu öffnen und damit also die Verfassung selbst eine Relativierung der Verfassungsbindung gestattet, so muß dies auch für den vorgelagerten Entscheidungsprozeß gelten.[878] Der Vertreter der Bundesrepublik ist bei der Mitwirkung an der Setzung sekundären Gemeinschaftsrechts deshalb nicht an höhere verfassungsrechtliche Maßstäbe gebunden als die deutschen Organe bei der Ausführung und Vollziehung des Gemeinschaftsrechts. Die verfassungsrechtliche Beurteilung der deutschen Begründungs- und Umsetzungsakte muß nach ein und denselben Maßstäben erfolgen. Diese Einheitlichkeit ist geboten, weil nicht auf der Vollzugsebene blockiert werden darf, was auf der Begründungsebene verfassungskonform erreicht worden ist.[879] Das gleiche muß dann ebenso andersherum gelten. Denn was auf der Vollzugsebene verfassungskonform ist, kann nicht auf der Begründungsebene verfassungswidrig sein. Der deutsche Vertreter darf danach insoweit von den verfassungsrechtlichen Maßstäben abweichen, als sich die gemeinschaftsrechtliche Zielsetzung nicht auf verfassungskonforme Art erreichen läßt. Dementsprechend kann er unter Umständen befugt sein, im Gemeinschaftsinteresse einer Regelung zuzustimmen, die gemessen am Maßstab der deutschen Verfassung verfassungswidrig ist. Die Grenze verläuft auch hier wiederum da, wo der Vorbehaltsbereich gem. Art. 79 Abs. 3 GG betroffen ist.[880]

Als Ergebnis bleibt danach festzuhalten, daß der deutsche Vertreter im Rat, wenn auch nur in den aufgezeigten Grenzen, bei der Mitwirkung an der Rechtsetzung im Rat grundsätzlich der Verfassungsbindung unterliegt. Dementsprechend kann der Zugang zu verfassungsrechtlichem Rechtsschutz gegen die deutsche Mitwirkung im Rat nicht generell verschlossen werden.

---

877 Herdegen, EuGRZ 1989, S. 309 (313); Bleckmann, Europarecht, Rn. 42; Hilf, EuGRZ 1987, S. 1 (5 f.); Scholz, in: Friauf/Scholz, Europarecht und Grundgesetz, S. 53 (92).

878 Streinz, Bundesverfassungsgerichtliche Kontrolle, S. 25 ff; Rojahn, in: v. Münch/Kunig, Grundgesetz-Kommentar, Rn. 54 zu Art. 23 GG; Huber, ebda., S. 232; Herdegen, EuGRZ 1989, S. 309 (314); Tomuschat, EuR 1990, S. 340 (347); Klein, VVDStRL Bd. 50 (1991), S. 56 (85).Gersdorf, DVBl. 1994, S. 674 (678).

879 Vgl. Gersdorf, a.a.O., S. 678; Klein, VVDStRL, Bd. 50 (1991), S. 56 (85); Streinz, Bundesverfassungsgerichtliche Kontrolle, S. 30 ff.; ders., in: Isensee/Kirchhof (Hrsg.), Handbuch des Staatsrechts, Bd. VII, § 182 Rn. 42; ders., Bundesverfassungsgerichtlicher Grundrechtsschutz, S. 271; Tomuschat, in: EuR 1990, S. 340 (343 ff.).

880 Klein, VVDStRL Bd. 50 (1991), S. 56 (85 f.).

3. Verfahrensarten

Es ist danach abschließend zu prüfen, in welchen verfassungsgerichtlichen Verfahren die Mitwirkung der Bundesregierung an der Entstehung gemeinschaftlichen Sekundärrechts überprüft werden kann. Hierzu kommen insbesondere die Verfahren der Verfassungsbeschwerde, das Bund-Länder-Streitverfahren und der Organstreit in Betracht.

a) Individualverfassungsbeschwerde

Als Prüfungsgegenstand einer Verfassungsbeschwerde kommt lediglich das Abstimmungsverhalten des deutschen Vertreters im Rat selbst in Betracht. Der dem Abstimmungsverhalten vorausgehende Kabinettsbeschluß der Bundesregierung, sowie die deutsche Zustimmung zu einem „gemeinsamen Standpunkt" im Verfahren des Art. 251 Abs. 2 UAbs. 2, Abs. 3, Abs. 6, 252 EGV sind hingegen kein geeigneter Prüfungsgegenstand.[881]

Fraglich ist jedoch, ob das Abstimmungsverhalten des deutschen Vertreters im Rat überhaupt Prüfungsgegenstand einer Verfassungsbeschwerde sein kann. Prüfungsgegenstand der Verfassungsbeschwerde kann jeder Akt der deutschen öffentlichen Gewalt sein.[882] Insoweit wäre die dem Rechtsakt erteilte Zustimmung durch den deutschen Vertreter ein, wie oben aufgezeigt, (verfassungsgebundener) Akt deutscher Gewalt, der grundsätzlich der Rechtsprechungsgewalt des Bundesverfassungsgerichts unterliegt.[883] Gleichwohl ergibt sich hinsichtlich der Zulässigkeit einer Verfassungsbeschwerde ein weiteres Problem. Denn der Beschwerdeführer einer Verfassungsbeschwerde muß geltend machen können, durch den Akt der öffentlichen Gewalt selbst, gegenwärtig und unmittelbar in seinen Grundrechten betroffen zu sein. Insbesondere hinsichtlich des Unmittelbarkeitserfordernisses bestehen jedoch ernsthafte Bedenken. Das Bundesverfassungsgericht hat in seinem „Tabakrichtlinien"-Beschluß klargestellt, daß die erteilte Zustimmung zu einer Richtlinie gem. Art. 249 Abs. 3 EGV keinen Akt der deutschen öffentlichen Gewalt darstellt, der den Beschwerdeführer unmittelbar in seinen Grundrechten betrifft. Erst durch einen selbständig angreifbaren Rechtsakt, nämlich die nationale Umsetzungsnorm der Richtlinie, werde der Grundrechtsträger betroffen.[884] Hiergegen wird eingewandt, daß der Angriff gegen die deutsche Zustimmung im Rat für den Beschwerdeführer die letzte Möglichkeit darstellt, die Entstehung eines „ultra vires"-Gemeinschaftsrechtsaktes zu verhindern, zumal gegen den einmal erlassenen

---

881 Insoweit zutreffend Streinz, Bundesverfassungsgerichtliche Kontrolle, S. 36 ff., 59.

882 Nach der Maastricht-Entscheidung sind geeigneter Prüfungsgegenstand einer Verfassungsbeschwerde zudem auch „Akte einer besonderen, von der Staatsgewalt der Mitgliedstaaten geschiedenen öffentlichen Gewalt einer supranationalen Organisation" (BVerfGE, 89, 155 (175); insoweit ist auch nicht auszuschließen, daß das Bundesverfassungsgericht auch den Ratsbeschluß selbst als zulässigen Gegenstand einer Verfassungsbeschwerde ansehen wird, obwohl dieser keinen Akt der deutschen öffentlichen Gewalt darstellt.

883 So Herdegen, EuGRZ 1989, S. 309 (313); Rengeling, Rechtsschutz in der EU, Rn. 1054; Friauf, in: Friauf/Scholz, Europarecht und Grundgesetz, S. 11 (38 ff.); Streinz, Bundesverfassungsgerichtliche Kontrolle, S. 23 f.; a.A. Nicolaysen, EuR 1989, S. 215 (218 f.).

884 Vgl. BVerfG, EuR 1989, S. 270 (272); ebenso Streinz, Bundesverfassungsgerichtliche Kontrolle, S. 52; insoweit zustimmend Nicolaysen, EuR 1989, S. 215 (218).

Rechtsakt verfassungsgerichtlicher Rechtsschutz nach der Solange II - Rechtsprechung und deren Folgerechtsprechung nicht mehr zu erlangen sei.[885] Diese Argumentation trägt jedoch nicht die Begründung der Zulässigkeit einer Verfassungsbeschwerde gegen die deutsche Mitwirkung an der Entstehung gemeinschaftlichen Sekundärrechts. Denn zum einen hat das Bundesverfassungsgericht in seiner Maastricht-Entscheidung betont, daß gegen „ultra vires" erlassenes Gemeinschaftsrecht durchaus die Möglichkeit besteht, bundesverfassungsgerichtlichen Rechtsschutz zu erlangen. Zum zweiten kann die Entstehung des Sekundärrechtsaktes durch die (nachträgliche) Kontrolle des deutschen Zustimmungsaktes nicht verhindert werden. Denn selbst wenn das Bundesverfassungsgericht im Verfassungsbeschwerdeverfahren feststellt, daß die Zustimmung des deutschen Vertreters im Rat zu diesem Rechtsakt unter Verstoß gegen deutsches Verfassungsrecht erfolgte, hindert dies zunächst nicht die Gültigkeit des Ratsbeschlusses und des Rechtsaktes.[886] Danach besteht für den Beschwerdeführer keine Möglichkeit, zumindest durch repressiven verfassungsgerichtlichen Rechtsschutz die Entstehung des Gemeinschaftsrechtsaktes zu verhindern. Insoweit würde dem Beschwerdeführer allein präventiver Rechtsschutz durch einen Antrag auf Erlaß einer einstweiligen Anordnung gegen die Zustimmung des deutschen Vertreters im Rat im Vorwege der Abstimmung helfen können. Dementsprechend hat das Bundesverfassungsgericht im Beschluß zur „Tabakrichtlinie" zur Zulässigkeit einer Verfassungsbeschwerde folgendes festgestellt:

> „Die Verfassungsbeschwerde wäre auch nicht im Hinblick darauf zulässig, daß die Zustimmung als Akt der deutschen Hoheitsgewalt bestimmende Ursache der geltend gemachten Grundrechtsverletzung sein könnte. Mag auch die Zustimmung der letzte von der deutschen Staatsgewalt gesetzte Mitwirkungsakt für eine - möglicherweise Grundrechte verletzende - Richtlinie sein, so erreichen die Regelungen der Richtlinie den Grundrechtsträger doch erst durch einen selbständig angreifbaren Rechtsakt der deutschen Staatsgewalt (...).[887]

Fraglich ist, ob diese Feststellungen auch für die Zustimmung des deutschen Vertreters im Rat zu unmittelbar anwendbarem Sekundärrecht, insbesondere also zu gemeinschaftlichen Verordnungen, gelten. Denn dort gibt es keinen weiteren nationalen Vollzugsakt, der der bundesverfassungsgerichtlichen Kontrolle unterliegen könnte. Hier fallen die angegriffene Zustimmung des deutschen Vertreters im Rat und der Erlaß des den Beschwerdeführer belastenden Rechtsaktes zusammen.[888] In diesem Fall kann der Unmittelbarkeitszusammenhang nicht deshalb verneint werden, weil nicht der Mitwirkungsakt als solcher, sondern erst der unter Mitwirkung des deutschen Vertreters erlassene Rechtsakt in die Sphäre des Grundrechtsträgers eingreift.[889] Ob das Bundesverfassungsgericht gewillt ist, insoweit eine Differenzierung zwischen gemeinschaftsrechtlichen Verordnungen und Richtlinien hinsichtlich der Zulässigkeit einer Verfassungsbeschwerde vorzunehmen, ist fraglich. Denn sowohl

---

885 Vgl. Streinz, Bundesverfassungsgerichtliche Kontrolle, S. 53.

886 Allgemeine Meinung; vgl. schon v. Meibom, DVBl. 1969, S. 437 (441).

887 BVerfG, EuR 1989, S. 270 (272); vgl. auch BVerfG, DÖV 1992, S. 1010.

888 Streinz, Bundesverfassungsgerichtlicher Grundrechtsschutz, S. 208; Rengeling, Rechtsschutz in der EU, Rn. 1056.

889 Vgl. Rengeling, Rechtsschutz in der EU, Rn. 1056.

im Beschluß zur EG-"Tabakrichtlinie"[890], als auch im nachfolgenden Feinschnittrollen-Beschluß[891] hat das Bundesverfassungsgericht festgestellt:

> „Die Verfassungsbeschwerde ist unzulässig. Der Beschwerdeführer kann sich mit der Verfassungsbeschwerde nicht gegen die Mitwirkung der Bundesregierung an der Entstehung sekundären Gemeinschaftsrechts wenden, weil deren Zustimmung keinen sie unmittelbar beschwerenden Hoheitsakt darstellt."[892]

Diese fehlende Unterscheidung zwischen ausführungsbedürftigen und unmittelbar anwendbaren Gemeinschaftsrechtsakten spricht dafür, daß das Bundesverfassungsgericht hinsichtlich der Zulässigkeit einer Verfassungsbeschwerde gegen die Zustimmung des deutschen Vertreters im Rat nicht danach differenziert, ob die Zustimmung zu einer gemeinschaftsrechtlichen Verordnung oder zu einer Richtlinie erfolgte, sondern daß es vielmehr eine Verfassungsbeschwerde gegen die Zustimmung der Bundesregierung zu gemeinschaftlichem Sekundärrecht generell als unzulässig ansieht.

Selbst wenn man hinsichtlich des Unmittelbarkeitserfordernisses jedoch der Auffassung in der Literatur folgen wollte und jedenfalls bei gemeinschaftsrechtlichen Verordnungen das Unmittelbarkeitserfordernis als erfüllt ansehen wollte, so ist damit die Zulässigkeit einer Verfassungsbeschwerde noch nicht zu bejahen. Denn neben dem Problem der Unmittelbarkeit der Betroffenheit bestehen weitere Zweifel am Vorliegen der weiteren Zulässigkeitsmerkmale des Rechtsschutzbedürfnisses[893] sowie der Rechtswegerschöpfung.[894] Am Zulässigkeitskriterium des Rechtsschutzbedürfnisses wird ein Großteil der Verfassungsbeschwerden deshalb scheitern, da, wie bereits festgestellt, mit der repressiven verfassungsrechtlichen Kontrolle der Zustimmung an der Gültigkeit des Rechtsaktes nicht mehr zu rütteln ist.[895]

b) Bund-Länder-Streit

Gemäß Art. 93 Abs. 1 Ziff. 3 GG entscheidet das Bundesverfassungsgericht über Meinungsverschiedenheiten in bezug auf die grundgesetzlich zugewiesenen Rechte und Pflichten von Bund und Ländern.

Zur Zulässigkeit einer Überprüfung der Verfassungsgemäßheit der Mitwirkung der Bundesregierung an der Entstehung gemeinschaftlichen Sekundärrechts im Wege des Bund-Länder-Streitverfahrens hat sich das Bundesverfassungsgericht in seiner

---

[890] BVerfG, DÖV 1992, S. 1010; vgl. auch BVerfG, EuGRZ 1989, S. 339.

[891] BVerfG, EuGRZ 1989, S. 339.

[892] BVerfG, DÖV 1992, S. 1010.

[893] Vgl. hierzu: Rengeling, Rechtsschutz in der EU, Rn. 1057; Streinz, Bundesverfassungsgerichtliche Kontrolle, S. 62 f.

[894] Rengeling, ebda., Rn. 1058; Streinz, ebda., S. 60 f.

[895] Streinz, Bundesverfassungsgerichtlicher Grundrechtsschutz, S. 209; Rengeling, Rechtsschutz in der EU, Rn. 1057; beide Autoren bejahen das Rechtsschutzbedürfnis jedoch hinsichtlich eines in Betracht kommenden Schadensersatzanspruches gegen die Bundesrepublik Deutschland.

Entscheidung zur „Fernsehrichtlinie“[896] ausführlich geäußert. In diesem Urteil hat das Bundesverfassungsgericht deutlich gemacht, daß die Feststellung, die „Fernsehrichtlinie“ sei im Bereich der Bundesrepublik nicht anwendbar bzw. aus dieser Richtlinie erwachse keine Verpflichtung der Bundesländer, diese umzusetzen, nicht im Wege des Bund-Länder-Streitverfahrens möglich ist, da es insoweit an dem Maßnahmeerfordernis nach §§ 64, 69 BVerfGG fehle.[897] Das Bundesverfassungsgericht hat damit verdeutlicht, daß es lediglich gewillt ist, nationale Maßnahmen, wie hier den Kabinettsbeschluß sowie die Zustimmung zu dem Sekundärrechtsakt, zum Gegenstand des Bund-Länder-Streitverfahrens zu machen, nicht hingegen den Rechtsakt der Gemeinschaft selbst. Nur unter der Voraussetzung, daß das Bundesverfassungsgericht eine absolute Pflicht der Bundesregierung zur Verhinderung des Entstehens des Sekundärrechtsaktes angenommen hätte, wäre es überhaupt möglich gewesen, die Unanwendbarkeit des Rechtsaktes in Deutschland im Rahmen der Prüfung der Zustimmung zu dem Rechtsakt festzustellen. Eine derartige Pflicht hat das Bundesverfassungsgericht jedoch letztendlich nicht angenommen.

c) Organstreit

Als Antragsgegner eines Organstreitverfahrens kommen sowohl die Bundesregierung als auch die Bundesminister in Betracht.[898] Die Mitwirkung des deutschen Vertreters im Rat an der Entstehung des Gemeinschaftsrechtsakts kann wiederum der Bundesregierung und den Bundesministern zugerechnet werden.[899]

In diesem Verfahren kann der Bundesrat die ihm durch Art. 23 GG n.F. zuerkannten Mitwirkungsrechte verteidigen. Das gleiche gilt für den in diesem Verfahren ebenfalls beteiligungsfähigen Bundestag, dem durch Art. 23 Abs. 2, 3 GG verfassungsrechtliche Mitbestimmungsmöglichkeiten in Angelegenheiten der Europäischen Union eingeräumt wurden.[900] Daß die Wahrnehmung der Mitwirkungsrechte durch die Bundesregierung eine im Organstreit angreifbare Maßnahme sein kann, hat das Bundesverfassungsgericht in seiner Entscheidung zur „Fernsehrichtlinie“ festgestellt.[901]

Hinsichtlich der Möglichkeit, in einem Organstreitverfahren die Verfassungsgemäßheit der Mitwirkung der Bundesregierung an der Entstehung gemeinschaftlichen Sekundärrechts zu überprüfen, kann hier auf das oben zum Bund-Länder-Streitverfahren Gesagte verwiesen werden. Denn es wäre nicht nachvollziehbar, wenn die vom Bundesverfassungsgericht hinsichtlich des Bund-Länder-

---

896 BVerfG, EuZW 1995, S. 277 ff. m. Anm. Häde = JZ 1995, S. 669 ff. m. Anm. Zuleeg; vgl. auch Pechstein, Jura 1995, S. 581 ff.

897 Siehe hierzu oben S. 153 ff.

898 Der Bundesminister der Finanzen (gem. Art. 112 GG) und der Bundesminister für Verteidigung (gem. 65 a GG) sind bereits durch das Grundgesetz mit eigenen Rechten ausgestattet; auch hinsichtlich der anderen Bundesminister bejaht die ganz überwiegende Meinung die Parteifähigkeit; vgl. hierzu Ulsamer, in: M/Sch/K/U, BVerfGG, Rn. 19 zu § 63 BVerfGG m.w.N.

899 Vgl. Streinz, Bundesverfassungsgerichtliche Kontrolle, S. 63; ders., Bundesverfassungsgerichtlicher Grundrechtsschutz, S. 210.

900 Zur Geltendmachung der in Art. 2 des Zustimmungsgesetzes zu EG-Vertrag und EAG-Vertrag vorgesehenen Mitwirkungsbefugnis, vgl. Streinz, Bundesverfassungsgerichtliche Kontrolle, S. 65.

901 BVerfGE 92, 203 (227).

Streitverfahrens aufgezeigten Grundsätze nicht auch für das Organstreitverfahren Anwendung finden sollten.

Demnach ist davon auszugehen, daß das Bundesverfassungsgericht es als nicht möglich erachtet, in einem Organstreitverfahren geltend zu machen, daß ein Sekundärrechtsakt der Gemeinschaft „ultra vires" und in Deutschland deshalb nicht anwendbar sei.

4. Ergebnis

Bei der Mitwirkung an der Entstehung von gemeinschaftlichen Rechtsakten ist die Bundesregierung bzw. ihr Vertreter im Rat an die Verfassung gebunden. Es besteht insoweit die grundsätzliche Pflicht, nur solchen gemeinschaftlichen Rechtsakten zuzustimmen, die mit der Kompetenzordnung der Europäischen Gemeinschaft in Einklang stehen. Das Bundesverfassungsgericht hat in seiner Entscheidung zur „Fernsehrichtlinie" verdeutlicht, daß es lediglich gewillt ist, nationale Maßnahmen, wie z. B. die Zustimmung zu einem Sekundärrechtsakt, zum Gegenstand einer verfassungsgerichtlichen Überprüfung zu machen, nicht hingegen den Rechtsakt der Gemeinschaft selbst. Das Bundesverfassungsgericht hat ebenfalls festgestellt, daß eine absolute Pflicht der Bundesregierung zur Verhinderung des Entstehens des Sekundärrechtsaktes letztendlich nicht besteht, was jedoch Voraussetzung dafür gewesen wäre, die Unanwendbarkeit eines Gemeinschaftsrechtsaktes in Deutschland im Rahmen der Prüfung der Zustimmung zu dem Rechtsakt festzustellen.

4. Kapitel

Gewährung einstweiligen Rechtsschutzes gegen „ultra vires"-Gemeinschaftsrecht durch das Bundesverfassungsgericht

Oftmals wäre, das hat auch der vorherige Abschnitt gezeigt, lediglich präventiver Rechtsschutz effektiv in der Lage, das Entstehen von „ultra vires"-Gemeinschaftsrecht zu verhindern. Es ist dementsprechend zu prüfen, inwieweit das Bundesverfassungsgericht befugt ist, präventiven Rechtsschutz gegen die Entstehung und die Vollziehung von Gemeinschaftsrecht zu gewähren.

A. Rechtsprechung des Bundesverfassungsgerichts

In mehreren Verfahren mußte sich das Bundesverfassungsgericht mit der Frage auseinandersetzen, ob im Wege einer einstweiligen Anordnung Rechtsschutz gegen Europäisches Gemeinschaftsrecht erlangt werden kann

1. Primärrecht bzw. deutsches Zustimmungsgesetz als Gegenstand des Eilverfahrens

Gegenstand eines verfassungsgerichtlichen Eilverfahrens war in den letzten Jahren insbesondere das deutsche Zustimmungsgesetz zum Maastricht-Vertrag. Dieses wurde vom Deutschen Bundestag am 2.12.1992 mit verfassungsändernder Mehrheit beschlossen, der Bundesrat hat diesem Gesetz am 18.12.1992 einstimmig zugestimmt und am 30.12.1992 wurde das Zustimmungsgesetz im Bundesgesetzblatt veröffentlicht. Noch bevor es zum Austausch der Ratifikationsurkunden kam, erreichte das Bundesverfassungsgericht der Antrag auf Erlaß einer einstweiligen Anordnung mit dem Ziel, den Eintritt der völkerrechtlichen Bindungswirkung des Vertrages zu verhindern. Das Bundesverfassungsgericht brauchte jedoch über diesen Antrag nicht zu entscheiden, da der damalige Bundespräsident und die Bundesregierung übereinstimmend erklärten, die Entscheidung des Bundesverfassungsgerichts in der Hauptsache abwarten zu wollen.[902]

2. Sekundärrecht als Gegenstand des Eilverfahrens

Überwiegend befaßte sich das Bundesverfassungsgericht jedoch mit Anträgen auf Erlaß einstweiliger Anordnungen gegen die Entstehung bzw. Vollziehung von gemeinschaftlichem Sekundärrecht.

Auf einige dieser Entscheidungen soll im folgenden näher eingegangen werden.

---

902 Dies führte dazu, daß ausgerechnet Deutschland als letzter Mitgliedstaat der Europäischen Union den Prozeß der Hinterlegung der Ratifikationsurkunden beendete, vgl. zum ganzen Klein, Interne Studien 66/1993, S. 1 f.

a) Der erste Beschluß zur EG-„Tabakrichtlinie"

Eine von Tabakerzeugern beim Bundesverfassungsgericht beantragte einstweilige Anordnung gegen die Bundesregierung mit dem Ziel, diese im EG-Ministerrat zu einer Abstimmung gegen die durch einen Richtlinienentwurf geregelte Etikettierung von Tabakerzeugnissen zu verpflichten, wurde vom BVerfG mit der Begründung abgewiesen, daß die im Hauptsacheverfahren beabsichtigte Verfassungsbeschwerde unzulässig sei.[903] Denn nicht die Zustimmung der Bundesregierung zum Richtlinienentwurf gem. des mittlerweile aufgehobenen Art. 149 Abs. 2 lit. a) EGV stelle für die Antragsteller einen unmittelbar beschwerenden Hoheitsakt dar, sondern erst die inkraftgetretene und umgesetzte Richtlinie selbst. Die Mitwirkung der Bundesregierung an der Entstehung sei kein Akt öffentlicher Gewalt gegenüber den Antragstellern, sondern trage lediglich zum Entstehen einer Richtlinie bei.[904]

b) Der Beschluß zur EG-„Fernsehrichtlinie"

Gegen den Kabinettsbeschluß der Bundesregierung, dieser Richtlinie grundsätzlich zuzustimmen, wurde mit dem Antrag auf Erlaß einer einstweiligen Anordnung dahingehend geklagt, daß der Bundesregierung aufgegeben werde, den Kabinettsbeschluß einstweilen nicht zu vollziehen. Mit Urteil vom 11.4.1989 [905] hat das Bundesverfassungsgericht den Antrag auf Erlaß einer einstweiligen Anordnung zurückgewiesen. Es hat zwar die grundsätzliche Zulässigkeit einer einstweiligen Anordnung auch im Bund-Länder-Streit bejaht, im konkreten Fall den Erlaß der Anordnung jedoch zurückgewiesen und zur Begründung vor allem im Rahmen der Folgenabschätzung darauf abgestellt, daß die Bundesregierung

> „ihren integrationspolitischen Handlungsspielraum ohne die einstweilige Anordnung situationsgerecht in den Beratungen (der EG; der Verfasser) nutzen kann."[906]

c) Der Bananenmarktorganisations-Beschluß des BVerfG[907]

In einem Beschluß zur Bananenmarktorganisation der Gemeinschaft äußert sich das Bundesverfassungsgericht wie folgt zu den Voraussetzungen der Gewährung einstweiligen Rechtsschutzes durch deutsche Gerichte gegen die Vollziehung von sekundärem Gemeinschaftsrecht:

> „Das Verfahrensgrundrecht des Art. 19 Abs. 4 GG garantiert (...) auch die Effektivität des Rechtsschutzes; der Bürger hat einen Anspruch auf einen tatsächlich wirksamen gerichtlichen Schutz seiner Rechte"

und weiter

---

903 Vgl. hierzu Nicolaysen, EuR 1989, 215 ff.; Scholz, in: Friauf/Scholz, Europarecht und Grundgesetz, S. 53 (58 ff., 100 ff.); ders., NJW 1990, 941 ff).

904 BVerfG, EuR 1989, S. 270 (273).

905 BVerfG, EuR 1989, S. 266 ff.

906 BVerfG, ebda., S. 270.

907 BVerfG, JZ 1995, S. 352 ff.

„Art. 19 Abs. 4 GG verlangt jedenfalls dann vorläufigen Rechtsschutz, wenn ohne ihn schwere und unzumutbare, anders nicht abwendbare Nachteile entstünden, die eine Entscheidung in der Hauptsache nachträglich nicht mehr beseitigen könnte.
Droht dem Antragsteller bei Versagung des einstweiligen Rechtsschutzes eine erhebliche Verletzung in seinen Grundrechten, die durch eine der Klage stattgebende Entscheidung in der Hauptsache nicht mehr beseitigt werden kann, so ist (...) einstweiliger Rechtsschutz zu gewähren, es sei denn, daß ausnahmsweise überwiegende, besonders gewichtige Gründe entgegenstehen."[908]

B. Die Rechtsprechung des Europäischen Gerichtshofs

Der EuGH hat in mehreren Urteilen zu der Frage Stellung genommen, ob und unter welchen Umständen mitgliedstaatliche Gerichte befugt sein können, den Vollzug von Gemeinschaftsrechtsakten vorübergehend auszusetzen, wenn sie an deren (gemeinschaftsrechtlicher) Gültigkeit zweifeln.

In seiner Entscheidung „Zuckerfabrik Süderdithmarschen"[909] hat sich der Europäische Gerichtshof erstmals zu dieser Frage geäußert. Er hat bekräftigt, daß auch im einstweiligen Rechtsschutz eine Vorlagepflicht bestehe, wenn in dem konkreten Einzelfall dadurch eine Gemeinschaftshandlung in ihrer Wirkung ausgesetzt werde. Jedoch müßten die nationalen Gerichte ebenso wie der Europäische Gerichtshof befugt sein, bis zur Entscheidung des Gerichtshofs über die Vorlagefrage den auf einer Gemeinschaftsverordnung beruhenden nationalen Vollzugsakt auszusetzen, wenn dies zur Gewährleistung eines effektiven Rechtsschutzes notwendig sei. Gleichwohl gewährt der Gerichtshof den nationalen Gerichten lediglich dann die Befugnis von der Aussetzungskompetenz Gebrauch zu machen, wenn folgende Bedingungen kumulativ erfüllt sind:

- das nationale Gericht muß erhebliche Zweifel an der Gültigkeit der Gemeinschaftsverordnung haben und, wenn der Europäische Gerichtshof mit der Frage der Gültigkeit der Gemeinschaftsverordnung noch nicht befaßt war, diese dem Gerichtshof selbst vorlegen
- die Entscheidung muß dringlich sein und dem Antragsteller ein schwerer und nicht wiedergutzumachender Schaden drohen
- das nationale Gericht muß das Interesse der Gemeinschaft angemessen berücksichtigen[910]

Nachdem der Europäische Gerichtshof diese Rechtsprechung zu den Voraussetzungen der Gewährung einstweiligen Rechtsschutzes durch mitgliedstaatliche Gerichte in der Folgezeit bestätigt, konkretisiert und von der Aussetzung der Vollzie-

---

908 BVerfG, ebda., S. 352 f.
909 EuGH, Slg. 1991, I - 415 ff.
910 EuGH, ebda., 415 (Rz. 33).

hung auf den Erlaß einer einstweiligen Anordnung erweitert hatte[911] und für diesen Fall als weitere Bedingung ergänzt hatte:

- daß das nationale Gericht bei der Prüfung der Voraussetzungen für die Gewährung einstweiligen Rechtsschutzes die Entscheidungen des Gerichtshofes oder des EuG über die Rechtmäßigkeit der Gemeinschaftsverordnung oder einen Beschluß im Verfahren des vorläufigen Rechtsschutzes betreffend gleichartige einstweilige Anordnungen auf Gemeinschaftsebene beachten muß

hat er in einem weiteren Urteil zur Bananenmarktorganisation[912] seine Rechtsauffassung weiter konkretisiert und festgestellt:

> „Im Urteil (EuGH, Slg. I 1991, S. 415 - Zuckerfabrik Süderdithmarschen u. Zuckerfabrik Soest) hat der Gerichtshof anerkannt, daß die nationalen Gerichte im Rahmen des Vollzugs eines auf eine Gemeinschaftsverordnung gestützten nationalen Verwaltungsakts einstweilige Maßnahmen treffen dürfen. (...) Der Sachverhalt des Ausgangsverfahrens unterscheidet sich jedoch von dem in den erwähnten Rechtssachen. Hier geht es nicht um den Erlaß vorläufiger Maßnahmen im Rahmen des Vollzugs einer als rechtswidrig angefochtenen Gemeinschaftsverordnung, um vorläufigen Rechtsschutz im Hinblick auf Rechte zu gewähren, die dem einzelnen nach der Gemeinschaftsrechtsordnung zustehen, sondern darum, den Marktbeteiligten vorläufigen Rechtsschutz zu gewähren, wenn das Bestehen und der Umfang ihrer Rechte aufgrund einer Gemeinschaftsverordnung erst durch einen von der Kommission noch nicht erlassenen Rechtsakt festgestellt werden müssen.
> Der Vertrag sieht keine Möglichkeit für ein nationales Gericht vor, den Gerichtshof im Wege der Vorlage zu ersuchen, durch Vorabentscheidung die Untätigkeit eines Organs festzustellen; daher sind die nationalen Gerichte nicht befugt, vorläufige Maßnahmen zu erlassen, bis das Organ tätig geworden ist. Die Kontrolle der Untätigkeit fällt in die ausschließliche Zuständigkeit der Gemeinschaftsgerichtsbarkeit."

C. Auffassung in der Literatur

In der Literatur wurde insbesondere im Hinblick auf die deutsche Mitwirkung im Rat die Zulässigkeit präventiven Rechtsschutzes befürwortet.[913] Im Zusammenhang mit der Bananenmarktorganisation ist in den letzten Jahren verstärkt die Forderung nach effektivem nationalem einstweiligen Rechtsschutz gegen Gemeinschaftsrecht laut geworden.[914]

---

911 EuGH, EuZW 1995, S. 837 ff. - Atlanta, mit Anmerkung Burmeister/Miersch.

912 EuGH, EuZW 1997, S. 61 ff.

913 Scholz, in: Friauf/Scholz, Europarecht und Grundgesetz, S. 53 (96 ff.); Streinz, Bundesverfassungsgerichtliche Kontrolle, S. 58; ders., Bundesverfassungsgerichtlicher Grundrechtsschutz, S. 208, jedoch beschränkt auf nicht vollzugsbedürftige Gemeinschaftsrechtsakte; ebenso Rengeling, Rechtsschutz in der EU, Rn. 1055 ff.

914 Vgl. nur Leupold, NVwZ 1995, 553 ff.; Besse, JuS 1996, S. 396 ff.

1. Einstweiliger Rechtsschutz gegen die Entstehung von „ultra vires"-Gemeinschaftsrecht

a) Begründung in der Literatur

Die Forderung nach einstweiligem nationalen Rechtsschutz wird damit begründet, daß ansonsten die Möglichkeit eines rechtlich unauflösbaren Konflikts zwischen verfassungsrechtlicher und gemeinschaftsrechtlicher Bindung entstehen könnte. Um diesen Konflikt zu verhindern, fordert diese Ansicht den Verzicht auf das Unmittelbarkeitserfordernis der Betroffenheit im Rahmen der Verfassungsbeschwerde, um so die präventive Kontrolle des Abstimmungsverhaltens zu ermöglichen.[915] Dieser Ansicht nach entspricht diese Situation derjenigen der Normenkontrolle gegen Zustimmungsgesetze zu völkerrechtlichen Verträgen, die nach der Rechtsprechung des Bundesverfassungsgerichts[916] bereits vor dem Inkrafttreten zulässig ist, um das Auseinanderfallen von verfassungsrechtlicher und völkerrechtlicher Bindung zu verhindern.

b) Stellungnahme

Gegen die Zulässigkeit dieser präventiven Kontrolle der deutschen Mitwirkung im Rat spricht, daß ein Bedürfnis für den Verzicht auf das Merkmal der unmittelbaren Grundrechtsbetroffenheit zumindest bei Richtlinien und solchen Verordnungen, die vollzugsbedürftig sind, nicht besteht. Denn bei diesen Rechtsakten besteht die Möglichkeit der Anfechtung der der Abstimmung nachfolgenden Vollzugsakte[917], so daß die Rechtsposition des Beschwerdeführers durch diese Form des Rechtsschutzes gewahrt bleibt.[918] Insoweit ist die Zustimmung der Bundesregierung zu einem Gemeinschaftsrechtsakt auch nicht mit der Situation eines völkerrechtlichen Vertrages vor dem Inkrafttreten zu vergleichen.[919]

2. Einstweiliger Rechtsschutz gegen nationale Vollzugsakte auf Grund gemeinschaftlichen „ultra vires" Sekundärrechts

a) Begründung

Eine Gewährung einstweiligen Rechtsschutzes durch nationale Gerichte wird als notwendig angesehen, da es ansonsten zu einer nicht hinnehmbaren Rechtsschutzlücke käme.[920] Diese Lücke entstehe dadurch, daß es im Vorabentscheidungsverfahren vor dem Europäischen Gerichtshof keinen einstweiligen Rechtsschutz gebe. Bis zur Hauptsacheentscheidung bliebe der Bürger daher auf die Rechtsanwendung

---

915 Streinz, Bundesverfassungsgerichtliche Kontrolle, S. 58.

916 BVerfGE 1, 396 (413); 2, 143 (169); 12, 281 (288); ebenso Scholz, in: Friauf/Scholz, Europarecht und Grundgesetz, S. 53 (96 f.); a.A. Nicolaysen, EuR 1989, S. 215 (218).

917 Vgl. zu den Einschränkungen dieser verfassungsrechtlichen Rechtsschutzmöglichkeit oben S. 179 ff.

918 A.A. Streinz, Bundesverfassungsgerichtliche Kontrolle, S. 58, unter Hinweis auf die insoweit möglichen rechtlich unauflösbaren Konflikte zwischen verfassungsrechtlicher und gemeinschaftsrechtlicher Bindung. Daraus folgert er die Notwendigkeit der Zulassung einer präventiven verfassungsgerichtlichen Kontrolle der deutschen Zustimmung.

919 Ebenso: Nicolaysen, EuR 1989, S. 215 (218).

920 Besse, JuS 1996, S. 396 (399).

durch die nationalen Gerichte angewiesen.[921] Dementsprechend erfordere das Gebot des effektiven Rechtsschutzes die Gewährung vorläufigen Rechtsschutzes, solange die Möglichkeit der irreparablen Verletzung von Rechten des Antragstellers bestehe.[922]

b) Stellungnahme

Ihren wesentlichen sachlichen Grund findet die Rechtsprechung des EuGH zur Gewährung einstweiligen Rechtsschutzes durch mitgliedstaatliche Gerichte in der Sicherstellung eines gemeinschaftsweit einheitlichen Gemeinschaftsrechtsvollzuges. Es darf insoweit nicht übersehen werden, daß die Gewährung einstweiligen Rechtsschutzes gegen einen auf einem Gemeinschaftsrechtsakt beruhenden nationalen Vollzugsakt durch mitgliedstaatliche Gerichte in letzter Konsequenz dazu führt, daß Gemeinschaftsrecht in diesem Mitgliedstaat vorläufig die Anwendung versagt wird.[923] Dementsprechend ist es nur zu verständlich, daß für den Europäischen Gerichtshof der wirksame Vollzug des Gemeinschaftsrechts im Vordergrund steht. Anderenfalls würde aufgrund der unterschiedlichen Ausgestaltungen der nationalen Rechtsordnungen beim sog. indirekten Gemeinschaftsvollzug die Gefahr der uneinheitlichen Rechtsanwendung begründet. Zu beachten ist weiter der unmißverständliche Hinweis des Gerichtshofs, daß die Kontrolle der „Rechtmäßigkeit einer Handlung oder Untätigkeit der Gemeinschafsorgane" Sache des Gerichtshofs ist, welcher im Zusammenhang mit der weiteren prozessualen Feststellung steht, daß nationale Gerichte keine vorläufigen Maßnahmen wegen Untätigkeit von Gemeinschaftsorganen erlassen dürfen, denn „die Kontrolle der Untätigkeit fällt in die ausschließliche Zuständigkeit der Gemeinschaftsgerichtsbarkeit". Damit ist einer „Kooperation" i.S. einer subsidiären Untätigkeitskontrolle nationaler Fach- oder Verfassungsgerichte eine deutliche Absage erteilt. Da gemeinschaftsrechtliche Instrumente zur Behebung der Untätigkeit sowohl für den Mitgliedstaat, als auch für den betroffenen Gemeinschaftsbürger (Art. 232, 230 i.V. mit Art. 241 EGV) existieren, besteht für eine Untätigkeitsklage bzw. einstweiligen Rechtsschutz vor nationalen Gerichten grundsätzlich auch kein Bedürfnis.[924]

3. Ergebnis

Im Wege des einstweiligen Rechtsschutzes ist es nicht möglich, dem Gemeinschaftsrecht die Anwendung in der Bundesrepublik zu versagen. Einstweiliger Rechtsschutz durch mitgliedstaatliche Gerichte kommt auch hier wieder lediglich gegen nationale Rechtsakte in Betracht. Im Rahmen des Vollzugs eines auf einem Gemeinschaftsrechtsakt gestützten nationalen Verwaltungsakts dürfen mitgliedstaatliche Gerichte unter den vom Gerichtshof genannten Voraussetzungen einstweilige Maßnahmen treffen.

---

921 Vgl. Leupold, NVwZ 1995, S. 553 (554).
922 Besse, ebda., S. 399.
923 So auch Rabe, NJW 1996, S. 1320 (1322).
924 Vgl. Weber, EuZW 1997, S. 165 (166).

5. Kapitel

Gewährung nationalen Rechtsschutzes gegen völkerrechtswidriges Gemeinschaftsrecht

Im Zusammenhang mit der Bananenmarktordnung der Europäischen Gemeinschaft[925] ist eine weitere, aus verfassungsrechtlicher Sicht bisher kaum erörterte Problematik ins Rampenlicht getreten. Dabei steht die Frage im Mittelpunkt, ob mitgliedstaatliche Gerichte Gemeinschaftsrechtsakten, die ihrer Auffassung nach gegen das Völkerrecht verstoßen, als sogenannten „ausbrechenden" Rechtsakten die Anwendung in Deutschland versagen dürfen bzw. nach der Maastricht-Entscheidung des Bundesverfassungsgerichts[926] sogar müssen.[927]

A. Einführung

Den Weg, den die Bananenmarktordnung der Europäischen Gemeinschaft[928] vor internationalen, europäischen und deutschen Gerichten mittlerweile gegangen ist, wird zu Recht als „Rechtswegodyssee" bezeichnet.[929] Die Prozeßgeschichte stark zusammenfassend ist hier festzuhalten, daß der EuGH, nachdem er die Klagen von Importeuren von Drittlandsbananen[930] zurückgewiesen hatte, in seiner Hauptsacheentscheidung auf die Klage der Bundesrepublik Deutschland gegen die Bananenmarktordnung im Jahre 1994 deren Vereinbarkeit mit dem Gemeinschaftsrecht festgestellt hat.[931] Daran anschließend wurden dem EuGH seitens deutscher Gerichte im Wege des Vorabentscheidungsverfahrens Fragen zur Möglichkeit einstweiliger Anordnungen gegen nationale Durchführungsakte, die auf (potentiell) gemeinschaftsrechtswidriges Sekundärrecht gestützt sind[932], und zur Anwendung der Härtefallregelungen der Bananenmarktordnung und der Verpflichtung der Kommission zum Erlaß von solchen Regelungen[933] vorgelegt. Zwischendurch äußerte sich auch das Bundesverfassungsgericht[934] zu der Frage der Gewährung einstweiligen Rechtsschutzes durch deutsche Gerichte und in einem anderen Verfahren zur Prü-

---

925 EWG VO Nr. 404/93; vgl. hierzu auch den Endbericht des WTO-Panels vom 29.04.1997, abgedr. in: EuZW 1997, S. 569 ff., mit Besprechung von Meier, EuZW 1997, S. 566 ff.; vgl. auch den Streit um das EG-Importverbot für hormonbehandeltes Rindfleisch, EWG RL 146/88, ABl. EG Nr. L 70 v. 16.3.1988, S. 16 ff. und die diesbezüglichen WTO-Panelberichte vom 18.08.1997, WT/DS 26/R/USA und WT/DS 48/R/Can, mit Besprechung von Hilf/Eggers, EuZW 1997, S. 559 ff.

926 BVerfGE 89, 155 ff.

927 Für eine Qualifikation völkerrechtswidriger Gemeinschaftsrechtsakte als „ausbrechende" Rechtsakte i.S. der Maastricht-Entscheidung des BVerfG z.B. Petersmann, EuZW 1997, S. 325 (330).

928 VO Nr. 404/93, ABl. Nr. L 47 vom 25.2.1993, S. 1 ff.

929 So Weber, EuZW 1997, S. 165 (165); vgl. hierzu auch: Rabe, NJW 1996, 1320 ff.; Everling, CMLR Bd. 33 (1996), S. 401 ff.

930 EuGH, EuZW 1993, S. 486 f.; EuZW 1993, S. 487 f.

931 EuGH, Slg. 1994, I - 4973 ff.

932 VG Frankfurt, EuZW 1994, S. 160 f.; EuGH, Slg. 1995, I - 3761 ff.

933 VGH Kassel, EuZW 1995, S. 413 ff.; EuGH, EuZW 1997, S. 61 ff. - Port.

934 BVerfG, JZ 1995, S. 352 f. mit Anmerkung Rupp, JZ 1995, S. 353 f.

fungskompetenz der Fachgerichte hinsichtlich eines möglichen Konflikts von gemeinschaftlichem Sekundärrecht mit den GATT-Verpflichtungen im Eilverfahren[935]. Daraufhin legte das FG Hamburg[936] dem EuGH im Wege des Vorabentscheidungsverfahrens die Frage vor, ob Art. 307 Abs. 1 EGV i.S. eines Anwendungsvorrangs der Vorschriften des GATT vor den Bestimmungen der Bananenmarktordnung auszulegen sei. Zuletzt legte das VG Frankfurt, unter Bezugnahme auf die im Maastricht-Urteil[937] postulierte Prüfungsbefugnis des Bundesverfassungsgerichts gegenüber sekundärem Gemeinschaftsrecht, diesem die Frage vor, ob Bestimmungen der Bananenmarktordnung und ihrer Ergänzungsnormen mit dem Grundgesetz bzw. die Bananenmarktordnung mit dem deutschen Zustimmungsgesetz zum EG-Vertrag vereinbar sind.[938] Daneben hat sich auch der seit der Verabschiedung des Welthandelsabkommens (WTO)[939] und des Streitschlichtungsabkommens[940] neu eingerichtete Dispute Settlement Body mit der Vereinbarkeit der Bananenmarktordnung der EG mit den Grundsätzen des GATT/WTO befaßt und diese teilweise verneint.[941]

B. Grundproblematik

1. Die Rechtsprechung des EuGH zur unmittelbaren Anwendbarkeit des GATT

In mehreren Verfahren, zuletzt auch in den Verfahren der Bundesrepublik Deutschland und der Importeure von Drittlandbananen hatte der EuGH über die Frage zu befinden, ob das GATT ein Recht begründen kann, sich vor dem Gericht eines EG-Mitgliedstaates auf die Unvereinbarkeit des sekundären Gemeinschaftsrechts mit einzelnen Bestimmungen des GATT zu berufen. Der EuGH hat dies in ständiger Rechtsprechung zum GATT 1947 verneint.[942] Hierzu führte er in der Entscheidung „International Fruit“[943] aus, daß das GATT durch eine große Geschmeidigkeit seiner Bestimmungen gekennzeichnet sei. Dies gelte insbesondere für die Vorschriften über Abweichungen von den allgemeinen Regeln über Maßnahmen, die bei außergewöhnlichen Schwierigkeiten getroffen werden können und über die Regelung von Meinungsverschiedenheiten zwischen Vertragsparteien. Das GATT baue vielmehr auf dem Prinzip von Verhandlungen zum gemeinsamen Nutzen auf. Diese Rechtsprechung, die in der Literatur teilweise heftig kritisiert wurde[944], hat der Gerichtshof

---

935 BVerfG, EuZW 1995, S. 412 f.

936 EuZW 1995, S. 413 ff.; vgl. hierzu auch: BFH, EuZW 1996, S. 126 ff.; sowie Kuschel, EuZW 1995, S. 689 ff.; ders., EuZW 1996, S. 645 ff.

937 BVerfGE 89, 155 ff.

938 VG Frankfurt, EuZW 1997, S. 182 ff.; zu diesem Vorlagebeschluß vgl. jetzt auch den Beschluß des BVerfG vom 07.06.2000, NJW 2000, S. 3124 ff., in dem dieser die Vorlage als unzulässig zurückgewiesen hat, da in dieser nicht dargelegt worden sei, daß der als unabdingbar gebotene Grundrechtsschutz auf europäischer Ebene generell nicht gewährleistet sei, was aber Voraussetzung für die Zulässigkeit der Vorlage sei.

939 ABlEG 1994 Nr. L 336, S. 3 ff.

940 ABlEG 1994 Nr. L 336, S. 234 ff.

941 Vgl. den Endbericht der WTO-Panels im Bananenkonflikt, abgedr. in EuZW 1997, S. 569 ff., mit Besprechung Meier, EuZW 1997, S. 566 ff.

942 Diese Rechtsprechung fand überwiegend Zustimmung, vgl. nur Ehlermann, in: Hilf/Petersmann (Hrsg.), GATT und EG, S. 203 ff.

943 EuGH, Slg. 1972, 1219 ff.

944 Petersmann, CMLR 1983, S. 397 ff.; ders., in: Hilf/Petersmann (Hrsg.), GATT und EG, S. 139 f.

in den letzten Jahren etwas modifiziert. Der EuGH hat in den Urteilen Fediol[945] und Nakajima[946] festgestellt, daß sich ein Gemeinschaftsbürger in Fällen, in denen die Gemeinschaft bestimmte, im Rahmen des GATT eingegangene Verpflichtungen erfüllen wollte oder der in Rede stehende Gemeinschaftsrechtsakt ausdrücklich auf das GATT verweist, auf die Vorschriften des GATT berufen könne und für diesen Fall die Rechtmäßigkeit einer Gemeinschaftshandlung im Hinblick auf ihre Vereinbarkeit mit dem GATT zu prüfen sei.[947]

Alle bisherigen EuGH-Fälle betrafen entweder Vorlageverfahren oder Direktklagen, in denen sich Unternehmen oder Unionsbürger auf GATT-Vorschriften beriefen. Im Verfahren der Bundesrepublik gegen die Bananenmarktordnung[948] rügte erstmals ein Mitgliedstaat im Rahmen einer Klage gegen einen Rechtsakt der Gemeinschaft einen Verstoß gegen die Bestimmungen des GATT. Der EuGH mußte damit entscheiden, ob es auch in diesem Fall auf das Kriterium der „direkten Anwendbarkeit" ankommt. Er hat diese Frage bejaht (Rz.109) und sich im wesentlichen auf den „unbedingten Charakter" der Vorschriften des GATT berufen und darauf, daß sich aus dem Sinn, Wortlaut und Aufbau des GATT keine Verpflichtung ergebe, daß diese Vorschriften in den internen Rechtsordnungen der Vertragsparteien unmittelbar anwendbar seien. Dementsprechend könne sich auch ein Mitgliedstaat im Rahmen der Klage gegen einen Rechtsakt der Gemeinschaft nicht auf einen (angeblichen) Verstoß gegen das GATT berufen.

2. Kritik in der Literatur

Auch in der Literatur sah die überwiegende Auffassung das GATT 1947 als nicht unmittelbar anwendbar an.[949] Teilweise ist die Ablehnung auch kritisiert worden.[950] So spricht sich insbesondere Petersmann[951] für die Berufungsmöglichkeit des einzelnen auf das GATT aus, weil der Schutz der Freiheits-, Gleichheits- und Verfahrensgarantien des GATT-Rechts den Grundrechtsschutz der Unionsbürger im Außenhandelsverkehr erweitern und eine wirksame Kontrolle des Außenhandelsrechts der Europäischen Gemeinschaft durch die betreffenden Unionsbürger ermöglichen würde. Durch diese Demokratisierung und Vergerichtlichung des Außenhandelsrechts würde die parlamentarisch unzureichend kontrollierten handels- und agrarpolitischen Ermessensspielräume der EG-Exekutive für die Handels- und Umverteilungspolitik eingeschränkt. Angesichts der inhaltlichen Bestimmtheit und der wettbewerbsschützenden Funktion des Meistbegünstigungsprinzips und des Diskriminierungsverbots könne es für die Erzeugung von individualwirksamen Rechten nicht

---

945 EuGH, Slg. 1989, 1781.
946 EuGH, Slg. 1991, I - 2069.
947 Vgl. zu diesen Urteilen Hahn/Schuster, EuR 1993, S. 261 (275 ff.); Manin, Rtde 1997, S. 399 (404 ff.).
948 EuGH, Slg. 1994, I - 4973 ff.
949 Vgl. Meng, in: Beyerlein u.a. (Hrsg.), FS Bernhardt, S. 1063 (1083 m.w.N.).
950 Vgl. nur: Hahn/Schuster, EuR 1993, S. 261 ff. m.w.N.; Kapteyn, The International Lawyer 1974, S. 74 ff.
951 in: CMLR 1983, S. 397 ff.; ders., in: G/T/E, EU-Kommentar, Rn. 23 zu Art. 234 EGV; ders., in: Hilf/Petersmann (Hrsg.), GATT und EG, S.139 (166); ders., in: Petersmann/Hilf, The New GATT-Round, S. 33 ff.

darauf ankommen, ob das völkerrechtliche Abkommen primär an die Vertragspartner gerichtet sei.

In Anknüpfung an die Maastricht-Entscheidung des Bundesverfassungsgerichts[952] wird teilweise auch vertreten, daß ein Sekundärrechtsakt der Gemeinschaft, der nicht mit dem Völkerrecht (GATT/WTO) in Einklang stehe, als „ausbrechender" Rechtsakt i.S. des Maastricht-Urteils anzusehen sei und deshalb auch der (bundes-)verfassungsgerichtlichen Kontrolle unterliege.[953] Das deutsche Zustimmungsgesetz zum EUV beziehe sich auf ein Abkommen, dessen Entscheidungen und Rechtsakten das Prinzip der Rechtsstaatlichkeit zugrunde liege. Dieses Prinzip werde in der Präambel zum EUV ausdrücklich als Grundlage für den EU-Vertrag genannt. Zur Rechtsstaatlichkeit gehöre aber auch das Einhalten von völkerrechtlichen Verträgen. Würde die Europäische Union auf einen von den Streitbeilegungsgremien angenommenen GATT-Panel-Bericht mit der Empfehlung, die Bananenmarktordnung in Einklang mit den Bestimmungen des GATT zu bringen, nicht reagieren, so würde der Rat als das oberste Gesetzgebungsorgan der Gemeinschaft aus den Grenzen der ihm übertragenen Hoheitsrechte ausbrechen. Die Verabschiedung bzw. Aufrechterhaltung einer GATT-widrigen Verordnung durch den Rat sei dann nicht mehr demokratisch legitimiert, weil sie nicht von dem deutschen Zustimmungsgesetz gedeckt sei. Denn das deutsche Zustimmungsgesetz sei die einzige Brücke über die Gemeinschaftsrecht nach Deutschland einfließen könne. Alles was hiervon nicht erfaßt werde, gewinne in Deutschland keine Rechtsverbindlichkeit. Die völkerrechtswidrige Verordnung wäre bis zur Herstellung ihrer GATT-Vereinbarkeit nicht mehr anwendbar.[954] Auch nach dieser Auffassung kann die Nichtanwendung der Banenmarktordnung allerdings nur ultima ratio sein und soll erst dann gewählt werden, wenn über den Verhandlungsweg und die Befassung des Europäischen Gerichtshofs keine zufriedenstellende Lösung erreicht werde.[955] Auch der Gerichtshof sei dabei an die Feststellungen eines vom Streitbeilegungsgremium angenommenen Panel-Berichts gebunden. Die vom EuGH vertretene Auffassung, daß das GATT wegen seiner weiten Auslegungsmöglichkeiten keine unmittelbaren Auswirkungen auf das Gemeinschaftsrecht habe und sich ein EU-Mitgliedstaat nicht auf seine völkerrechtliche Verpflichtung zur Beachtung des GATT berufen könne, könne allenfalls für die Fälle gelten, in denen noch kein Panel-Bericht vorliege und in denen die Auslegung einzelner GATT-Bestimmungen noch einen weiten Spielraum zulasse, also noch nicht durch die bisherigen vom GATT geschlossenen Auslegungen bindend festgestellt worden sei.[956]

---

952 BVerfGE 89, 155 ff.

953 Kuschel, EuZW 1996, S. 645 (649 f.).

954 Kuschel, ebda., S. 649; ähnlich: Kirchhof, DRiZ 1995, S. 253 (259); vgl. auch: Rabe, NJW 1996, S. 1320 (1323).

955 So Kuschel, ebda., S. 649.

956 Vgl. Kuschel, ebda., S. 650.

3. Stellungnahme

a) Der Erlaß völkerrechtswidrigen Gemeinschaftsrechts als Anwendungsfall eines Handelns „ultra vires“ der Gemeinschaft

Zunächst stellt sich die Frage, ob es sich bei der Verabschiedung von völkerrechtswidrigen Gemeinschaftsrechtsakten überhaupt um einen Anwendungsfall des Handelns „Ultra vires“ der Gemeinschaft handelt. Dies ist bei einer am ursprünglichen Bedeutungsgehalt eines Handelns „ultra vires“ orientierten Definition zu verneinen.[957] Wenn, wie beispielsweise im Fall der Bananenmarktordnung, der Erlaß des (teilweise völkerrechtswidrigen) Gemeinschaftsrechtsaktes in den Zuständigkeitsbereich der Europäischen Gemeinschaft fällt[958], fehlt es bereits an einem Überschreiten der Zuständigkeitsgrenzen der Gemeinschaft bei Erlaß des streitigen Rechtsaktes und damit an der Grundvoraussetzung eines Handelns „ultra vires“ der Gemeinschaft. Die Völkerrechtswidrigkeit des erlassenen Rechtsaktes bei gegebener Zuständigkeit der Gemeinschaft zur Regelung der dem Akt zugrundeliegenden Rechtsmaterie vermag allein kein Handeln „ultra vires“ der Gemeinschaft zu begründen.

Gleichwohl wird aus verfassungsrechtlicher Sicht argumentiert, daß ein Gemeinschaftsrechtsakt, der gegen das Völkerrecht verstoße, sich nach der Maastricht-Rechtsprechung des Bundesverfassungsgerichts[959] nicht mehr im Rahmen des Zustimmungsgesetzes als Rechtsanwendungsbefehl für das Einfließen von Gemeinschaftsrecht in die innerstaatliche Rechtsordnung bewege.[960] Denn bei der Anwendung eines völkerrechtswidrigen Gemeinschaftsrechtsakts in Deutschland würden die deutschen Staatsorgane gegen die Verpflichtung der Bundesrepublik als Mitglied des GATT/WTO, das Völkerrecht zu beachten, verstoßen. Dementsprechend wird in einem solchen Fall von einen Anwendungsfall des sog. „ausbrechenden“ Rechtsaktes gesprochen[961], der nach der neueren Rechtsprechung des Bundesverfassungsgerichts in Deutschland keine Anwendung finden soll.

Demgemäß soll hier im folgenden untersucht werden, ob, und wenn ja, unter welchen Voraussetzungen eine verfassungsgerichtliche Überprüfung solcher völkerrechtswidriger Rechtsakte der Gemeinschaft stattfinden kann.

---

957 Siehe oben S. 5 ff.

958 Im Fall der Bananenmarktordnung ergibt sich die Kompetenz der Gemeinschaft aus der alleinigen Zuständigkeit für den Bereich der Handelspolitik, vgl. EuGH, Slg. 1972, 1219 (1227f.); Slg. 1975, 1439 (1449).

959 BVerfGE 89, 155 ff.

960 Vgl. Kuschel, EuZW 1995, S. 689 (692); ders., EuZW 1996, S. 645 (649), jedoch einschränkend dahin, daß die Nichtanwendung eines Gemeinschaftsrechtsaktes nur als ultima ratio in Betracht käme.

961 So Kuschel, EuZW 1995, S. 689 ff.; ders., EuZW 1996, S. 645 ff; ebenso FG Hamburg, EuZW 1995, S. 413 (416); bestätigt vom BFH, EuZW 1996, S. 126 ff.; für den einstweiligen Rechtsschutz auch BVerfG, EuZW 1995, S. 412 (412 f.); a.A.: Weber, EuZW 1997, S. 165 (167 ff.); VG Frankfurt/M., EuZW 1997, S. 182 (185 f., 192), hält eine Vorlage an das Bundesverfassungsgericht solange für unzulässig, bis der Europäische Gerichtshof im konkreten Einzelfall über den Anwendungsvorrang des Völkerrechts vor sekundärem Gemeinschaftsrecht entschieden hat.

b) Völkerrechtswidrige Gemeinschaftsrechtsakte als Gegenstand der verfassungsgerichtlichen Kontrolle

Die Rechtsprechung des EuGH zur unmittelbaren Anwendbarkeit von GATT-Bestimmungen, insbesondere auch in den Verfahren zur Bananenmarktordnung[962] mag man bedauern und hoffen, daß der Gerichtshof seine diesbezügliche Rechtsprechung in Anbetracht der veränderten Umstände seit dem Abschluß des WTO-Abkommens und dem Inkrafttreten des GATT 1994 mit dem rechtlich verpflichtenden Streitbeilegungsmechanismus („Understanding on Rules and Procedures Governing the Settlement of Disputes"[963]) zukünftig ändern wird.[964] Eine andere Frage ist jedoch, ob sich im Falle des Erlasses eines völkerrechtswidrigen Gemeinschaftsrechtsaktes durch die Gemeinschaft eine Berechtigung für das Bundesverfassungsgericht oder/und die deutschen Fachgerichte begründen läßt, einem solchen Rechtsakt in Deutschland die Anwendung zu versagen.[965] Dabei ist zunächst einmal danach zu differenzieren, ob der EuGH eine Entscheidung über die Gültigkeit des vermeintlich völkerrechtswidrigen Gemeinschaftsrechtsaktes getroffen hat.

aa) Vor einer Entscheidung durch den EuGH

Eine solche Befugnis ist grundsätzlich zu verneinen. Es kann weder Aufgabe der Fachgerichte noch des Bundesverfassungsgerichts sein, bei einer Prüfung der Vereinbarkeit eines sekundären Gemeinschaftsrechtsaktes mit GATT-Recht eine Jurisdiktionskompetenz wegen Verstoßes gegen höherrangiges Völkerrecht zu beanspruchen.[966] Eine solche Jurisdiktionskompetenz über die Vereinbarkeit eines Gemeinschaftsrechtsakts mit dem Völkerrecht kann nicht von einem nationalen Gericht, und sei es ein Verfassungsgericht, sinnvoll ausgeübt werden. Dieser Ansicht liegen folgende Erwägungen zugrunde. Die Bindung der Gemeinschaft an die Bestimmungen des GATT und deren Eigenschaft als Bestandteil der Gemeinschaftsrechtsordnung begründen zugleich auch gem. Art. 220 EGV die Zuständigkeit des Europäischen Gerichtshofes zur Auslegung des Gemeinschaftsrechts, einschließlich der Übereinstimmung desselben mit den GATT-Bestimmungen.[967] Daraus folgt auch, daß sich die Wirkung des GATT in der Gemeinschaft nach dem Gemeinschaftsrecht und nicht nach den nationalen Rechtsordnungen der Mitgliedstaaten richtet. Damit verbleibt für nationale Gerichte keine Möglichkeit, einen Prüfungsvorrang gegenüber dem Gerichtshof zu erhalten.[968] Das Kooperationsangebot des BVerfG an den EuGH kann insoweit nur darin bestehen, dem EuGH die Prüfung der Vereinbarkeit von sekundärem Gemeinschaftsrecht mit dem GATT-Vertragsrecht zu überlassen. Bei derartigen verfassungsgerichtlichen Verfahren würde sich auch evident die Frage des Prüfungsmaßstabes stellen. Prüfungsmaßstab kann weder das Zustimmungsgesetz

962 EuGH, Slg. 1995, I - 4533 ff.

963 Vereinbarung über Regeln und Verfahren zur Beilegung von Streitigkeiten, abgedruckt in: BGBl. II 1994, S. 1749 ff.; ausführlich dazu: Petersmann, International Trade Law, passim.

964 Vgl. Meng, in: Beyerlein u.a. (Hrsg.), FS Bernhardt, S. 1063 (1083 ff.); Becker-Çelik, EWS 1997, S. 12 (14 f.); Weber, EuZW 1997, S. 165 (168); vgl. hierzu auch den Disput zwischen Petersmann (EuZW 1997, S. 325 ff; EuZW 1997, S. 651 ff.) und Sack (EuZW 1997, S. 650 f.; EuZW 1997, S. 688).

965 Dies verneint auch Petersmann, in: G/T/E, EU-Kommentar, Rn. 12 zu Art. 234 EGV.

966 So auch Weber, EuZW 1997, S. 165 (168).

967 VG Frankfurt/M., EuZW 1997, S. 182 (192).

968 Vgl. hierzu auch VG Frankfurt/M., a.a.O., S. 191 f.

zum GATT sein, da dieses keinen konstitutionellen Rang hat, noch kann es Art. 25 GG sein, da die streitigen GATT-Verpflichtungen kaum als Ausdruck allgemeiner Rechtsgrundsätze oder universellen Völkerrechts gedeutet werden können.[969] Für das GATT 1947 ließe sich ein Vorrang des völkerrechtlichen Vertrages gegenüber sekundärem Gemeinschaftsrecht ohnehin nicht begründen, da er keinen höheren Rang als Gemeinschaftsrecht innehat.[970]

Für diese Auffassung spricht auch, daß das GATT als völkerrechtlicher Vertrag einer ständigen Weiterentwicklung und Auslegung unterliegt. Die Auslegungskompetenz hierfür sollte dabei bei den Vertragsparteien verbleiben und nicht den Gerichten überantwortet werden. Würde jedes Gericht in den Mitgliedstaaten der Gemeinschaft die Vereinbarkeit von Rechtsvorschriften der Europäischen Gemeinschaft mit dem GATT nachprüfen können, so gäbe es eine Unzahl unterschiedlicher Interpretationen und damit das Ende der Rechtsanwendungsgleichheit des Gemeinschaftsrechts in allen Mitgliedstaaten der Gemeinschaft. Insofern kann hier grundsätzlich auf das zur Überprüfung von Gemeinschaftsrechtsakten durch mitgliedstaatliche Gerichte Gesagte verwiesen werden.[971]

Dementsprechend müssen die Fachgerichte und das BVerfG zunächst einmal die Entscheidung des EuGH hinsichtlich einer etwaigen Unvereinbarkeit von sekundärem Gemeinschaftsrecht mit den Bestimmungen des GATT abwarten. Dies gilt zumindest so lange, bis der EuGH darüber entschieden hat, ob ein Gemeinschaftsrechtsakt gültig ist oder gegen Bestimmungen des Völkerrechts verstößt.

bb) Der EuGH hat in einer Entscheidung die Gültigkeit des Rechtsaktes festgestellt

Fraglich ist jedoch insbesondere, ob sich an dieser Sichtweise etwas ändert, wenn der EuGH eine Entscheidung über die Gültigkeit des Gemeinschaftsrechtsaktes gefällt hat und einen Verstoß gegen die Bestimmungen des GATT zu Unrecht verneint hat, bzw. GATT-Bestimmungen in seinem Urteil überhaupt nicht berücksichtigt hat. Es ist zweifelhaft, ob dann eine Pflicht der mitgliedstaatlichen Gerichte, einschließlich der Verfassungsgerichte besteht, die ergangene Entscheidung des EuGH zu respektieren.[972] Bei der Antwort auf diese Frage ist hier weiter danach zu differenzieren, ob neben dem EuGH auch ein GATT/WTO-Panel über den Gemeinschaftsrechtsakt letztverbindlich entschieden hat.

(1) Ein GATT/WTO-Streitbeilegungsverfahren zum streitigen Gemeinschaftsrechtsakt hat nicht stattgefunden

Wenn es in bezug auf diesen Gemeinschaftsrechtsakt keinen verbindlichen Panel-Beschluß gegeben hat, weil beispielsweise keine Vertragspartei des WTO-Abkommens die Einleitung eines solches Verfahren gegen die Gemeinschaft beantragt hat, so sind grundsätzlich auch hinsichtlich eines völkerrechtswidrigen Gemein-

---

969 So Weber, EuZW 1997, S. 165 (168).

970 Vgl. Art. 300 Abs. 7 EGV; Petersmann, in: G/T/E, EU-Kommentar, Rn. 12 zu Art. 234 EGV; wohl auch Tomuschat, in: G/T/E, EU-Kommentar, Rn. 57 ff. zu Art. 227 EGV.

971 Siehe oben S. 117 ff.

972 So Weber, EuZW 1997, S. 165 (168).

schaftsrechtsaktes diejenigen Grundsätze anzuwenden, die hinsichtlich eines „ultra vires"-Handeln der Gemeinschaft aufgestellt wurden.[973] Danach kann das Bundesverfassungsgericht, bei dem die Entscheidung über ein mit so weitreichenden Folgen versehenes Handeln zu konzentrieren ist, dem (völkerrechtswidrigen) Gemeinschaftsrechtsakt nicht die Anwendung in der Bundesrepublik versagen, da insoweit die Entscheidung des Europäischen Gerichtshofs von den Mitgliedstaaten und deren Organen zu akzeptieren ist.

(2) Ein GATT/WTO-Streitbeilegungsverfahren hinsichtlich des streitigen Gemeinschaftsrechtsaktes hat stattgefunden

Anders könnte die Rechtslage hingegen dann zu beurteilen sein, wenn ein GATT/WTO-Panel über die Vereinbarkeit des Rechtsakts mit dem GATT/WTO-Recht entschieden hat. Hierbei ist wiederum danach zu differenzieren, zu welchem Ergebnis das Panel gekommen ist.

(a) Die Völkerrechtswidrigkeit des Gemeinschaftsrechtsaktes wurde festgestellt

Wenn jedoch ein GATT/WTO-Panel über die Völkerrechtswidrigkeit des im Streit stehenden Gemeinschaftsrechtsaktes befunden hat, so ist dessen Entscheidung bezüglich der Völkerrechtswidrigkeit des Gemeinschaftsrechtsaktes maßgebend dafür, ob das Bundesverfassungsgericht berechtigt ist, dem Gemeinschaftsrechtsakt die Anwendung in der Bundesrepublik zu versagen. Insoweit kommt der grundsätzliche Unterschied zwischen einem Handeln „ultra vires" der Gemeinschaft i.e.S. und einem völkerrechtswidrigen Gemeinschaftshandeln zum Tragen. Während sich bei einem Handeln „ultra vires" der Gemeinschaft i.e.S. letztendlich die Frage stellt, ob der EuGH oder das BVerfG über die Kompetenzüberschreitung des Gemeinschaftsorgans abschließend zu befinden hat, gibt es bei einem evtl. völkerrechtswidrigen Handeln der Gemeinschaft mit den GATT/WTO-Paneln ein insoweit unbeteiligtes drittes Gerichtssystem, das über die Streitfrage, ob die Gemeinschaftsorgane bei Erlaß des Rechtsaktes völkerrechtswidrig gehandelt haben, befinden kann. Dieses Gerichtssystem ist insoweit neutral, als es lediglich mittelbar über den gemeinschaftsinternen Streit zwischen den Gemeinschaftsorganen und den Mitgliedstaaten über die Völkerrechtswidrigkeit des Gemeinschaftsrechtsaktes entscheidet, da die Mitgliedstaaten der Gemeinschaft nicht Prozeßpartei des Panels sind, sondern das Panel über den Rechtsstreit zwischen der Gemeinschaft und einer anderen WTO-Vertragspartei entscheidet.

In diesem Fall liegt in Abweichung von den aufgestellten Grundsätzen für ein „ultra vires"-Handeln der Gemeinschaft eine offensichtliche und schwere Völkerrechtsverletzung bereits dann vor, wenn letztinstanzlich durch ein WTO-Panel die Völkerrechtswidrigkeit eines Rechtsaktes der Gemeinschaft festgestellt wird und daraufhin weder der Rat die entsprechenden Regelungen des Gemeinschaftsrechtsaktes abändert, noch der Gerichtshof in seinen Urteilen der Entscheidung des GATT/WTO-Panels Folge leistet und in Verfahren hinsichtlich des streitigen Rechtsaktes an seiner Rechtsprechung zur Gültigkeit des Rechtsaktes festhält. Wenn die Gemein-

---

[973] Vgl. oben S. 117 ff.

schaftsorgane sich derart verhielten, so ließe dies, auch in einem einzigen Fall, durchaus den Schluß zu, die Gemeinschaftsorgane seien generell nicht mehr zur Wahrung des Rechts bereit. Mit der Verabschiedung der WTO-Streitbeilegungsregeln durch die Gemeinschaft hat sich diese nämlich auch dem Gerichtssystem der WTO und den Entscheidungen der dort vorgesehenen Gerichte unterworfen. Der Rat der Europäischen Gemeinschaft wäre als das zuständige Gemeinschaftsorgan insoweit verpflichtet, den Gemeinschaftsrechtsakt entsprechend anzupassen.[974] Abgesehen davon besteht auch die gemeinschaftsrechtliche Verpflichtung des Gerichtshofs, die Gültigkeit der Verordnung in einem konkreten Verfahren von Amts wegen zu prüfen und die Verletzung des GATT zu korrigieren.[975] Dies ergibt sich unmittelbar aus Art. 220 EGV, wonach er die Wahrung des Rechts bei Auslegung und Anwendung des Gemeinschaftsvertrages zu sichern hat.[976] Es erscheint jedoch ausgeschlossen, daß der Europäische Gerichtshof und die anderen Gemeinschaftsorgane einem letztinstanzlichen Urteil des GATT/WTO Streitbeilegungsverfahrens den Respekt versagen würden und die Verpflichtungen aus Art. 21 und 22 der WTO-Streitbeilegungsregeln[977] mißachten würden. Bei einer Entscheidung des Panels bzw. des Appellate Body mit der Feststellung, daß ein Gemeinschaftsrechtsakt das GATT verletzt, läßt sich eine Verpflichtung der Gemeinschaftsorgane zur Respektierung der Entscheidung des WTO-Panels auch aus Art. 300 Abs. 7 EGV herleiten, wonach die nach Maßgabe des Art. 300 EGV geschlossenen Abkommen für die Organe der Gemeinschaft verbindlich sind. Der Europäische Gerichtshof hat eine solche Verpflichtung der Gemeinschaftsorgane auch ausdrücklich anerkannt. In seinem Gutachten 1/91[978] zum Abkommen der Gemeinschaft mit den EFTA-Staaten bezüglich der Gründung des Europäischen Wirtschaftsraumes stellt er diesbezüglich fest:

> „Sieht aber ein internationales Abkommen ein eigenes Gerichtssystem mit einem Gerichtshof vor, der für die Regelung von Streitigkeiten zwischen den Vertragsparteien dieses Abkommens und damit für die Auslegung seiner Bestimmungen zuständig ist, so sind die Entscheidungen dieses Gerichtshofs für die Organe der Gemeinschaft, einschließlich des Gerichtshofes, verbindlich. Diese Entscheidungen sind auch dann verbindlich, wenn der Gerichtshof im Wege der Vorabentscheidung oder im Rahmen einer Klage über die Auslegung des internationalen Abkommens als Bestandteil der Rechtsordnung der Gemeinschaft zu entscheiden hat.
> Ein internationales Abkommen, das ein solches Gerichtssystem vorsieht, ist grundsätzlich mit dem Gemeinschaftsrecht vereinbar. Die Zuständigkeit der Gemeinschaft im Bereich der internationalen Beziehungen und ihre

---

974 Vgl. hierzu: Kuschel, EuZW 1996, S. 645 (647 f.).

975 Krück, in: G/T/E, EU-Kommentar, Rn. 5 zu Art. 184 EGV; Grabitz, in: Grabitz/Hilf, EU-Kommentar, Rn. 7 zu Art. 184 EGV; EuGH, Slg. 1958/1959, 471 (493).

976 EuGH, Slg. 1994, I - 5039 (5075).

977 Art. 21 I: „Die unverzügliche Umsetzung der (...) Entscheidungen des DSB (Dispute Settlement Body; der Verfasser) ist für die wirksame Beilegung von Streitigkeiten (...) von wesentlicher Bedeutung"
Art. 22: „Kompensationen schränken die völkerrechtliche Pflicht zur unverzüglichen Vertragserfüllung nicht ein, sondern sind freiwillige, temporäre Maßnahmen zur Abwendung alternativer Sanktionen, wenn z.B. ein mit dem WTO-Recht unvereinbares Gesetz nicht unverzüglich geändert werden kann".

978 EuGH, Slg. 1991, I - 6079 ff.; vgl. jetzt auch EuGH, Gutachten Nr. 2/94, Slg. 1996, I - 1759 ff.

> Fähigkeit zum Abschluß internationaler Abkommen umfaßt nämlich notwendig die Fähigkeit, sich den Entscheidungen eines durch solche Abkommen geschaffenen oder bestimmten Gerichts zu unterwerfen, was die Auslegung und Anwendung ihrer Bestimmungen angeht."[979]

Man kann das neugeschaffene Dispute Settlement System durchaus als Gerichtssystem und die darin vorgesehenen Panels sowie den Appellate Body als Gerichte im Sinne des EuGH-Gutachtens 1/91 bezeichnen. So ist das Verfahrensrecht neu und im Sinne eines gerichtsförmigen Verfahrens ausgestaltet worden. Grundlegend kommt dies in der Änderung der Regeln über das rechtliche Wirksamwerden der Panel-Berichte und der Entscheidungen der neu geschaffenen Berufungsinstanz zum Ausdruck. Die nach dem alten GATT notwendigen Annahme im Konsens unter Einschluß der Streitparteien und damit die politische Letztentscheidung sind nunmehr nicht mehr möglich, da gem. Art. 16.4 bzw. Art. 17.4 der Streitbeilegungsverfahrens-Vereinbarung die Annahme des Panel-Berichts jetzt erfolgt, wenn innerhalb einer Frist die Mitglieder des zuständigen „Dispute Settlement Body" nicht im Konsens das Gegenteil beschließen. In Anbetracht dieser Veränderungen spricht einiges dafür, die Feststellungen des Gutachtens 1/91 des Gerichtshofs auf das GATT/WTO zu übertragen.[980]

Neben dieser Feststellung gibt es einen weiteren (eher politischen) Grund, wieso insbesondere der Gerichtshof den Feststellungen der WTO Panels aller Voraussicht nach folgen wird. Sollte er dies nämlich nicht tun und die Gültigkeit eines Gemeinschaftsrechtsaktes feststellen, der zuvor in einem WTO-Panel als völkerrechtswidrig erklärt wurde, wäre dies Verhalten eine erneute Verletzung des Abkommens durch die Gemeinschaft und die obsiegende Vertragspartei des WTO-Panels würde und könnte erneut ein Panel gegen die Gemeinschaft anstrengen. Es ist sehr unwahrscheinlich, daß der Gerichtshof dies riskieren würde.

(b) Die Völkerrechtsgemäßheit des Gemeinschaftsrechtsaktes wurde festgestellt

Gleichzeitig gilt jedoch andererseits auch, daß dann, wenn ein GATT/WTO-Panel letztverbindlich entschieden hat, daß der streitige Gemeinschaftsrechtsakt mit den Bestimmungen des GATT in Einklang steht, es für ein nationales Gericht eines Mitgliedstaats der Gemeinschaft, und auch für ein Verfassungsgericht, keine Befugnis mehr geben kann, dem Gemeinschaftsrechtsakt wegen der angeblichen Völkerrechtswidrigkeit die Anwendung zu versagen, auch wenn dieses Gericht, trotz des anderslautenden Panel-Beschlusses, weiterhin von der Völkerrechtswidrigkeit des Gemeinschaftsrechtsaktes überzeugt ist. Insoweit ist zu berücksichtigen, daß neben der Gemeinschaft auch deren Mitgliedstaaten Mitglieder des GATT/WTO-Abkommens sind.[981] Dadurch hat sich die Bundesrepublik und damit die deutschen Staatsorgane einschließlich des Bundesverfassungsgerichts, mit der Verabschiedung der WTO-Streitbeilegungsregeln auch dem Gerichtssystem der WTO und den Entscheidungen der dort vorgesehenen Gerichte unterworfen. Dementsprechend sind auch die deutschen Gerichte, einschließlich des Bundesverfassungsgerichtes,

---

979 EuGH, Slg. 1991, I - 6079 (6106).

980 So auch Beneyto, EuZW 1996, S. 295 (299).

981 Vgl. EuGH, Gutachten Nr. 1/94, Slg. 1994, I - 5276; Everling, CMLR Bd. 33 (1996), S. 411 (423).

völkervertragsrechtlich verpflichtet, diesen Panel-Beschluß als verbindlich anzusehen, so daß sie einem Rechtsakt, dem in einem WTO-Panel die Übereinstimmung mit dem Völkerrecht attestiert wurde, nicht wegen einer scheinbaren Völkerrechtswidrigkeit die Anwendung in Deutschland versagen dürfen.

c) Verfassungsgerichtliche Kontrolle wegen Rechtsschutzverweigerung

Im Zusammenhang mit der Völkerrechtswidrigkeit von Gemeinschaftsrechtsakten stellt sich noch ein weiteres Problem. In ständiger Rechtsprechung lehnt der EuGH die unmittelbare Anwendbarkeit der Bestimmungen des GATT im Gemeinschaftsrecht ab.[982] In seinem Bananenmarkturteil[983] ging der Gerichtshof sogar noch weiter indem er feststellte:

> „Die Besonderheiten des GATT, auf die der Gerichtshof für die Feststellung hingewiesen hat, daß sich ein Gemeinschaftsangehöriger vor Gericht nicht auf dieses Abkommen berufen kann, um die Rechtmäßigkeit einer Gemeinschaftshandlung zu bestreiten, schließen es auch aus, daß der Gerichtshof die Bestimmungen des GATT für die Beurteilung der Rechtmäßigkeit einer Verordnung im Rahmen einer von einem Mitgliedstaat nach Artikel 173 Absatz 1 EWG-Vertrag erhobenen Klage berücksichtigt."[984]

Wenn der Gerichtshof es neben den einzelnen Unionsbürgern auch den Mitgliedstaaten der Gemeinschaft verwehrt, sich in Verfahren vor dem EuGH auf die Bestimmungen des GATT zu berufen, so könnte man erwägen, ob sich eine Zuständigkeit des Bundesverfassungsgerichts zur verfassungsgerichtlichen Kontrolle von Gemeinschaftsrechtsakten bereits allein aus dieser Tatsache ergibt. Denn insofern könnte man von einer Rechtsschutzverweigerung durch den EuGH sprechen, die nicht mit den verfassungsrechtlichen Grundsätzen der Rechtsstaatlichkeit und der Demokratie vereinbar ist und nicht dem verfassungsrechtlichen Gebot des effektiven Rechtsschutzes gem. Art. 19 Abs. IV GG entspricht.[985] Es ist daher zu prüfen, ob dieses Versäumnis ein Handeln „ultra vires" der Gemeinschaft darstellt und eine gerichtliche Kontrolle von Urteilen des Gerichtshofs durch mitgliedstaatliche Verfassungsgerichte begründen kann.

Bei der Entscheidung, ob es sich bei der Ablehnung der unmittelbaren Anwendbarkeit von Bestimmungen des GATT durch den Gerichtshof um ein Handeln „ultra vires" des Gerichtshofs handelt, dessen Urteile damit von deutschen Gerichten überprüft werden und nach der Rechtsprechung des Bundesverfassungsgerichts in seiner Maastricht-Entscheidung[986] in Deutschland keine Anwendung finden, darf jedoch ein Gesichtspunkt nicht aus den Augen verloren werden. Dem Gerichtshof geht es bei der grundsätzlichen Ablehnung der unmittelbaren Anwendbarkeit der Bestimmungen des GATT/WTO-Abkommens letztendlich darum, die Verhandlungsposition

---

982 Vgl. hierzu Meng, in: Beyerlein u.a. (Hrsg.), FS Bernhardt, S. 1063 ff.
983 EuGH, Slg. 1994, I - 5039 ff.
984 EuGH, ebda. Tz. 109.
985 Everling, CMLR Bd. 33 (1996), S. 411 (423): „déni de justice".
986 BVerfGE 89, 155 ff.

der Gemeinschaft im Streitbeilegungsverfahren gegenüber den anderen GATT/WTO-Vertragsparteien nicht zu schwächen, indem einzelnen Unionsbürgern oder auch einzelnen Mitgliedstaaten die Möglichkeit eingeräumt wird, eine bestimmte Gemeinschaftsmaßnahme wegen GATT-Verstoßes durch den EuGH für ungültig erklären zu lassen.[987] Dahinter steckt die Einsicht, daß sich ansonsten das institutionelle Machtgleichgewicht im sensiblen Bereich der Außenwirtschaftspolitik der Gemeinschaft von einem intergouvernementalen (dem Rat) auf ein supranationales Organ (dem EuGH) verschieben würde.[988]. Denn aufgrund des antizipierten gemeinschaftsrechtlichen Rechtsanwendungsbefehls in Art. 300 Abs. 7 EGV[989] würde automatisch die Judikative der Gemeinschaft zum Garanten der Einhaltung der völkervertraglichen Verpflichtungen durch den Gemeinschaftsgesetzgeber gemacht und damit der Verhandlungsspielraum der politischen Organe für Verhandlungen mit anderen GATT/WTO-Vertragsparteien erheblich eingeschränkt. Diese Grundproblematik beschäftigte auch andere GATT/WTO-Vertragsparteien. So gab es in den USA aus den gleichen Gründen Versuche, die entsprechende Regelung in der Supremacy Clause (Art. VI, Sec. 2 der Bundesverfassung) zu entschärfen und auch in der Bundesrepublik gab es vergleichbare Überlegungen.[990] Auf ähnliche Erwägungen geht es auch zurück, wenn das BVerfG die völkerrechtliche Rechtsauffassung der Bundesregierung bloß auf Willkür kontrolliert. Gleiches gilt auch für die „political question doctrine" sowie für die „act of state doctrine" des U.S. Supreme Court, der auf diesen Wegen eine permanente Einmischung in außenpolitische Angelegenheiten vermeiden will. Im Vergleich zu diesen Bestrebungen wird deutlich, daß sich die EuGH-Rechtsprechung im Ergebnis im Rahmen dessen bewegt, was auch in (anderen) Verfassungsstaaten üblich ist.[991]

Es ist jedoch weiter zu überlegen, ob die Ablehnung der unmittelbaren Anwendbarkeit der GATT-Bestimmungen nach der GATT-Revision durch die Uruguay-Runde noch aufrechterhalten werden kann.[992] Das Abkommen über die Gründung einer Welthandelsorganisation vom 15.04.1994[993] hat nicht nur die materiellrechtliche Regelungen des GATT 1947 präzisiert und ihre Wirkkraft erhöht[994], sondern enthält in Annex 2 auch einen verbesserten gerichtsförmig ausgestalteten Streitbeilegungsme-

---

987 Dies Erwägung geht weniger aus dem Bananenmarkt-Urteil selbst, denn aus den Schlußanträgen des GA Gulmann in diesem Rechtsstreit, EuGH, Rs. C-280/93, Slg. 1994, I - 4973 (5022) hervor; ebenso GA Reischl, EuGH, Slg. 1983, 731 (791): „(...) würde für die Gemeinschaft etwas anderes angenommen, liefe dies (...) darauf hinaus, daß die Verhandlungsmöglichkeiten der Gemeinschaft beeinträchtigt und die übrigen Vertragspartner in gewisser Weise begünstigt würden."; kritisch hierzu Meng, in: Beyerlein u.a. (Hrsg.), FS Bernhardt, S. 1063 (1074 ff.); Stoll, ZaöRV Bd. 57 (1997), S. 83 (139 f.); Hahn/Schuster, EuR 1993, S. 261 (279 f.); Kempen, in: FS Hahn, S. 417 (432 ff.).

988 So Giegerich, ZaöRV Bd. 57 (1997), S. 409 (468 f).

989 Vgl. hierzu: Stoll, ZaöRV Bd. 57 (1997), S. 83 (129 f. m.w.N.); Meng, in: Beyerlein u.a. (Hrsg.), FS Bernhardt, S. 1063 (1067).

990 Giegerich, ZaöRV Bd. 57 (1997), S. 409 (455); zur Zurückhaltung der deutschen Gerichte bei der Anwendung des GATT vgl. Hilf, in: Hilf/Petersmann (Hrsg.), GATT und EG, S. 11 ff.

991 So auch Giegerich, ebda., S. 409 (469).

992 Verneinend: Becker-Çelik, EWS 1997, S. 12 ff.

993 ILM 33 (1994), S. 1144 ff. (BGBl. 1994 II, S. 1438; ABl. Nr. L 336/1).

994 Kempen, in: FS Hahn, S. 417 (418).

chanismus.[995] Nach Art. 16 Abs. 4 des WTO-Vertrages haben die Mitglieder nunmehr sicherzustellen, daß alle ihre Rechtsvorschriften, auch die bereits zum Zeitpunkt des Inkrafttretens des Vertrages geltenden, mit dem GATT 1994 in Einklang stehen. Überdies kann das GATT-Mitglied, dessen Maßnahme im Streit steht, die Annahme eines ihm nachteiligen Panel-Berichts durch das Streitbeilegungsgremium aus Vertretern der GATT-Parteien jetzt nicht mehr verhindern. Gleichzeitig hat die Revision des GATT eine Berufungsmöglichkeit eingeführt, mit der die Streitparteien Panel-Berichte einer rechtlichen Überprüfung unterwerfen können, so daß nunmehr besser als zuvor gewährleistet ist, daß das Verfahrensergebnis dem Völkerrecht entspricht. Sollte ein Verstoß von gemeinschaftsrechtlichem Sekundärrecht gegen das GATT 1994 im Panel-Verfahren verbindlich festgestellt werden und damit die unter GATT 1947 verbliebene Normunsicherheit beseitigt werden, so bietet dies für den EuGH eine feste rechtliche Grundlage, um den völkerrechtswidrigen Rechtsakt im Hinblick auf Art. 300 Abs. 7 EGV für nichtig zu erklären. Dies entspräche im Ergebnis der Willkürkontrolle des Bundesverfassungsgerichts in bezug auf völkerrechtliche Handlungen der deutschen Organe im Bereich der auswärtigen Gewalt. Mit der verbindlichen Entscheidung des Streitbeilegungsgremiums würde die Behauptung unvertretbar, der Gemeinschaftsrechtsakt sei nicht völkerrechtswidrig und dementsprechend gültig. Es erscheint jedoch zweifelhaft, ob der Gerichtshof unter dem Eindruck der Änderung des GATT/WTO-Abkommens eine Änderung seiner diesbezüglichen Rechtsprechung vornehmen wird. Zwar würde eine kassatorische Entscheidung des EuGH zur Durchsetzung und Stärkung der Bestimmungen des GATT/WTO-Abkommens beitragen, andererseits jedoch gleichzeitig den politischen Organen der Gemeinschaft die Möglichkeit nehmen, einen Streit um die Völkerrechtswidrigkeit eines Gemeinschaftsrechtsaktes unter Aufrechterhaltung desselben im Wege einer Kompensationsvereinbarung beizulegen.[996] Dementsprechend kann es nicht vollständig ausgeschlossen werden, daß der EuGH aus Gründen des „judicial restraint" diese Möglichkeit auch in Zukunft offenhalten möchte und daher den Rückgriff auf das GATT als Prüfungsmaßstab weiterhin verweigert. Damit entspräche er dem Willen des Rats, der folgende Begründungserwägung in seinen nach Art. 300 Abs. 2 EGV gefaßten einstimmigen Beschluß vom 22.12.1994 über den Abschluß der Übereinkünfte im Rahmen der multilateralen Verhandlungen der Uruguay-Runde im Namen der EG aufgenommen hat:

> „Das Übereinkommen zur Errichtung der Welthandelsorganisation einschließlich seiner Anhänge ist nicht so angelegt, daß es unmittelbar vor den Rechtsprechungsorganen der Gemeinschaft und der Mitgliedstaaten angeführt werden kann (...)".[997]

---

995 Understanding on Rules and Procedures Governing the Settlement of Disputes, abgedr. in: Dok. Kom (94) 143 endg. vom 15.4.1994; vgl. dazu Meng, in: Beyerlein u.a. (Hrsg.), FS Bernhardt, S. 1063 (1084 f.).

996 Vgl. hierzu auch Stoll, ZaöRV Bd. 57 (1997) S. 83 (134).

997 ABl. 1994, Nr. L 336/1, Erwägungsgrund 11; vgl. dazu auch Meng, in: Beyerlein u.a. (Hrsg.), FS Bernhardt, S. 1063 (1062 ff.); a.A. Stoll, ZaöRV Bd. 57 (1997), S. 83 (130 f., insb. Fn. 130), der der Auffassung ist, daß der Rat die unmittelbare Anwendbarkeit nicht ausdrücklich ausgeschlossen habe.

Die entsprechende Sec. 102 (a) (1) des Uruguay Round Agreement Act der USA[998] bestimmt sogar ausdrücklich, daß das gesamte Bundesrecht der USA im Kollisionsfall innerstaatlich Vorrang vor dem GATT haben soll. Daran zeigt sich, daß auch andere GATT-Parteien ihren nationalen Gerichten das Wächteramt über die Einhaltung ihrer GATT-Verpflichtungen vorenthalten, so daß sich eine entsprechende Entscheidung des EuGH im Rahmen des nach wie vor verfassungsstaatlich Üblichen hielte und mit dem Hinweis auf das Gegenseitigkeitsprinzip oder den Grundsatz des Gleichgewichts der von den GATT-Parteien einander gewährten Vorteile[999] zu rechtfertigen wäre. Selbst wenn man im Interesse der Verrechtlichung der Welthandelsordnung, deren Durchsetzung auf die Kooperation der Judikativen der WTO-Mitglieder angewiesen ist, hoffen mag, daß der EuGH sich stärker als bisher auf seine Rechtswahrerfunktion (Art. 220 EGV) besinnt und dabei auch die international rule of law in den Blick nimmt, könnte man eine Bestätigung der bisherigen Rechtsprechung zumindest nicht für unvertretbar halten.[1000] Zu bedauern wäre dies aber im Hinblick auf die Möglichkeit, sich der Weltgemeinschaft als europäisches Verfassungsgericht zu präsentieren, das auch die Außen(handels)politik nicht als reine Machtfrage begreift, sondern sie rechtlich zu bändigen gewillt ist.[1001] Dementsprechend begründet die Ablehnung der unmittelbaren Anwendbarkeit der GATT-Bestimmungen durch den EuGH allein noch kein „ultra vires"-Handeln des Gerichtshofs.

Des weiteren läßt sich ein Handeln „ultra vires" der Gemeinschaft und damit eine Kompetenz mitgliedstaatlicher Gerichte, völkerrechtswidrige Rechtsakte der Gemeinschaft, zu kontrollieren, auch nicht mit einer völkerrechtlichen Haftung der Mitgliedstaaten begründen. Denn es besteht keine Gefahr, daß, wie im Fall der Bananenmarktordnung behauptet wurde, die Mitgliedstaaten, die im Rat gegen den (völkerrechtswidrigen) Sekundärrechtsakt gestimmt haben, jedoch im Rahmen einer Mehrheitsentscheidung unterlegen sind, völkerrechtlich für diesen Rechtsakt haftbar gemacht werden können. Es wirkt sich letztendlich nicht negativ auf die Haftung der Mitgliedstaaten aus, daß sie neben der Gemeinschaft dem GATT 1994 angehören, das als gemischtes Abkommen geschlossen worden ist.[1002] Die Vertragspflichten der EG und der Mitgliedstaaten sind gemeinschaftsintern entlang der Grenze ihrer jeweiligen Kompetenzbereiche geteilt. Da die Außenhandelskompetenz gem. Art. 133 EGV in die ausschließliche Kompetenz der Gemeinschaft fällt[1003], ist für den Abschluß und die Durchführung des GATT im Hinblick auf die Einfuhr von Bananen allein die Gemeinschaft zuständig. Dementsprechend ist im Zusammenhang mit der Streitbeilegung im Bananenfall allein die Gemeinschaft den betroffenen anderen GATT/WTO-Mitgliedern gegenüber aufgetreten und von diesen, wie in allen Fällen seit 1974, als die für die Streitbeilegung zuständige Vertragspartei akzeptiert worden.

---

998 108 Stat. 4809.

999 Vgl. dazu Montañà i Mora, AJIL Bd. 91 (1997), S. 152 (157).

1000 Zu fragen wäre dann nach einem gemeinschaftsinternen Ersatz der Schäden, die Private durch den GATT-Verstoß erleiden (vgl. Schlußanträge des GA Lenz in der Rs. C-469/93, Slg. 1995, I-4533 (4543 f.); a.A.: Becker-Çelik, EWS 1997, S. 12 (15): „(...) allein aus den bisherigen Gründen nicht mehr gerechtfertigt (...)"; vorsichtig Stoll, ZaöRV Bd. 57 (1997), S. 83 (131); Meng, in: Beyerlein u.a. (Hrsg.), FS Bernhardt, S. 1063 (1084); Kuijper, EJIL 1995, S. 222 (237).

1001 Vgl. Petersmann, in: FS Mestmäcker, S. 433 ff.

1002 Vgl. Art. XI Abs. 1 WTO-Abkommen.

1003 EuGH, Gutachten Nr. 1/94, Slg. 1994, I - 5267 (5395 ff.).

Es wäre daher widersprüchlich und völkerrechtlich unzulässig, wenn ein betroffenes GATT-Mitglied, nachdem ein Verstoß der Bananenmarktordnung gegen das GATT durch ein WTO-Panel verbindlich festgestellt wurde, plötzlich wieder die einzelnen Mitgliedstaaten verantwortlich machen wollte.[1004] Daher droht eine Zurückhaltung des EuGH bei der unmittelbaren Anwendbarkeit der Bestimmungen des GATT 1994 nicht zu einer internationalen Verantwortlichkeit der Mitgliedstaaten der Gemeinschaft zu führen, die abzuwenden sich deutsche Gerichte etwa hilfsweise berufen fühlen müßten.[1005]

1004 Giegerich, ZaöRV Bd. 57 (1997), S. 409 (472).

1005 Hilf, Michigan Journal of International Law Bd. 18 (1997), S. 321 (344); vgl. auch: Weber, EuZW 1997, S. 165 (167 f.); a.A.: Kuschel, EuZW 1996, S. 645 (650); Petersmann, EuZW 1997, 325 (330); Hahn/Schuster, RGDIP 1995, S. 367 (374); Everling, CMLR Bd. 33 (1996), S. 411 (423).

4. Teil

Resümee u. Ausblick

Aus der Sicht des Völkerrechts dürfte in Anbetracht der Kodifikation des Völkervertragsrechts im Jahre 1986 durch die Wiener Vertragsrechtskonvention zukünftig das geringste Konfliktpotential erwachsen. Art. 46 Abs. 2 WVK II als Ausprägung des Vertrauensschutzes und der Rechtssicherheit verwehrt, von eng umgrenzten Ausnahmen einmal abgesehen, der Gemeinschaft bzw. den Mitgliedstaaten eine Berufung auf ein Überschreiten gemeinschaftsinterner Kompetenzen. Völkerrechtliche Verträge der Gemeinschaft sind demnach auch bei Kompetenzüberschreitung grundsätzlich als völkerrechtlich wirksam anzusehen. Ein solcher Vertrag ist völkerrechtlich bindend und muß erfüllt werden. Ob diese Haftung der Gemeinschaft, den Mitgliedstaaten oder beiden gemeinsam obliegt, ist dabei abhängig von der Art des völkerrechtlichen Vertrages.

Aus der Sicht des Gemeinschaftsrechts ist für die Bestimmung der Rechtsfolgen eines „ultra vires"-Handelns der Gemeinschaft auf den EG-Vertrag abzustellen. Überschreitet die Gemeinschaft die ihr durch den EG-Vertrag zugewiesenen Kompetenzen, so ist der unter diesem Kompetenzmangel leidende Rechtsakt mit Ausnahme der inexistenten Rechtsakte wirksam aber anfechtbar. Die Feststellung, wann ein solches Handeln vorliegt, obliegt gemeinschaftsrechtlich gem. Art. 220 EGV allein dem Europäischen Gerichtshof. Dieser hat in seiner bisherigen Rechtsprechung zu Kompetenzfragen vorwiegend sehr integrationsfördernd geurteilt. Ob er im Hinblick auf die Festschreibung des Subsidiaritätsprinzips in den EG-Vertrag dieser Linie weiterhin treu bleibt, oder ob er sich zukünftig als „Hüter des EG-Vertrages" erweisen wird, so daß einem „ultra vires"-Handeln bereits auf Ebene des Gemeinschaftsrechts keine Wirksamkeit zukommt, ist wohl ohne Übertreibung als eine der „Schlüsselfragen" der Europäischen Integration der kommenden Jahre zu bezeichnen. Der Gerichtshof wird sich dabei auf eine permanente Gratwanderung zwischen noch zulässiger Auslegung bzw. Rechtsfortbildung einerseits und nicht mehr zulässiger Kompetenzüberschreitung andererseits begeben müssen, die seitens der Mitgliedstaaten mit Argusaugen überwacht werden wird.

Aus innerstaatlicher, insbesondere deutscher Sicht, haben die Mahner der Grenzen der Integrationsgewalt nicht ganz unerwartet durch das Maastricht-Urteil Unterstützung aus Karlsruhe erhalten. Aus innerstaatlicher Sicht stellt sich dabei insbesondere die Frage, ob kompetenzwidrige aber gemeinschaftsrechtlich wirksame Rechtsakte der Gemeinschaft auch im innerstaatlichen Bereich Wirkung entfalten. Diese Frage scheint nach dem Maastricht-Urteil aus verfassungsrechtlicher Sicht beantwortet zu sein. Wo das Bundesverfassungsgericht jedoch exakt die Trennlinie zwischen zulässiger Auslegung bzw. Rechtsfortbildung und unzulässiger Vertragserweiterung zieht, ist auch nach dem Maastricht-Urteil nicht hinreichend geklärt. Eine klare Trennung ist indes wohl auch schwerlich möglich. Zur Frage, wie das Rechtsgut der Rechtsanwendungsgleichheit des abgeleiteten Gemeinschaftsrechts in allen Mitgliedstaaten und das Verfassungsgut des Art. 79 Abs. 3 GG am schonendsten in Einklang zu bringen sind, sei hier noch einmal betont, daß die Jurisdiktionsgewalt des Bundesverfassungsgerichts auf die fortwirkende Überprüfung des deutschen

Zustimmungsgesetzes zum Vertrag über die Europäische Union beschränkt sein muß, sich jedoch nicht auf das abgeleitete Gemeinschaftsrecht selbst erstrecken kann.

Die vorstehenden Ausführungen haben gezeigt, daß die Rechtsfolgen eines Handelns „ultra vires“ der Gemeinschaft im innerstaatlichen Bereich eng mit der Frage verknüpft sind, wer letztendlich über die Zuständigkeit verfügt, ein solches Handeln verbindlich festzustellen. Für den Bereich einer Grundrechtsverletzung hat die jüngst ergangene Entscheidung des Bundesverfassungsgerichts zur EU-Bananenmarktordnung[1006] insoweit für begrüßenswerte Klarheit gesorgt. Für den Kompetenzbereich hat die Frage der Zuständigkeit des Bundesverfassungsgerichts durch das Maastricht-Urteil hingegen an Aktualität gewonnen. Die Auswirkungen dieser Entscheidung sind auch zum heutigen Zeitpunkt noch nicht in vollem Umfang absehbar. Das Bundesverfassungsgericht bindet mit seiner Entscheidung zwar nur die Organe der Bundesrepublik Deutschland. Diese werden aber die Ausführungen des Gerichts in Zukunft bei der Mitwirkung in den Organen der Gemeinschaft zu beachten haben. Dies gilt vor allem für die dynamische Auslegung von Vertragskompetenzen. Es ist insoweit davon auszugehen, daß das Maastricht-Urteil eine ähnliche Wirkung entfalten wird, wie die Solange-Entscheidungen des Bundesverfassungsgerichts und die Parallelentscheidungen der anderen mitgliedstaatlichen Verfassungsgerichte. Allein die Tatsache, daß das Bundesverfassungsgericht seine Zuständigkeit zur Prüfung betont hat, ob Rechtsakte der europäischen Einrichtungen und Organe sich in den Grenzen der ihnen eingeräumten Hoheitsrechte halten oder aus ihnen „ausbrechen“, dürfte in Zweifelsfällen dazu führen, daß der Europäische Gerichtshof die Einhaltung der Kompetenznormen in weitaus stärkerem Maße beachten wird, als dies in der Vergangenheit zum Teil der Fall war, um so einen Justizkonflikt mit dem Bundesverfassungsgericht zu vermeiden. Die jüngst ergangene Entscheidung des Europäischen Gerichtshofs zur EU-„Tabakwerberichtline“[1007] könnte durchaus auch unter diesem Aspekt zu sehen sein.

[1006] BVerfG, Beschluß vom 07.06.2000, NJW 2000, S. 3124 f.
[1007] EuGH, Urteil vom 5. Oktober 2000, (Rs. C-376/98).

Kolibri 360 GmbH
Ferdinand-Jühlke-Straße 7
99095 Erfurt, Deutschland
produktsicherheit@kolibri360.de

Druck:
CPI Druckdienstleistungen GmbH
im Auftrag der
Kolibri 360 GmbH
Ferdinand-Jühlke-Str. 7
99095 Erfurt